Springer-Lehrbuch

Uwe Cantner · Jens Krüger
Horst Hanusch

Produktivitäts-
und Effizienzanalyse

Der nichtparametrische Ansatz

Mit 122 Abbildungen und 92 Tabellen

 Springer

Professor Dr. Uwe Cantner
PD Dr. Jens Krüger
Friedrich-Schiller-Universität Jena
Wirtschaftswissenschaftliche Fakultät
Lehrstuhl für Volkswirtschaftslehre/Mikroökonomik
Carl-Zeiß-Str. 3
07743 Jena

uwe.cantner@wiwi.uni-jena.de
jens.krueger@wiwi.uni-jena.de

Professor Dr. Horst Hanusch
Universität Augsburg
Wirtschaftswissenschaftliche Fakultät
Lehrstuhl für Volkswirtschaftslehre
Universitätsstraße 16
86135 Augsburg

horst.hanusch@wiwi.uni-augsburg.de

ISSN 0937-7433

ISBN 978-3-540-70793-6 Springer Berlin Heidelberg New York

Bibliografische Information der Deutschen Nationalbibliothek
Die Deutsche Nationalbibliothek verzeichnet diese Publikation in der Deutschen Nationalbibliografie; detaillierte bibliografische Daten sind im Internet über http://dnb.d-nb.de abrufbar.

Springer ist ein Unternehmen von Springer Science+Business Media

springer.de

© Springer-Verlag Berlin Heidelberg 2007

Herstellung: LE-TEX Jelonek, Schmidt & Vöckler GbR, Leipzig
Umschlaggestaltung: WMX Design GmbH, Heidelberg

SPIN 11983903   42/3100YL - 5 4 3 2 1 0   Gedruckt auf säurefreiem Papier

Vorwort

Die Effizienz von Produktionsprozessen spielt vor dem Hintergrund zunehmender Wettbewerbsintensität auf globalen Märkten eine immer größere Rolle. Ebenso wird staatliches Handeln immer stärker unter dem Effizienzgesichtspunkt betrachtet. Werden hierbei Effizienzsteigerungen beobachtet, so deutet dies auf einen sparsameren Umgang mit Ressourcen sowie auf die positive Wirkung des technischen Fortschritts hin. Im Fall von Effizienzverlusten wird hingegen schnell von Managementfehlern, mangelndem Schritthalten im Wettbewerb oder einfach von Ressourcenverschwendung gesprochen. Vor diesem Hintergrund möchte das vorliegende Buch in eine ausgewählte Methodik zur Effizienzmessung einführen, den nichtparametrischen Ansatz.

Diese Methodik wird, ausgehend von einer produktionstheoretischen Fundierung und den einfachsten Konzepten des Leistungsvergleichs, schrittweise hin zu komplexeren Modellen entwickelt. Ihre praktische Anwendbarkeit wird dabei durch die wenigen Annahmen, denen Sie unterliegt, und die Verfügbarkeit einfach zu bedienender Software erleichtert.

Entstanden ist das vorliegende Buch aus Vorlesungsmaterialien, die an den Universitäten Augsburg und Jena über viele Jahre eingesetzt wurden. Dies geschah zunächst im Rahmen des Public Sector Management, wo nichtparametrische Methoden der Effizienzmessung aufgrund der Abwesenheit von Marktpreisen besonders breite Anwendung finden. Gleiches trifft für Nonprofit-Branchen zu. Da Effizienzveränderungen einen besonderes Bezug zum Phänomen des technologischen Fortschritts aufweisen, bieten sich auch Anwendungsmöglichkeiten der hier behandelten Methodik im Bereich der Innovationsökonomik.

Der Inhalt des Buches führt den Leser von den einfachsten Methoden bei konstanten Skalenerträgen über Erweiterungen, die variable Skalenerträge und verschiedene Spezialfälle berücksichtigen, hin zur dynamischen Analyse und der Messung des technologischen Fortschritts. Alle Hauptkapitel des Buches enden mit einer Aufzählung von Schlüsselbegriffen anhand derer der Leser überprüfen kann, ob er die zentralen Inhalte des jeweiligen Kapitels erfaßt hat. Zudem regen eine Reihe von Übungsaufgaben zur praktischen Anwendung des Gelernten an, deren ausführliche Lösungen am Ende des Buches zusammengefaßt sind.

Nicht behandelt werden stochastische Ansätze, stark anwendungsspezifische Probleme, wie die Wahl der Input- und Outputvariablen sowie Probleme der weiterführenden statistischen Analyse der Effizienzmaße. Zu diesen Gebieten werden jedoch Hinweise auf die entsprechende Literatur gegeben.

Das vorliegende Buch wendet sich insbesondere an quantitativ orientierte Studierende der Betriebs- und Volkswirtschaftslehre, der Wirtschaftsinformatik, der Wirtschaftsmathematik und interessierte Praktiker im Controlling oder in der öffentlichen Verwaltung. Für die Lektüre erforderliche Vorkenntnisse gehen nicht über die produktionstheoretischen Inhalte einer einführenden Veranstaltung in die Mikroökonomik hinaus. Ein Appendix zur linearen Programmierung enthält eine kurze Einführung in die Lösung linearer Optimierungsprobleme mit dem Simplexalgorithmus. Die praktische Anwendung wird unterstützt durch die Integration des frei verfügbaren Programms EMS, entwickelt von Holger Scheel an der Universität Dortmund, das eine einfache menügesteuerte Durchführung nichtparametrischer Effizienzanalysen gestattet.

Dank schulden wir, die Autoren, deshalb vor allem Holger Scheel für die Entwicklung und die großzügige Bereitstellung dieser Software. Dank schulden wir ebenfalls unserem Kollegen Armin Scholl an der Friedrich-Schiller-Universität Jena für seine Diskussionsbereitschaft und so manchen wertvollen Hinweis, der sich daraus ergeben hat. Schließlich haben Bernd Ebersberger bei der Vorbereitung der Beispiele sowie Melanie Kecke, Roland Fischer, Niels Große, Andreas Meder, Gernot Pehnelt und Michael Stützer „ganze Arbeit" bei der kritischen Durchsicht von Teilen des Manuskripts geleistet und dabei geholfen, die vielen kleinen Fehler aufzuspüren und mißverständliche Darstellungen zu korrigieren. Olga Gaessner und Constanze Neukirch haben uns bei der Manuskripterstellung nicht nur moralisch maßgeblich unterstützt. Ihnen allen gilt unser Dank, wobei alle verbleibenden Mängel natürlich vollständig zu unseren Lasten gehen.

Jena und Augsburg im November 2006,

Uwe Cantner
Jens Krüger
Horst Hanusch

Inhaltsverzeichnis

1 Einführung zu Produktivität und Effizienz............................1
  1.1 Grundbegriffe...1
    1.1.1 Produktivität..1
    1.1.2 Produktionsfunktion...3
    1.1.3 Effizienzmaße 6
    1.1.4 Produktionsfunktion und technischer Fortschritt............12
    1.1.5 Produktivität, Effizienz und technischer Fortschritt.............14
  1.2 Problemstellung und Überblick 21
  Schlüsselbegriffe..24

2 Empirische Analyse von Produktivität und Effizienz.........................27
  2.1 Leistungsvergleich 27
  2.2 Analyse bei bekannten Preisen 30
  2.3 Analyse bei bekannter Produktionsfunktion.................32
  2.4 Analyse bei nicht bekannter Produktionsfunktion 43
    2.4.1 Partielle Faktorproduktivitäten 44
    2.4.2 Totale Faktorproduktivität 45
  2.5 Empirische Methoden 60
  2.6 Anwendungsgebiete 71
  2.7 Software 72
  Schlüsselbegriffe und Übungsaufgaben............................73

3 Konstante Skalenerträge: Productivity-Form.............................77
  3.1 Konzeption der Productivity-Form 78
  3.2 Formulierung als Maximierungsproblem.......................79
    3.2.1 Ausgangspunkt: Index zur totalen Faktorproduktivität 79
    3.2.2 Aufstellung des Maximierungsproblems 81
    3.2.3 Transformation des Maximierungsproblems 84
  3.3 Lösung des Maximierungsproblems 90
  3.4 Ergebnisinterpretation..91
    3.4.1 Effizienzkennzahl 91
    3.4.2 Inputaggregationsgewichte 92
    3.4.3 Outputaggregationsgewichte.............................95

3.4.4 Beziehung zwischen Input- und Output-Gewichten 96
3.4.5 Beispiele...98
Schlüsselbegriffe und Übungsaufgaben...109

4 Konstante Skalenerträge: Envelopment-Form 113
4.1 Konzeption und Grundbegriffe der Envelopment-Form..............114
4.2 Bestimmung der Technologiemenge..116
    4.2.1 Grundlegende Axiome...116
    4.2.2 Beispiele...119
4.3 Formulierung als Minimierungsproblem 124
    4.3.1 Formale Darstellung...124
    4.3.2 Beispiel 126
4.4 Lösung des Minimierungsproblems...129
4.5 Ergebnisinterpretation...132
    4.5.1 Effizienzwerte...132
    4.5.2 Gewichtungsfaktoren und Referenzbeobachtungen..............132
    4.5.3 Input-Output-Kombination der Vergleichsbeobachtungen....133
    4.5.4 Beispiele...134
Schlüsselbegriffe und Übungsaufgaben...141

5 Variable Skalenerträge...147
5.1 Effizienzanalyse und Skalenerträge 147
    5.1.1 Größeneffekte und Effizienz..148
    5.1.2 Pareto-Koopmans-Kriterium...150
5.2 Envelopment-Form bei variablen Skalenerträgen.......................158
    5.2.1 Technologiemenge..159
    5.2.2 Minimierungsproblem..160
    5.2.3 Ergebnisinterpretation..160
    5.2.4 Beispiel 162
5.3 Productivity-Form bei variablen Skalenerträgen 168
    5.3.1 Maximierungsproblem..168
    5.3.2 Ergebnisinterpretation..171
    5.3.3 Beispiel 174
5.4 Skaleneffizienz..176
    5.4.1 Quantifizierung der Skaleneffizienz 177
    5.4.2 Skalenerträge und most productive scale size....................178
    5.4.3 Beispiel 180
5.5 NIRS- und NDRS-Modelle..183
    5.5.1 Nicht-steigende Skalenerträge (NIRS)...............................184
    5.5.2 Nicht-sinkende Skalenerträge (NDRS)...............................185
    5.5.3 Beispiel 186
Schlüsselbegriffe und Übungsaufgaben...191

6 Input- versus Outputorientierung **197**
  6.1 Konstante Skalenerträge 197
    6.1.1 Productivity- und Envelopment-Form 197
    6.1.2 Beispiele..201
  6.2 Variable Skalenerträge...206
    6.2.1 Productivity- und Envelopment-Form 206
    6.2.2 Beispiel..208
    6.2.3 Uneindeutigkeit der most productive scale size...................209
  Schlüsselbegriffe und Übungsaufgaben..211

7 Erweiterungen **215**
  7.1 Slacks...215
    7.1.1 Problemstellung 216
    7.1.2 Slacks bei konstanten Skalenerträgen...............................218
    7.1.3 Beispiele..221
    7.1.4 Slacks bei variablen Skalenerträgen 225
  7.2 Vergleich der Besten...226
    7.2.1 Problemstellung 226
    7.2.2 Andersen-Petersen-Modell 227
    7.2.3 Beispiele..229
  7.3 Allokative Effizienz...232
    7.3.1 Inputorientierung 233
    7.3.2 Outputorientierung..237
    7.3.3 Variable Skalenerträge..240
  7.4 Überblick über weitere Modifikationen.......................................241
  Schlüsselbegriffe und Übungsaufgaben..242

8 Dynamische Analyse **247**
  8.1 All-Time-Best-Frontierfunktion..248
  8.2 Malmquist-Index nach Caves/Christensen/Diewert.......................250
  8.3 Malmquist-Index nach Färe/Grosskopf/Lindgren/Roos.................256
  8.4 Outputorientierung...259
  8.5 Variable Skalenerträge..261
  Schlüsselbegriffe und Übungsaufgaben..265

Appendix: Lineare Programmierung und Simplexalgorithmus........**267**
  A.1 Struktur linearer Optimierungsprobleme 267
  A.2 Simplexalgorithmus 269
  A.3 Dualitätstheorem 278

Lösungen zu den Übungsaufgaben..**281**
  Kapitel 2..281

Kapitel 3..293
Kapitel 4..307
Kapitel 5..321
Kapitel 6..333
Kapitel 7..343
Kapitel 8..355

Literaturverzeichnis..**361**

Sachverzeichnis **367**

1 Einführung zu Produktivität und Effizienz

Bevor überhaupt in die Thematik der empirischen Messung und Analyse von Produktivität und Effizienz eingeführt wird, sollen in diesem Kapitel einige Grundbegriffe erläutert und einige grundsätzliche Probleme der Produktivitäts- und Effizienzanalyse angesprochen werden (1.1). Daran schließt sich eine kurze Darstellung der stückweise linearen Approximation von Produktionsfunktionen an, die der in diesem Buch dargestellte nichtparametrische Ansatz zur Produktivitäts- und Effizienzanalyse vornimmt. Mit einem Überblick über die einzelnen Kapitel des Buches wird dann die Vorgehensweise im Rahmen dieses Buches dargelegt und auch gezeigt, welcher Ausschnitt aus dem Möglichkeitenraum für empirische Effizienzanalysen hier Gegenstand der Darstellung ist (1.2).

1.1 Grundbegriffe

1.1.1 Produktivität

Ganz allgemein versteht man unter „Produktivität" den Quotienten aus Produktionsergebnis (Ausbringung, Output) und einem, mehreren oder allen zur Produktion eingesetzten Produktionsfaktoren (Einsatz, Input). Dabei sind, wie man der Tabelle 1.1 entnehmen kann, verschiedene Ausprägungen der Produktivität denkbar, je nachdem welches Kriterium für die Darstellung von Input und Output zugrunde gelegt wird. Für welche der möglichen Darstellungsformen man sich letztlich entscheidet, hängt vom Untersuchungsgegenstand, vom Ziel einer Analyse und auch von rein praktischen Erwägungen (wie z.B. Datenverfügbarkeit) ab.

Das erste Kriterium unterscheidet Produktivitätsindikatoren nach ihrer quantitativen Struktur. So kann man die Produktivität eines einzelnen Produktionsfaktors betrachten, was zum Konzept der partiellen Faktorproduktivität führt (z.B. Arbeitsproduktivität, Kapitalproduktivität, Materialproduktivität). Diese partiellen Faktorproduktivitäten geben jedoch keinen

Aufschluß über die Produktivität des gesamten Produktionsprozesses. Vor allem ändern sich die partiellen Faktorproduktivitäten auch dann, wenn Substitutionsvorgänge zwischen verschiedenen Produktionsfaktoren im Produktionsprozeß stattfinden, wie beispielsweise bei der im Rahmen der Automatisierung stattfindenden Kapitalintensivierung. Eine Aussage über die Produktivität des gesamten Produktionsprozesses läßt hingegen die totale Faktorproduktivität zu. Sie stellt damit das aussagekräftigste und umfassendste Produktivitätsmaß dar, bei dem die Relation von Gesamtoutput zu Gesamtinput betrachtet wird.

Tabelle 1.1. Die unterschiedlichen Ausprägungen der Produktivität

Kriterium	Art der Produktivität
Quantitative Struktur:	totale Faktorproduktivität, partielle Faktorproduktivität
Inhaltliche Struktur:	Mengenproduktivität, Wertproduktivität, gemischte Produktivität
Zeitliche Dimension:	Zeitpunkt, Zeitraum
Betrachtungsebene:	Arbeitsgang, Betrieb, Branche, Sektor, Volkswirtschaft

Der Produktivitätsbegriff läßt sich aber noch präziser fassen, wenn man darunter das Verhältnis von realem Output zu realem Input versteht. Output und Input sind dabei im allgemeinen Mengengrößen. Hinsichtlich der inhaltlichen Struktur ist daneben auch ein wertmäßiger oder gemischter Ansatz denkbar. In letzterem Fall wird entweder der Output wertmäßig und der Input mengenmäßig erfaßt oder umgekehrt. Die monetäre Bewertung hat dann aber konstante Preise zu verwenden. Mit Hilfe der Deflationierung nominaler monetärer Größen über einen geeigneten Preisindex[1] erhält man nämlich reale Wertgrößen, in denen sich nur noch Mengen- und/oder Qualitätsänderungen widerspiegeln.

Weitere Unterscheidungskriterien sind die zeitliche Dimension und die Betrachtungsebene. Im Hinblick auf die zeitliche Dimension läßt sich eine zeitpunktbezogene und daher statische Perspektive von einer zeitraumbezogenen und damit dynamischen Perspektive unterscheiden. Letztere vor allem ist geeignet, die Wirkungen des technischen Fortschritts auf die

---

[1] Bei der Bildung eines solchen Preisindex taucht das Problem auf, daß dieser Index nur Preisniveauänderungen messen soll, die auf reine Preis- und nicht auf Qualitätsänderungen zurückzuführen sind. Um die von Qualitätsänderungen auf den Preisindex ausgehenden Effekte eliminieren zu können, müßten diese exakt in Geldeinheiten erfaßt werden, was große Probleme verursacht.

Produktivität zu erfassen. Produktivitätsanalysen lassen sich grundsätzlich auf verschiedenen Betrachtungsebenen durchführen, die vom einzelnen Arbeitsgang bis zum Vergleich ganzer Volkswirtschaften reichen können.

Wichtig für die weitere Diskussion ist die Abgrenzung der Produktivität vom Begriff der Effizienz. Effizienz beinhaltet allgemein eine Gegenüberstellung von Zielerträgen und den zur Erreichung dieser Ziele erforderlichen Mitteln. Effizienz orientiert sich dabei an den unterschiedlichen Ausprägungen des ökonomischen Prinzips, indem entweder mit den gegebenen Mitteln der höchste Zielertrag (Maximum-Prinzip), oder ein gegebenes Ziel mit dem geringsten Mitteleinsatz erreicht wird (Minimum-Prinzip). Je nachdem wie man diese Ziele und Mittel inhaltlich spezifiziert, erhält man eine Fülle verschiedener Effizienzkonzepte. Eines dieser Effizienzkonzepte ist die Produktivität, resultierend aus der Gegenüberstellung von realem Output und realem Input. Damit kann man Produktivität als eine spezifische inhaltliche Ausprägung von Effizienz ansehen. Häufig taucht in der Literatur auch noch der Begriff der Effektivität auf. Effektivität mißt den Grad der Zielerreichung, ohne die eingesetzten Mittel zur Verwirklichung der Ziele zu berücksichtigen. Daher handelt es sich hier um eine reine Outputbetrachtung.

1.1.2 Produktionsfunktion

Bei der Produktivitätsanalyse wird der Produktionsprozeß untersucht und dabei Input und Output einander gegenübergestellt. Wie läßt sich der Produktionsprozeß ökonomisch erfassen? In der ökonomische Theorie greift man hier auf die Konzepte der Technologie und der Produktionsfunktion zurück.

Hierbei umfaßt die Technologie alle Input-Output Kombinationen – im folgenden als Produktionspunkte bezeichnet –, die eine Wirtschaftseinheit mit gegebener organisatorischer Struktur und gegebenem Stand technischen Wissens realisieren kann. Eine Teilmenge der Technologie stellen die technisch effizienten Produktionspunkte dar. Diese Teilmenge wird durch die Produktionsfunktion repräsentiert. In Abbildung 1.1 ist für den Fall eines Inputs der Menge x und eines Outputs der Menge y der Zusammenhang zwischen Technologiemenge und der dazugehörigen Produktionsfunktion G dargestellt. Es wird deutlich, daß die Produktionsfunktion G die obere Begrenzung der Technologiemenge bildet und damit einen sogenannten Optimalitätsgrad aufweist, der an der technischen Effizienz von Produktionsprozessen ansetzt.

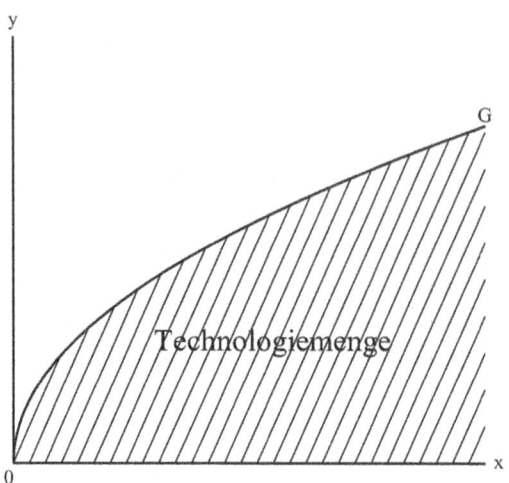

Abb. 1.1. Technologiemenge und Produktionsfunktion

Als technisch effizient wird dabei ein Produktionsprozeß (repräsentiert durch einen Produktionspunkt in der Technologiemenge) angesehen, wenn gleichzeitig die folgenden beiden Aussagen gelten:

(a) Es gibt keinen Produktionspunkt, der bei gleicher Inputmenge x eine höhere Outputmenge y aufweist (Maximum-Prinzip).

(b) Es gibt keinen Produktionspunkt, der zur Produktion einer bestimmten Outputmenge y eine kleinere Inputmenge x benötigt (Minimum-Prinzip).

Die Produktionsfunktion stellt demnach die funktionale Beschreibung des effizienten Randes der ihr zugrundeliegenden Technologie dar. Dies wiederum bedeutet, daß eine Produktionsfunktion stets technische Effizienz voraussetzt. Sie gibt also die maximale Outputmenge an, die mit Hilfe einer bestimmten Faktorinputkombination erzielt werden kann (oder alternativ die minimale Inputmenge, die zur Produktion einer bestimmten Outputmenge erforderlich ist).

Für die praktische Anwendung in der Produktivitätsanalyse ist eine derartige Konzeption der Produktionsfunktion denkbar ungeeignet. In der Realität zu beobachtende Produktionsverfahren sind sicherlich suboptimal. Dies hat zur Folge, daß empirisch ermittelte Produktionsfunktionen nur eine relative und keine absolute Obergrenze darstellen. Empirisch beobachtete Produktionsverfahren können daher stets nur als sogenannte *actual-practice*-Produktionsfunktionen interpretiert werden. Aus diesen rekrutieren sich diejenigen Produktionspunkte, welche die obigen Minimum- und Maximum-Prinzipien erfüllen und die dann die *best-practice*-Produktionsfunktion aufspannen. Diese best-practice-Produktionsfunktion wird auch synonym als Rand- oder Frontier-Produktionsfunktion bezeichnet, da sie sämtliche empirisch beobachteten Produktionspunkte umhüllt.

Diese Unterscheidungen sollen anhand von Abbildung 1.2 verdeutlicht werden. Wie bereits in der vorangehenden Abbildung stellt die Produktionsfunktion G den effizienten Rand der Technologiemenge dar. Empirisch beobachtet werden jedoch nur die durch die Kreuze und die Punkte B und C bezeichneten Produktionspunkte. Man kann sich nun vorstellen, daß durch jeden dieser Produktionspunkte eine Produktionsfunktion verläuft, wie etwa die durch B gestrichelt eingezeichnete Produktionsfunktion F. Eine dieser Produktionsfunktionen erfüllt die obigen Maximum- und Minimum-Prinzipien und ist somit die best-practice-Produktionsfunktion. Diese wird durch die durch den Punkt C verlaufende Funktion F^* dargestellt, welche bezüglich der Beobachtungen denselben Optimalitätsgrad aufweist, wie die optimale Produktionsfunktion G bezüglich der unbekannten Technologiemenge.

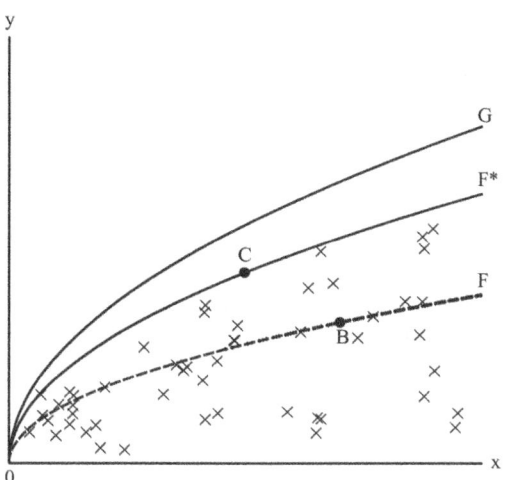

Abb. 1.2. Optimale, best- und actual-practice-Produktionsfunktionen

Für die weitere Diskussion ist es nützlich, die oben diskutierten Konzepte formal darzustellen und voneinander abzugrenzen:

$G : y = F(K, L)$ (optimale) Produktionsfunktion

$F^* : y = A^* \cdot f(K, L)$ best-practice-Produktionsfunktion

$F : y = A \cdot f(K, L)$ actual-practice-Produktionsfunktion

Produktionsfunktionen, die in der weiteren Darstellung eine zentrale Rolle einnehmen werden (und auf die in den nachfolgenden Kapiteln ausschließlich Bezug genommen wird) sind die best-practice-Produktionsfunktion F^* und die actual-practice-Produktionsfunktionen F. Diese setzen sich zusammen aus einer sogenannten Faktoraggregationsfunktion f und einem multiplikativen Niveauparameter A^* bzw. A. Es wird dabei angenommen, daß die Faktoraggregationsfunktion in beiden Fällen identisch ist und sich die Produktionsfunktionen nur durch die Niveauparameter unterscheiden, für die $A^* \geq A$ gilt. Die (optimale) Produktionsfunktion G ist ein rein theoretisches Konstrukt, über das aus empirischer Sicht nur wenig konkrete Aussagen getroffen werden können. Es ist lediglich klar, daß diese oberhalb (bzw. zumindest nicht unterhalb) der best-practice-Produktionsfunktion verläuft, jedoch ist nichts über die Beziehung zwischen G und F^* bekannt. Im folgenden beschränkt sich die Darstellung daher auf den Zusammenhang zwischen den actual-practice-Produktionsfunktionen mit der best-practice-Produktionsfunktion. Zunächst sind hier die Unterschiede hinsichtlich der Niveauparameter von Interesse, die mit Hilfe von Effizienzmaßen abgebildet werden können.

1.1.3 Effizienzmaße

Empirisch ermittelte Produktionspunkte lassen sich mit Punkten auf den angesprochenen best-practice-Produktionsfunktionen vergleichen. Hierbei können systematisch zwei Arten von Abweichungen auftreten. Zum einen kann der Fall eintreten, daß der empirische Produktionspunkt nicht auf der best-practice-Produktionsfunktion zu liegen kommt. Aufgrund der Definition dieser Produktionsfunktion als effizienten Rand der Technologiemenge bezeichnet man diese Form der Abweichung als technische Ineffizienz. Zum anderen sind bei gegebenen Güter- und Faktorpreisen nicht alle Punkte auf der best-practice-Produktionsfunktion aus ökonomischer Sicht gleichermaßen effizient, wobei man zwischen der Wahl der optimalen Faktorinputkombination und der Wahl der optimalen Outputhöhe unterscheiden kann. Im ersten Fall spricht man von allokativer Effizienz (auf der Inputseite), während man den zweiten Fall als Skaleneffizienz (auf der

Outputseite) bezeichnet. Im folgenden sollen diese drei Effizienzkonzepte mit ihren Quantifizierungsmöglichkeiten der Reihe nach dargestellt werden.

Technische Effizienz

Für die Diskussion der technischen Effizienz zeigt Abbildung 1.3 eine best-practice-Produktionsfunktion F^* für einen Produktionsprozeß mit Inputmenge x und Outputmenge y. Eingezeichnet ist ebenfalls ein empirisch beobachteter Produktionspunkt für das Unternehmen B zusammen mit seiner gestrichelten actual-practice-Produktionsfunktion F. Er liegt nicht auf der Funktion F^* und ist daher nicht effizient. Das Maß der technischen Effizienz kann nun alternativ als Input- oder Outputeffizienz angegeben werden.

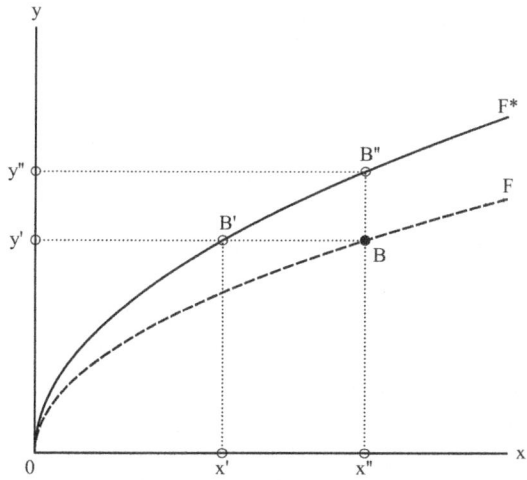

Abb. 1.3. Best-practice Produktionsfunktion und technische Effizienz

Zur Bestimmung der Inputeffizienz von B stellt man folgende Überlegungen an. Unternehmen B produziert die Outputmenge y' mit einem Inputeinsatz von x''. Diese Outputmenge könnte jedoch bei Produktion auf der Produktionsfunktion F^* in B' mit einem Faktoreinsatz von x' hergestellt werden. Demzufolge setzt B die Differenz $x''-x'$ zuviel an Input ein. Um hierfür ein Effizienzmaß zu erhalten, setzt man das anzustrebende Inputniveau x' mit dem tatsächlich realisierten Inputniveau x'' in Beziehung.

Daraus erhält man den Quotienten x'/x'', der ein relatives Maß für die Inputeffizienz darstellt und nur Werte im Intervall $(0,1]$ annehmen kann. Dieses relative Maß der Inputeffizienz gibt an, <u>auf</u> wieviel Prozent des Ausgangsniveaus x'' Unternehmen B seinen Inputeinsatz reduzieren müßte, um effizient zu produzieren. Die Differenz $1 - x'/x''$ ist entsprechend ein Maß für die Ineffizienz des Unternehmens B. Es gibt an, <u>um</u> wieviel Prozent B, von x'' ausgehend, seinen Inputeinsatz reduzieren müßte, um effizient zu produzieren. Die Effizienzmessung anhand des Inputverbrauchs, so wie sie hier am Beispiel des Unternehmens B durchgeführt wurde, bezeichnet man daher auch als Inputorientierung der Effizienzanalyse.

Alternativ kann die Effizienz von Unternehmen B auch als Outputeffizienz bestimmt werden. Diese spiegelt sich im vertikalen Abstand zur best-practice-Funktion wider, wobei folgende Überlegungen anzustellen sind. Unternehmen B könnte bei effizienter Produktion in B'' mit der Inputmenge x'' anstatt der Outputmenge y' die höhere Outputmenge y'' produzieren. Dies bedeutet, daß B die Differenz $y''-y'$ zuwenig an Output herstellt. Analog zu oben kann man diesen Zusammenhang wieder in Form des relativen Maßes y''/y' ausdrücken, welches Werte im Intervall $[1,\infty)$ annimmt. Es gibt an, <u>auf</u> wieviel Prozent Unternehmen B seinen Output bei einem konstanten Inputeinsatz von x'' erhöhen muß, um effizient zu sein. Dies ist äquivalent zu einer Outputerhöhung <u>um</u> $y''/y'-1$ Prozent des bisherigen Niveaus, wobei dieser Wert gleichzeitig die Outputineffizienz repräsentiert. Die hiermit angesprochene alternative Form der Effizienzmessung anhand der möglichen Outputsteigerung wird als Outputorientierung der Effizienzanalyse bezeichnet.

Die Maße für die technische Effizienz bei Input- und Outputorientierung liefern allerdings nur dann identische Werte, wenn die Produktionsfunktion durch konstante Skalenerträge bzw. eine Skalenelastizität von 1 gekennzeichnet ist, was im vorliegenden Fall eines Inputs und eines Outputs einer Produktionsfunktion entspricht, die im Ursprung beginnend linear ansteigt. Offensichtlich ist dies für das Beispiel in Abbildung 1.3 nicht erfüllt.

Allokative Effizienz

Für die Behandlung der allokativen Effizienz ist es notwendig, den einfachen Fall eines Produktionsprozesses mit einem Input und einem Output zu verlassen und eine Produktion zu betrachten, bei der zwei unterschiedliche Inputfaktoren, Kapital K und Arbeit L, eingesetzt werden. Zur Vereinfachung wird außerdem das Outputniveau auf einen konstanten Wert normiert, beispielsweise das Niveau $y = 1$.

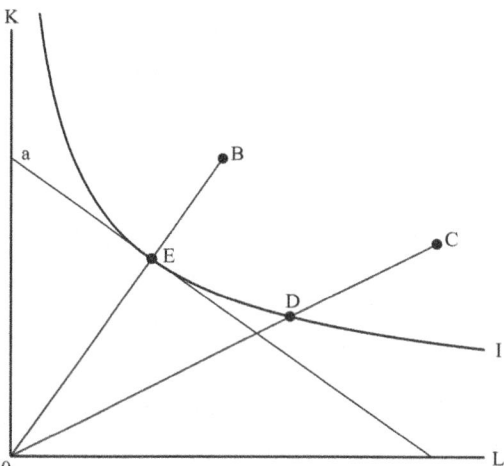

Abb. 1.4. Technische und allokative Effizienz

In Abbildung 1.4 ist die Isoquante I (im best-practice-Sinne) zusammen mit einer Reihe von Produktionspunkten B bis E eingezeichnet. Abweichend von der üblichen Lehrbuchdarstellung repräsentieren in dieser Abbildung alle Produktionspunkte das gleiche Outputniveau. Entsprechend können hier auftretende Effizienzunterschiede nur in Form der Inputorientierung und damit als Inputeffizienz bewertet werden. Die Isoquante I gibt an, welche unterschiedlichen Inputkombinationen eine Outputmenge von 1 technisch effizient produzieren können. I stellt die Randfunktion oder best-practice-Funktion dar. Produktionspunkte unterhalb von I sind entweder technisch nicht möglich oder wurden nicht beobachtet. Die Strecke a ist eine Isokostengerade, deren Steigung das Verhältnis der (annahmegemäß für alle Unternehmen gleichen) Faktorpreise widerspiegelt. Der optimale Produktionspunkt ergibt sich aufgrund der Tangentenlösung in Punkt E, in dem das Verhältnis der Faktorpreise dem Verhältnis der Grenzproduktivitäten der eingesetzten Produktionsfaktoren K und L entspricht.

Analog zum Beispiel in Abbildung 1.1 liegt technische Ineffizienz immer dann vor, wenn nicht auf der best-practice-Isoquante produziert wird, sondern im Vergleich zu dieser eine größere Menge an Input eingesetzt wird. Dies trifft beispielsweise auf Unternehmen B zu, welches oberhalb der Isoquante I liegt. Offensichtlich wird diese Ineffizienz, wenn man B beispielsweise mit Unternehmen E vergleicht. Die Ineffizienz von B ergibt sich aus dem dort im Vergleich zu E feststellbaren Mehreinsatz an beiden Produktionsfaktoren zur Produktion des gleichen Outputniveaus. Gleiches gilt für Unternehmen C im Vergleich zu D. Selbstredend sind die auf der Isoquante liegenden Produktionspunkte D und E technisch effizient.

Die allokative Effizienz, auch Preiseffizienz genannt, stellt auf die „richtige" Wahl der Faktorinputkombinationen, im Sinne eines „richtigen" Verhältnisses der Einsatzmengen der Produktionsfaktoren zueinander, ab. Im obigen Beispiel läßt sich so beispielsweise fragen, ob E oder D aus allokativer Sicht effizient sind oder nicht. Die „richtige" Inputkombination ergibt sich bekanntlich aus der Anpassung der Unternehmen an das vorherrschende Faktorpreisverhältnis. Dieses bestimmt den Absolutwert der Steigung der Isokostengerade. Im Beispiel der Abbildung 1.2 tangiert die Isokostengerade a die Isoquante genau im Produktionspunkt des Unternehmens E, welches damit allokativ effizient produziert. Dagegen produziert Unternehmen D mit mehr Einsatz an Arbeit und weniger Kapital als dies aus allokativer Sicht optimal ist und ist somit allokativ ineffizient. Man kann diesen Zusammenhang auch mit Hilfe der Kapitalintensität K/L als Maß für die Faktorinputkombination ausdrücken. Ausgangspunkt ist Unternehmen E mit der allokativ optimalen Kapitalintensität. Die Kapitalintensität von Unternehmen D ist geringer als diejenige von E, was sich unmittelbar aus dem bereits festgestellten Mehreinsatz von Arbeit und Mindereinsatz von Kapital des Unternehmens D im Vergleich zu E ergibt.

Auch für die Unternehmen B und C läßt sich die allokative Effizienz bestimmen. Zu diesem Zweck macht man sich die Eigenschaft zunutze, daß die Kapitalintensität auf jedem Ursprungsstrahl konstant ist. Entsprechend weist B die gleiche Kapitalintensität wie E und C die gleiche Kapitalintensität wie D auf, woraus unmittelbar folgt, daß Unternehmen B allokativ effizient produziert, während Unternehmen C allokative Ineffizienz aufweist.

Skaleneffizienz

Eine dritte Effizienzart stellt die sogenannte Skaleneffizienz dar. Bei diesem Konzept wird auf die Frage abgestellt, ob ein Unternehmen die „richtige" (optimale) Unternehmensgröße gewählt hat, wobei die Unternehmensgröße in Outputeinheiten gemessen wird. Die „richtige" Unternehmensgröße ist bei dem Outputniveau zu finden, bei dem die Durchschnittskosten der Produktion am niedrigsten sind, was gleichbedeu-

tend ist mit demjenigen Outputniveau, bei dem die totale Faktorproduktivität am höchsten ist.

In Abbildung 1.5 erkennt man für den Fall eines Inputs x und eines
Outputs y, daß die totale Faktorproduktivität – hier ausgedrückt durch das
Verhältnis von Outputmenge zu Inputeinsatz y/x – im Punkt D* am
höchsten ist. In diesem Punkt tangiert ein Ursprungsstrahl die Produktionsfunktion, dessen Steigung genau diese totale Faktorproduktivität wiedergibt. Hier ist die Unternehmensgröße bezogen auf die gegebene Produktionsfunktion optimal gewählt. Die Unternehmen B und C dagegen
haben nicht die „richtige" Größe, da die gestrichelt eingezeichneten Ursprungsstrahle durch diese Punkte eine geringere Steigung aufweisen, als
derjenige durch D*. Dies bedeutet, daß die totale Faktorproduktivität bei
den Unternehmen B und C zu gering ist. Im Fall des Unternehmens B ist
dies dadurch begründet, daß B im Vergleich zu D* zu klein ist und durch
eine Erhöhung des Output- bzw. Inputvolumens die Skaleneffizienz verbessert werden kann. Für Unternehmens C, daß im Vergleich zu D* zu
groß ist, läßt sich die Skaleneffizienz durch eine Reduktion des Output-
bzw. Inputvolumens erhöhen. Der Punkt D* trennt somit auf der Funktion
F^* den Bereich zunehmender Skalenerträge von 0 bis D* vom Bereich ab-
nehmender Skalenerträge ab D*.

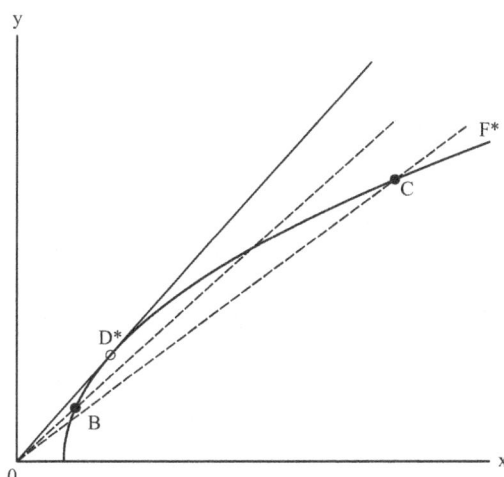

Abb. 1.5. Skaleneffizienz

Es ist unmittelbar klar, daß die hier angesprochenen Produktivitätsunterschiede von anderer Natur sind als technische Ineffizienzen, da die Punkte D*, B und C auf der Produktionsfunktion liegen. Über die allokative Effizienz können im hier betrachteten Fall eines Inputfaktors keine Aussagen getroffen werden.

1.1.4 Produktionsfunktion und technischer Fortschritt

Alle bisher gemachten Aussagen zur Produktionsfunktion, zur best-practice-Produktionsfunktion sowie den verschiedenen Arten der Effizienz haben sich auf einen bestimmten Zeitpunkt bezogen. Es stellt sich nun die Frage, um welche Aspekte die Analyse zu erweitern ist, wenn explizit Veränderungen über die Zeit einbezogen werden sollen. In diesem Zusammenhang drängen sich vor allem Änderungen der Preise und die Wirkungen des technischen Fortschritts auf.

Änderungen der relativen Preise haben (wenn sie nicht in Wechselwirkungen mit technischem Fortschritt treten) keinen Einfluß auf die Produktionsfunktion, sondern bewirken lediglich Substitutionseffekte in dem Sinne, daß eine andere Kombination der Inputfaktoren (oder des Outputmixes) aus allokativer Sicht optimal ist. In Abbildung 1.4 kann sich beispielsweise die Lage der Isokostenlinie a aufgrund einer relativen Verteuerung des Produktionsfaktors Kapital so verändern (was sich in einer Drehung der Isokostenlinie äußert), daß sie die Isoquante I nicht mehr im Punkt E sondern im Punkt D tangiert und nun die Produktionspunkte D und C anstelle von E und B allokativ effizient sind. Die technische Effizienz der Produktionspunkte ist von diesen Preisänderungen nicht betroffen.

Technischer Fortschritt hingegen (wenn er nicht in Wechselwirkungen mit relativen Preisänderungen tritt) verändert die technische Natur von Produktionsprozessen. Dabei soll hier auf die verschiedenen Arten und Quellen technischen Fortschritts nicht weiter eingegangen, sondern nur dessen Wirkungen auf die Produktionsfunktion betrachtet werden. Unter Wirkungen des technischen Fortschritts stellt man sich der Einfachheit halber Verschiebungen bzw. Drehungen von Produktionsfunktionen vor. Dies resultiert in einer möglichen Mehrproduktion von Output bei konstantem Inputeinsatz oder einer möglichen Inputreduktion zur Produktion einer konstanten Outputmenge.

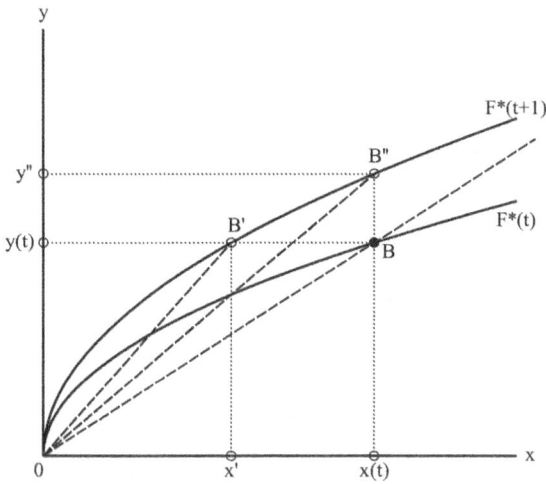

Abb. 1.6. Technischer Fortschritt

In Abbildung 1.6 sind die Produktionsfunktionen F^* zum Zeitpunkt t, $F^*(t)$, und zum Zeitpunkt $t+1$, $F^*(t+1)$, eingezeichnet. $F^*(t+1)$ resultiert aus einer Drehung der Produktionsfunktion $F^*(t)$ nach oben. Hierdurch wird auf sehr einfache Art und Weise die Wirkung des technischen Fortschritts in der Form abgebildet, daß jede Input-Output-Kombination davon betroffen ist. Eingeschränkt wird die Darstellung durch den Umstand, daß der Fortschritt hier in Gestalt des Prozeßfortschritts und nicht in Form von Qualitätsverbesserungen oder Produktinnovationen auftritt. Von Prozeßfortschritt spricht man immer dann, wenn Produktionsprozesse in ihren technischen Eigenschaften so verbessert werden, daß deren totale Faktorproduktivität zunimmt. Im obigen Beispiel mit einem Output und einem Inputfaktor ist die totale Faktorproduktivität mit der partiellen Faktorproduktivität des Produktionsfaktors x identisch.

Am Beispiel des Unternehmens B kann diese Produktivitätszunahme verdeutlicht werden. B produziert zum Zeitpunkt t auf $F^*(t)$ mit dem Inputeinsatz $x(t)$ die Outputmenge $y(t)$. Man kann sich vorstellen, daß B beispielsweise in $t+1$ im Punkt B" auf $F^*(t+1)$ produziert, der dadurch charakterisiert ist, daß bei konstantem Inputeinsatz $x(t)$ das höhere Outputniveau y'' realisiert wird. Die Produktivität von B hat sich im Zuge dieser Veränderungen von $y(t)/x(t)$ auf $y''/x(t)$ erhöht. Graphisch entspricht dies der Erhöhung der Steigung des (gestrichelten) Ursprungsstrahls durch B" im Vergleich zur Steigung des Ursprungsstrahls durch B. Die Fortschrittswirkung beruht hier auf einer reinen Outputsteigerung. Alternativ kann man sich auch vorstellen, daß B in $t+1$ im Punkt B' produziert, der dadurch charakterisiert ist, daß nun das konstante Outputniveau $y(t)$ mit einem reduzierten Inputeinsatz x' realisiert wird. Dadurch erhöht sich die Produktivität von B auf $y(t)/x'$, was sich graphisch in der höheren Steigung des Ursprungsstrahls durch B' im Vergleich zu derjenigen durch B widerspiegelt. In diesem Fall beruht die Fortschrittswirkung auf einer reinen Inputreduktion.

Eine Fortschrittswirkung und die damit verbundene Produktivitätssteigerung von B ist nicht allein in den Punkten B' und B" festzustellen, sondern tritt auch für Input-Output-Kombinationen auf weiten Bereichen von $F^*(t+1)$ auf, wie (zweifelsfrei) auf allen Punkten zwischen B' und B". Unschwer und ohne in die Details gehen zu wollen läßt sich der Bereich abgrenzen, innerhalb dessen Unternehmen B eine Produktivitätssteigerung erfährt. Es ist unmittelbar einsichtig, daß der Ursprungsstrahl durch B, über B hinaus verlängert, die Produktionsfunktion $F^*(t+1)$ schneiden muß. Alle Input-Output-Kombinationen auf $F^*(t+1)$ von Null beginnend bis zu diesem Schnittpunkt weisen eine höhere Produktivität als der Punkt B auf. Ab diesem Schnittpunkt auf der Funktion $F^*(t+1)$ beginnen die abnehmenden Skaleneffekte die produktivitätserhöhenden Wirkungen des technischen Fortschritts zu dominieren und die Produktivität y/x ist geringer als in B.

1.1.5 Produktivität, Effizienz und technischer Fortschritt

Wie läßt sich nun der Begriff der Produktivität in das Konzept der technischen Effizienz und in die Vorstellungen zum technischen Fortschritt integrieren? Die totale Faktorproduktivität (TFP) setzt das Produktionsergebnis zum aggregierten Faktoreinsatz in Beziehung. Das Wachstum der totalen Faktorproduktivität wird definiert als das Outputwachstum (bzw. vertikale Veränderungen der Produktionsfunktion), welches nicht durch den Anstieg der Inputmengen erklärt werden kann. Alternativ kann es auch als Inputreduktion definiert werden, die nicht auf einen Rückgang der Outputmenge zurückgeführt werden kann.

Aus den Ausführungen zum technischen Fortschritt oben ist unmittelbar deutlich geworden, daß der technische Fortschritt zu einem Wachstum der totalen Faktorproduktivität führen kann. Geht man jedoch realistischerweise davon aus, daß reale Produktionsprozesse Ineffizienzen aufweisen, so führt eine reine Verringerung der Ineffizienzen ebenfalls zu einer Erhöhung der totalen Faktorproduktivität, ohne daß dabei technischer Fortschritt involviert ist. Bei einer zeitraumbezogenen Betrachtung der Produktivität und ihrer Veränderung ergibt sich hieraus das Problem der Trennung von Wirkungen des technischen Fortschritts und der Effekte einer reinen Effizienzveränderung. Letztere können sich in Veränderungen der technischen, der allokativen und der Skaleneffizienz niederschlagen. Im weiteren sollen die Zusammenhänge zwischen den angesprochenen Effizienzveränderungen und dem technischen Fortschritt dargestellt werden, wobei mit der Veränderung der technischen Effizienz begonnen wird.

Technischer Fortschritt versus Veränderung der technischen Effizienz

Anhand von Abbildung 1.7 soll aufgezeigt werden, wie sich das Wachstum der totalen Faktorproduktivität aus den Wirkungen des technischen Fortschritts, den Effizienzverbesserungen oder einer Kombinationen aus beiden zusammensetzt. Betrachtet wird die (offensichtliche) Zunahme der totalen Faktorproduktivität des Unternehmens B von $B(t)$ nach $B(t+1)$, wobei vereinfachend angenommen wird, daß die Produktivitätssteigerung allein aus einer Inputreduktion bei konstantem Outputniveau resultiert. Für die weitere Argumentation sind drei Produktionsfunktionen H', H" und H'" eingezeichnet, deren Rolle noch konkretisiert wird. Drei prinzipielle Fälle sind hierbei von Bedeutung.

Erstens, wenn die Veränderung der totalen Faktorproduktivität des Unternehmens B allein aus technischem Fortschritt resultiert, dann entspricht H' der best-practice-Produktionsfunktion der Periode t, $F*(t)$, und H'" der best-practice-Produktionsfunktion der Periode $t+1$, $F*(t+1)$. Da die Produktionspunkte $B(t)$ und $B(t+1)$ auf den jeweiligen best-practice-Produktionsfunktionen liegen, sind sie technisch effizient und die Veränderung der totalen Faktorproduktivität ist allein auf die Verschiebung der best-practice-Produktionsfunktion durch den technischen Fortschritt zurückzuführen.

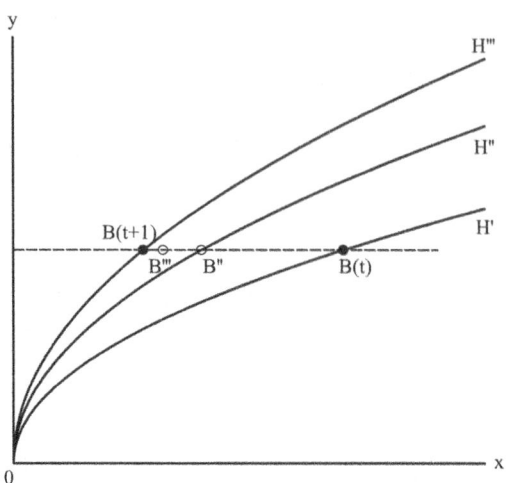

Abb. 1.7. Effizienzverbesserung versus technischer Fortschritt

Zweitens ist vorstellbar, daß die Produktivitätsveränderung nur auf eine Veränderung der technischen Effizienz ohne jede Einwirkung technologischen Fortschritts basiert. In diesem Fall repräsentiert H''' die best-practice-Produktionsfunktionen $F^*(t)$ und $F^*(t+1)$, während H' die actual-practice-Produktionsfunktion $F(t)$ darstellt. Somit vollzieht Unternehmen B eine Bewegung auf die best-practice-Produktionsfunktion hin und eliminiert in diesem Fall seine Ineffizienz zum Zeitpunkt t. Selbst wenn B seine Ineffizienz nicht komplett abbauen würde, sondern nur einen Produktionspunkt zwischen B($t+1$) und B(t) realisieren könnte, wäre eine Erhöhung der totalen Faktorproduktivität beobachtbar.

Der dritte Fall berücksichtigt, daß Veränderungen der totalen Faktorproduktivität auch aus Kombinationen von technischem Fortschritt und Effizienzerhöhungen resultieren können. Beispielsweise ist vorstellbar, daß H' die actual-practice-Produktionsfunktion $F(t)$, H'' die best-practice-Produktionsfunktion $F^*(t)$ und H''' die Funktion $F^*(t+1)$ repräsentiert. Die Produktivitätssteigerung, die mit der Bewegung von B($t+1$) nach B(t) verbunden ist, setzt sich nun aus dem Abbau der Ineffizienz von B(t) nach B'' sowie dem Fortschrittseffekt von B'' nach B($t+1$) zusammen. Im hier diskutierten Beispiel ist eine klare Trennung der Fortschrittswirkung von der Effizienzverbesserung möglich. Falls sich die Produktivitätsveränderung von Unternehmen B jedoch in einer Bewegung von B(t) nach B''' niederschlägt, wobei in Periode $t+1$ noch ein gewisses Maß an Ineffizienz bestehen bleibt, ist diese Trennbarkeit nicht mehr ohne weiteres möglich. Die Produktivitätsveränderung B(t) nach B''' läßt sich hier nämlich auf verschiedene Kombinationen von Fortschrittswirkung und Effizienzveränderung zurückführen. So kann beispielsweise eine Kombination von vollkommenem Abbau von Ineffizienz mit einer nur unvollständig erfahrenen Fortschrittswirkung zum gleichen Ergebnis führen wie eine Kombination aus vollständiger Fortschrittswirkung und nur teilweisem Abbau von Ineffizienz. Um hier konkrete Aussagen ableiten zu können, sind zusätzliche Annahmen erforderlich, wie etwa diejenige, daß die Fortschrittswirkung stets vollständig realisiert wird.

Technischer Fortschritt versus Veränderung der allokativen Effizienz

Beobachtet man die Produktionstechniken von Unternehmen im Zeitablauf, so kann man oft feststellen, daß sich das Einsatzverhältnis der im Produktionsprozeß eingesetzten Inputfaktoren verändert. Man spricht in diesem Fall davon, daß ein Produktionsfaktor gegen einen anderen substituiert wird. Im Fall der zwei Produktionsfaktoren Arbeit und Kapital verändert sich dabei die Kapitalintensität K/L. Wie die obige Diskussion zur allokativen Effizienz von Produktionsprozessen aufgezeigt hat, sind Veränderungen der allokativen Effizienz stets mit Veränderungen des Einsatzverhältnisses der Produktionsfaktoren, also z.B. der Kapitalintensität verbunden.

In diesem Zusammenhang interessiert nun die Frage, ob man immer dann, wenn ein Unternehmen im Zeitablauf die Kapitalintensität ändert, die daraus resultierende Effizienzveränderung rein auf Substitutionseffekte zurückführen kann oder ob nicht der technische Fortschritt als wesentliche Einflußgröße zu berücksichtigen ist.

Abbildung 1.8 soll helfen, diese Frage zu beantworten. Dort werden Produktionspunkte der Periode t und der Periode $t+1$ betrachtet und miteinander verglichen, die mit unterschiedlichen Kombinationen der Inputfaktoren Kapital und Arbeit ein konstantes Outputniveau produzieren. Zwischen den beiden Perioden können Substitutionsprozesse zwischen den Produktionsfaktoren auftreten, sowie technischer Fortschritt wirken.

Für das Unternehmen B sind zwei Produktionspunkte eingezeichnet, einmal B(t) zum Zeitpunkt t und B($t+1$) für den Zeitpunkt $t+1$. Ganz offensichtlich hat Unternehmen B die Kapitalintensität seines Produktionsprozesses zwischen den beiden Zeitpunkten verringert. Eine erste Interpretation dieser Veränderung argumentiert mit der Hilfsisoquante H, die in diesem Fall der best-practice-Produktionsfunktion $F*(t)$ und $F*(t+1)$ entsprechen soll, was bedeutet, daß keinerlei technischer Fortschritt stattgefunden hat. Die Veränderung der allokativen Effizienz ist allein auf die Faktorsubstitution zurückzuführen, denn B substituiert auf der Isoquante H den Produktionsfaktor Kapital gegen den Produktionsfaktor Arbeit. Ob es sich bei dieser Effizienzveränderung um eine Verbesserung oder eine Verschlechterung der allokativen Effizienz handelt, kann nur bei Kenntnis des Faktorpreisverhältnisses beantwortet werden. Hierauf soll allerdings nicht weiter eingegangen werden.

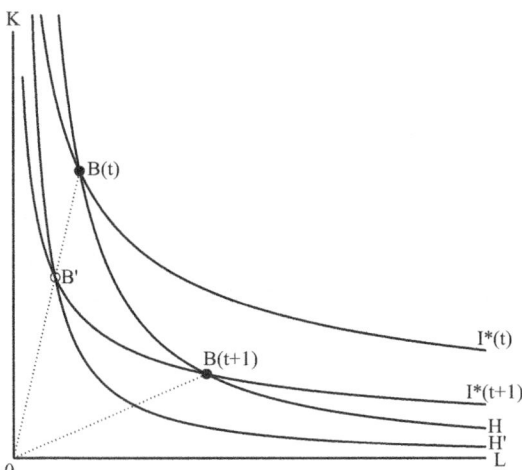

Abb. 1.8. Technischer Fortschritt versus Substitutionseffekt

Nach dieser Betrachtung eines reinen Substitutionseffektes soll in einem Zwischenschritt die reine Wirkung des technischen Fortschritts untersucht werden. Zur Vereinfachung sei hier ein spezieller Fall des technischen Fortschritts dargestellt, aufgrund dessen die Isoquanten proportional in Richtung Ursprung verschoben werden. Diese Art der Fortschrittswirkung wird auch als Hicks-neutraler Fortschritt bezeichnet, der dadurch charakterisiert ist, daß sich die Grenzproduktivitäten aller eingesetzten Produktionsfaktoren um den gleichen Faktor erhöhen.[2] Geht man von Punkt B(t) aus und bezeichnet H eine Isoquante der Produktionsfunktion $F^*(t)$, dann bewirkt Hicks-neutraler Fortschritt, daß Unternehmen B nun auf der Isoquante H' produzieren kann, welche die Produktionsfunktion $F^*(t+1)$ repräsentiert. Nimmt man an, daß in Folge der Fortschrittswirkung keine Faktorsubstitution erfolgt, also Unternehmen B immer mit der gleichen Kapitalintensität wie in B(t) und damit auf dem Fahrstrahl vom Koordinatenursprung zu B(t) produziert, dann könnte B den Produktionspunkt B' auf H' realisieren. Die hiermit verbundene Veränderung der Produktivität ist ausschließlich auf die Wirkungen des technischen Fortschritts zurückzuführen, da B mit konstanter Kapitalintensität produziert und annahmegemäß auch das Faktorpreisverhältnis konstant ist.

Die Form der beiden Isoquanten H und H' in Abbildung 1.8 ist rein willkürlich gewählt. Man kann sich auch vorstellen, daß durch B(t) die Isoquante $I^*(t)$ verläuft, die einen vergleichsweise flacheren Verlauf als H und damit eine geringere Grenzrate der Substitution zwischen K und L aufweist. In diesem Fall kann B den Produktionspunkt B(t+1) durch Faktorsubstitution auf $I^*(t)$ allein nicht erreichen. Vielmehr ist hierzu zusätzlich die Wirkung des technischen Fortschritts erforderlich. Ein Hicks-neutral wirkender Fortschritt, welcher die Isoquante $I^*(t)$ nach $I^*(t+1)$ verschiebt, erlaubt es B im Punkt B(t+1) zu produzieren. Die Gesamtveränderung der Effizienz zwischen B(t) und B(t+1) setzt sich dann aus einer reinen Fortschrittswirkung von B(t) nach B' und einer Veränderung der allokativen Effizienz durch die Substitution von Kapital durch Arbeit von B' nach B(t+1) zusammen.

Wie dieses Beispiel klar aufzeigt, ist nur bei genauer Kenntnis der Produktionsfunktion und der Art des technischen Fortschritts eine Unterscheidung zwischen den Wirkungen des technischen Fortschritts und den Wirkungen der Faktorsubstitution möglich. Bei der empirischen Analyse der Veränderungen von Produktionsprozessen ist dies nur unter sehr einschränkenden Annahmen durchführbar. Deshalb behilft man sich in der Praxis der Produktivitätsanalyse in aller Regel mit der Annahme, daß ausschließlich Hicks-neutraler Fortschritt vorliegt.

---

[2] In der Abbildung äußert sich dies darin, daß die Isoquanten H und H' entlang eines Fahrstrahls zum Ursprung die gleiche Steigung aufweisen, was bedeutet, daß dort das Grenzproduktivitätsverhältnis von Arbeit und Kapital konstant ist.

Technischer Fortschritt versus Skaleneffekte

Als dritter Fall sei noch der Zusammenhang zwischen Skaleneffizienz und den dahinterstehenden Skaleneffekten auf der einen Seite und den Wirkungen des technischen Fortschritts auf der anderen Seite angesprochen. Abbildung 1.9 zeigt ein Beispiel, bei dem mit einem Input x ein Output y produziert wird. Für Unternehmen B werden zum Zeitpunkt t der Produktionspunkt B(t) und zum Zeitpunkt $t+1$ die Input-Output-Kombination B($t+1$) beobachtet. An der Steigung der Ursprungsstrahlen durch B(t) und B($t+1$) erkennt man unmittelbar, daß die totale Faktorproduktivität von Unternehmen B zugenommen hat.

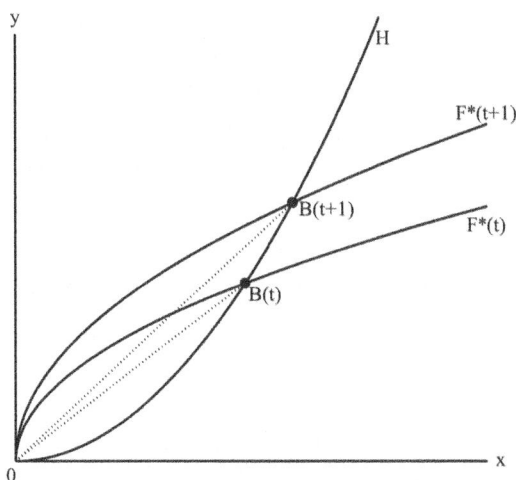

Abb. 1.9. Technischer Fortschritt versus Skaleneffekt

In Abhängigkeit von der Art und der Form der Produktionsfunktion kann diese Erhöhung der totalen Faktorproduktivität ganz unterschiedlich interpretiert werden. Produziert B in t mit der Produktionsfunktion $F*(t)$ und in $t+1$ mit der Produktionsfunktion $F*(t+1)$, dann ist ganz offensichtlich die Wirkung des technischen Fortschritts für die Produktivitätssteigerung ursächlich. Diese Wirkung setzt sich zusammen aus einer vertikalen Bewegung von B(t) auf die Produktionsfunktion $F*(t+1)$ und einer Kapazitätsausweitung entlang dieser Produktionsfunktion bis zum Punkt B($t+1$), die mit sinkenden Skalenerträgen verbunden ist. Alternativ hierzu kann man aber auch eine Erklärung finden, die allein auf der Wirkung von Skaleneffekten beruht. Hierzu ist angenommen, daß B(t) und B($t + 1$) auf einer Produktionsfunktion H liegen, welche der best-practice-Produktionsfunktion sowohl in Periode t als auch in Periode $t + 1$ entspricht. Sie zeichnet sich durch steigende Skalenerträge in der Produktion aus, was mit einer bei steigendem Output kontinuierlich zunehmenden Durchschnittsproduktivität des Inputfaktors x verbunden ist. Die beobachtete Produktivitätssteigerung des Unternehmens B ist in diesem Fall ganz einfach auf steigende Skalenerträge zurückzuführen. Von t nach $t + 1$ gelingt es B seinen Output zu erhöhen, was aufgrund der spezifischen Eigenschaften der Produktionsfunktion H automatisch zu einer Erhöhung der totalen Faktorproduktivität führt, ohne daß dabei technischer Fortschritt involviert sein muß.

Welcher dieser beiden Interpretationen nun zur Anwendung kommt, hängt von der Form der zugrundeliegenden Produktionsfunktion ab. Nur wenn der Funktionsverlauf bekannt ist, kann man ohne weitere Annahmen zu konkreten Aussagen kommen. In der empirischen Analyse tritt in aller Regel das Problem auf, daß technischer Fortschritt und Skalenerträge nicht genau voneinander separiert werden können. Man behilft sich dann damit, daß oft einfach konstante Skalenerträge angenommen werden und nimmt dabei in Kauf, daß die Fortschrittsmessung neben dem technischen Fortschritt auch auftretende Skaleneffekte (zumindest zum Teil) erfaßt.

1.2 Problemstellung und Überblick

Zur Erläuterung der in diesem Kapitel dargelegten Grundbegriffe wurde stets von einer bekannten funktionalen Form der Produktionsfunktion ausgegangen. Bei der Anwendung der Konzepte auf reale Situationen ist die konkrete funktionale Form der Produktionsfunktion jedoch in der Regel nicht bekannt. Aus der ökonomischen Theorie geläufige Produktionsfunktionen, wie die Cobb-Douglas-Funktion, sind für praktische Anwendung zu restriktiv und repräsentieren die Daten häufig nur sehr grob.

Der nichtparametrische Ansatz zur Produktivitäts- und Effizienzanalyse, wie er in diesem Buch vorgestellt wird, geht daher nicht von einer bekannten, bis auf einige wenige unbekannte Parameter spezifizierten, Produktionsfunktion aus. Statt dessen läßt der nichtparametrische Ansatz die konkrete funktionale Spezifikation der Produktionsfunktion weitgehend offen. Ziel dieser Vorgehensweise ist es, die Input- und Outputdaten einer Stichprobe von Entscheidungseinheiten mit einem Minimum an a priori erforderlicher Information zu analysieren. Entscheidungseinheiten (sog. decision making units oder DMUs) können dabei ganze Länder, Branchen, Unternehmen, Abteilungen innerhalb von Unternehmen, einzelne Personen oder Arbeitsvorgänge sein. Aus Gründen der sprachlichen Vereinfachung wird im folgenden auch dann von Unternehmen gesprochen, wenn Entscheidungseinheiten im allgemeinen gemeint sind.

Der Verzicht auf die funktionale Spezifikation der Beziehung zwischen Inputs und Output wird durch die Approximation der Produktionsfunktion mittels eines stückweise linearen Funktionsverlaufs ermöglicht, der die verfügbaren Input- und Outputdaten engstmöglich umhüllt. Damit werden Maximum- und Minimum-Prinzip nicht mehr im Sinne eines Optimum betrachtet, sondern grundsätzlich im best-practice-Sinne interpretiert. Die folgende Abbildung 1.10 zeigt auf der linken Seite eine parametrisch spezifizierte Isoquante I, auf der drei Unternehmen A, B und C liegen, zusammen mit der Approximation durch eine stückweise lineare Funktion. Auf der rechten Seite ist in analoger Weise eine Produktionsfunktion F abgebildet, deren Verlauf wiederum durch die stückweise lineare Verbindung der Input-Output-Kombinationen der drei Unternehmen A, B und C approximiert wird. Diese stückweise linearen Approximationen werden dabei ausschließlich von der Lage der Datenpunkte determiniert. Die Bedeutung der horizontalen und vertikalen Verlängerungen der Approximationen vor bzw. nach den Beobachtungen A und C wird später noch im Detail erläutert.

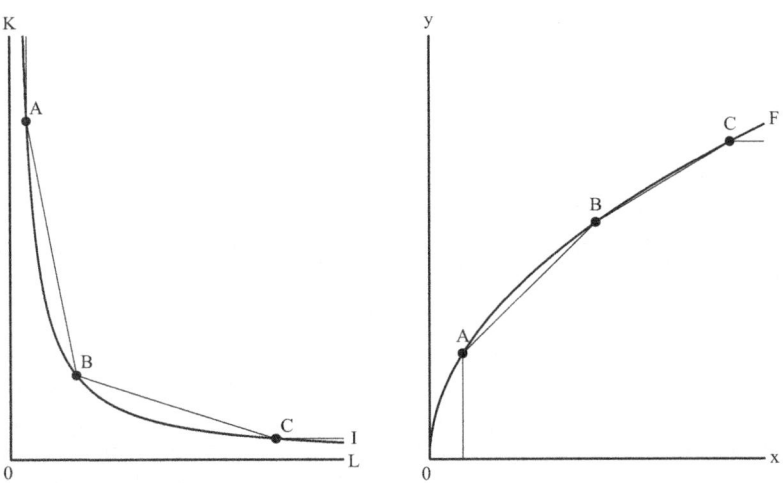

Abb. 1.10. Stückweise lineare Approximationen

Damit ist der Rahmen für die Vorgehensweise in den weiteren Kapiteln abgesteckt. Das folgende Kapitel 2 führt von einer Produktivitäts- und Effizienzanalyse bei bekannter Produktionsfunktion (der parametrische Fall) zur Produktivitäts- und Effizienzanalyse bei unbekannter Produktionsfunktion (der nichtparametrische Fall) über.

Anschließend beginnen die Kapitel 3 und 4 mit der Darstellung des nichtparametrischen Falls bei Gültigkeit der Annahme konstanter Skalenerträge. Kapitel 3 verwendet dabei als Ausgangspunkt eine Indexzahl zur totalen Faktorproduktivität und überführt das Problem der Effizienzmessung in ein gewöhnliches lineares Optimierungsproblem unter Nebenbedingungen, daß mit dem Simplexalgorithmus relativ einfach gelöst werden kann. In Kapitel 4 wird die gleiche Problemstellung mit Hilfe des axiomatischen Ansatzes zur Produktionstheorie fundiert. Auch hier läßt sich das Problem der Effizienzmessung als gewöhnliches lineares Optimierungsproblem unter Nebenbedingungen fassen, welches sich dual zu demjenigen aus Kapitel 3 verhält und aus dessen Lösungswerten sich einige zusätzliche Einsichten gewinnen lassen.

Kapitel 5 gibt die Annahme konstanter Skalenerträge auf und erlaubt damit die Separierung der „reinen" technischen Effizienz von Effizienzminderungen, die aus einer falsch gewählten Unternehmensgröße resultieren. Zusätzlich wird dargelegt, wie sich die produktivste Unternehmensgröße für eine bestimmten Datenstichprobe ermitteln läßt.

In Kapitel 6 werden zwei unterschiedliche Perspektiven der Effizienzmessung verglichen, welche die Ineffizienz entweder in Form der möglichen Reduzierung des Inputeinsatzes oder in Form der möglichen Erhöhung der produzierten Outputmengen wiedergeben.

Kapitel 7 enthält einige Erweiterungen der nichtparametrischen Produktivitäts- und Effizienzanalyse. Hier wird die Behandlung einiger Spezialfälle erläutert, die in diesem Zusammenhang auftreten können. Darüber hinaus werden auch Preisinformationen berücksichtigt, die zuvor konsequent ausgeblendet wurden.

Kapitel 8 schließlich stellt Vorgehensweisen für eine Analyse von Produktivitäts- und Effizienzveränderungen über die Zeit vor. Der Schwerpunkt liegt hier auf dem Malmquist-Index, dessen Umformung eine Aufspaltung der gemessenen Produktivitätsveränderung in die Veränderung der technischen Effizienz und den Beitrag des technologischen Fortschritts ermöglicht.

Die wenigen mathematischen Hilfsmittel, die zum Verständnis des nichtparametrischen Ansatzes notwendig sind, werden in einem Appendix erläutert. Es handelt sich hierbei um eine einfache Erklärung der Funktionsweise des Simplexalgorithmus und des Dualitätstheorems der linearen Programmierung.

Der Raum der verschiedenen Varianten und Möglichkeiten, die für die nichtparametrischen Methoden der Produktivitäts- und Effizienzanalyse bestehen, ist in Tabelle 1.2 zusammengestellt. Darin deuten die fett gesetzten Begriffe an, welche der Varianten in den nachfolgenden Kapiteln im Detail behandelt werden. Zu den verbleibenden Varianten werden an verschiedenen Stellen, insbesondere aber am Ende von Kapitel 7, Hinweise auf die weiterführende Literatur gegeben. Alle in diesem Buch behandelten Varianten basieren auf kardinal skalierten Daten, sind (input- oder output-) orientiert, basieren auf konvexen Technologierepräsentationen, gehen von freier Disposabilität aus, messen die Effizienz radial und sind deterministischer Natur. In den Kapitel 3 und 4 wird mit der inputorientierten statischen Effizienzanalyse bei konstanten Skalenerträgen begonnen, worauf Kapitel 5 die Analyse um die Möglichkeiten variabler (und nichtsinkender bzw. nichtsteigender) Skalenerträge erweitert. In Kapitel 6 wechselt dann die Perspektive zur Outputorientierung und in Kapitel 8 wird die Möglichkeit der Analyse zeitlicher Veränderungen behandelt.

Tabelle 1.2. Möglichkeitenraum

Kategorie	Ausprägungen			
Datenskalierung	kategorial	ordinal	**kardinal**	
Orientierung	**inputorientiert**	**outputorientiert**	nicht orientiert	
Skalenerträge	**konstant**	**variabel**	**nichtsinkend**	**nichtsteigend**
Konvexität	**konvex**	nicht konvex		
Disposabilität	**ja**	nein		
Effizienzmaß	**radial**	nicht radial		
Zeitbezug	**statisch**	**dynamisch**		
Unsicherheit	**deterministisch**	stochastisch		

Schlüsselbegriffe

Produktivität
Maximum-Prinzip
Minimum-Prinzip

optimale Produktionsfunktion
best-practice-Produktionsfunktion
actual-practice-Produktionsfunktion
technische Effizienz
allokative Effizienz
Skaleneffizienz
technischer Fortschritt
stückweise lineare Approximation

2 Empirische Analyse von Produktivität und Effizienz

Dieses Kapitel schlägt die Brücke von den im voranstehenden Kapitel eingeführten Grundbegriffen zur Anwendung von nichtparametrischen Methoden der Produktivitäts- und Effizienzanalyse. Ausgangspunkt bilden einige einfache Überlegungen zum ökonomischen und technischen Leistungsvergleich von Unternehmen (2.1). Anschließend wird gezeigt, wie die Produktivitäts- und Effizienzanalyse in unterschiedlichen Situationen hinsichtlich der Informationen, die dem Anwender zur Verfügung stehen, ausgestaltet werden kann. Hierbei wird unterschieden, ob Information über Preise (2.2) und Technologie (2.3) entweder bekannt sind oder nicht vorliegen (2.4). Diese Unterscheidung hat dann unmittelbare Auswirkungen auf die Wahl der empirischen Methoden (2.5). Abgerundet wird diese Einführung mit einem Überblick zu einigen exemplarisch ausgewählten Anwendungsgebieten (2.6) und Hinweisen auf bestehende Software-Lösungen (2.7).

2.1 Leistungsvergleich

Ziel eines Leistungsvergleiches von Unternehmen ist es, eine eindeutige Rangliste der Unternehmen zu erstellen. Den ersten Platz soll dabei das leistungsfähigste Unternehmen einnehmen, während das leistungsschwächste Unternehmen den letzten Rang der Liste belegen soll. Um eine solche Rangliste generieren zu können, muß die Leistung jedes einzelnen Unternehmens auf eine einzelne Kennzahl reduziert werden. Es wird dabei zwischen ökonomischen und technischen Kennzahlen unterschieden.

Ökonomische Kennzahlen

Zum Leistungsvergleich von Unternehmen werden oft ökonomische Leistungsindikatoren wie etwa Stückkosten, Umsatz und Profitabilität verwendet. Diese Kennzahlen lassen aber nur unter einschränkenden Annahmen einen objektiven Leistungsvergleich zu. Zur Bildung ökonomischer Kennzahlen ist es zwingend erforderlich, die monetäre Bewertung sowohl der Inputfaktoren und als der produzierten Outputs zu kennen oder vorzunehmen. In der Praxis werden dazu in der Regel Marktpreise verwendet. Um auf dieser Basis einen sinnvollen ökonomischen Leistungsvergleich durchführen zu können, müssen diese Bewertungen für alle zu vergleichenden Unternehmen vorhanden und vor allem identisch sein.

In vielen Bereichen sind diese Voraussetzungen jedoch nicht erfüllt, da erstens eine monetäre Bewertung in Form von Marktpreisen nicht vorliegt oder aber zweitens die monetäre Bewertung nicht für alle betrachteten Unternehmen einheitlich ausfällt. Den zuerst genannten Fall trifft man beispielsweise dann an, wenn die zu untersuchenden Unternehmen dem öffentlichen Sektor zuzurechnen sind. Dort wird man nämlich häufig für den Output keine Marktpreisinformationen erhalten. Auch bei den eingesetzten Inputfaktoren ist eine monetäre Bewertung oftmals nur eingeschränkt möglich. Als Gründe hierfür sind hauptsächlich öffentliche Güter und externe Effekte zu nennen, für welche keine Märkte existieren und damit auch keine Marktpreisbewertung vorgenommen werden kann. Bei öffentlichen Gütern denke man beispielsweise an öffentliche Verkehrsinfrastruktureinrichtungen als Inputfaktoren bei Transportleistungen. Als externe Effekte auf der Outputseite kommt zum Beispiel die Umweltverschmutzung in Betracht, die oft mit Produktionsprozessen verbunden ist. In Situationen, bei denen öffentliche Güter oder Externalitäten auftreten, ist ein ökonomischer Leistungsvergleich nur wenig aussagekräftig, wenn er diese Effekte aufgrund der fehlenden Marktbewertung unberücksichtigt läßt.

Im zweiten genannten Fall stellt man fest, daß sich die Preise für Inputfaktoren und produzierten Output zwischen den zu vergleichenden Unternehmen zum Teil erheblich unterscheiden. Gründe hierfür können sein, daß die untersuchten Unternehmen auf unterschiedlichen (regionalen) Märkten agieren oder daß innerhalb von staatlich regulierten Sektoren Preise unterschiedlich festgesetzt sind. Im letzten Fall handelt es sich dann also nicht um durch den Markt bestimmte Konkurrenzpreise. Unabhängig davon, ob es sich um Konkurrenzpreise handelt oder nicht, für einen Leistungsvergleich mit Hilfe ökonomischer Kennzahlen ist es notwendig, daß die verwendeten Preise für alle Untersuchungseinheiten identisch sind. Ist diese Bedingung nicht erfüllt und versucht man dennoch, die Leistungsfähigkeit der Unternehmen mit ökonomischen Kennzahlen zu messen, dann wirken die spezifischen Markt- bzw. Regulierungsbedingungen zwangsläufig über die Preise für Inputs und Outputs auf die Leistungsfähigkeit der jeweiligen Unternehmen ein. Da die Markt- bzw. Regulierungsbedingungen aber durch das bewertete Unternehmen in aller Regel nicht beeinflußt werden können, führen ökonomische Kennzahlen, die auf dieser Basis ermittelt wurden, zu einer verzerrten Bewertung der Leistungsfähigkeit der einzelnen Unternehmen.

Technische Kennzahlen

Im Unterschied zu den ökonomischen Kennzahlen verzichtet man bei der Bildung technischer Kennzahlen vollkommen auf die Verwendung von Preisinformationen. Zur vergleichenden Analyse der Leistungsfähigkeit werden hierbei die zugrundeliegenden Inputfaktoren und Outputs in realen Einheiten ermittelt. Die Leistungsfähigkeit unter dem Blickwinkel technischer Kennzahlen bezieht sich damit auf die Fähigkeit des Unternehmens, realen Input in realen Output zu verarbeiten. Dabei ist ein Unternehmen als umso leistungsfähiger einzustufen, desto weniger Menge an Inputfaktoren es zur Produktion eines gegebenen Niveaus an Output benötigt beziehungsweise desto mehr Output es mit vorgegebenen Inputmengen produzieren kann. Damit beruhen technische Kennzahlen auf einer Bewertung mit Hilfe einer Produktionsfunktion, die den funktionalen Zusammenhang zwischen eingesetzten Inputfaktoren und dem Output angibt.

Die nachfolgenden Abschnitte versuchen vor diesem Hintergrund die unterschiedlichen Informationsanforderungen, die zur Bildung ökonomischer und technischer Kennzahlen bestehen zu verdeutlichen. Dabei werden zwei grundsätzlich verschiedene analytische Situationen unterstellt. In einer ersten Situation soll davon ausgegangen werden, daß für die zu bewertenden Unternehmen die produktionstechnischen Zusammenhänge in Form der Produktionsfunktion bekannt sind. Im Gegensatz dazu wird in der zweiten betrachteten Situation nur von der Kenntnis der realen Input- und Outputmengen ausgegangen und untersucht, wie trotz dieses eingeschränkten Informationsstandes ein objektiver Leistungsvergleich von Unternehmen durchgeführt werden kann.

Für die weiteren Ausführungen sollen folgende Annahmen getroffen werden, deren Bedeutung bei den folgenden Analysen noch deutlich werden wird:

(A1) Alle Unternehmen produzieren ein homogenes Outputgut unter Einsatz von mehreren, in sich homogenen, Produktionsfaktoren.

(A2) Alle Unternehmen produzieren mit einer identischen linear homogenen Technologie, die durch eine Produktionsfunktion repräsentiert werden kann.

(A3) Güter- und Faktorpreise sind identisch für alle betrachteten Unternehmen.

Die Bedeutung dieser Annahmen für die Ausgestaltung einer Effizienzanalyse soll im folgenden im Rahmen eines einfachen Zahlenbeispiels illustriert werden. Ziel einer solchen Effizienzanalyse ist es, die Leistungsfähigkeit verschiedener Unternehmen miteinander zu vergleichen. Bei den zu untersuchenden Unternehmen handelt es sich um Produktionsstätten, die mit bestimmten Input-Faktoren ein oder mehrere Outputgüter herstellen. Zur Vereinfachung wird im Beispiel zunächst von zwei Inputfaktoren ausgegangen, mit denen ein Outputgut produziert wird.

Im anschließenden Abschnitt 2.2 wird die hierzu Gültigkeit aller Annahmen (A1) bis (A3) unterstellt, insbesondere die Preise als bekannt angenommen. In Abschnitt 2.3 wird gezeigt, wie eine Effizienzanalyse auf Basis der Produktionsstruktur bei Kenntnis der Produktionsfunktion durchgeführt werden kann. Daran anschließend führt Abschnitt 2.4 in eine Effizienzanalyse ein, bei der die Kenntnis der Produktionsfunktion nicht erforderlich ist.

2.2 Analyse bei bekannten Preisen

Die Darstellung erfolgt anhand des Falls zweier Input-Faktoren, Arbeit und Kapital, die zur Produktion eines Outputguts eingesetzt werden. Beispieldatensatz I enthält hierzu die Daten für die vier Unternehmen A bis D. Für jedes Unternehmen sind die eingesetzte Menge L an Arbeitsinput, die jeweils benötigte Menge K an Kapitalinput sowie die Menge y des produzierten Output bekannt. Tabelle 2.1 enthält diese Größen für die vier Unternehmen.

Tabelle 2.1. Beispieldatensatz I

Unternehmen	A	B	C	D
Arbeit L_i	1	7	4	2
Kapital K_i	4	5	1	8
Output y_i	1	1	1	1

So produziert Unternehmen B mit einem Einsatz von 7 Arbeitseinheiten und 5 Kapitaleinheiten 1 Einheit des Produktes y, wohingegen Unternehmen D 2 Arbeitseinheiten und 8 Kapitaleinheiten zur Produktion von ebenfalls 1 Einheit von y benötigt.

Durch die Angaben in Tabelle 2.1 ist die technische Seite des Produktionsprozesses beschrieben. Dies allein erlaubt jedoch keinen ökonomischen Vergleich der betrachteten Unternehmen. Hierfür sind zusätzlich Preisinformationen zur Input- und Outputseite erforderlich. Es sei angenommen, daß für alle Unternehmen der Lohnsatz $w = 0,4$ beträgt und Kapital mit dem Zinssatz $r = 0,1$ entlohnt wird. Auf dem Absatzmarkt hat sich ein Preis pro Outputeinheit von $p = 2$ gebildet.

Gewinnanalyse

In einem ersten Schritt soll die ökonomische Leistungsfähigkeit der Unternehmen anhand ihrer unterschiedlichen Gewinne beurteilt werden. Zu diesem Zweck werden die Produktionskosten C_i ermittelt und der Umsatz R_i für jedes Unternehmen $i \in \{A, B, C, D\}$ bestimmt. Als Differenz des Umsatzes und der Produktionskosten ergibt sich der Gewinn Π_i. Tabelle 2.2 enthält die Ergebnisse.

Tabelle 2.2. Gewinnanalyse

Unternehmen	A	B	C	D
Arbeitskosten wL_i	0,4	2,8	1,6	0,8
Kapitalkosten rK_i	0,4	0,5	0,1	0,8
Kosten $C_i = wL_i + rK_i$	0,8	3,3	1,7	1,6
Erlös $R_i = pY_i$	2,0	2,0	2,0	2,0
Gewinn $\Pi_i = R_i - C_i$	1,2	−1,3	0,3	0,4
Rang	1	4	3	2

Der Tabelle ist unschwer zu entnehmen, daß Unternehmen A den höchsten Profit ausweist und Unternehmen B mit einem Verlust von 1,3 die geringste Profitabilität verzeichnet. Die Unternehmen C und D liegen zwischen diesen Extremfällen.

Worauf lassen sich diese Unterschiede in Π_i zurückführen? Hierzu kann man zunächst folgendes festhalten: Da das Outputniveau der Unternehmen gleich hoch und der Outputpreis bei allen Unternehmen identisch ist, kann die Ursache für Leistungsunterschiede nur auf der Kostenseite liegen. Entsprechend ist im nächsten Schritt eine Kostenanalyse durchzuführen.

Kostenanalyse

Die Kosten C_i sind in Tabelle 2.3 ausgewiesen. Die geringsten Kosten berechnen sich für Unternehmen A. Diese seien mit C_{min} bezeichnet. Dividiert man C_{min} durch die jeweiligen Kosten C_i eines Unternehmens, so erhält man einen Ausdruck für die jeweilige Kosteneffizienz der Unternehmung $i \in \{A, B, C, D\}$. Diese gibt an, auf wieviel Prozent die Kosten des betrachteten Unternehmens zu reduzieren sind, bis C_{min} erreicht ist.

Tabelle 2.3. Kostenanalyse

Unternehmen	A	B	C	D
Kosten C_i	0,80	3,30	1,70	1,60
Kosten C_{min}/C_i	1,00	0,24	0,47	0,50
Rang	1	4	3	2

Es zeigt sich, daß erwartungsgemäß Unternehmen A die höchste Kosteneffizienz mit einem Wert von 1,0 aufweist. Die Ergebnisse für die anderen Unternehmen sind in Bezug auf diesen Wert zu interpretieren: So besagt beispielsweise der Wert 0,24 für B, daß dieses Unternehmen seine Kosten auf 24% des gegenwärtigen Wertes reduzieren müßte, um genauso kosteneffizient (und damit profitabel) zu sein wie A. Das heißt, B weist im Vergleich zu A eine Kosteneffizienz von 24% auf bzw. eine Kostenineffizienz von 76%.

In einem weiteren Schritt kann man sich nun fragen, worauf diese zum Teil erheblichen Unterschiede in der Kosteneffizienz zurückzuführen sind. Durch die Annahme identischer Faktorpreise wird allerdings von vornherein ausgeschlossen, daß die Unternehmen auf den einzelnen Faktormärkten unterschiedliche Marktpositionen einnehmen und damit unterschiedliche Faktorentlohnungen zahlen. Dies führt notwendigerweise zu einer Analyse der eingesetzten Faktormengen und damit zu einer Analyse des Produktionsstruktur der einzelnen Unternehmen.

2.3 Analyse bei bekannter Produktionsfunktion

Analyse der Produktionsstruktur

Produktionsprozesse werden in der Produktionstheorie traditionell mit Hilfe einer Produktionsfunktion f dargestellt. Diese gibt an, welche Kombinationen und welche Mengen von Inputfaktoren mindestens benötigt werden, um ein bestimmtes Outputniveau y zu produzieren. Diese Produktions-

funktion ist dem Analytiker bekannt und allgemein (für den linear homogenen Fall) formuliert als:

$$y_i = A_i f(K_i, L_i) = f(A_i K_i, A_i L_i) \tag{2.1}$$

Der Parameter A_i stellt einen Niveauparameter dar, dessen Funktion und
Aussagekraft später noch eine zentrale Rolle spielt. Für das Beispiel soll
diese Funktion auch noch eine spezielle Form aufweisen. Sie sei vom Typ
Cobb-Douglas, d.h. substitutional, und linear homogen. Letztere Eigen-
schaft ist notwendig, damit die oben vorgenommene Normierung auf eine
Outputeinheit auch bei Anwendung der Produktionsfunktion zulässig ist.
Speziell sei die Produktionsfunktion wie folgt gegeben:

$$Y_i = A_i L_i^{0.5} K_i^{0.5} \tag{2.2}$$

Mit Hilfe dieser Produktionsfunktion läßt sich analysieren, welche
Einsatzentscheidungen bezüglich des Faktorinputs die Unternehmen je-
weils getroffen haben. Hierzu ist es notwendig, eine kurze theoretische
Diskussion der optimalen Produktionsplanung vorzunehmen, um so einen
Anhaltspunkt und Vergleichsmaßstab für die Bewertung von Produktions-
entscheidungen im Beispiel zu erhalten.

Als Referenzmaß oder Vergleichsmaßstab dient ein gedachtes Unternehmen, das seine optimale Produktionsstruktur über eine Kostenminimierung bestimmt und dabei das Ziel verfolgt, $\overline{Y}$ Einheiten zu produzieren.
Hierzu löst dieses Unternehmen das folgende Minimierungsproblem, das
in Form einer Lagrangefunktion mit Lagrangemultiplikator λ gegeben ist,
wobei bei dieser allgemeinen Darstellung auf die Indizierung mit i verzichtet wird:

$$\min_{K,L} wL + rK + \lambda(\overline{y} - Af(L,K)) \tag{2.3}$$

Aus den ersten Ableitungen der Lagrangefunktion nach jeweils L und K
einerseits, sowie nach λ andererseits, erhält man folgende Bedingungen für
ein Kostenminimum:

$$\frac{A \cdot \partial f / \partial L}{A \cdot \partial f / \partial K} = \frac{\partial f / \partial L}{\partial f / \partial K} = \frac{f_L}{f_K} = \frac{w}{r} \tag{2.4}$$

$$\overline{y} = Af(L,K) \tag{2.5}$$

Bedingung (2.4) besagt, daß die Produktionsfaktoren K und L in einem
Verhältnis zueinander einzusetzen sind, bei dem der Quotient aus den
Grenzproduktivitäten von Arbeit zu Kapital f_L / f_K dem Faktorpreisver-

hältnis w/r entspricht. Wird diese Bedingung eingehalten, so spricht man von allokativer Effizienz, andernfalls von allokativer Ineffizienz. Diese Form der Ineffizienz besteht darin, daß mit einem nicht optimalen Faktoreinsatzverhältnis produziert wird.

Bedingung (2.5) fordert, daß die Produktion von $\bar{y}$ auf der Produktionsfunktion erfolgen muß. Versteht man die Produktionsfunktion als effizienten Rand aller möglichen Faktoreinsätze um $\bar{y}$ zu produzieren, so impliziert (2.5) eine technisch effiziente Produktion und damit einen technisch effizienten Faktoreinsatz. Ist diese Bedingung hingegen nicht erfüllt, so liegt technische Ineffizienz vor.

Eine einfache graphische Darstellung in Abbildung 2.1 auf Grundlage der Daten für die Unternehmen A bis D aus Tabelle 2.1 soll diese Zusammenhänge verdeutlichen.

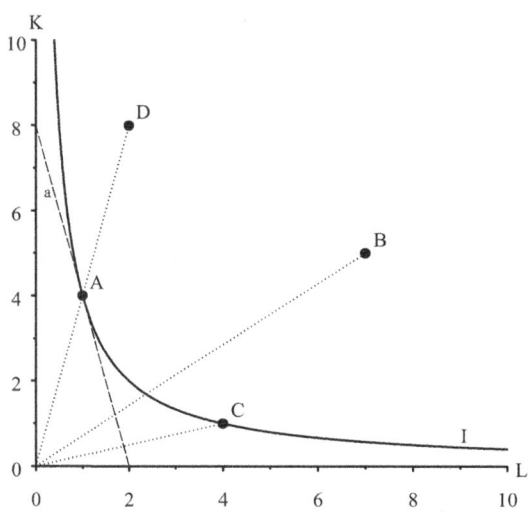

Abb. 2.1. Effizienzkonzepte

In Abbildung 2.1 sind alle positiven Inputkombinationen (L, K) angegeben, mit deren Hilfe eine Outputeinheit y produziert werden kann. Die Fläche oberhalb der Kurve I (diese mit eingeschlossen), repräsentiert die Menge dieser Inputkombinationen, die auch Technologiemenge genannt wird. Die Kurve I selbst stellt den effizienten Rand dieser Produktionstechnologie dar. Sie entspricht der Isoquante für das Outputniveau $\bar{y} = 1$, die auch als Einheitsisoquante bezeichnet wird. Ihre absolute Steigung entspricht in jedem Punkt gerade dem Verhältnis der Grenzproduktivitäten von Arbeit und Kapital. Die gestrichelte Linie a gibt die kostenminimale Isokostengerade an. Ihre absolute Steigung entspricht dem Faktorpreisverhältnis w/r.

Die Produktionsentscheidung des Unternehmens A findet sich gerade im Tangentialpunkt der Isokostengerade a und der Isoquante I. Hier entspricht das Faktorpreisverhältnis dem Verhältnis der Grenzproduktivitäten und A produziert auf der Isoquante. Die Bedingungen allokativer und technischer Effizienz sind für A erfüllt, mit der Konsequenz, daß sich A im Kostenminimum befindet, das mit den Kosten C_A verbunden ist. Hier sind sowohl die Bedingung (2.4) als auch die Bedingung (2.5) erfüllt.

Die Produktionsentscheidung des Unternehmens C befindet sich auf der Isoquante I, jedoch ist dort die Tangentialbedingung nicht erfüllt. Demnach ist die Produktion zwar technisch, nicht jedoch allokativ effizient. C müßte mehr Kapital und weniger Arbeit einsetzen, um diese allokative Ineffizienz zu vermeiden. Demnach ist bei C zwar die Bedingung (2.5), nicht jedoch die Bedingung (2.4) erfüllt. Es wird im Punkt C zuviel des relativ teuren Produktionsfaktors Arbeit eingesetzt, was zur Folge hat, daß die Kosten in C (bei gleicher produzierter Menge) größer sind als in A, $C_C > C_A$.

Die Produktionsentscheidung des Unternehmens D befindet sich nicht auf der Isoquante I, allerdings auf einem Fahrstrahl, der vom Koordinatenursprung ausgeht und über A hinaus verlängert verläuft. Demzufolge ist die Produktion in D zwar allokativ effizient, jedoch technisch ineffizient. Im Gegensatz zu C ist hier die Bedingung (2.5) verletzt, während die Bedingung (2.4) erfüllt ist. Die Produktionsfaktoren werden im optimalen Verhältnis zueinander eingesetzt, es ist aber möglich die gleiche Menge mit weniger Einsatz von beiden Produktionsfaktoren und damit geringeren Kosten zu produzieren, d.h. $C_D > C_A$.

Die Produktionsentscheidung des Unternehmens B letztendlich erfüllt keines der geforderten Kriterien und ist somit sowohl allokativ wie auch technisch ineffizient, was eine Verletzung der beiden Bedingungen (2.4) und (2.5) bedeutet. Demnach muß hier gelten, daß $C_B > C_A$.

Für die drei Produktionsentscheidungen B, C und D zeigen die jeweiligen Ineffizienzen an, daß ihnen die kostenminimale Produktion einer Outputeinheit nicht gelingt. Zeichnet man durch die Produktionsentscheidungen B, C und D jeweils Isokostengeraden mit ebenfalls absoluter Steigung w/r, dann liegen diese rechts oberhalb der Isokostengerade a und sind folglich mit höheren Gesamtkosten der Produktion verbunden.

In einem nächsten Schritt sollen quantitative Werte für die allokative und die technische Effizienz der Produktionsentscheidungen der Unternehmen A bis D berechnet werden. Zunächst wird die technische Effizienz untersucht.

Hierbei wird geprüft, ob die Unternehmen auf der Isoquante (und demnach auf der Produktionsfunktion) produzieren. Dabei ist es unerheblich, ob man das Konzept der Produktionsfunktion als Produktion eines gegebenen Outputs mit minimalem Input-Einsatz, so wie es im Beispiel betrachtet wird, oder als Produktion einer maximalen Outputmenge bei gegebenem Input-Einsatz auffaßt. Beides ist gleichbedeutend mit der Kenntnis des effizienten Randes der zugrundeliegenden Produktionstechnologie.

Für die Quantifizierung der technischen Effizienz muß bei der Formulierung der Produktionsfunktion die Möglichkeit zugelassen werden, daß ein Unternehmen nicht notwendigerweise auf diesem effizienten Rand produziert. Dies geschieht über einen Niveauparameter h_i, dem sogenannten Produktivitätsparameter, in der folgenden Weise.

Als Ausgangspunkt dient die Produktionsfunktion (2.1) für das Outputniveau $\bar{y}$ von Unternehmen i:

$$\bar{y} = A_i f(L_i, K_i) \tag{2.6}$$

Durch Umformung erhält man einen Ausdruck, der für jedes Unternehmen den Parameter A_i angibt:

$$A_i = \bar{y} / f(L_i, K_i) \tag{2.7}$$

Die Beziehung in (2.7) stellt nun nichts anderes als eine Indexzahl für die totale Faktorproduktivität dar, wobei die Funktion f als Inputaggregationsfunktion zu verstehen ist. Die Bestimmung von A_i entspricht also einer Produktivitätsanalyse, und der Parameter A_i ist somit als Kennzahl für die totale Faktorproduktivität zu interpretieren.

Setzt man in Beziehung (2.7) für jedes Unternehmen die Faktoreinsatzmengen zur Produktion von $\bar{y} = 1$ ein und verwendet man die Faktoraggregationsfunktion $L_i^{0.5} K_i^{0.5}$, dann erhält man die Ergebnisse in Tabelle 2.4.

Tabelle 2.4. Technische Effizienz

Unternehmen	A	B	C	D
$f(L_i, K_i) = L_i^{0,5} K_i^{0,5}$	2,00	5,92	2,00	4,00
$A_i = 1/(L_i^{0,5} K_i^{0,5})$	0,50	0,17	0,50	0,25
$h_i = A_i/\max_i\{A_i\}$	1,00	0,34	1,00	0,50

Man erkennt, daß die Unternehmen A und C mit $A_A = A_C = 0,5$ den höchsten Produktivitätsparameter A_i aufweisen, demnach auf dem effizienten Rand produzieren und technisch effizient sind. Die beiden anderen Unternehmen weisen eine kleinere Produktivitätskennzahl auf. Sie produzieren also nicht auf dem effizienten Rand und sind technisch ineffizient. Zur Erleichterung der Interpretation der Produktivitätsparameter hat es sich als hilfreich erwiesen, diese auf das Intervall $(0,1]$ zu normieren. Hierzu dividiert man jeden einzelnen Produktivitätsparameter A_i einfach durch den maximalen Wert aller Unternehmen i, also $h_i = A_i / A^{max}$ mit $A^{max} = \max_i\{A_i\}$. Im Beispiel der Tabelle 2.4 sind diese Werte in der letzten Zeile angegeben. Damit ist klar, daß die technische Effizienz relativ zu den Beobachtungen mit der höchsten technischen Effizienz (hier A und C) gesehen werden muß, um eine Interpretation der technischen Effizienz als prozentuale Größe zu erhalten.

Das Niveau der technischen Effizienz der einzelnen Unternehmen kann auf zwei verschiedene Arten ausgedrückt werden. Zum ersten, in outputorientierter Sicht, kann man den Faktor ermitteln, um den der Output eines Unternehmens erhöht werden müßte, damit es technisch effizient, d.h. auf der Isoquante bzw. Produktionsfunktion, produziert. Bezeichnet man diesen Faktor für das Unternehmen i als k_i, so gilt $k_i = 1/h_i$. Diese Beziehung gilt allerdings nur im Fall linear-homogener Produktionsfunktionen. Für die effizienten Unternehmen A und C ergibt sich hierfür jeweils der Faktor 1. Für die ineffizienten Unternehmen B und D ergeben sich die Faktoren $1/0,34 = 2,94$ und $1/0,5 = 2$.

Zum zweiten, in inputorientierter Sicht, kann man die Effizienz durch den Faktor h_i direkt ausdrücken, der angibt auf welches Niveau der Wert der Faktoraggregationsfunktion reduziert werden müßte, um technisch effizient zu produzieren. Die sich für die Unternehmen A bis B ergebenden Werte können direkt der Tabelle 2.4 entnommen werden. Der Begriff „Wert der Faktoraggregationsfunktion" läßt sich in dieser allgemeinen Form jedoch nur schwer interpretieren, so daß es wünschenswert wäre die Effizienz durch eine Reduktion des Einsatzes der einzelnen Inputs auszudrücken. Dies ist im gegebenen Fall aufgrund der Linearhomogenität der Produktionsfunktion einfach möglich. Verwendet man in Gleichung (2.1) den Zusammenhang $A_i = h_i \cdot A^{max}$ so ergibt sich:

$$y_i = A^{max} h_i f(K_i, L_i) = A^{max} f(h_i K_i, h_i L_i) \tag{2.8}$$

Eine Reduktion des Wertes der Faktoraggregationsfunktion auf das Niveau h_i ist demnach gleichbedeutend mit einer Reduktion jedes einzelnen Produktionsfaktors auf das gleiche Niveau h_i. Dies bezeichnet man als proportionale Reduktion der Faktoreinsatzmengen. Da beide Produktionsfaktoren auf das gleiche Niveau reduziert werden müssen, um technisch effizient zu produzieren, wird diese Form der Effzienzmessung als *radiales* Messung bezeichnet, die zu dem radialen Effizienzmaß h_i führt. Die Verwendung dieses Begriffs geht auf Debreu (1951) und Farrell (1957) zurück.

Die folgende Abbildung 2.2 veranschaulicht die soeben gewonnenen Erkenntnisse. Hierzu zeichnet man zunächst Fahrstrahle vom Koordinatenursprung zu den Input-Kombinationen der einzelnen Unternehmen als Hilfslinien ein. Bewegungen auf dem jeweiligen Fahrstrahl geben proportionale Variationen der Einsatzmengen der Produktionsfaktoren an, d.h. Bewegungen in Richtung Ursprung bedeuten eine proportionale Reduktion des Einsatzes beider Inputfaktoren. Diese Bewegung entlang des Ursprungsstrahles ist gleichbedeutend mit der oben angesprochenen radialen Effizienzmessung.

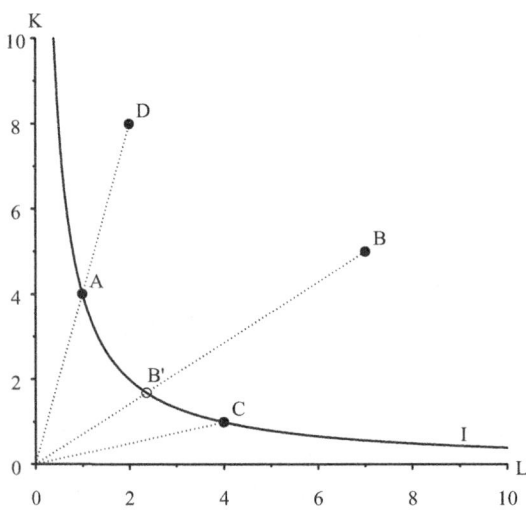

Abb. 2.2. Technische Effizienz

Für Unternehmen B beispielsweise kann man demnach die Effizienz anhand von Streckenverhältnissen entlang des Fahrstahles 0B ausdrücken. Um effizient zu produzieren, müßte Unternehmen B seinen Faktoreinsatz (proportional) solange reduzieren, bis es den Punkt B' auf der Isoquante erreicht. Das bedeutet, daß Unternehmen B seinen Faktoreinsatz für K und L jeweils auf das Niveau $h_B = 0B'/0B = 0,34$ verringern müßte, also auf 34% seines Ausgangsniveaus. Entsprechend gilt für Unternehmen D, daß es seine Inputs auf das Niveau $h_D = 0A/0D = 0,5$ zu reduzieren hat, was 50% seines Ausgangsniveaus entspricht. In diesem Fall erhält man eine Halbierung des Inputeinsatzes, was der Abbildung sich unschwer entnehmen läßt. Die beiden technisch effizient produzierenden Unternehmen A und C mit den Effizienzparametern $h_A = 0A/0A = 1$ und $h_C = 0C/0C = 1$ gelten als effizient und müssen ihren Inputeinsatz nicht reduzieren.

Der Analyse der technischen Effizienz folgt als zweiter Schritt eine Quantifizierung der allokativen Effizienz. Zu diesem Zweck berechnet man gemäß Bedingung (2.4) für jedes Unternehmen dessen Grenzproduktivitäten f_K und f_L bei den jeweiligen Faktoreinsatzmengen, die zur Produktion von $\bar{y} = 1$ Einheiten eingesetzt werden. Hierbei ist es nicht notwendig, daß alle Unternehmen auf der gleichen Isoquante produzieren, sondern sie können sich bezüglich des Niveauparameters h_i, also bezüglich ihrer technischen Effizienz, unterscheiden. Dies erkennt man schon daran, daß bei der Berechnung der Grenzproduktivitäten h_i einen multiplikativen Faktor darstellt, der sich bei der Berechnung des Verhältnisses f_K / f_L kürzt (dies resultiert aus (2.8) und damit aus den Beziehungen $\partial y_i / \partial L_i = A^{max} h_i f_L$ sowie $\partial y_i / \partial K_i = A^{max} h_i f_K$).

Mit Hilfe der angenommenen Produktionsfunktion $h_i L_i^{0,5} K_i^{0,5}$ erhält man für das Verhältnis der Grenzproduktivitäten die in Tabelle 2.5 ausgewiesenen Ergebnisse. Man erkennt unschwer, daß Unternehmen A und D das allokativ effiziente Faktoreinsatzverhältnis gewählt haben. Hier ist das Verhältnis der Grenzproduktivitäten f_L / f_K gleich dem Faktorpreisverhältnis w / r (siehe die eingerahmten Felder).

Tabelle 2.5. Allokative Effizienz

Unternehmen	A	B	C	D
$f_L = 0,5 \cdot (K_i/L_i)^{0,5}$	1,00	0,42	0,25	1,00
$f_K = 0,5 \cdot (L_i/K_i)^{0,5}$	0,25	0,59	1,00	0,25
$f_L / f_K = K_i / L_i$	4,00	0,71	0,25	4,00
w / r	4,00	4,00	4,00	4,00

Die anderen Beobachtungen (Unternehmen B und C) weisen hingegen allokative Ineffizienzen auf, wobei $f_L / f_K < w/r$ bedeutet, daß vom Produktionsfaktor Arbeit relativ zu viel eingesetzt wird. Im entgegengesetzten Fall $f_L / f_K > w/r$ hingegen wäre der Kapitaleinsatz relativ gesehen zu hoch. Zu beachten ist hierbei, daß lediglich eine Identifizierung und Klassifizierung der Unternehmen in allokativ effizient und allokativ ineffiziente, jedoch keine Quantifizierung des Ausmaßes der allokativen Ineffizienz erfolgt. Um eine Quantifizierung umsetzen zu können, sind noch einige vorbereitende Schritte notwendig, die im Rahmen der folgenden Zusammenführung der Effizienzmaße angesprochen werden.

Zusammenführung der Effizienzmaße

Im weiteren soll der Zusammenhang zwischen den Kennzahlen zur Kosteneffizienz, zur technischen und zur allokativen Effizienz offengelegt werden. In diesem Zuge gelingt dann auch eine Quantifizierung der allokativen Effizienz. Diese Aufgabe wird dadurch erleichtert, daß es sich bei allen drei Kennzahlen um radiale Maße handelt.

Die Zusammenhänge werden im folgenden am Beispiel des Unternehmens B erläutert, da dieses sowohl technisch als auch allokativ ineffizient produziert. Beides spiegelt sich in der Kosteneffizienz von Unternehmen B wider. Zur graphischen Veranschaulichung der Kosteneffizienz ist in Abbildung 2.3 eine Isokostengerade b für Unternehmen B eingezeichnet. Aus dem Vergleich von b mit der kostenminimalen Isokostengerade a kann man das Niveau der Kosteneffizienz als radiales Maß ableiten. Hierzu ist es erforderlich, die jeweilige Lage einer Isokostengerade zu bestimmen. Formal bedeutet dies, daß man die Isokostengerade mit Kostenniveau C_i

$$C_i = wL_i + rK_i, \tag{2.9}$$

umformt in

$$K_i = C_i / r - w/r \cdot L_i. \tag{2.10}$$

Daraus erkennt man unmittelbar, daß das Kostenniveau C_i sich proportional zum Schnittpunkt der Isokostengerade mit der K-Achse verhält. Somit kann der Vergleich unterschiedlicher Kostenniveaus anhand der jeweiligen Achsenabschnitte der Isokostengeraden auf der K-Achse erfolgen. Für die Isokostengerade b ermittelt sich dieser Achsenabschnitt als $C_B / r = 3{,}3 / 0{,}1 = 33$. Für die kostenminimale Isokostengerade a ergibt sich entsprechend der Wert $C_A / r = 0{,}8 / 0{,}1 = 8$. Das Verhältnis dieser beiden Werte entspricht dem Niveau der Kosteneffizienz von B,

$C_A / C_B = 8/33 = 0,24$, die bereits in Tabelle 2.3 ermittelt wurde. Unter Anwendung des Strahlensatzes läßt sich dieses Verhältnis auch als radiales Maß auf einem Ursprungsstrahl zum Punkt B darstellen. Dieses ist gleich dem Streckenverhältnis $0B''/0B$.

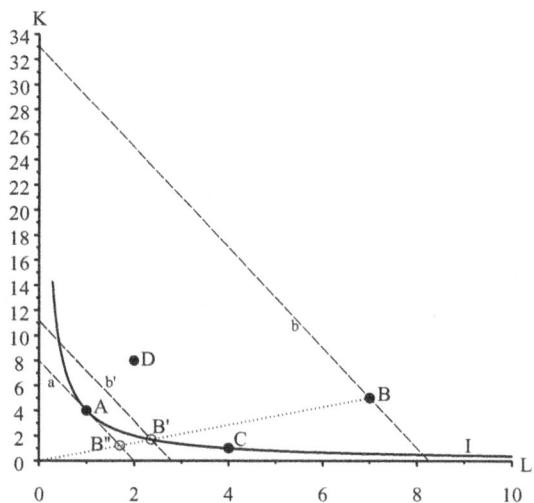

Abb. 2.3. Effizienzzerlegung I

Wie oben ausgeführt ist das Maß der technischen Effizienz ebenfalls radial und auf dem gleichen Ursprungsstrahl ablesbar. Für Unternehmen B ergibt sich bekanntlich $h_B = 0B'/0B = 0,34$. Dieses Niveau der technischen Effizienz spiegelt sich in den Niveauunterschieden der Isokostengeraden b und b' wider.

Mit diesen Resultaten kann nun auch die allokative Effizienz als Restgröße quantifiziert werden. Wie unschwer aus Abbildung 2.3 zu entnehmen ist, macht die technische Effizienz bei Unternehmen B nur einen Teil der Kosteneffizienz aus. Der verbleibende Teil der Kosteneffizienz, der nicht durch die technische Effizienz erklärt werden kann, ist gleich dem Niveau der allokativen Effizienz als radialem Maß. Dieses wiederum ist auf dem Ursprungsstrahl durch das Streckenverhältnis $0B''/0B'$ darstellbar.

Aus der Möglichkeit, alle drei Effizienzmaße für Unternehmen B auf ein und demselben Ursprungsstrahl zu messen, ergibt sich eine multiplikative Verknüpfung der Effizienzmaße. Somit gilt die Identität

Kosteneffizienz = technische Effizienz × allokative Effizienz.

Ausgedrückt anhand der Streckenverhältnisse für Unternehmen B bedeutet dies, daß gilt:

$$0B''/0B = 0B'/0B \times 0B''/0B' \qquad (2.11)$$

Die multiplikative Verknüpfung der Effizienzmaße erlaubt nun eine Quantifizierung der allokativen Effizienz als radialem Maß in Form des Quotienten aus Kosteneffizienz und technischer Effizienz. Für Unternehmen B berechnet man folglich, daß $0B''/0B' = 0{,}24 / 0{,}34 = 0{,}71$.

Analog zu dieser Vorgehensweise läßt sich die Effizienzzerlegung auch für die übrigen Unternehmen A, C und D durchführen. Abbildung 2.4 enthält hierzu die Isokostengeraden c und d für die Unternehmen C und D. Man erhält für Unternehmen C, das technisch effizient produziert, eine Übereinstimmung von Kosteneffizienz und allokativer Effizienz, die sich in diesem Fall durch das Streckenverhältnis $0C''/0C$ ausdrücken läßt. Die technische Effizienz ist hier $h_C = 0C/0C = 1$.

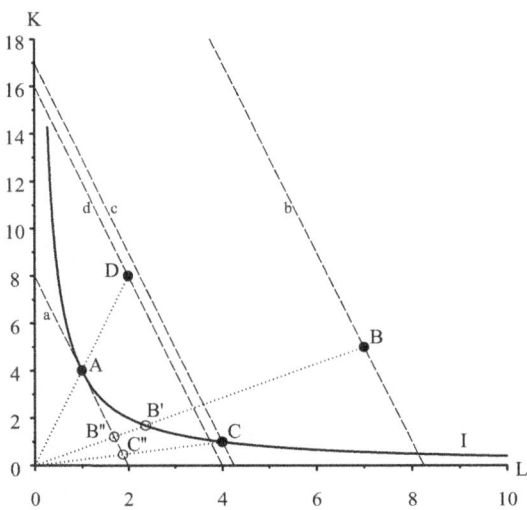

Abb. 2.4. Effizienzzerlegung II

Im Gegensatz dazu ist im Fall von Unternehmen D die Kosteneffizienz allein durch die technische Effizienz, $h_D = 0A/0D = 0{,}5$, bedingt. Hier ergibt sich die allokative Effizienz aus dem Streckenverhältnis $0A/0A = 1$. Wie bereits festgestellt ist Unternehmen A sowohl technisch als auch allokativ effizient, woraus sich für alle drei Effizienzmaße der Wert $0A/0A = 1$ ergibt.

Numerisch erhält man die Kosteneffizienz und ihre Zerlegung wie in Tabelle 2.6 ausgewiesen.

Tabelle 2.6. Effizienzzerlegung

Unternehmen	A	B	C	D
technische Effizienz	1,00	0,34	1,00	0,50
allokative Effizienz	1,00	0,71	0,47	1,00
Kosteneffizienz	1,00	0,24	0,47	0,50

Zusammenfassend hat die Analyse ergeben, daß die Beispielunternehmen alle im gesetzten Rahmen möglichen und in Abbildung 2.1 bereits identifizierten Fälle abdecken. Unternehmen A ist sowohl technisch als auch allokativ effizient und damit kosteneffizient. Alle anderen Unternehmen sind nicht kosteneffizient, wobei Unternehmen D nur technisch ineffizient, Unternehmen C nur allokativ ineffizient und Unternehmen B sowohl technisch als auch allokativ ineffizient ist.

2.4 Analyse bei nicht bekannter Produktionsfunktion

Während im vorangegangen Abschnitt von der vollständigen Kenntnis der Technologie in Form der Produktionsfunktion ausgegangen wurde, soll in diesem Abschnitt eine Situation unterstellt werden, in der die Produktionsfunktion nicht bekannt ist. Es wird jedoch angenommen, daß die zugrundeliegende Produktionstechnologie konstante Skalenerträge aufweist. Auf den Einbezug von Preisinformationen wird weiterhin verzichtet.

Für die weitere Diskussion ist es zweckmäßig, den Beispieldatensatz I um das Unternehmen E zu erweitern. Tabelle 2.7 enthält die entsprechenden Angaben.

Tabelle 2.7. Erweitertes Beispiel I

Unternehmen	A	B	C	D	E
Arbeit L_i	1	7	4	2	3
Kapital K_i	4	5	1	8	3
Output y_i	1	1	1	1	1

Der Leistungsvergleich zwischen den Unternehmen A bis E soll über eine Gegenüberstellung von (realen) Input- und Outputmengen erfolgen. Hierfür bieten sich als technische Kennzahlen in erster Linie solche an, die als Quotienten der Produktionsmenge y und der Inputmengen an Arbeit L oder des mengenmäßigen Kapitaleinsatzes K darstellbar sind. Diese Kennzahlen bezeichnet man als partielle Faktorproduktivitäten. Anhand des Beispieldatensatzes sollen die Vorgehensweise und die dabei auftretenden Probleme diskutiert werden.

2.4.1 Partielle Faktorproduktivitäten

Eine erste Kennzahl zur technischen Leistungsfähigkeit stellt die Arbeitsproduktivität y_i / L_i dar. Sie gibt an, wie viele Einheiten des Outputs y mit einer Einheit des Arbeitsinputs L_i produziert werden. Die Werte der Arbeitsproduktivität für die Beispielunternehmen A bis E enthält Tabelle 2.8.

Tabelle 2.8. Arbeitsproduktivität

Unternehmen	A	B	C	D	E
y_i/L_i	1,00	0,14	0,25	0,50	0,33
Rangfolge	1	5	4	2	3

Aus dem Vergleich der Unternehmen anhand dieser Kennzahl, läßt sich eine Rangfolge bestimmen, die in der letzten Zeile von Tabelle 2.8 zu finden ist. Platz 1 erhält Unternehmen A, das $y_A = 1$ Einheiten des Outputs mit einem Arbeitseinsatz von $L_A = 1$ Einheit produziert, woraus sich ein Arbeitsproduktivität von 1 ergibt. Den letzten Rangplatz nimmt Unternehmen B ein, das für die Herstellung von $y_B = 1$ einen Arbeitseinsatz in Höhe von 7 Einheiten benötigt, was einer Arbeitsproduktivität von 0,14 entspricht. Die Rangplätze und Interpretationen ergeben sich für die restlichen Unternehmen analog. Je größer die Arbeitsproduktivität ist, desto weniger Arbeitseinsatz ist in dem betreffenden Unternehmen zur Produktion einer Einheit des Outputs y nötig. Auf diese Weise erhält man eine eindeutige Rangliste, die über die Leistungsfähigkeit des Faktors Arbeit bei den Unternehmen A bis E Auskunft gibt.

Auf Grundlage dieses Ergebnisses wird allerdings Unternehmen C ganz offensichtlich nicht objektiv bewertet. Es liegt auf dem vierten Rang, obwohl es im Vergleich zu A zwar mehr Arbeit L, aber dafür weniger Kapital

K zur Produktion von einer Einheit von y einsetzt. Um diesem Kritikpunkt Rechnung zu tragen, soll im nächsten Schritt die Leistungsfähigkeit des Produktionsfaktors Kapital vergleichend untersucht werden. Dies führt zur Kennzahl der Kapitalproduktivität.

Die Kapitalproduktivität ist analog zur Arbeitsproduktivität definiert und gibt an, wieviel Outputeinheiten im jeweiligen Unternehmen mit Hilfe einer Einheit Kapital produziert werden. Tabelle 2.9 zeigt die entsprechenden Ergebnisse sowie die sich daraus ergebende Rangfolge der Unternehmen.

Tabelle 2.9. Kapitalproduktivität

Unternehmen	A	B	C	D	E
y_i/K_i	0,25	0,20	1,00	0,13	0,33
Rangfolge	3	4	1	5	2

Die Analyse der Leistungsfähigkeit des Kapitals führt zu einer anderen Rangfolge der Unternehmen als bei der Untersuchung der Arbeitsproduktivität festgestellt. Im Beispiel zeigt sich, daß diejenigen Unternehmen, die eine hohe Kapitalproduktivität aufweisen, wie beispielsweise Unternehmen C, mit relativ hohem Arbeitseinsatz produzieren und hinsichtlich der Arbeitsproduktivität eine relativ geringe Leistungsfähigkeit aufweisen. Umgekehrt gilt, daß Unternehmen, denen unter Betrachtung ihres Arbeitseinsatzes hohe Leistungsfähigkeit zu attestieren ist (Unternehmen A), in Bezug auf ihre Kapitalproduktivität vergleichsweise leistungsschwach sind.

Je nachdem, welches Vergleichsmaß man anlegt, finden sich unterschiedliche Leistungsrangfolgen. Diese mangelnde Eindeutigkeit tritt bereits bei Betrachtung von zwei Inputfaktoren auf und es ist unmittelbar einsichtig, daß bei Berücksichtigung weiterer Inputfaktoren diese Uneindeutigkeit in der Regel zunehmen wird. Dieses sicherlich nicht wünschenswerte Ergebnis eines Unternehmensvergleichs legt die Frage nahe, ob sich ein Kriterium finden läßt, das nicht nur auf einen Inputfaktor abstellt, sondern alle Inputfaktoren gleichzeitig berücksichtigt. Die folgenden Ausführungen sollen darlegen, wie man hierbei vorzugehen hat.

2.4.2 Totale Faktorproduktivität

Um aufzuzeigen, wie man alle Inputfaktoren bei der Analyse der Leistungsfähigkeit berücksichtigen kann, müssen die Inputkombinationen der

Unternehmen A bis E und nicht die isolierten Inputfaktoren betrachtet werden. Abbildung 2.5 veranschaulicht diese Inputkombinationen für den Beispieldatensatz.

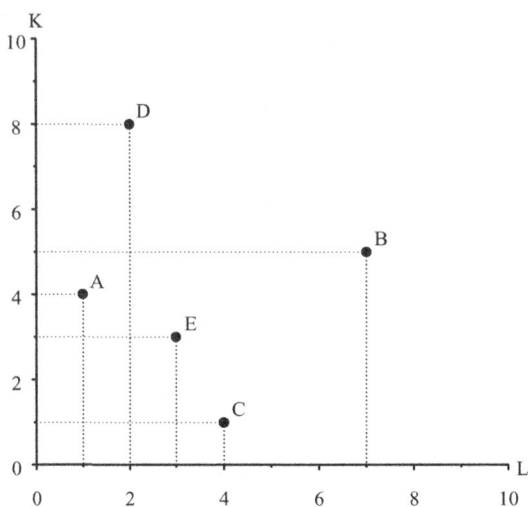

Abb. 2.5. Inputkombinationen

Ein einfaches Ablesen der Leistungsrangfolge ist in dieser zweidimensionalen Darstellung nicht mehr möglich. Es lassen sich zwar die Rangfolgen gemäß Arbeits- und Kapitalproduktivität jeweils isoliert anhand der eingesetzten Inputmengen festlegen. So liest man auf der L-Achse ab, daß Unternehmen A den geringsten Arbeitsinput zur Produktion von $y = 1$ Outputeinheiten benötigt und Unternehmen B den höchsten, während sich die übrigen Unternehmen dazwischen einordnen. Dies entspricht offensichtlich der Rangfolge nach Arbeitsproduktivität. In gleicher Weise läßt sich die Rangfolge nach Kapitalproduktivität auf der K-Achse ablesen.

Bei einem Wechsel von der eindimensionalen zur zweidimensionalen Analyse kann eine eindeutige Unternehmensrangfolge direkt aus dem Diagramm nicht mehr so einfach ermittelt werden. Im folgenden soll gezeigt werden, wie dies sowohl auf qualitative als auch auf quantitative Weise geschehen kann.

Qualitative Bestimmung der Leistungsfähigkeit

Die für eine qualitative Aussage zum Leistungsvergleich notwendigen Überlegungen beginnen mit einem paarweisen Vergleich der Inputkombinationen der Beispielunternehmen. Exemplarisch soll dies für die paarweisen Vergleiche zwischen A und den übrigen Unternehmen gezeigt werden. Zu diesem Zweck ist in Abbildung 2.6 ein Hilfskoordinatenkreuz mit Ursprung in A eingezeichnet. A dient damit als Referenzpunkt für den Leistungsvergleich.

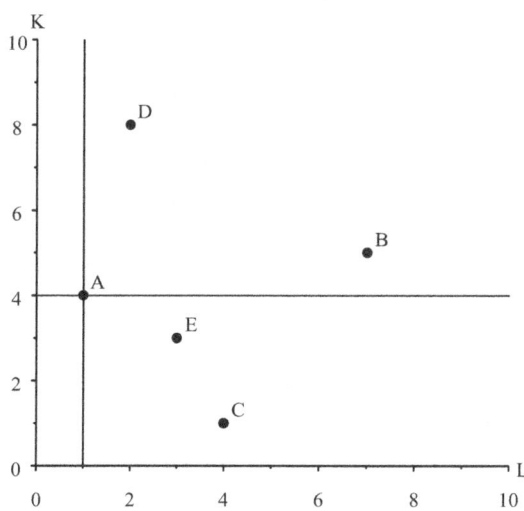

Abb. 2.6. Pareto-Koopmans-Kriterium

Dadurch werden die Beobachtungen B bis E in zwei Gruppen unterteilt. Nordöstlich von A befindet sich die erste Gruppe, bestehend aus den Unternehmen B und D. Im Vergleich zu A produzieren diese Unternehmen mit einer größeren Faktoreinsatzmenge an beiden Produktionsfaktoren. Damit sind B und D eindeutig als leistungsschwächer gegenüber A einzustufen. Beobachtungen wie diese heißen *dominiert*, da mindestens eine andere Beobachtung existiert (hier A), die mit weniger Einsatz von mindestens einem Produktionsfaktor und keinem höheren Einsatz der anderen Produktionsfaktoren eine gleich große Outputmenge produziert. Beobachtung A hingegen wird in diesem Sinne von keiner anderen Beobachtung dominiert, da keine andere Beobachtung existiert, die mit weniger Einsatz von mindestens einem Produktionsfaktor und nicht höherem Einsatz der anderen Produktionsfaktoren eine gleich große Outputmenge produziert.

Beobachtungen mit dieser Eigenschaft heißen *dominant*. In der Abbildung kann man dies daran erkennen, daß sich südwestlich von Punkt A keine weitere Beobachtung befindet.

Südöstlich von A befinden sich die Unternehmen C und E. Bei dieser zweiten Gruppe von Beobachtungen kann man festhalten, daß sie im Vergleich zu A zwar mehr an Arbeit, aber weniger an Kapital einsetzen. Demzufolge ist hier keine generelle Aussage bezüglich der unterschiedlichen Leistungsfähigkeit von C im Vergleich zu A und von E im Vergleich zu A möglich. Dieses Argument läßt sich auch auf alle möglichen Punkte nordwestlich von A anwenden. Somit sind eindeutige Vergleiche mit dem Referenzpunkt nur in nordöstlicher und südwestlicher Richtung (vom Referenzpunkt aus betrachtet) möglich.

Die konzeptionelle Grundlage für Vergleiche dieser Art ist das Pareto-Koopmans-Kriterium (Koopmans 1951), demzufolge ein Unternehmen i dann als effizient klassifiziert wird, wenn kein anderes Unternehmen $j \neq i$ existiert, daß die gleiche (oder eine größere) Outputmenge mit einer geringeren Einsatzmenge von mindestens einem Produktionsfaktor herstellt. Formal kann man dies mit Hilfe eines paarweisen Vektorvergleichs darstellen. Definiert man für den gegebenen Fall den Inputvektor $\mathbf{x}_i$ eines Unternehmens i als Vektor des Kapital- und Arbeitseinsatzes und analog den Inputvektor $\mathbf{x}_j$ für ein anderes Unternehmen $j \neq i$ (wobei wie im betrachteten Beispiel das Outputniveau beider Unternehmen identisch sein soll), so wird Unternehmen j nach dem Pareto-Koopmans-Kriterium von Unternehmen i dominiert, wenn

$$\mathbf{x}_i \leq \mathbf{x}_j \text{ mit } \mathbf{x}_i = \begin{pmatrix} K_i \\ L_i \end{pmatrix} \text{ und } y_i = y_j \ (i \neq j), \qquad (2.12)$$

wobei das Ungleichheitszeichen „$\leq$" so zu verstehen ist, daß kein Element des ersten Vektors größer ist als das entsprechende Element des zweiten Vektors und mindestens ein Element des ersten Vektors strikt kleiner ist als das entsprechende Element des zweiten Vektors.

Ausgehend von diesen einfachen paarweisen Vergleichen kann man nun für jedes Unternehmen Bereiche festlegen, innerhalb derer ein eindeutiger Leistungsvergleich nach dem Pareto-Koopmans-Kriterium durchgeführt werden kann. Die daraus resultierende Klassifizierung aller Beispielunternehmen ist in Tabelle 2.10 zusammengestellt.

Tabelle 2.10. Pareto-Koopmans-Kriterium

Unternehmen	A	B	C	D	E
wird dominiert von	–	A, C, E	–	A	–

In Tabelle 2.10 lassen sich somit zwei Gruppen von Unternehmen identifizieren. Die Gruppe der dominierten Unternehmen besteht aus den Unternehmen B und D. Für diese findet man jeweils mindestens ein anderes, vergleichsweise leistungsfähigeres Unternehmen, daß in der unteren Zeile von Tabelle 2.10 ausgewiesen ist. Die Gruppe der dominanten Unternehmen besteht aus den Unternehmen A, C und E. Sie ist dadurch charakterisiert, daß sich für die jeweiligen Unternehmen kein anderes findet, das – bei gleichem Output – sowohl mit weniger Arbeit als auch mit weniger Kapital produziert. Somit ist unmittelbar einsichtig, daß ein dominiertes Unternehmen nicht zur Gruppe der leistungsfähigsten Unternehmen zählen kann.

Die Bestimmung der beiden Gruppen von dominierten bzw. dominanten Unternehmen kann nur als erstes Zwischenergebnis behandelt werden. Als unbefriedigend ist an dieser Stelle zunächst einmal hinzunehmen, daß für die Beobachtungen A, C, und E der paarweise Vergleich zu keiner eindeutigen Reihung führt. Demzufolge müßte man den Beobachtungen A, C und E den gleichen Grad an Leistungsfähigkeit zuweisen. Die Beobachtungen B und D können voneinander zwar ebenfalls nicht unterschieden werden, jedoch werden sie eindeutig von A, C und E dominiert, so daß ein Vergleich von B mit D direkt nicht erfolgt. In einem gewissen Sinne kann man die dominanten Beobachtungen A, C, und E hier als effizient bezeichnen, wogegen dominierten Beobachtungen B und D ineffizient sind.

Die nachfolgenden Überlegungen zeigen, wie man auch innerhalb der Gruppe der dominanten Unternehmen einen weitergehenden Leistungsvergleich durchführen kann. Dieser Vergleich beginnt in einem ersten Schritt mit der Identifikation derjenigen Beobachtungen, welche die höchste Produktivität bezüglich eines der Produktionsfaktoren aufweisen. Im Beispiel sind das die Unternehmen A bei Verwendung der Arbeitsproduktivität und C nach dem Kriterium der Kapitalproduktivität. A und C stellen zwar mit gleichen Inputfaktoren (Arbeit und Kapital) die gleiche Outputmenge her, ihnen gelingt dies aber in gänzlich unterschiedlicher Art und Weise. Um diese „Art und Weise" einfach beschreiben zu können, bildet man den Quotienten aus Kapital- und Arbeitseinsatz K/L. Dieser Quotient wird als Kapitalintensität bezeichnet. Angewendet auf den Beispieldatensatz zeigt sich, daß A mit relativ hoher Kapitalintensität produziert, wohingegen C eine Produktionstechnik mit vergleichsweise niedriger Kapitalintensität einsetzt.

Ohne Kenntnis einer Bewertungsvorschrift, mit deren Hilfe Arbeits- und Kapitalproduktivität zusammengefaßt werden können, ist ein Vergleich der Unternehmen A und C nicht durchführbar. Mögliche Bewertungsvorschriften wären die Produktionsfunktion einerseits und die Produktionskosten andererseits. Da jedoch in diesem Abschnitt von einer eingeschränkten Informationssituation ausgegangen wird, in der die Preise und die Produktionsfunktion nicht bekannt sind, können diese Bewertungsvorschriften nicht herangezogen werden.

Aus diesem Grund muß eine mit der Informationssituation kompatible Bewertungsvorschrift gewählt werden. Diese Bewertungsvorschrift muß dem Umstand Rechnung tragen, daß (1) auf Basis des Pareto-Koopmans-Kriteriums die Unternehmen A und C nicht in leistungsfähiger und weniger leistungsfähig relativ zueinander eingestuft werden können und zugleich berücksichtigen, daß (2) die Unternehmen A und C bei isolierter Betrachtung jeweils eines Produktionsfaktors am leistungsfähigsten sind. Daraus ergibt sich, daß A und C gemäß (1) als gleich leistungsfähig bewertet werden und ihnen gemäß (2) das höchste Leistungsfähigkeitsniveau zugewiesen wird.[1]

Um die Leistungsfähigkeit des verbleibenden dominierenden Unternehmens E bewerten zu können, wird in einem weiteren Schritt der Analyse das Pareto-Koopmans-Kriterium auf Konvexkombinationen dominierender Beobachtungen erweitert. Im bisherigen Verlauf der Diskussion wurde die Leistungsfähigkeit von Unternehmen mittels eines paarweisen Vergleichs existierender Beobachtungen bestimmt. Im weiteren sollen nun auch Konvexkombinationen von dominierenden Beobachtungen als Vergleichsgrößen zugelassen werden. Mathematisch läßt sich eine solche Konvexkombination $\mathbf{x}$ zweier Vektoren $\mathbf{x}^1$ und $\mathbf{x}^2$ in folgender Form darstellen:

$$\left\{ \mathbf{x} : \mathbf{x} = \lambda \mathbf{x}^1 + (1-\lambda)\mathbf{x}^2 , \lambda \in [0,1] \right\} \quad \text{mit } \mathbf{x} = \begin{pmatrix} K \\ L \end{pmatrix} \qquad (2.13)$$

Mit Bezug auf das vorliegende Beispiel sind die Produktionsfaktoren Arbeit und Kapital im Vektor $\mathbf{x}$ zusammengefaßt. Die Konvexkombination $\mathbf{x}$ umfaßt nun alle Punkte, die auf einer Geraden zwischen den Punkten $\mathbf{x}^1$ und $\mathbf{x}^2$ liegen. Dabei repräsentieren $\mathbf{x}^1$ und $\mathbf{x}^2$ bestimmte Produktionstechniken, die sich anhand der Kapitalintensität K/L unterscheiden lassen.

---

[1]   Diese Vorgehensweise entspricht der Min-Min-Regret-Regel als Umkehrung der Savage-Niehans-Regel in der Entscheidungstheorie.

Die Kombinationen **x** verschiedener Produktionstechniken werden als virtuelle Unternehmen bezeichnet. In ihnen wird das Outputniveau $\bar{y} = 1$ zu einem Anteil λ mit der Produktionstechnik wie in $\mathbf{x}^1$ und zu einem Anteil $1 - \lambda$ mit der Produktionstechnik wie in $\mathbf{x}^2$ produziert. Bei $\lambda = 1$ entspricht das virtuelle Unternehmen genau dem Unternehmen, das mit der Produktionstechnik wie in $\mathbf{x}^1$ produziert. Im Gegensatz dazu entspricht das virtuelle Unternehmen bei $\lambda = 0$ genau dem Unternehmen, das die Produktionstechnik wie in $\mathbf{x}^2$ einsetzt.

In Abbildung 2.7 sind die Konvexkombinationen als Verbindungsgeraden zwischen den Beobachtungen der Unternehmen A und C, A und E sowie C und E eingezeichnet.

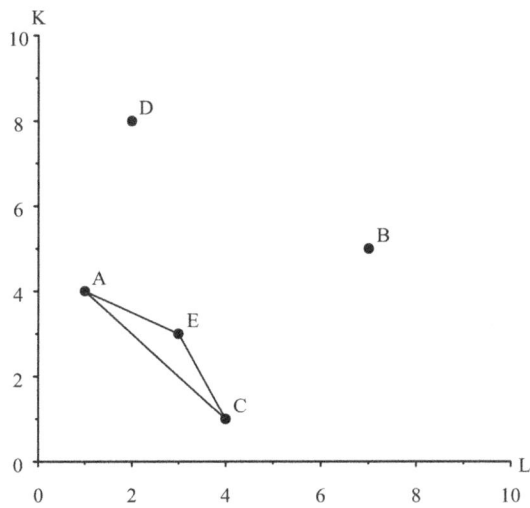

Abb. 2.7. Konvexkombinationen

Ersetzt man nun das Prinzip des paarweisen Vergleiches von realen Beobachtungen durch den Vergleich einer realen Beobachtung mit einem virtuellen Unternehmen, dann ist es möglich, auch innerhalb der Gruppe der dominierenden Unternehmen Leistungsunterschiede festzustellen. Die Vorgehensweise kann anhand des Beispiels weiter erläutert werden. Hierzu sollen ausschließlich die dominierenden Unternehmen A, C und E miteinander verglichen werden. Die virtuellen Beobachtungen, die sich mit diesen Beobachtungen erzeugen lassen, liegen auf den Strecken AC, AE, und CE, wie in Abbildung 2.7 dargestellt.

Nachdem oben argumentiert wurde, daß den Unternehmen A und C jeweils die höchste Leistungsfähigkeit zuzuweisen ist, muß nun der Frage nachgegangen werden, wie die Leistungsfähigkeit von Unternehmen E im Vergleich zu A und C zu bewerten ist. Wie ebenfalls oben bereits ausgeführt wurde, kann eine Bewertung von E im Vergleich zu jeweils A und C auf Basis des Pareto-Koopmans-Kriteriums nicht durchgeführt werden.

Man kann sich aber Fragen, ob sich aus A und C nicht ein virtuelles Unternehmen konstruieren läßt, demgegenüber E mit Hilfe des Pareto-Koopmans-Kriteriums bewertet werden kann. Hierzu sei Abbildung 2.8 betrachtet.

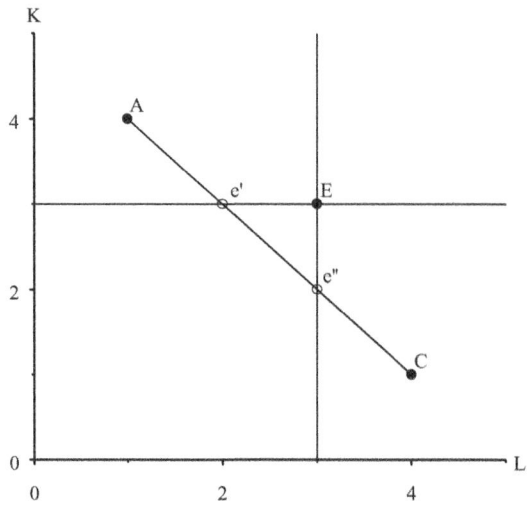

Abb. 2.8. Erweitertes Pareto-Koopmans-Kriterium

Dort ist durch Beobachtung E ein Hilfskoordinatenkreuz eingezeichnet. Durch dieses lassen sich mit Bezug auf E Pareto-Koopmans-dominierende Faktorinputkombinationen im südwestlichen Quadranten zu E finden. Für die Leistungsbewertung des Unternehmens E relevant sind aus diesem Quadranten alle aus A und C konstruierten virtuellen Unternehmen, die sich auf dem Streckenabschnitt e'e'' befinden.

Da Beobachtung E von virtuellen Beobachtungen auf e'e'' dominiert wird, kann E nicht zur Menge der leistungsfähigsten Unternehmen zählen. E ist leistungsschwächer als A und C. Bezogen auf den Vektorvergleich in Formel (2.12) bedeutet dies eine einfache Substitution des Vektors $\mathbf{x}_j$ durch die Konvexkombination der Beobachtungen A und C im Bereich zwischen e' und e''. Die Anwendung des Pareto-Koopmans-Kriteriums auf Konvexkombinationen wird auch als das erweiterte Pareto-Koopmans-Kriterium bezeichnet.

Es zeigt sich, daß man mit Hilfe von konstruierten, virtuellen Beobachtungen einen weitergehenden Leistungsvergleich durchführen kann als mit einem nur paarweisen Vergleich von realen Beobachtungen. Diese anhand des Beispiels gefundene Einsicht kann nun verallgemeinert werden: Ein Unternehmen, das von mindestens einem anderen nicht dominierten Unternehmen oder einem nicht dominierten virtuellen Unternehmen dominiert wird, kann nicht zur Menge der leistungsfähigsten Unternehmen zählen. Dieses erweiterte Pareto-Koopmans-Kriterium ergibt sich formal aus der Verbindung der Definition in (2.12) mit dem Konzept der Konvexität in (2.13).

Tabelle 2.11. Erweitertes Pareto-Koopmans-Kriterium

Unternehmen	A	B	C	D	E
wird dominiert von	–	A, C	–	A	e'e''

Tabelle 2.11 faßt die Dominanzbeziehungen auf Grundlage dieses erweiterten Pareto-Koopmans-Kriteriums für die Beispielunternehmen zusammen. Man erkennt im Rahmen dieser qualitativen Analyse, daß nur die Unternehmen A und C undominiert und damit die leistungsfähigsten unter den Unternehmen A bis E sind.

Quantitative Bestimmung der Leistungsfähigkeit

Eine qualitative Klassifizierung der Unternehmen allein kann nur die leistungsfähigsten (undominierten) Unternehmen identifizieren, sie ist jedoch nicht in der Lage, Aussagen über Unterschiede in der Leistungsfähigkeit der dominierten Unternehmen zu treffen. Dafür ist eine Quantifizierung der Leistungsunterschiede zwischen den Beobachtungen erforderlich, die schließlich in ein Effizienzmaß münden wird.

Diese Quantifizierung kann nun auf eine Reihe unterschiedlicher Weisen erfolgen. Zu diesem Zweck muß man den Bereich abgrenzen, innerhalb dessen der Leistungsvergleich und die anschließende Quantifizierung der Leistungsfähigkeit von Unternehmen sinnvoll durchgeführt werden kann. In Abbildung 2.9 liegt dieser Bereich oberhalb des Streckenzuges aus AC, der in Punkt A startenden Parallele zu K-Achse über den Punkt B''' hinaus und der Verlängerung der in Punkt C startenden Parallele zur L-Achse über den Punkt B'' hinaus. Aufgrund des Pareto-Koopmans-

Kriteriums sind die Punkte auf der Strecke AC Teil dieses Bereiches, während die Punkte auf den Parallelen zu den Achsen nicht Teil dieses Bereiches sein können, da sie von den Punkten A bzw. C dominiert werden. Folglich verbleiben A, C und deren Konvexkombinationen als Vergleichspunkte für die Quantifizierung der Leistungsfähigkeit.

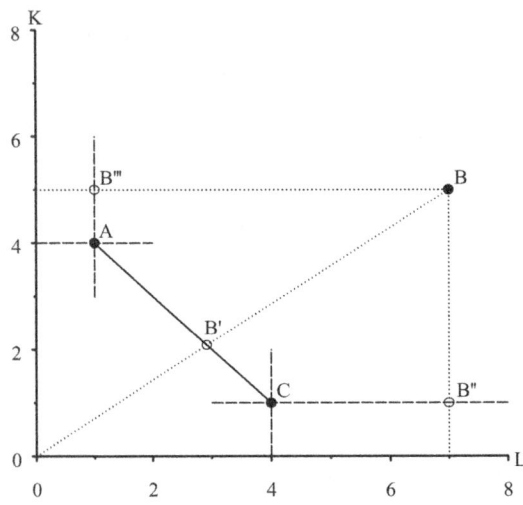

Abb. 2.9. Quantifizierungsmöglichkeiten

Anhand von Unternehmen B in Abbildung 2.9 sollen einige der Quantifizierungsmöglichkeiten beschrieben werden. Erstens, die Effizienz von Unternehmen B im Vergleich zu den leistungsfähigsten Unternehmen A und C könnte daran gemessen werden, inwieweit B allein seinen Arbeitsinput zu reduzieren hat, um genau so viel Arbeit einzusetzen wie Unternehmen A. Dies würde zu einer Produktion mit der Inputkombination in B''' führen, die allerdings von A nach dem Pareto-Koopmans-Kriterium dominiert wird, wie man anhand des (gestrichelten) Hilfskoordinatenkreuzes durch A leicht erkennen kann. Von B''' ausgehend, könnte Unternehmen B noch seinen Kapitalinput soweit reduzieren, bis es mit der gleichen Inputkombination wie A produziert. Insgesamt würde dies bedeuten, daß B seinen Arbeitsinput um 6 Einheiten und seinen Kapitalinput um 1 Einheit reduziert.

Zweitens, alternativ hierzu könnte die Leistungsfähigkeit von B anhand der Reduzierung des Kapitalinputs um 4 Einheiten bis auf B'' und der anschließenden Reduzierung des Arbeitseinsatzes um 3 Einheiten bis auf den Punkt C gemessen werden. Drittens können auf diese Weise alle anderen

Punkte auf dem Streckenabschnitt AC angesteuert werden und die entsprechenden Konvexkombinationen aus A und C zur Quantifizierung der notwendigen Inputreduktion herangezogen werden.

Wünschenswert für eine Leistungsbewertung wäre es nun, die Reduzierung des Arbeits- und Kapitaleinsatzes in ein gemeinsames Maß zu integrieren. Das Problem hierbei ist jedoch, daß ein derartiges skalares Effizienzmaß eine Gewichtung der Arbeits- und Kapitalreduktion erforderlich macht, wozu entsprechende Gewichtungsfaktoren bekannt sein müßten. Als Gewichtungsfaktoren kämen hier beispielsweise Preise oder (unter bestimmten Bedingungen) Koeffizienten der Produktionsfunktion in Frage. Da in diesem Abschnitt jedoch von der Abwesenheit von Preisinformationen ausgegangen wird und auch die Produktionsfunktion nicht bekannt sein soll, ist dieser Weg nicht gangbar.

Als Konvention zur Ermittlung eines skalaren Maßes hat sich vielmehr herausgebildet, daß alle Inputfaktoren einer Beobachtung um den gleichen Faktor, d.h. proportional, reduziert werden. Dies entspricht der in Abschnitt 2.3 eingeführten radialen Betrachtungsweise. Sie weist den Vorteil auf, daß man hiermit eine einzige quantitative Maßzahl zur Leistungsfähigkeit ermitteln kann, die dann für alle Inputfaktoren in gleicher Weise gilt. Obwohl es diesbezüglich durchaus noch andere Konventionen gibt, soll für die weitere Diskussion die radiale Betrachtungsweise beibehalten werden.

In Abbildung 2.9 bedeutet dies, daß Unternehmen B den Einsatz beider Inputfaktoren solange proportional reduziert, bis es auf einen Punkt des Streckenabschnitts AC trifft. Die proportionale Reduktion beider Inputfaktoren bedeutet geometrisch eine Bewegung auf dem Ursprungsstrahl durch B in Richtung auf den Koordinatenursprung bis der Punkt B' erreicht wird.

Anhand von Abbildung 2.10 läßt sich zeigen, wie diese Bewegung auf dem Ursprungsstrahl quantifiziert und als Maß für die Leistungsfähigkeit herangezogen werden kann. Hierzu sind für die Beobachtung B und die virtuelle Unternehmung B' die benötigten Inputmengen $L*$ und $K*$ sowie $L**$ und $K**$ eingezeichnet. Mit ihrer Hilfe kann man auf den Achsen ablesen, auf welches Niveau Unternehmen B seine Inputeinsatzmengen von L und K zu reduzieren hat, damit es mit den gleichen Einsatzmengen wie das virtuelle Unternehmen B' produziert und somit als effizient gilt. Das Verhältnis der Strecken $0L**/0L* < 1$ und $0K**/0K* < 1$ gibt nun das Niveau (in Prozent) an, <u>auf</u> welches jeder Inputfaktor für sich ausgehend von $L*$ und $K*$ reduziert werden müßte. Gemäß Strahlensatz ist dieses Verhältnis genau gleich dem Verhältnis der Strecken 0B' zu 0B.

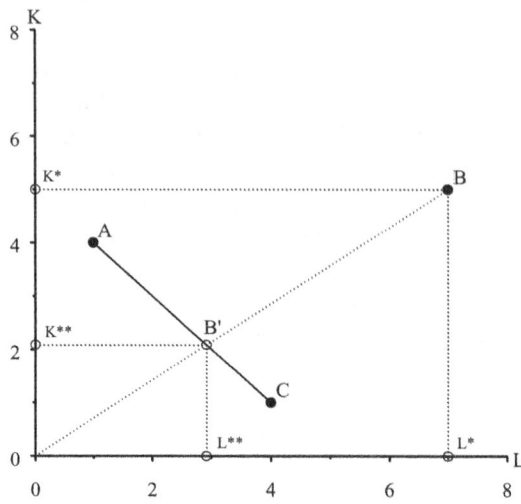

Abb. 2.10. Radiales Maß

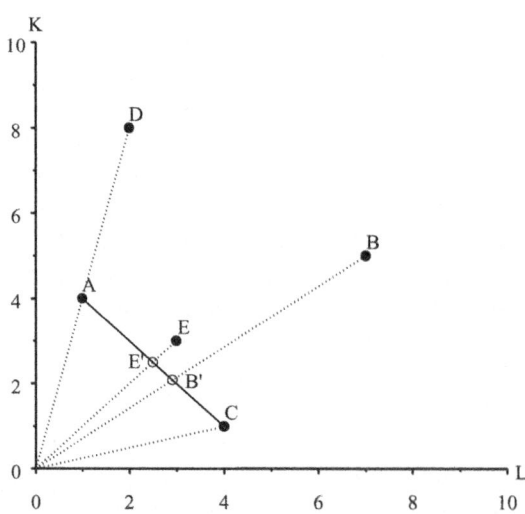

Abb. 2.11. Gesamtschau

Führt man für alle Unternehmen A bis E die soeben beschriebene Quantifizierung der Leistungsfähigkeit durch, so ergeben sich die in Abbildung 2.11 gezeigten Ursprungsstrahle und virtuellen Unternehmen. Die Unternehmen A und C entsprechen ihren virtuellen Unternehmen. Daneben ist Unternehmen A zugleich das virtuelle Unternehmen zu D, B' und E' sind die bereits bekannten virtuellen Unternehmen zu B und E.

In Tabelle 2.12 sind die für die Leistungsbewertung der Unternehmen A bis E herangezogenen Streckenverhältnisse auf den Ursprungsstrahlen sowie die daraus resultierenden Bewertungen als radiales Maß zusammengestellt.

Tabelle 2.12. Leistungsbewertung

Unternehmen	A	B	C	D	E
Streckenverhältnis	0A/0A	0B'/0B	0C/0C	0A/0D	0E'/0E
radiales Maß	1,00	0,42	1,00	0,50	0,83

Anhand von Unternehmen D soll exemplarisch aufgezeigt werden, wie der spezifische Wert für das radiale Maß ermittelt wird. Der Arbeitseinsatz von Unternehmen D beläuft sich auf 2 Einheiten, die auf die 1 Einheit beim virtuellen Unternehmen zu D (Unternehmen A) reduziert werden müßten. Daraus resultiert eine Reduzierung auf 0,5 des ursprünglichen Arbeitseinsatzes. Analog ergibt sich bei Betrachtung des Kapitaleinsatzes eine Reduzierung von 8 auf 4 Einheiten, was wiederum dem Wert 0,5 entspricht. Dieser Wert von 0,5 entspricht der proportionalen Reduktion entlang des Ursprungsstrahls 0D. Durch Anwendung des Satzes von Pythagoras errechnet man für die Strecke 0D die Länge $\sqrt{8^2 + 2^2} = \sqrt{68}$, für die Strecke 0A die Länge $\sqrt{4^2 + 1^2} = \sqrt{17}$ und somit für das Streckenverhältnis 0A / 0D den Wert $\sqrt{17} / \sqrt{68} = \sqrt{1/4} = 0,5$. Auf gleiche Weise lassen sich auch die radialen Maße für die Unternehmen B und E ermitteln.

Interpretation des radialen Maßes als Index der totalen Faktorproduktivität

Im folgenden soll gezeigt werden, daß das abgeleitete radiale Maß als Index der totalen Faktorproduktivität aufgefaßt werden kann und damit eine Kennzahl für die technische Effizienz darstellt, wie sie in Abschnitt 2.3 bereits behandelt wurde. Am Beispiel von Unternehmen E soll dies verdeutlicht werden.

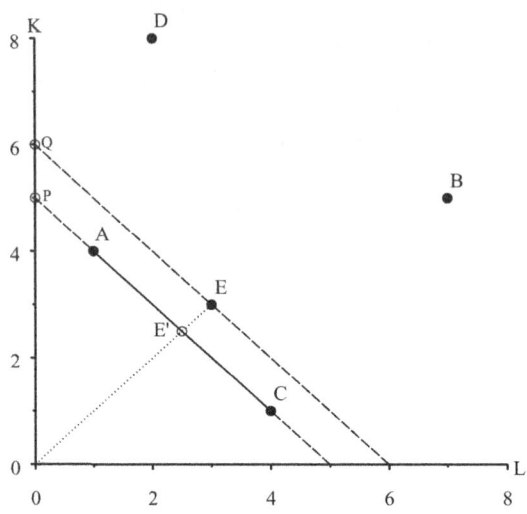

Abb. 2.12. Interpretation als totale Faktorproduktivität

In Abbildung 2.12 kann die Leistungsfähigkeit von E wie oben beschrieben mit dem Streckenverhältnis $0E'/0E$ bewertet werden. Gemäß dem Strahlensatz ist dies identisch mit dem Streckenverhältnis $0P/0Q$. Die Abschnitte $0P$ und $0Q$ erhält man durch ein paralleles Geradenpaar, das durch die Punkte A und C einerseits und durch den Punkt E andererseits verläuft. Aus den hierzu korrespondierenden Geradengleichungen lassen sich die Punkte P und Q berechnen. Für die Gerade durch die Punkte A und C mit Steigungsfaktor κ muß notwendig gelten, daß

$$K_A = P - \kappa \cdot L_A \text{ sowie } K_C = P - \kappa \cdot L_C.$$

Einsetzen der Inputkombinationen der Unternehmen A und C führt zu

$$4 = P - \kappa \cdot 1 \text{ sowie } 1 = P - \kappa \cdot 4,$$

woraus sich für $P = 5$ und $\kappa = 1$ ergeben.

Die Gerade durch den Punkt E muß die gleiche Steigung $\kappa = 1$ aufweisen, so daß man aus

$$K_E = Q - \kappa \cdot L_E$$

nach Einsetzen der Inputkombination für Unternehmen E über $3 = Q - 1 \cdot 3$ für Q den Wert 6 ermittelt.

Für das Verhältnis $0P/0Q$ berechnet sich demnach der Wert $5/6 = 0,83$, was dem radialen Maß aus Tabelle 2.12 für Unternehmen E entspricht. Um zu zeigen, daß sich dieser Wert als Index der totalen Faktorproduktivität auffassen läßt, wird $0P/0Q$ als Quotient der nach P bzw. Q aufgelösten Geradengleichungen dargestellt:

$$\frac{0P}{0Q} = \frac{K_A + 1 \cdot L_A}{K_E + 1 \cdot L_E}$$

Erweitert man den Zähler um y_E/y_A, was aufgrund der Festlegung $y_A = y_E$ erlaubt ist, und ersetzt man K_A, L_A und y_A durch ihre bekannten Werte, so erhält man:

$$\frac{0P}{0Q} = \frac{(K_A + 1 \cdot L_A) \cdot y_E/y_A}{K_E + 1 \cdot L_E} = \frac{(4+1) \cdot y_E/1}{K_E + 1 \cdot L_E}$$

$$= \frac{5 \cdot y_E}{K_E + 1 \cdot L_E} = \frac{y_E}{0,2 \cdot K_E + 0,2 \cdot L_E}$$

Betrachtet man sich den letzten Quotienten in der vorstehenden Beziehung, so handelt es sich hierbei um das Verhältnis von produziertem Output zu den linear aggregierten Faktoreinsatzmengen von E. Dies kann als eine spezielle Formulierung einer Indexzahl der totalen Faktorproduktivität interpretiert werden, bei der die Inputaggregationsfunktion $f(\cdot)$ linear ist, d.h. die Faktoreinsatzmengen werden mit konstanten positiven Aggregationsgewichten (hier jeweils 0,2) zu einem Inputaggregat summiert.

Zu beachten ist hier, daß keine absoluten Werte für die totale Faktorproduktivität ermittelt werden, sondern lediglich das Verhältnis von eben zweier solcher Werte. Im Fall von Unternehmen E entspricht dies dem Verhältnis der totalen Faktorproduktivität von E zu derjenigen von Unternehmen A. Alternativ kann die totale Faktorproduktivität von E auch relativ zu derjenigen von Unternehmen C oder eines virtuellen Unternehmens auf dem Streckenabschnitt AC mit dem gleichen Ergebnis ausgedrückt werden. Entscheidend ist, daß die totale Faktorproduktivität am Maßstab eines im Sinne des erweiterten Pareto-Koopmans-Kriteriums als am leistungsfähigsten klassifizierten (realen oder virtuellen) Unternehmens erfolgt. Die Äquivalenz des hier berechneten Maßes zum Maß h_i zuvor ist dabei offensichtlich.

2.5 Empirische Methoden

Dieser Abschnitt befaßt sich mit methodischen Überlegungen zur empirischen Produktivitätsanalyse. Ausgangspunkt aller im folgenden behandelten Verfahren ist die bereits bekannte Kennzahl zur totalen Faktorproduktivität. Geht man wieder vereinfachend von nur zwei Produktionsfaktoren, Arbeit L und Kapital K aus, die einen Output y produzieren, und steht f wieder für die Faktoraggregationsfunktion, dann ergibt sich die totale Faktorproduktivität TFP für Unternehmen i als:

$$TFP_i = A_i = \frac{y_i}{f(L_i, K_i)} \qquad (2.14)$$

Hinter der Faktoraggregationsfunktion f verbirgt sich im Prinzip nichts anderes als eine spezifische Produktionsfunktion. Dies erkennt man sehr leicht nach folgender Umformung:

$$y_i = A_i \cdot f(L_i, K_i) \qquad (2.15)$$

Der Output y_i wird durch den Produktivitätsparameter A_i und die Faktoraggregationsfunktion $f(L_i, K_i)$ bestimmt. Dies bedeutet nichts anderes, als daß zur Bestimmung der totalen Faktorproduktivität die Produktionsfunktion bekannt sein muß. Das wesentliche Problem der Produktivitätsanalyse liegt nun darin, daß die Produktionsfunktion und hier insbesondere die Faktoraggregationsfunktion in der Regel nicht bekannt sind. Um dieses Problem einer Lösung näherzubringen ist es erforderlich, diese mit Hilfe von Daten und unter Setzung bestimmter Annahmen zu schätzen.

Im weiteren lassen sich hierbei drei grundlegende Methoden zur empirischen Produktivitätsanalyse unterscheiden. Es handelt sich dabei um Produktivitätsindizes, parametrische und nichtparametrische Verfahren. Zu den parametrischen Verfahren, für deren Anwendung die Form der Produktionsfunktion vorgegeben werden muß und die Parameter anschließend ökonometrisch geschätzt werden, zählen sogenannte Durchschnittsproduktionsfunktionen und deterministische sowie stochastische Frontierproduktionsfunktionen. Im Gegensatz zu einer Cobb-Douglas-Produktionsfunktion, wie sie als Beispiel im weiteren Verwendung findet, wird in empirischen Anwendungen dieser Methoden meist auf eine möglichst flexible funktionale Form, wie etwa die Translog-Produktionsfunktion, zurückgegriffen. Im Fall der nichtparametrischen Verfahren ist es dagegen nicht erforderlich die Form der Produktionsfunktion vorzugeben, sondern die Frontierproduktionsfunktion wird aus den Daten ermittelt. Im Zuge einer Übersicht sollen die wesentlichen Charakteristika des nichtparametrischen Ansatzes herausgehoben und von den Eigenschaften der alternativen Methoden abgegrenzt werden.

Produktivitätsindizes

Ein erstes Verfahren, mit dem sich die totale Faktorproduktivität bestimmen läßt, beruht auf der Ermittlung von Indexzahlen. Wichtig dabei ist vor allem die Frage, mit welchem Gewicht jeder Inputfaktor in Faktoraggregationsfunktion einzugehen hat. Da, wie bereits erläutert, bei diesem Verfahren implizit eine Produktionsfunktion $A_i \cdot f(L_i, K_i)$ ermittelt wird, können mit Hilfe der neoklassischen Produktionstheorie die Aggregationsgewichte bestimmt werden. Dabei zeigt sich, daß die partiellen Produktionselastizitäten geeignete Aggregationsgewichte darstellen. Diese sind allerdings nicht unmittelbar beobachtbar. Man behilft sich aber damit, daß mit geeigneten Annahmen diese Größen ermittelt werden können.

Nimmt man beispielsweise eine linear-homogene Cobb-Douglas-Produktionsfunktion

$$y_i = A_i \cdot f(L_i, K_i) = A_i \cdot K_i^\alpha L_i^\beta \quad \text{mit } \alpha + \beta = 1 \qquad (2.16)$$

an, so impliziert dies, daß sich die partiellen Produktionselastizitäten zu eins addieren:

$$\frac{\partial y_i}{\partial K_i} \cdot \frac{K_i}{y_i} + \frac{\partial y_i}{\partial L_i} \cdot \frac{L_i}{y_i} = \alpha + \beta = 1$$

$$\text{mit } \frac{\partial y_i}{\partial K_i} \cdot \frac{K_i}{y_i} = \alpha \text{ und } \frac{\partial y_i}{\partial L_i} \cdot \frac{L_i}{y_i} = \beta \qquad (2.17)$$

Nimmt man weiter an, daß die Produktionsfaktoren gemäß ihrem Wertgrenzprodukt entlohnt werden, so ist $\partial y_i / \partial K_i$ gleich dem Realzins r/p und $\partial y_i / \partial L_i$ gleich dem Reallohn w/p:

$$\frac{\partial y_i}{\partial K_i} \cdot \frac{K_i}{y_i} + \frac{\partial y_i}{\partial L_i} \cdot \frac{L_i}{y_i} = \frac{rK_i}{py_i} + \frac{wL_i}{py_i} = \alpha + \beta = 1 \qquad (2.18)$$

Über diesen Zusammenhang erhält man einen relativ leichten Zugang zu den Koeffizienten der Faktoraggregationsfunktion in der Weise, daß α dem Anteil der Kapitalentlohnung rK_i am Umsatz py_i und β dem Anteil der Arbeitsentlohnung rK_i am Umsatz py_i entsprechen.

Die Einsatzmenge der Produktionsfaktoren als auch die Gewichtungsfaktoren in Form der Faktorkostenanteile lassen sich nun relativ leicht empirisch ermitteln. Setzt man diese in die TFP-Formel (2.14) ein, so errechnet sich für jeden Produktionspunkt der TFP-Index. Dieser kann so für jedes einzelne Unternehmen bestimmt werden. Bei der Interpretation ist zu beachten, daß jedes Unternehmen eine optimale Produktionsentscheidung trifft, wodurch eventuelle Ineffizienzen theoretisch gesehen nicht auftreten können. Unterschiede in den empirisch bestimmten Produktivitätsindizes verschiedener Unternehmen beruhen dann allein auf dem Einsatz unterschiedlicher Produktionsfunktionen. Im hier betrachteten Cobb-Douglas-Beispiel bedeutet dies, daß sich die Produktionsfunktionen in den Koeffizienten α und β unterscheiden, wobei die Restriktion, daß sich α und β zu eins addieren, für jedes Unternehmen erfüllt sein muß.

Gegen die Indexmethode sind eine Reihe von Einwänden erhoben worden. Die hauptsächliche Kritik richtet sich dabei gegen die unterstellte neoklassische Produktionstheorie und das dabei unterstellte (statische) Optimierungsverhalten jedes einzelnen Unternehmens sowie der Entlohnung der Produktionsfaktoren nach ihrem Wertgrenzprodukt, was vollkommene Faktormärkte impliziert. Eine Anwendung der Indexzahlenmethode in der empirischen Analyse ist so gesehen nur dann statthaft, wenn man diese theoretischen Annahmen auch als in der Realität erfüllt ansieht.

Durchschnittsproduktionsfunktion

Wenn diese theoretischen Annahmen allerdings nicht erfüllt sind, wovon man realistischerweise auszugehen hat, dann können die partiellen Produktionselastizitäten nicht länger mit Hilfe der individuellen Faktorkostenanteile bestimmt werden. Um die Optimierungsannahme aufgeben zu können, muß jedoch die Annahme eingeführt werden, daß alle Unternehmen zu einem bestimmten Zeitpunkt mit der gleichen Produktionsfunktion produzieren. Hierbei bedeutet „gleiche" Produktionsfunktion, daß diese die gleiche funktionale Form und die gleichen Parameterwerte für alle Unternehmen einer vorliegenden Querschnittsstichprobe aufweist. Somit repräsentiert diese Produktionsfunktion den durchschnittlichen produktiven Zusammenhang in der Stichprobe und Abweichungen hiervon sind nicht systematischer Natur. Darunter fallen zufällige Meßfehler bei der Datenerhebung und zufallsbedingte temporäre Abweichungen der realisierten Produktionspunkte der Unternehmen vom durchschnittlich gültigen Produktionszusammenhang.

Akzeptiert man diese Vorstellung einer durchschnittlichen Produktionsfunktion, die repräsentativ für eine größere Anzahl von Unternehmen ist, so ist es möglich, statistische Methoden zur Schätzung der partiellen Produktionselastizitäten einzusetzen. Im Cobb-Douglas-Fall schätzt man hierzu die logarithmierte Produktionsfunktion und setzt $A = A_i$ für alle i

$$\ln y_i = \ln A + \alpha \ln K_i + \beta \ln L_i + v_i \qquad (2.19)$$

durch die Kleinst-Quadrate-Methode als lineare Regressionsbeziehung mit Hilfe von Daten für den realen Output und die realen Inputfaktoren Arbeit und Kapital für eine Querschnittsstichprobe von Unternehmen. Der parametrische Charakter dieser Vorgehensweise wird dadurch deutlich, daß die Produktionsfunktion hier als Cobb-Douglas-Funktion vorgegeben wird, für die nur noch die unbekannten Parameter $\ln A$, α und β bestimmt werden müssen.

Die Schätzwerte für α und β geben nun die durchschnittlichen partiellen Produktionselastizitäten an und der Schätzwert für die Konstante $\ln A$ gibt Auskunft über die durchschnittliche (logarithmierte) Produktivität der Unternehmen der Stichprobe. Abweichungen des tatsächlich produzierten Outputs von dem, der gemäß der Produktionsfunktion bei den geschätzten Parametern produziert werden müßte, werden im Störterm v_i aufgefangen, der als normalverteilt mit einem Erwartungswert von 0 angenommen wird. Diese Störgröße erfaßt zufällige Meßfehler in den Daten sowie Zufallsschocks, die annahmegemäß nicht die Produktivitätsmessung beeinflussen. Desweiteren enthält v_i auch sämtliche Auswirkungen von Fehlspezifikationen, die aus einer inadäquaten Wahl der Form der Produktionsfunktion resultieren können.

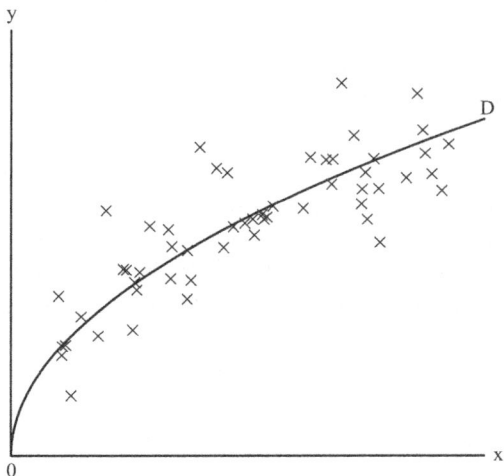

Abb. 2.13. Geschätzte average-practice-Produktionsfunktion

Abbildung 2.13 zeigt das Schätzergebnis für den durchschnittlichen funktionalen Zusammenhang D zwischen dem Output y_i und einem Inputfaktor $x_i \in \{K_i, L_i\}$, wobei der jeweils andere Inputfaktor auf ein bestimmtes Niveau fixiert wird. Beispielsweise ist dies für den Fall $x_i = K_i$ mit L_i fixiert auf dem Niveau $\overline{L}$ die Funktion

$$y_i = D(K_i, \overline{L}) = \hat{A} K_i^{\hat{\alpha}} \overline{L}^{\hat{\beta}}, \tag{2.20}$$

wobei wie üblich die mit einem Dach überschriebenen Größen Schätzwerte symbolisieren.

Die Kreuze geben dabei die beobachteten Input-Output-Kombinationen der Stichprobenunternehmen an. Der konkave Verlauf impliziert, daß für die entsprechende partielle Produktionselastizität (hier α) einen Wert kleiner eins geschätzt wurde. Der geschätzte Wert für den durchschnittlichen Produktivitätsparameter $A = e^{\ln A}$ beeinflußt in dieser Darstellung die Steigung der Produktionsfunktion D:

$$\frac{\partial y_i}{\partial K_i} = \frac{\partial D(K_i, \overline{L})}{\partial K_i} = \hat{A} \hat{\alpha} K_i^{\hat{\alpha}-1} \overline{L}^{\hat{\beta}} \tag{2.21}$$

Deterministische parametrische Frontierfunktion

Die Abweichungen der Beobachtungen von der Durchschnittsproduktionsfunktion D werden, wie ausgeführt, bei der Bestimmung einer Durchschnittsproduktionsfunktion als rein zufallsbedingt behandelt. Dahinter verbirgt sich die implizite Annahme, daß Unternehmen bei ihren Entscheidungen im wesentlichen die gleiche Produktionsfunktion zugrunde legen und dabei nicht systematisch voneinander abweichen. Letztere Aussage umschließt auch den Fall, daß alle Unternehmen in gleicher Weise Fehlentscheidungen treffen und damit eine gleich große Ineffizienz aufweisen. Falls die Unternehmen jedoch systematisch unterschiedliche Produktionsentscheidungen treffen und demnach durch unterschiedlich große Ineffizienzen charakterisiert sind, so werden gerade diese Unterschiede bei der Bestimmung von durchschnittlichen Produktionsfunktionen nicht identifiziert.

Ein Ansatzpunkt, um systematische Ineffizienzen in der Produktion mittels eines Schätzverfahrens zu bestimmen, ist der Term v_i. Während dieser oben so interpretiert wurde, daß alle Abweichungen von der Durchschnittsproduktionsfunktion zufälliges Rauschen darstellen, wird er jetzt als Größe betrachtet, die allein Effizienzunterschiede widerspiegelt. Zu diesem Zweck muß eine Frontierfunktion konstruiert werden, anhand derer die technische Effizienz von Unternehmen bestimmt werden kann. Diese deterministische parametrische Frontierfunktion wird nun so konstruiert, daß die Abweichungen der Beobachtungen von der Frontierfunktion stets positiv sind.

Um dies umzusetzen, wird die Durchschnittsproduktionsfunktion D in einem ersten Schritt wie oben geschätzt und in einem zweiten Schritt der Achsenabschnitt von $\ln A$ ausgehend soweit nach oben korrigiert, bis alle v_i größer oder gleich Null sind. Um diese systematischen Abweichungen von den rein zufälligen Störtermen zu unterscheiden, sollen erstere mit u_i und letzteren mit v_i bezeichnet werden. Die Verschiebung der logarithmierten Produktionsfunktion ist gleichbedeutend mit einer Drehung der Produktionsfunktion um den Nullpunkt bis ein Produktionspunkt auf der Produktionsfunktion liegt und alle anderen Produktionspunkte darunter. Das Ergebnis dieser Vorgehensweise ist die best-practice-Frontierfunktion F^* wie sie in Abbildung 2.14 dargestellt ist.

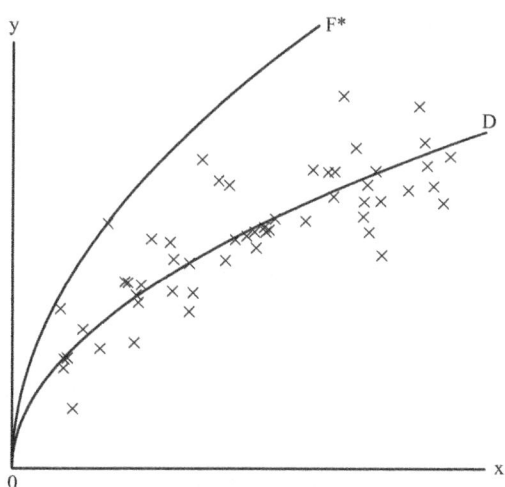

Abb. 2.14. Deterministische parametrische Frontierfunktion

Da hierbei lediglich ein Parameter der Kleinst-Quadrate-Schätzung korrigiert wird, hat sich für diese Vorgehensweise die Bezeichnung korrigierte Kleinst-Quadrate-Methode durchgesetzt. Die Schätzgleichung lautet:

$$\ln y_i = \ln A^{\max} + \alpha \ln K_i + \beta \ln L_i - u_i \quad \text{mit } u_i \geq 0 \qquad (2.22)$$

Die Spezifikation ist geeignet, eine Frontierfunktion zu ermitteln, da der Achsenabschnitt durch das größte beobachtbare Produktivitätsniveau A^{max} bestimmt wird und die Störterme u_i nur nicht-negative Werte annehmen dürfen. Dadurch ist gewährleistet, daß keine Beobachtung oberhalb der Frontierfunktion mit dem Produktivitätsniveau A^{max} zu liegen kommt.

Aus dem Wert des Störterms für ein Unternehmen i kann nun das Effizienzmaß h_i abgeleitet werden. Hierzu nutzt man aus, daß das Produktivitätsniveau A_i in Gleichung (2.22) implizit in der Form

$$\ln A_i = \ln A^{max} - u_i \qquad (2.23)$$

enthalten ist. Diese Beziehung besagt, daß sich die totale Faktorproduktivität von Unternehmen i über u_i als Abweichung vom höchsten beobachtbaren Niveau $\ln A^{max}$ aufzufassen ist. Man kann nun Gleichung (2.23) so umformen, daß sich für das Effizienzmaß h_i die Gleichung

$$e^{-u_i} = \frac{A_i}{A^{max}} = h_i \qquad (2.24)$$

ergibt. Dieses Effizienzmaß variiert wiederum im Intervall (0,1] und entspricht der bereits eingeführten Definition der technischen Effizienz als Quotient von realisiertem und maximalem Niveau der totalen Faktorproduktivität.

Stochastische parametrische Frontierfunktion

Bei der deterministischen Bestimmung der Frontierfunktion werden Meß- und Spezifikationsfehler ausgeschlossen und alle Abweichungen von der Frontierfunktion als Effizienzunterschiede interpretiert. Damit unterstellt man, daß sich einerseits die Beobachtungswerte fehlerfrei ermitteln lassen und andererseits die Wahl der Produktionsfunktion korrekt ist. Diese Annahmen sind wohl als realitätsfern einzuschätzen. Methoden zur Schätzung stochastischer parametrischer Frontierfunktionen sind nun geeignet, vor allem die Meßfehlerproblematik zu berücksichtigen.

Möglicherweise auftretende Meß- und Spezifikationsfehler werden bei diesem Verfahren von der echten Ineffizienz dadurch getrennt, daß der Störterm in zwei unabhängige Komponenten aufgespalten wird, die zum einen die systematische Ineffizienz u_i und zum anderen die rein zufälligen Abweichungen v_i repräsentieren. Im Cobb-Douglas-Fall stellt sich die Schätzfunktion demnach wie folgt dar:

$$\ln y_i = \ln A^{\max} + \alpha \ln K_i + \beta \ln L_i + v_i - u_i \quad \text{mit } u_i \geq 0 \qquad (2.25)$$

Hierbei wird unterstellt, daß v_i als Zufallsstörterm sowohl positive als auch negative Werte annehmen kann und normalverteilt ist. Der Term für die systematische Ineffizienz u_i kann dagegen nur nicht negative Werte annehmen und wird deswegen meist als eine halbnormalverteilte Zufallsvariable behandelt. Zur Schätzung stochastischer parametrischer Frontierfunktionen wird in der Regel die Maximum-Likelihood-Methode verwendet, die beide Verteilungsannahmen simultan berücksichtigen kann. Um diese, durchaus nicht-triviale, Aufgabe zu lösen, ist der Einsatz numerischer Optimierungsverfahren erforderlich. Die daraus resultierenden Parameterschätzungen erlauben dabei auch eine Bestimmung der Ineffizienz jedes einzelnen Unternehmens. Auf die konzeptionellen Schwierigkeiten, die zu bewältigen sind, wenn in dem beobachtbaren Störterm $v_i - u_i$ mit Hilfe der getroffenen Verteilungsannahmen die systematische Abweichungen u_i zu identifizieren sind, soll hier nicht weiter eingegangen werden.

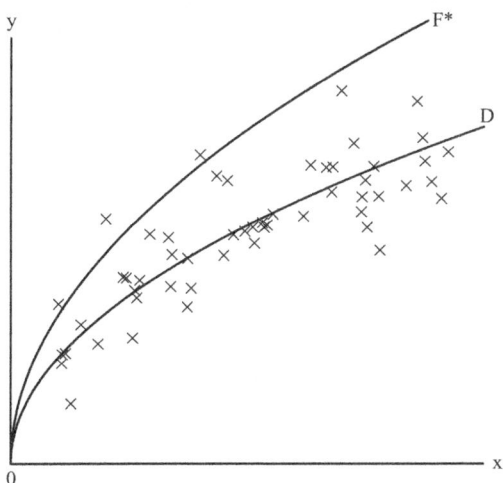

Abb. 2.15. Stochastische parametrische Frontierfunktion

Durch die Annahme bezüglich u_i ist sichergestellt, daß wiederum eine Frontierfunktion bestimmt wird, bei der nun, wie Abbildung 2.15 für einige Fälle zeigt, allerdings auch Beobachtungen oberhalb der Frontierfunktion liegen können. Diese Beobachtungen sind durch Ineffizienzterme $\hat{u}_i = 0$ und positive Störterme $\hat{v}_i$ charakterisiert.

Nichtparametrische Frontierfunktion

Ein Problem der bisher dargestellten parametrischen Verfahren zur Effizienzmessung stellt die Wahl der „richtigen" Form von Produktionsfunktion dar. Man behilft sich zumeist mit der Wahl einer möglichst flexiblen Form der Produktionsfunktion, wie etwa der Translog-Funktion. Es existieren darüber hinaus jedoch auch Verfahren zur Effizienzmessung, die keine Spezifikation der Produktionsfunktion erfordern und mit nur schwachen Annahmen über die zugrundeliegende Technologiemenge, wie z.B. Konvexität, auskommen. Diese sogenannten nichtparametrischen Verfahren beruhen auf der Konstruktion der Frontierfunktion als Umhüllende der empirisch ermittelten Beobachtungspunkte durch Verfahren der linearen Optimierung.

Herausragende Bedeutung hat in diesem Zusammenhang die sogenannte Data-Envelopment-Analysis (DEA) erlangt. In Abbildung 2.16 sind zwei Beispiele einer stückweise linearen nichtparametrischen Frontierfunktion dargestellt, wie sie mit Hilfe der linearen Optimierung berechnet werden können. Hierin bezeichnet FC^* die Frontierfunktion bei konstanten und FV^* die Frontierfunktion bei variablen Skalenerträgen.

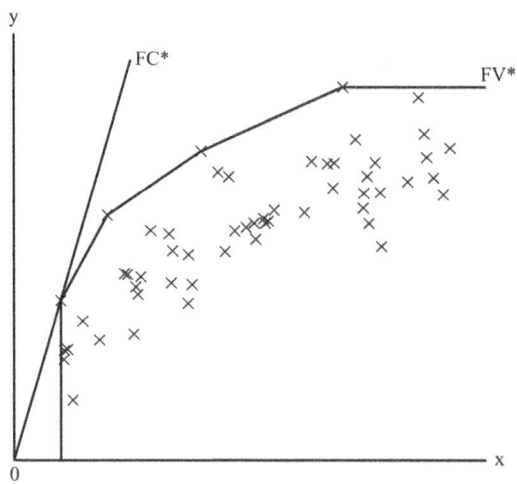

Abb. 2.16. Nichtparametrische Frontierfunktion

Ineffizienzen ergeben sich auch hier als Abweichung von der Randfunkti-on. Diese Abweichungen werden allerdings hier nicht wie oben als Zu-fallsvariablen behandelt, die sowohl Meßfehler als auch Ineffizienz der Beobachtungen umfassen, sondern werden ausschließlich als fehlerfrei gemessene Ineffizienz interpretiert. Dies bedingt, daß die Effizienzmes-sung hier sensitiv gegenüber Ausreißern und Beobachtungsfehlern ist. Die-se verzerren dann die gemessene Ineffizienz oft nicht unerheblich. Daneben kann die Effizienzmessung auch von den an die zugrundeliegen-de Technologiemenge gestellten Annahmen beeinflußt sein. So hängt die Effizienzmessung nicht unbeträchtlich von der Art der unterstellten Tech-nologiemenge ab, also ob diese durch konstante oder variable Skalenerträ-ge charakterisiert ist.

Die Diskussion um die Notwendigkeit einer Unterscheidung von kon-stanten und variablen Skalenerträgen kann man dadurch vermeiden, daß die Annahme der Konvexität der Technologiemenge aufgegeben wird. Ein geeignet modifiziertes Verfahren ist die FDH-Methode (FDH = free dispo-sal hull) von Tulkens (1993). Die hierzu eingeführte Modifikation beruht darauf, daß nur diejenigen Beobachtungspunkte als effizient klassifiziert werden, für die bei gleichem Input kein höheres Outputniveau und gleich-zeitig bei gleichem Output kein niedrigeres Inputniveau zu finden ist, die also wechselseitig undominiert sind. Folglich erhält man hier für die Fron-tierfunktion eine Treppenfunktion, wie in Abbildung 2.17 dargestellt.

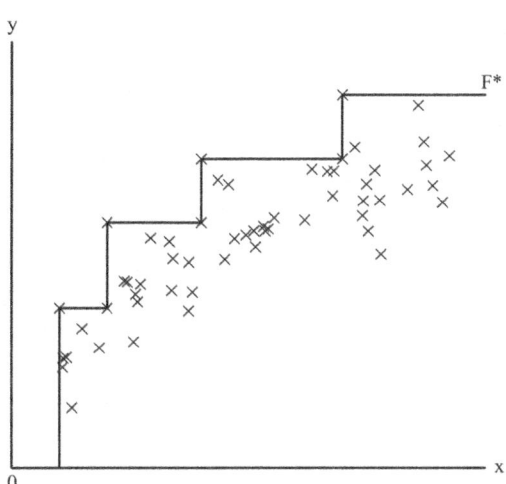

Abb. 2.17. Nichtparametrische FDH-Frontierfunktion

Vergleich der Methoden

Im folgenden soll die Vorteilhaftigkeit des nichtparametrischen Ansatzes zur Effizienzmessung relativ zu Produktivitätsindizes und zur ökonometrischen Schätzung stochastischer Frontierfunktionen nochmals zusammenfassend diskutiert werden. Im Vergleich zu Produktivitätsindizes liegt, wie oben bereits ausgeführt, ein Vorteil der nichtparametrischen Frontierfunktionsbestimmung in der Möglichkeit, die Produktivität ohne restriktive Optimierungs- und Gleichgewichtsannahmen hinsichtlich der Faktorentlohnung messen zu können. Im Fall von Produktivitätsindizes ist zudem eine Identifizierung von Ineffizienzen nicht möglich, da sich alle Unternehmen annahmegemäß optimal verhalten und ein Vergleich der Unternehmen untereinander kein konstituierendes Merkmal der Indexmethode darstellt.

Die nichtparametrische Vorgehensweise weist auch eine Reihe von konzeptionellen Vorteilen gegenüber der ökonometrischen Schätzung stochastischer Frontierfunktionen auf. Als nichtparametrisches Verfahren benötigt die DEA weder Annahmen über die Gestalt der Produktionsfunktion noch Annahmen über die Form der Verteilung des Ineffizienzterms, der im Rahmen der stochastischen Frontierfunktionsschätzung auftritt. Die Frontierfunktion wird zudem bei der DEA nur von den als effizient klassifizierten Beobachtungen gebildet und nicht aufgrund einer Parameterschätzung, in die effiziente wie ineffiziente Beobachtungen gleichermaßen eingehen. Nachteilig bei der DEA ist allerdings ihr rein deterministischer Charakter, der für eine größere Sensitivität von DEA-Ergebnissen bei Datenfehlern und Ausreißern verantwortlich ist. Alle Abweichungen von der Frontierfunktion werden als Ineffizienz betrachtet. Stochastische Frontierfunktionen dagegen besitzen durch ihren zweigeteilten Störterm zumindest in der Theorie die Fähigkeit zur Trennung von statistischem Rauschen durch Meßfehler oder Zufallsschocks und Abweichungen von der Frontierfunktion aufgrund von Ineffizienz. Jedoch können sich hier Fehlspezifikationen der Produktionsfunktion und der Verteilung des Ineffizienzterms verzerrend auf die Effizienzmessung auswirken. Erfahrungen mit stochastischen Frontierfunktionen haben ergeben, daß die Trennung des Störterms mit großen Fehlern behaftet ist.

Weitere Vorteile des nichtparametrischen Ansatzes bestehen in der problemlosen Behandlung von Produktionsprozessen mit mehreren Outputgütern und der einfachen Erweiterbarkeit des Grundmodells um Elemente, die zusätzlich zur Messung der technischen Ineffizienz die Messung von allokativer Ineffizienz oder Skalenineffizienz erlauben. Rechentechnisch ist die nichtparametrische Frontierfunktionsbestimmung aufwendiger als die konkurrierenden Verfahren, was jedoch immer weniger stark ins Gewicht fällt.

2.6 Anwendungsgebiete

Methoden der Effizienzmessung mit Hilfe von Frontierfunktionen haben in der angewandten Forschung zunehmend breitere Verwendung gefunden. Da diese Methoden keine Preisinformationen benötigen, sind sie ideal für den Einsatz im öffentlichen Sektor geeignet (Nunamaker 1985). Gewisse Schwerpunkte der Anwendung stellen hier der Bildungssektor, das Gesundheitswesen und der Bereich der Energieversorgung dar. Aus der großen Zahl existierender Studien seien exemplarisch Athanassopoulos und Shale (1997), Dundar und Lewis (1995), Johnes (1995), Ray (1991), Stern, Mehrez und Barboy (1994) und Thanassoulis und Dunstan (1994) für Analysen von Teilbereichen des Bildungssektors genannt. Die Effizienz von Gesundheits- oder Pflegeeinrichtungen wird beispielsweise von Kooreman (1994) und Pina und Torres (1992) untersucht. Cantner, Hanusch und Westermann (1995) analysieren Effizienzunterschiede unter deutschen Stromversorgungsunternehmen. Ein aktueller Überblick über Studien des Stromversorgungssektors ist in Qassim et al. (2005) enthalten.

Im Rahmen von Untersuchungen des privaten Sektors steht häufig der Dienstleistungssektor und dabei insbesondere das Kreditgewerbe im Vordergrund. Die Effizienz von Geschäftsbanken, genossenschaftlichen Banken und Sparkassen studieren unter anderen Berg et al. (1993), Cantner, Westermann und Pröll (1996), Grifell-Tatjé und Lovell (1996), Lang und Welzel (1996, 2000) und Sherman und Ladino (1995). Bernard, Cantner und Westermann (1996) untersuchen Unternehmen des deutschen und französischen Maschinenbaus vor dem Hintergrund innovationsökonomischer Fragestellungen. Methoden der Effizienzmessung werden daneben auch zur Analyse und Steuerung von industriellen Produktionsprozessen im Rahmen der ingenieurwissenschaftlichen Anwendungen von Khouja (1995) und Shafer und Bradford (1995) eingesetzt.

Makroökonomische Untersuchungen verwenden Methoden der Produktivitäts- und Effizienzanalyse, um die technologische Entwicklung von Ländern zu vergleichen. Der Fokus liegt hier auf der Messung von Produktivitätsveränderungen und der Feststellung, welcher Teil der Produktivitätsveränderung auf technologischen Fortschritt und welcher Teil auf die Veränderung des Rückstandes zu den technologisch führenden Nationen zurückzuführen ist. Beispiele für solche Anwendungen dynamischer Methoden sind Färe et al. (1994b), Krüger, Cantner und Hanusch (2000), Krüger (2003), Lovell, Pastor und Turner (1995), Maudos, Pastor und Serrano (2000) und Taskin und Zaim (1997).

Ein weiteres, eher heiter und vergnügliches, Anwendungsgebiet für Methoden der Effizienzmessung bildet die vergleichende Analyse von Spielern, Trainern und Mannschaften verschiedener Sportarten. Derartige Studien, bezogen auf die Sportarten Baseball, Basketball, Eishockey, Football, Fußball und Rugby, werden beispielsweise von Anderson und Sharp (1997), Carmichael und Thomas (1995), Espitia-Escuer und Garcia-Cedrián (2004), Fizel und d'Itri (1996), Hadley et al. (2000), Hofler und Payne (1997) und Leibenstein und Maital (1992) vorgelegt. Von besonderem Interesse für deutsche Leser dürfte die Untersuchung der Saison 1999/2000 der Fußballbundesliga von Haas, Kocher und Sutter (2004) sein, die zeigt, daß die Effizienz eines Bundesligavereins nicht mit dem erzielten Tabellenplatz korreliert ist.

Weitere empirische Anwendungen werden in Schefczyk (1996) zusammengefaßt. Die große Vielfalt der Beispiele verdeutlicht, daß Spezifikation der Input- und Outputvariablen meist sehr speziell auf den jeweiligen Fall zugeschnitten ist. Für Untersuchungen aggregierter Daten auf Branchen- oder gesamtwirtschaftlicher Ebene lassen sich dagegen eher allgemein gültige Regeln aufstellen. Da sich dieses Buch jedoch im folgenden auf die methodischen Aspekte konzentriert, sei hierfür auf die Literatur und dabei insbesondere den Aufsatz von Diewert (2000) und das OECD Manual (OECD 2001) hingewiesen.

2.7 Software

Es existiert eine Reihe relativ einfach anzuwendender Softwarepakete für die Durchführung von Frontierfunktionsanalysen. Kommerziell vertrieben werden das Programm *Onfront* (http://www.emq.com/software.html) zur nichtparametrischen Effizienzanalyse, das auch Funktionen für dynamische Analysen enthält, und das Ökonometrieprogramm *Limdep* (http://www.limdep.com) mit Möglichkeiten zur Schätzung stochastischer Frontierfunktionen.

Neben diesen Programmen stehen als nicht kommerzielle und damit kostenlose Lösungen von Tim Coelli (University of Queensland, Australia, School of Economics, Centre for Efficiency and Productivity Analysis) für die Bestimmung nichtparametrischer Effizienzmaße das Programm *DEAP* und für die Schätzung stochastischer Frontierfunktionen das Programm *Frontier* (http://www.uq.edu.au/economics/cepa/software.htm) zur Verfügung. Diese Programme weisen aber im Vergleich zu den kommerziellen Lösungen einen geringen Bedienungskomfort auf. Eine auch unter Windows lauffähige Version von *DEAP* wird unter dem Namen *Win4DEAP* von Michel Deslierres (Université de Moncton) bereitgestellt (siehe http://www.umoncton.ca/desliem/dea/install.html).

Hervorzuheben unter den nicht kommerziellen Programmen ist noch das Programm *EMS* von Holger Scheel, daß über den Lehrstuhl für Operations Research und Wirtschaftsinformatik der Wirtschafts- und Sozialwissenschaftlichen Fakultät an der Universität Dortmund bereitgestellt wird (http://www.wiso.uni-dortmund.de/lsfg/or/scheel/ems). Dieses Programm enthält eine ganze Reihe von Varianten zur Bestimmung nichtparametrischer Effizienzmaße, und erleichtert zudem auch die Durchführung dynamischer Analysen. Alle Funktionen sind sehr einfach über eine graphische Benutzeroberfläche anzuwählen. Aufgrund dieser Vorzüge wird *EMS* auch direkt bei der Lösung der Übungsaufgaben im Rahmen dieses Buches eingesetzt.

Schlüsselbegriffe und Übungsaufgaben

Schlüsselbegriffe

ökonomischer Leistungsvergleich
technischer Leistungsvergleich
Produktionsstruktur
radiales Effizienzmaß
partielle Faktorproduktivität
totale Faktorproduktivität
Pareto-Koopmans-Kriterium
erweitertes Pareto-Koopmans-Kriterium
Konvexkombination
Produktivitätsindex
Durchschnittsproduktionsfunktion
Frontierfunktion

Aufgabe 2.1 (Inputorientierung I)

Der Mineralwasser produzierende Sektor besteht aus den 10 Unternehmen U1 bis U10. Diese Unternehmen setzen Arbeit in der Menge L und Kapital in der Menge K ein, um Output, also Mineralwasser, der Menge y zu produzieren. Die eingesetzte Produktionstechnologie weist konstante Skalenerträge auf. Die folgende Tabelle enthält die eingesetzten und produzierten Mengen:

Unternehmen	Arbeit L	Kapital K	Output y
U1	1000	4000	10000
U2	2924	3576	10000
U3	4244	4456	17000
U4	1000	5000	10000
U5	3810	1050	10000
U6	1462	1788	10000
U7	3400	2013	11500
U8	5500	1320	10000
U9	3600	1500	10000
U10	1800	3240	7500

Die Unternehmen zahlen jeweils identische Faktorpreise und erzielen den gleichen Preis pro abgesetzter Outputeinheit. Der Lohnsatz sei mit $w = 2,6$ festgelegt, der Kapitaldienst sei mit $r = 1$ veranschlagt, und der Preis p für eine Outputeinheit beträgt 2.

(a) Bewerten Sie die Unternehmen U1 bis U10 anhand ihrer ökonomischen Leistungsfähigkeit, indem Sie den Gewinn und die Umsatzrentabilität bestimmen.

(b) Führen Sie für die Unternehmen U1 bis U10 eine Kostenanalyse anhand der Stückkosten der Unternehmen durch und geben Sie für die entsprechende Leistungsfähigkeit einen geeigneten Indikator an.

Folgende Produktionsfunktion repräsentiert den Produktionsprozeß der Unternehmen U1 bis U10: $y_i = h_i L_i^{0,68} K_i^{0,32}$ mit h_i als einem Parameter, der die Produktivität des Unternehmens i angibt.

(c) Erstellen Sie eine geeignete Zeichnung mit Hilfe derer sich die Unternehmen in die Kategorien technisch und allokativ effizient bzw. ineffizient klassifizieren lassen.

(d) Geben Sie am Beispiel des Unternehmens U5 an, welche Streckenverhältnisse zur Konstruktion quantitativer Kennzahlen für die technische und allokative Effizienz sowie der Gesamteffizienz sich direkt aus der Zeichnung entnehmen lassen.

(e) Berechnen Sie die Kennzahlen zur Gesamteffizienz, zur technischen Effizienz und zur allokativen Effizienz für alle Unternehmen U1 bis U10 und führen Sie diese auf geeignete Weise zusammen.

Aufgabe 2.2 (Inputorientierung II)

Betrachtet seien wiederum die Unternehmen U1 bis U10 der Mineralwasserindustrie aus der vorangegangenen Aufgabe.

(a) Welche Konsequenz ergibt sich aus der Berücksichtigung der Annahme konstanter Skalenerträge in der Produktion für eine Analyse der technischen Leistungsfähigkeit der Unternehmen in der Mineralwasserindustrie?
(b) Ermitteln Sie eine Rangliste der technischen Leistungsfähigkeit mit Hilfe der Inputintensitäten. Diskutieren Sie die Ergebnisse kritisch.
(c) Ermitteln Sie eine Rangliste der technischen Leistungsfähigkeit mit Hilfe des Pareto-Koopmans-Kriteriums. Welche prinzipiellen Gruppen von Unternehmen können unterschieden werden?
(d) Bestimmen Sie graphisch die Randfunktion der technischen Leistungsfähigkeit der Unternehmen in der Mineralwasserindustrie.
(e) Bestimmen Sie die Steigungen der Frontierfunktion.
(f) Beschreiben Sie für U9, wie man ein quantitatives Maß für dessen relative technische Leistungsfähigkeit bestimmen kann. Welche Besonderheiten treten bei bestimmten Beobachtungen auf?

Aufgabe 2.3 (Outputorientierung)

In einem Bereich des Dienstleistungssektors, der sich mit Facility Management befaßt, sind 8 Unternehmen produktiv tätig. Diese werden mit F1 bis F8 bezeichnet. Sie produzieren mit einem Input der Menge x zwei Outputs in den Mengen y_1 und y_2.

(a) Berechnen Sie mit den Mengenangaben in der nachfolgenden Tabelle Umsatz, Gewinn und Umsatzrentabilität für die Unternehmen F1 bis F8. Die Preise für y_1 sind mit $p_1 = 3$, für y_2 mit $p_2 = 2$ und für den Input x mit $w = 30$ gegeben.

Unternehmen	Input x	Output 1 y_1	Output 2 y_2
F1	1	3	10
F2	1	5	5
F3	1	9	3
F4	1	5	9
F5	1	8	6
F6	1	4	6
F7	1	3	8
F8	1	7	4

(b) Fertigen Sie eine Zeichnung an, welche die Outputisoquante bzw. Produktionsmöglichkeitenkurve $y_2 = 12x - \frac{3}{32} y_1^2$ enthält. Welche Unternehmen produzieren technisch effizient oder ineffizient?

(c) Klassifizieren Sie die Unternehmen hinsichtlich ihrer technischen Leistungsfähigkeit mit Hilfe des Pareto-Koopmans-Kriteriums.

(d) Tragen Sie die best-practice-Randfunktion in die Zeichnung ein. Welche Unternehmen produzieren nach diesem Maßstab technisch effizient oder ineffizient?

(e) Klassifizieren Sie die Unternehmen anhand der Zeichnung in allokativ effiziente bzw. allokativ ineffiziente Unternehmen, wenn die Preise wie in Teilaufgabe (a) gegeben sind.

(f) Interpretieren Sie die Ergebnisse aus Teilaufgabe (a) vor dem Hintergrund Ihrer Klassifikation der Unternehmen nach der technischen und allokativen Effizienz.

(g) Berechnen Sie für die Unternehmen F5 und F7 die technische und die allokative Ineffizienz jeweils als radiales Maß und geben Sie die Gesamteffizienz an.

3 Konstante Skalenerträge: Productivity-Form

Dieses Kapitel bildet den Einstieg in die nichtparametrische Frontierfunktionsanalyse, wie sie unter der Bezeichnung Data Envelopment Analysis (DEA) von Charnes, Cooper und Rhodes (1978) in die Literatur eingeführt wurde. Aus den Anfangsbuchstaben der drei Entwickler des Grundmodells leitet sich die gebräuchliche Abkürzung CCR-Modell ab.

Aus der in Kapitel 1 dargestellten Vielzahl von Varianten der nichtparametrischen Frontierfunktionsanalyse, entspricht dieses Grundmodell einer Produktivitäts- und Effizienzanalyse mit der Charakterisierung als inputorientierter, statischer und deterministischer Analyse bei konstanten Skalenerträgen unter Einsatz kardinal skalierter Daten, bei der die Technologiemenge als konvex, die Disposabilität als gegeben angenommen und die Effizienz in radialer Form gemessen wird. Die weitere Diskussion wird die Bedeutung der einzelnen Elemente dieser Charakterisierung noch aufzeigen. Die Eigenschaft konstanter Skalenerträge hat aufgrund seiner englischsprachigen Entsprechung „constant returns to scale" zur Bezeichnung CRS-Modell geführt.

Dieses Grundmodell von Charnes, Cooper und Rhodes (1978) basiert auf einer Kombination der Ideen von Farrell (1957) zur stückweise linearen Approximation von Produktionsfunktionen und der Transformation von Charnes und Cooper (1962), die es ermöglicht diese linearen Approximationen auf Basis realer Daten mit Hilfe eines Produktivitätsvergleichs zu ermitteln. Da hierbei von der allgemeinen Definition eines Produktivitätsindex ausgegangen wird, wird diese Form der DEA auch als Productivity-Form bezeichnet.

Die Vorgehensweise in diesem Kapitel geht aus von der grundlegenden Konzeption der Productivity-Form (3.1), ihrer Formulierung als Maximierungsproblem (3.2), der Lösung dieses Maximierungsproblems (3.3) und der Interpretation der Ergebnisse (3.4).

Eng mit der in diesem Kapitel vorgestellten Productivity-Form verbunden ist die sogenannte Envelopment-Form, die im nächsten Kapitels behandelt wird. Beide Formulierungen können auf einfache Weise ineinander überführt werden und enthalten prinzipiell dieselben Information über die Effizienzstruktur in einer Gruppe von Beobachtungen. Diese Information wird jedoch von beiden Analyseformen in jeweils spezifischer Weise dargeboten.

3.1 Konzeption der Productivity-Form

Im folgenden soll zunächst die Productivity-Form entwickelt werden, womit sich ein unmittelbar Bezug zur Einführung in Kapitel 2 ergibt, wo explizit Kennzahlen zur totalen Faktorproduktivität ermittelt und darauf aufbauend Effizienzanalysen durchgeführt werden. Daran anschließend wird im folgenden Kapitel über die sogenannte Dualisierung die Productivity-Form in die Envelopment-Form überführt. Deren Analyse steht ebenfalls in unmittelbarem Zusammenhang mit Kapitel 2, wo eine spezifische Frontierfunktion ermittelt wird, mit deren Hilfe die technische Effizienz von Beobachtungen bestimmt werden kann.

Die DEA ist eine Methode, bei der verschiedene Untersuchungseinheiten einer Stichprobe in Bezug auf ihre Leistungsfähigkeit miteinander verglichen werden. Kapitel 2 hat aufgezeigt, daß die technische Leistungsfähigkeit im Sinne der sogenannten technischen Effizienz bzw. technischen Ineffizienz eines Unternehmens unter Verwendung der Kennzahl totale Faktorproduktivität gemessen werden kann. Hierbei wird üblicherweise in zwei Schritten vorgegangen: Zunächst bestimmt man für jedes Unternehmen dessen totale Faktorproduktivität – beispielsweise mit einem traditionellen Produktivitätsindex zur totalen Faktorproduktivität. Anschließend werden die Produktivitätskennzahlen der verschiedenen Unternehmen zueinander in Beziehung gesetzt, indem man den Index für jedes Unternehmen durch den Index desjenigen Unternehmens dividiert, das den höchsten Produktivitätsgrad besitzt. Hierdurch wird ein Effizienzvergleich durchgeführt, bei dem das beste Unternehmen den Effizienzwert 1 (oder 100%) erhält und den übrigen Unternehmen, in dem Maße wie ihr Produktivitätsindex sinkt, kleinere Effizienzwerte zugewiesen werden. Die ermittelten Effizienzwerte liegen somit im Intervall (0,1], wobei der Wert 0 ausgeschlossen ist, da Unternehmen, die eine Produktivitätsindex von 0 aufweisen, nicht in den Vergleich einbezogen werden. Dies ist durchaus sinnvoll, denn ein Produktivitätsindex von 0 impliziert, daß das betrachtete Unternehmen keinerlei Output produziert und damit als nicht existent betrachtet werden muß.

Diese Idee einer Effizienzmessung, als Vergleich der Leistungsfähigkeit innerhalb einer Gruppe von Beobachtungen, liegt der DEA in ihrer Formulierung als Productivity-Form zugrunde. Im Unterschied zur oben angesprochenen traditionellen Vorgehensweise in zwei Schritten werden bei der DEA die beiden Schritte – die Bestimmung der Leistungsfähigkeit und der Unternehmensvergleich – simultan in einem Rechengang durchgeführt. Dabei ermittelt man die Produktivitätskennzahl eines Unternehmens aus einem Vergleich mit allen anderen Unternehmen der Untersuchung und normiert den zu bestimmenden Wert auf das Intervall (0,1]. Analog zu Kapitel 2 erhalten die besten und damit effizienten Unternehmen den Wert 1. Allen anderen (ineffizienten) Unternehmen werden entsprechend geringere Werte zugewiesen, die deren jeweiligen Grad der Effizienz relativ zum Wert 1 angeben.

Der angesprochene Unternehmensvergleich wird im Rahmen eines Maximierungsproblems gelöst. Bei diesem wird der Produktivitätsindex eines Unternehmens unter Nebenbedingungen maximiert, die dafür sorgen, daß der Produktivitätsindex eines jeden Unternehmens ausschließlich Werte im Intervall (0,1] annehmen kann. Mit anderen Worten, die Nebenbedingungen des Maximierungsproblems übernehmen die Aufgabe der Normierung der Effizienzwerte auf das Intervall (0,1].

Ziel der nachfolgenden Abschnitte ist es aufzuzeigen, wie man dieses Maximierungsproblem konzipiert, löst und interpretiert.

3.2 Formulierung als Maximierungsproblem

3.2.1 Ausgangspunkt: Index zur totalen Faktorproduktivität

Betrachtet werden n Unternehmen, die mit i ($i \in \{1,...,n\}$) indiziert sind. Diese Unternehmen setzen jeweils m verschiedene Inputfaktoren im Produktionsprozeß ein und produzieren dabei s verschiedene Outputs. Aus den n Unternehmen wird zunächst das Unternehmen i ausgewählt, für das ein Index zur totalen Faktorproduktivität A_i berechnet werden soll. In einer sehr allgemeinen Form kann dieser Index für Unternehmens i als Quotient von Output zu Input folgendermaßen angegeben werden:

$$A_i = \frac{\sum_{r=1}^{s} p_r y_{ri}}{\sum_{j=1}^{m} q_j x_{ji}} \tag{3.1}$$

In dieser Form steht x_{ji} für die Menge des Inputs j ($j = 1,...,m$), der von Unternehmen i eingesetzt wird. y_{ri} gibt die Menge des Outputs r ($r = 1,...,s$) an, der von Unternehmen i produziert wird. Die Mengen an Inputs und Outputs sind für das betreffende Unternehmen beobachtbar und damit gegeben. Um den Produktivitätsindex A_i berechnen zu können, müssen die Outputmengen im Zähler und die Inputmengen im Nenner aggregiert werden. Hierzu dienen sogenannte Aggregationsgewichte, wobei für jeden Inputfaktor und jeden Output ein Aggregationsfaktor vorliegen muß. p_r bzw. q_j stehen für die Aggregationsgewichte der Outputs bzw. Inputs, die auch als Preise bzw. Grenzproduktivitäten bezeichnet werden.

Der in einer DEA verwendete und in (3.1) definierte Produktivitätsindex A_i ist als Quotient der Summe der mit p_r gewichteten Outputs und der Summe der mit q_j gewichteten Inputs definiert. Er stellt offensichtlich einen Index für die totale Faktorproduktivität dar, wobei die Aggregation der Input- und Outputgrößen jeweils linear erfolgt. Sind die Aggregationsgewichte p_r und q_j bekannt, so läßt sich die in (3.1) definierte totale Faktorproduktivität des Unternehmens i unmittelbar berechnen.

Ein wesentliches Problem besteht allerdings gerade in der Kenntnis dieser Aggregationsgewichte, deren Werte sich nur in Einzelfällen empirisch erheben oder ermitteln lassen. Im Prinzip stellen die Aggregationsgewichte Parameter der zugrundeliegenden Produktionsfunktion dar. Soweit diese bekannt ist, kann man die dann ebenfalls bekannten Aggregationsgewichte verwenden. Die Informationsanforderungen sind hierbei jedoch als sehr hoch anzusehen.

Oftmals muß man aber die spezifische funktionale Form der Produktionsfunktion gar nicht kennen, sondern kann die Werte der Aggregationsgewichte aus allgemeinen Eigenschaften der Produktionstechnologie ableiten. So genügt bei der traditionellen Bestimmung von Kennzahlen zur totalen Faktorproduktivität die Annahme konstanter Skalenerträge um entsprechende Maßgrößen für die Aggregationsgewichte aus theoretischen Erwägungen heraus ableiten zu können. Basierend auf Optimalbedingungen aus der Produktionstheorie sind dann die jeweiligen Faktorkostenanteile der Inputs beziehungsweise entsprechende Umsatzanteile der verschieden Outputs exakte Maße für die jeweiligen Aggregationsgewichte (siehe Abschnitt 2.4). Voraussetzung für die Anwendung derartig abgeleiteter Aggregationsgewichte ist allerdings, daß die Optimalbedingungen gelten, was unter anderem auch impliziert, daß die Produktion optimal und damit sowohl technisch als auch allokativ effizient durchgeführt wird. Somit ist dieser Weg bei empirischen Analysen nur eingeschränkt begehbar, denn die Bedingungen eines Produktionsoptimums werden in der Realität, wenn überhaupt, nur in wenigen Fällen erfüllt sein.

Im Rahmen der nichtparametrischen Analyse muß man sich auf derartige theoretische Überlegungen nicht einlassen, sondern ist gegenüber den Werten der Aggregationsgewichte offen. Diese werden nämlich explizit nicht als a priori gegeben angenommen, sondern sie ergeben sich aus den Berechnungen selbst. Sie stellen damit endogene Größen dar. Die nächsten Abschnitte zeigen auf, wie unter diesen sehr allgemeinen Bedingungen eine vergleichende Produktivitätsanalyse durchgeführt werden kann.

3.2.2 Aufstellung des Maximierungsproblems

Ausgangspunkt des weiteren Vorgehens ist die Überlegung, daß sich die Aggregationsgewichte mittels eines Vergleiches mehrerer Beobachtungen bestimmen lassen. Bei diesem wird der Produktivitätsindex A_i für Unternehmen i maximiert. Hinter dieser Maximierung steht die Absicht, das betrachtete Unternehmen bezüglich seiner Produktivität möglichst hoch zu bewerten. Diese Maximierungsaufgabe wird über die Variation der Aggregationsgewichte, p_r und q_j, gelöst. Die Lösungswerte, die man für Unternehmen i berechnet, enthalten dann den zusätzlichen Index i und werden dann als p_{ri} und q_{ji} bezeichnet. Die Maximierung erfolgt unter Nebenbedingungen, welche, wie bereits angesprochen, eine Normierungsbedingung formulieren. Sie besagen folgendes: Verwendet man die Aggregationsgewichte p_{ri} und q_{ji}, wie sie für Unternehmen i bestimmt werden, um für jedes Unternehmen i ($i \in \{1,...,n\}$) den Produktivitätsindex zu berechnen, so darf dieser nur Werte aus dem Intervall (0,1] annehmen. Diese Vorgehensweise impliziert, daß der Produktivitätsindex A_i im Vergleich zu den Produktivitätsindizes eines anderen Unternehmens in dem Sinne bestimmt wird, daß keiner dieser Indizes einen Wert größer als 1 annehmen darf. Somit kommt dies einer Relativierung gleich, bei der die Unternehmen mit dem höchsten Produktivitätsindex den Wert 1 erhalten und leistungsschwächere einen entsprechend niedrigeren Wert. Diese Relativierung entspricht gerade der Effizienzkennzahl h_i, die sich aus dem Quotienten aus der Produktivität des betrachteten Unternehmens i und dem maximalen Produktivitätsniveau aller Unternehmen ergibt. Aus diesem Grund wird im weiteren nur noch von der zu maximierenden Effizienz des Unternehmens i die Rede sein.

Das so beschriebene Maximierungsproblem einschließlich der ange-sprochenen Nebenbedingungen für ein bestimmtes Unternehmen i lautet formal:

$$\max_{p_r, q_j} \quad h = \frac{\sum\limits_{r=1}^{s} p_r y_{ri}}{\sum\limits_{j=1}^{m} q_j x_{ji}}$$

$$\text{N.B.} \quad \frac{\sum\limits_{r=1}^{s} p_r y_{rl}}{\sum\limits_{j=1}^{m} q_j x_{jl}} \leq 1 \qquad \text{für alle } l \in \{1,...,n\} \tag{3.2}$$

$$p_r > 0 \qquad \text{für alle } r \in \{1,...,s\}$$

$$q_j > 0 \qquad \text{für alle } j \in \{1,...,m\}$$

Die einzelnen Gleichungen in Problem (3.2) sagen folgendes aus: Die Ef-fizienzkennzahl h, die den Quotienten der gewichteten Summe der Outputs y_{ri} und der gewichteten Summe der Inputs x_{ji} darstellt, wird durch die Variation der Aggregationsgewichte p_r und q_j maximiert. Als Nebenbe-dingung (N.B.) für dieses Maximierungsproblem wird gefordert, daß sich bei Anwendung der Aggregationsgewichte p_r und q_j bei keinem Unter-nehmen i, $i \in \{1,...,n\}$, aus der Stichprobe ein Effizienzniveau größer als 1 ergibt. Damit ist natürlich auch der Lösungswert für die Effizienz h_i der betrachteten Einheit i auf Werte zwischen 0 und 1 beschränkt. Beim Ma-ximierungsmodell (3.2) fällt gegenüber dem bekannten linearen Programm auf, daß für die zu bestimmenden Aggregationsgewichte $p_r > 0$, $r \in \{1,...,s\}$, sowie $q_j > 0$, $j \in \{1,...,m\}$, anstatt üblicherweise $p_r \geq 0$ und $q_j \geq 0$ gilt. Dies impliziert, daß es keinen Input bzw. Output geben darf, der eine Bewertung von 0 erfährt. Die ökonomische Bedeutung dieser Bedingung wird offensichtlich, wenn man den Effizienzindex aus (3.2) in die Form einer Produktionsfunktion überführt:

$$\sum_{r=1}^{s} p_r y_{ri} = h \cdot \sum_{j=1}^{m} q_j x_{ji}$$

Durch positive, von Null verschiedene Aggregationsgewichte, wird ausge-drückt, daß die Verwendung eines Inputs auf der rechten Seite der Produk-tionsfunktion einen positiven Beitrag zur Outputerstellung leistet, bzw. daß die Erstellung eines Outputs auf der linken Seite beabsichtigt ist. Anders

ausgedrückt kann man auch sagen, daß ein Unternehmen nur Produktionsfaktoren einsetzt, die einen streng positiven produktiven Beitrag zur Outputerstellung leisten – diese Inputs würden andernfalls nur Kosten verursa-
chen. Ebenso werden nur Outputs produziert, die einen streng positiven
Beitrag zum Outputaggregat leisten – oder anders interpretiert, die einen
positiven ökonomischen Wert aufweisen, d.h. sich verkaufen lassen.

Man beachte, daß das Problem (3.2) lediglich den Effizienzindex des
Unternehmens i berechnet. Sollen also die Effizienzindizes für alle n Unternehmen der Stichprobe berechnet werden, so müssen n Maximierungsprobleme der Art (3.2) gelöst werden. Dabei ergeben sich aus der Lösung
n verschiedene Konstellationen von Effizienzkennzahlen und Aggregationsgewichten.

Vereinfachung der Schreibweise

Bevor die Lösung dieses Maximierungsproblems angegeben wird, soll
noch auf eine vereinfachende Schreibweise des Problems (3.2) in Form
von Matrizen und Vektoren hingewiesen werden, die man in der Literatur
häufiger findet. Die Bedeutung der wichtigsten Variablen, die bei der Mat-
rix- und Vektorschreibweise verwendet werden, kann Tabelle 3.1 entnommen werden.

Tabelle 3.1. Variablen in Matrix - und Vektorschreibweise

Variable	Bedeutung
n	Anzahl der Unternehmen in der Stichprobe
s	Anzahl der Outputs
m	Anzahl der Inputs
$\mathbf{X}$	$m \times n$ Matrix der Inputs aller Unternehmen
$\mathbf{Y}$	$s \times n$ Matrix der Outputs aller Unternehmen
$\mathbf{x}_i$	m-Vektor der Inputs des Unternehmens i
$\mathbf{y}_i$	s-Vektor der Outputs des Unternehmens i
$\mathbf{p}$	m-Vektor Matrix der Inputgewichte
$\mathbf{q}$	s-Vektor Matrix der Outputgewichte
$\mathbf{p}_i$	m-Lösungsvektor der Inputgewichte des Unternehmens i
$\mathbf{q}_i$	s-Lösungsvektor der Outputgewichte des Unternehmens i
λ	n-Vektor der Gewichtungsfaktoren (siehe Kapitel 4)

Die Matrix- und Vektorschreibweise ist im Vergleich zur Summen-schreibweise wesentlich übersichtlicher, da sie den Verzicht auf die Zähl-variablen (r und j) erlaubt, die bei der Summenschreibweise im Zähler und Nenner der Produktivitätsindizes erforderlich sind. Um die Darstellung im weiteren möglichst lesefreundlich und übersichtlich zu halten, wird weit-gehend auf die Summenschreibweise verzichtet und zur Matrix- und Vek-torschreibweise übergegangen.

Da die Vektoren als Spaltenvektoren definiert sind, werden entspre-chende Zeilenvektoren mit dem Transpositionszeichen ' ^{T} ' bezeichnet. Die Vektoren $\mathbf{p}^T$ und $\mathbf{q}^T$ bezeichnen somit die Zeilenvektoren der Aggregati-onsgewichte. Das Optimierungsproblem (3.2) läßt sich demnach kompakt wie folgt schreiben:

$$\max_{\mathbf{p},\mathbf{q}} \quad h = \frac{\mathbf{y}_i^T \mathbf{p}}{\mathbf{x}_i^T \mathbf{q}}$$

$$\text{N.B.} \qquad \frac{\mathbf{y}_l^T \mathbf{p}}{\mathbf{x}_l^T \mathbf{q}} \leq 1 \quad \text{für alle } l \in \{1,\dots,n\} \tag{3.3}$$

$$\mathbf{p} > \mathbf{0}$$

$$\mathbf{q} > \mathbf{0}$$

Zu beachten ist hier, daß $\mathbf{p} > \mathbf{0}$ bzw. $\mathbf{q} > \mathbf{0}$ bedeutet, daß jede einzelne Komponente des Vektors $\mathbf{p}$ bzw. des Vektors $\mathbf{q}$ streng positiv ist.

3.2.3 Transformation des Maximierungsproblems

Die Charnes-Cooper-Transformation

Wie läßt sich das Maximierungsproblem (3.3) lösen? Hierzu ist zunächst festzustellen, daß die Zielfunktion sowie die Nebenbedingungen als Quo-tient von zwei jeweils linearen Aggregationsfunktionen gegeben sind. Aus diesem Grund bezeichnet man die oben stehende Maximierungsaufgabe in (3.2) bzw. (3.3) auch als lineare Quotientenprogrammierung. Die Lösung von Problemen der linearen Quotientenprogrammierung ist numerisch sehr anspruchsvoll. In den Formulierungen (3.2) und (3.3) bereitet der Quotient in der Zielfunktion Schwierigkeiten. So bedeutet dessen Maximierung, daß man entweder den Zähler maximiert oder den Nenner minimiert – oder beides gleichzeitig zu tun versucht. Um hier eindeutig vorgehen zu kön-nen, wäre es wünschenswert, wenn im Quotienten der Zielfunktion entwe-der der Zähler oder der Nenner konstant gesetzt werden könnte. Die Quo-tienten der Nebenbedingungen können dagegen durch einfaches Umstellen beseitigt werden, in dem man mit dem Nenner multipliziert und dann für jedes der n Unternehmen eine Bedingung erhält, in der das Aggregat der Outputs einen Wert aufweisen muß, der kleiner oder gleich dem Wert des aggregierten Inputs ist.

Zur Lösung linearer Quotientenprogramme hat man eine Reihe von Verfahren entwickelt.[1] Eine Möglichkeit besteht darin, ein Quotientenprogramm in ein Problem der linearen Programmierung zu transformieren und dieses anschließend mit Hilfe des bekannten Simplexalgorithmus zu lösen. Eine Vorgehensweise hierzu geht auf Abraham Charnes und William Cooper zurück (Charnes/Cooper 1962). Die entsprechende Transformation bezeichnet man daher auch als Charnes-Cooper-Transformation. Dabei wird in den folgenden Schritten vorgegangen:

Zuerst werden Nenner und Zähler sowohl der Zielfunktion als auch aller Nebenbedingungen jeweils durch die aggregierten Inputs des zu analysierenden Unternehmens i dividiert – dieses Inputaggregat entspricht gerade dem Nenner der Zielfunktion oder des Produktivitätsindexes von Unternehmen i. Diese Erweiterung bringt zwei Konsequenzen mit sich. Zum ersten bewirkt sie, daß der Nenner der Zielfunktion – notwendigerweise – den Wert 1 annimmt, was unmittelbar zum erwünschten Effekt führt, daß in der Zielfunktion der Quotient verschwindet. Die hierbei vorgenommene Normierung des Nenners auf 1 wird als weitere Nebenbedingung in das Maximierungsproblem aufgenommen. Zum zweiten ergeben sich sogenannte modifizierte Aggregationsgewichte für Inputs und Outputs.

Konkret stellt sich die Vorgehensweise wie folgt dar: Man dividiert in Zielfunktion und Nebenbedingungen sowohl Zähler als auch Nenner durch

$$\sum_{j=1}^{m} q_j x_{ji} \, .$$

Hierdurch verändern sich die zu bestimmenden Aggregationsgewichte p_r beziehungsweise q_j zu den folgenden sogenannten modifizierten Aggregationsgewichten:

$$\mu_r = \frac{1}{\displaystyle\sum_{j=1}^{m} q_j x_{ji}} \, p_r \quad \text{für alle } r \in \{1,...,s\} \tag{3.4}$$

---

[1] Einen Überblick hierzu findet sich beispielsweise in Böhm (1978).

$$v_j = \frac{1}{\sum\limits_{j=1}^{m} q_j x_{ji}} q_j \quad \text{für alle } j \in \{1,...,m\} \tag{3.5}$$

Im Nenner der Zielfunktion führt die Division automatisch dazu, daß die Summe der mit den modifizierten Inputaggregationsgewichten bewerteten Inputmengen den Wert 1 annimmt. Die im Maximierungsproblem zusätzlich aufzunehmende Nebenbedingung lautet:

$$\frac{1}{\sum\limits_{j=1}^{m} q_j x_{ji}} \sum\limits_{j=1}^{m} q_j x_{ji} = \sum\limits_{j=1}^{m} \frac{q_j}{\sum\limits_{j=1}^{m} q_j x_{ji}} x_{ji} = \sum\limits_{j=1}^{m} v_j x_{ji} = 1 \tag{3.6}$$

Das modifizierte Optimierungsproblem erhält demnach folgende Form:

$$\max_{\mu,v} \ h = \sum\limits_{r=1}^{s} \mu_r y_{ri}$$

$$\text{N.B.} \quad \sum\limits_{r=1}^{s} \mu_r y_{rl} - \sum\limits_{j=1}^{m} v_j x_{jl} \leq 0 \quad \text{für alle } l \in \{1,...,n\}$$

$$\sum\limits_{j=1}^{m} v_j x_{ji} = 1 \tag{3.7}$$

$$\mu_r > 0 \qquad\qquad \text{für alle } r \in \{1,...,s\}$$

$$v_j > 0 \qquad\qquad \text{für alle } j \in \{1,...,m\}$$

Die n Nebenbedingungen, die dafür sorgen, daß die Produktivitätsindizes aller Beobachtungen auf das Intervall $(0,1]$ normiert werden, ergeben sich, indem man den Quotienten in (3.2) bzw. in (3.3) durch Multiplikation und Subtraktion in eine Differenz umwandelt. Als Folge der Charnes-Cooper-Transformation wird die Bedingung, daß der Nenner der Zielfunktion von Unternehmen i den Wert 1 annehmen muß, als Nebenbedingung $n+1$ in das Maximierungsproblem aufgenommen.

Eine zu (3.7) äquivalente Formulierung erhält man bei Verwendung von Matrix- und Vektorschreibweise:

$$\max_{\mu,v} \quad h = (y_{1i},...,y_{si}) \begin{pmatrix} \mu_1 \\ \vdots \\ \mu_s \end{pmatrix}$$

$$\text{N.B.} \quad \begin{pmatrix} y_{11} & \cdots & y_{1s} \\ \vdots & \ddots & \vdots \\ y_{n1} & \cdots & y_{ns} \end{pmatrix} \begin{pmatrix} \mu_1 \\ \vdots \\ \mu_s \end{pmatrix} - \begin{pmatrix} x_{11} & \cdots & x_{1m} \\ \vdots & \ddots & \vdots \\ x_{n1} & \cdots & x_{nm} \end{pmatrix} \begin{pmatrix} v_1 \\ \vdots \\ v_m \end{pmatrix} \leq 0$$

$$(x_{1i},...,x_{mi}) \begin{pmatrix} v_1 \\ \vdots \\ v_m \end{pmatrix} = 1$$

$$(\mu_1,...,\mu_s), (v_1,...,v_m) > 0^T$$

Einsetzen der in Tabelle 3.1 definierten Bezeichnungen führt dann auf die kompakte Formulierung von (3.7):

$$\max_{\mu,v} \quad h = y_i^T \mu$$
$$\text{N.B.} \qquad Y^T \mu - X^T v \leq 0$$
$$x_i^T v = 1 \tag{3.8}$$
$$\mu > 0$$
$$v > 0$$

Mit dem Simplexalgorithmus existiert ein einfaches und effizientes Verfahren, um lineare Optimierungsprobleme mit dieser Struktur numerisch zu lösen. Die Durchführung des Simplexalgorithmus wird allgemein und bezogen auf das folgende Beispiel im Appendix dargestellt. Die hiermit für das Unternehmen i errechneten Lösungswerte von Problem (3.8) werden dann als $v_i = (v_{1i},...,v_{mi})^T$, $\mu_i = (\mu_{1i},...,\mu_{si})^T$ und h_i notiert.

Beispiel

Die Vorgehensweise der DEA und deren Lösungsstrategie, ausgehend vom Produktivitätsindex über die Maximierungsaufgabe bis hin zur Charnes-Cooper-Transformation soll anhand von Beispieldatensatz I aus Kapitel 2 noch einmal nachvollzogen und verdeutlicht werden.

Tabelle 3.2 enthält hierzu noch einmal die Input- und Outputdaten für die drei Unternehmen A, B und C, wobei die Inputfaktoren (Arbeit und Kapital) in den Mengen x_1 und x_2 und der Output in der Menge y angegeben sind.

Tabelle 3.2. Input- und Outputdaten der Unternehmen A, B und C

Unternehmen	A	B	C
Arbeit x_1	1	7	4
Kapital x_2	4	5	1
Output y	1	1	1

Zur Veranschaulichung der Produktionsstruktur innerhalb der Gruppe der drei Beobachtungen sind die Input-Output-Kombinationen der Unternehmen A, B und C in Abbildung 3.1 dargestellt.

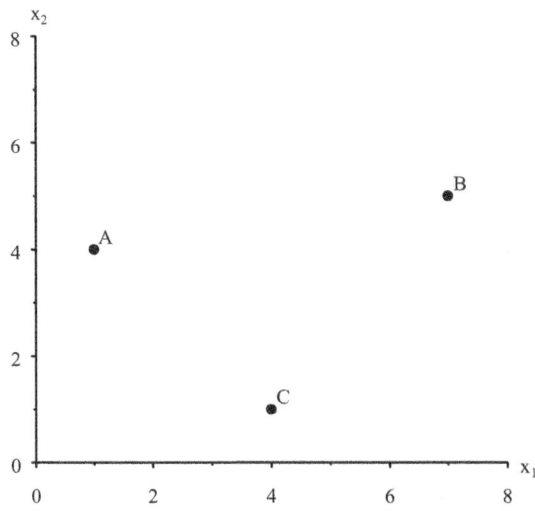

Abb. 3.1. Beobachtungen A, B und C

Das vorliegende Beispiel weist wie bekannt die (vereinfachende) Besonderheit auf, daß die betrachteten Unternehmen A, B und C jeweils 1 Einheit des Outputs produzieren und sich demnach im Outputniveau nicht unterscheiden. Mögliche Effizienzunterschiede zwischen den Unternehmen können daher nicht auf Unterschiede bei der Outputmenge zurückgeführt werden. Vielmehr ist die Ursache von Ineffizienzen in unterschiedlichen Faktoreinsatzmengen und deren Kombination zu suchen. Die Effizienzanalyse kann sich demnach auf die ausschließliche Betrachtung der Inputfaktoren beschränken. Aus diesem Grund läßt sich die graphische Darstellung der Produktionsstruktur der drei Beobachtungen auf zwei Dimensionen reduzieren. Hierbei gilt, daß alle abgebildeten Inputkombinationen (x_1, x_2) geeignet sind, einen Output von 1 Einheit zu produzieren.

Entsprechend der oben beschriebenen Vorgehensweise beginnt der Leistungsvergleich für die Unternehmen A, B und C in einem ersten Schritt mit der Aufstellung einer allgemeinen Kennzahl zur totalen Faktorproduktivität. Diese umfaßt im Beispiel zwei Input- und eine Outputgröße. Der für eine Beobachtung i, $i \in \{A, B, C\}$, zu berechnende Effizienzindex ist demnach wie folgt gegeben:

$$h = \frac{p_1 \, y_{1i}}{q_1 x_{1i} + q_2 x_{2i}} \quad \text{für alle } i \in \{A, B, C\}.$$

Um deutlich zu machen, daß bei der Analyse prinzipiell auch mehrere Outputkategorien berücksichtigt werden können, wird auch der Output indiziert, obwohl man darauf bei der hier betrachteten Technologie mit zwei Inputs und einem Output auch hätte verzichten können.

In einem zweiten Schritt wird die Bestimmung der Effizienzkennzahl über einen Unternehmensvergleich vorgenommen, innerhalb dessen man den Effizienzindex einer bestimmten Unternehmung unter Nebenbedingungen maximiert. In allgemeiner Form ist diese Maximierungsaufgabe durch das Optimierungsproblem (3.2) bzw. (3.3) gegeben. Soll diese Aufgabe beispielsweise für Unternehmen A gelöst werden, dann lautet das entsprechende Maximierungsproblem:

$$\max_{p_1, q_1, q_2} \quad h = \frac{p_1 \, y_{1A}}{q_1 x_{1A} + q_2 x_{2A}}$$

$$\frac{p_1 \, y_{1A}}{q_1 \, x_{1A} + q_2 \, x_{2A}} \leq 1$$

$$\frac{p_1 \, y_{1B}}{q_1 \, x_{1B} + q_2 \, x_{2B}} \leq 1$$

$$\frac{p_1 \, y_{1C}}{q_1 \, x_{1C} + q_2 \, x_{2C}} \leq 1$$

$$p_1, q_1, q_2 > 0$$

In einem dritten Schritt überführt man dieses lineare Quotientenprogramm mittels der Charnes-Cooper-Transformation in ein lineares Programm. Zu diesem Zweck ermittelt man zuerst die modifizierten Aggregationsgewichte μ_1, v_1 und v_2 über die Division der ursprünglichen Aggregationsgewichte p_1, q_1 und q_2 durch die aggregierten Inputs des hier zu analysierenden Unternehmens A:

$$\mu_1 = \frac{1}{q_1\, x_{1A} + q_2\, x_{2A}}\, p_1$$

$$v_1 = \frac{1}{q_1\, x_{1A} + q_2\, x_{2A}}\, q_1$$

$$v_2 = \frac{1}{q_1\, x_{1A} + q_2\, x_{2A}}\, q_2$$

Durch diese Transformation verschwindet der Nenner der zu maximierenden Zielfunktion:

$$\frac{q_1 x_{1A}}{q_1\, x_{1A} + q_2\, x_{2A}} + \frac{q_2 x_{2A}}{q_1\, x_{1A} + q_2\, x_{2A}}$$

$$= \frac{q_1\, x_{1A} + q_2\, x_{2A}}{q_1\, x_{1A} + q_2\, x_{2A}} = 1 = v_1\, x_{1A} + v_2\, x_{2A}$$

Die Bedingung, daß die mit Hilfe der modifizierten Aggregationsgewichte aggregierten Inputs der Beobachtung A den Wert 1 annehmen müssen, geht als zusätzliche Nebenbedingung in das transformierte Maximierungsproblem ein.

Letztendlich führt die Charnes-Cooper-Transformation zu folgendem linearen Programm, mit dessen Hilfe sich die Effizienz des Unternehmens A im Vergleich zu den beiden anderen Beobachtungen des Beispiels ermitteln läßt:

$$\max_{\mu_1, v_1, v_2} h = \mu_1\, y_{1A}$$

N.B.
$$\mu_1\, y_{1A} - v_1\, x_{1A} - v_2\, x_{2A} \le 0$$
$$\mu_1\, y_{1B} - v_1\, x_{1B} - v_2\, x_{2B} \le 0$$
$$\mu_1\, y_{1C} - v_1\, x_{1C} - v_2\, x_{2C} \le 0$$
$$v_1\, x_{1A} + v_2\, x_{2A} = 1$$
$$\mu_1, v_1, v_2 > 0$$

3.3 Lösung des Maximierungsproblems

Maximierungsprobleme der Art (3.7) bzw. (3.8) lassen sich mit Hilfe der Prozedur des Simplexalgorithmus lösen. Die Lösung selbst umfaßt einen Wert für die Effizienzkennzahl h_i sowie m Werte für die Aggregationsgewichte der Inputs v_{ji}, $j \in \{1,...,m\}$, und s Werte für der Outputgewichte

μ_{ri}, $r \in \{1,...,s\}$. Für die konkrete Darstellung des numerischen Lösungsweges für lineare Programme sei auf den Appendix zu diesem Buch verwiesen. Dieser enthält eine Einführung in die Grundstruktur linearer Optimierungsprobleme in Abschnitt A.1 und eine kurze Darstellung der Vorgehensweise des Simplex-Algorithmus sowie die Anwendung dieses Verfahrens auf die Productivity-Form in Abschnitt A.2.

Die Berechnungsergebnisse der Effizienzanalyse, die sich hiermit für die Unternehmen A, B und C des Beispiels ermitteln lassen, sind in Tabelle 3.3 zusammenfassend dargestellt. Diese Lösungen können sich von Lösungen unterscheiden, die von speziellen Programmpaketen zur Effizienzanalyse ausgegeben werden. Ursache sind gewisse Normierungen, die in diesen Programmen vorgenommen werden. In den Lösungshinweisen zu den Übungsaufgaben dieses Kapitels wird dies näher erläutert.

Tabelle 3.3. Optimallösungen der Productivity-Form für A, B und C

Unternehmen	A	B	C
h_i	1,000	0,417	1,000
v_{1i}	0,200	0,083	0,200
v_{2i}	0,200	0,083	0,200
μ_{1i}	1,000	0,417	1,000

3.4 Ergebnisinterpretation

Berechnet man die Maximierungsprobleme für alle Beobachtungen eines Datensatzes, dann erhält man als Ergebnis einen Effizienzvergleich zwischen diesen Beobachtungen. Hierbei wird jeder Beobachtung i ein Effizienzgrad h_i sowie Aggregationsgewichte μ_{ri} für die Outputs und v_{ji} für die Inputs zugewiesen. Welche Interpretation kommt diesen Größen zu und wie sind die Zusammenhänge zwischen ihnen? Die weiteren Ausführungen sollen hierauf eine Antwort geben.

3.4.1 Effizienzkennzahl

Die Effizienzkennzahlen h_i geben über die relative technische Leistungsfähigkeit der untersuchten Einheiten $i \in \{1,...,n\}$ Auskunft. Hierbei lassen sich zunächst zwei Gruppen von Beobachtungen unterscheiden, die Menge der technisch effizienten Beobachtungen $Eff(i)$ und die Menge der technisch ineffizienten Beobachtungen $Ineff(i)$. Diese sind wie folgt definiert:

$$Eff(i) \quad = \quad \left\{ i \,\middle|\, h_i = 1,\ i = 1,\ldots,n \right\}$$

(3.9)

$$Ineff(i) \quad = \quad \left\{ i \,\middle|\, h_i < 1,\ i = 1,\ldots,n \right\}.$$

Die Beobachtungen in $Eff(i)$ weisen innerhalb der untersuchten Beobachtungen das höchste technische Leistungsniveau auf. Sie werden auch als *best-practice*-Beobachtungen bezeichnet. Ihre Leistungsfähigkeit innerhalb der betrachteten Gruppe von Beobachtungen beträgt 100%, was durch $h_i = 1$ ausgedrückt ist. Alle anderen Beobachtungen gehören zur Gruppe $Ineff(i)$. Ihre technische Leistungsfähigkeit ist geringer als diejenige der best-practice-Beobachtungen. Die Kennzahl $h_i < 1$ gibt ein relatives technisches Leistungsniveau von unter 100% an. Der Grad der Ineffizienz kann dabei als $1 - h_i$ ausgedrückt werden.

3.4.2 Inputaggregationsgewichte

Neben der Effizienzkennzahl werden durch die Maximierungsaufgabe auch Aggregationsgewichte bestimmt. Ganz allgemein können die Aggregationsgewichte als Parameter einer linearen Produktionsfunktion aufgefaßt werden. Dies zeigt sich, wenn man den Effizienzindex aus (3.2) in die Form einer Produktionsfunktion umstellt.[2] Allgemein gilt für Unternehmen i:

$$h_i = \frac{\displaystyle\sum_{r=1}^{s} \mu_{ri} y_{ri}}{\displaystyle\sum_{j=1}^{m} v_{ji} x_{ji}} \quad \Leftrightarrow \quad \sum_{r=1}^{s} \mu_{ri} y_{ri} = h_i \cdot \left(\sum_{j=1}^{m} v_{ji} x_{ji} \right)$$

(3.10)

Die rechte Beziehung in (3.10) stellt eine Produktionsfunktion dar, bei der ein Output-Aggregat mittels linear aggregierter Inputmengen mit der Effizienz h_i produziert wird. Die Ableitung dieser Produktionsfunktion nach

---

[2] Man kann hierfür alternativ die Zielfunktion des linearen Programms (3.7) verwenden und dabei beachten, daß bei dieser die aggregierten Outputs durch die Summe der aggregierten Inputs dividiert wurde, wobei dieser Nenner auf 1 normiert ist.

einem Produktionsfaktor $j \in \{1,...,m\}$ ergibt dessen Grenzproduktivität. Um diese Grenzproduktivität in realen Outputeinheiten ausdrücken zu können, muß die Produktionsfunktion in (3.10) noch umgestellt werden zu

$$\sum_{r=1}^{s} \frac{\mu_{ri} y_{ri}}{h_i} = \sum_{j=1}^{m} v_{ji} x_{ji} \,.$$

Die Ableitung dieser Gleichung nach dem Produktionsfaktor j führt zu

$$\frac{\partial \left(\sum_{r=1}^{s} \dfrac{\mu_{ri} y_{ri}}{h_i} \right)}{\partial x_{ji}} = v_{ji} \text{ für alle } j \in \{1,...,m\} \,. \tag{3.11}$$

Die Aggregationsgewichte der Inputfaktoren sind also ein Maß für deren Grenzproduktivität. Die Grenzproduktivitäten sind hier konstant, da die zugrundeliegende Aggregationsfunktion in allen Inputfaktoren linear ist.

Neben den absoluten Werten der Inputaggregationsgewichte sind vor allem die Verhältnisse von Aggregationsgewichten für die weitere Diskussion von Bedeutung. Aus der Produktionstheorie ist bekannt, daß das Verhältnis der Grenzproduktivitäten zweier Produktionsfaktoren ihrer Grenzrate der Substitution entspricht. Diese Beziehung läßt sich auch hier ableiten. Hierzu sei angenommen, daß von den m Produktionsfaktoren zwei variiert werden können, z.B. die Inputs k und l, während die übrigen Produktionsfaktoren konstant gehalten werden. Das totale Differential der Produktionsfunktion (3.10) ist demnach

$$d \left(\sum_{r=1}^{s} \mu_{ri} y_{ri} \right) = h_i \cdot \left(v_{ki} dx_{ki} + v_{li} dx_{li} \right) . \tag{3.12}$$

Hält man das (aggregierte) Outputniveau konstant, so ergibt sich die Grenzrate der Substitution zwischen den Inputs k und l:

$$0 = h_i \cdot \left(v_{ki} dx_{ki} + v_{li} dx_{li} \right) \Rightarrow \frac{dx_{ki}}{dx_{li}} = -\frac{v_{li}}{v_{ki}} \tag{3.13}$$

Die Grenzrate der Substitution ist hier eine konstante Größe, da die Grenzproduktivitäten der beiden Inputs konstant sind. Hierfür findet sich auch eine graphische Interpretation, da die Grenzrate der Substitution die Steigung einer Produktionsfunktion in der $x_k - x_l$-Ebene und damit dort der Steigung einer Isoquante entspricht.

Verdeutlicht sei dies wieder für die beiden Produktionsfaktoren k und l. Zunächst faßt man in (3.10) alle unveränderbaren Größen zusammen und bezeichnet diese Summe als Ω_i. Hierzu zählen die aggregierten Outputs und alle aggregierten Inputs außer k und l. Die entsprechende Umstellung der Produktionsfunktion in (3.10) führt zu:

$$\sum_{r=1}^{s} \mu_{ri} y_{ri} - h_i \cdot \sum_{j=1, j \notin \{k,l\}}^{m} v_{ji} x_{ji} = h_i \cdot \left(v_{ki} x_{ki} + v_{li} x_{li} \right) \tag{3.14}$$

Die linke Seite von (3.14) entspricht dem konstanten Ω_i :

$$\Omega_i = h_i \cdot \left(v_{ki} x_{ki} + v_{li} x_{li} \right) \tag{3.15}$$

Eine einfache Umstellung in die Steigungsform

$$x_{li} = \frac{\Omega_i}{v_{li} h_i} - \frac{v_{ki}}{v_{li}} x_{ki} \tag{3.16}$$

läßt erkennen, daß (3.15) eine Geradengleichung repräsentiert. Der erste Term auf der rechten Seite von (3.16) stellt eine konstante Größe dar. Die beiden Inputfaktorenmengen x_{ki} und x_{li} können gegeneinander im Verhältnis v_{ki} / v_{li} substituiert werden, was durch den zweiten Term auf der rechten Seite von (3.16) zum Ausdruck kommt.

Das Verhältnis der Inputaggregationsgewichte gibt demnach die Steigung einer Isoquante der linearen Produktionsfunktion an. Das Niveau dieser Isoquante wird durch den konstanten Term auf der rechten Seite von (3.16) bestimmt. Hierbei spielt der Effizienzparameter h_i eine wichtige Rolle. Bei gegebenen Ω_i und v_{li} ist das Niveau der Isoquante um so niedriger je größer h_i ist, d.h. je effizienter das betrachtete Unternehmen i produziert. Das niedrigste Niveau wird bei $h_i = 1$ erreicht. Die dadurch beschriebene Isoquante wird im weiteren als best-practice-Isoquante in der $x_k - x_l$-Ebene bezeichnet.

Die abgeleiteten Beziehungen zwischen den Inputfaktoren k und l lassen sich natürlich auch auf mehr als zwei Produktionsfaktoren übertragen. Man erhält dann entsprechende Beziehungen für den mehrdimensionalen Raum. Die entsprechenden Frontier-Funktionen stellen dann sogenannte Hyperebenen dar. Bei konstantem Outputniveau – wie hier vereinfachend angenommen – besitzen diese Hyperebenen die Dimension $m-1$. Dies bedeutet für den Fall von zwei Inputfaktoren, daß die Hyperebene die Dimension 1 besitzt, also eine Gerade darstellt. Im Fall dreier Inputfaktoren weist die Hyperebene die Dimension 2 auf und ist damit eine Fläche, etc.

Die hier identifizierten Hyperebenen können in zweierlei Weise interpretiert werden. Zunächst stellen alle Punkte auf diesen Hyperebenen Linearkombinationen der sie aufspannenden Produktionstechniken dar. Alternativ hierzu kann man Hyperebenen auch als lineare Produktionsfunktionen auffassen, wobei die sie aufspannenden Beobachtungen spezifische Anwendungen dieser Produktionsfunktionen darstellen.

3.4.3 Outputaggregationsgewichte

Zur Interpretation der Outputaggregationsgewichte werden zunächst wieder einige produktionstheoretische Überlegungen angestellt. Die Outputaggregationsgewichte lassen sich auf ähnliche Weise produktionstheoretisch begründen wie die Gewichte der Inputfaktoren. Sie sind dabei als sogenannte Preise (beziehungsweise besser Schattenpreise) anzusehen. Hierzu betrachtet man sich die Zielfunktion des Programms (3.6) für ein Unternehmen i:

$$h_i = \frac{\sum_{r=1}^{s} \mu_{ri} y_{ri}}{\sum_{j=1}^{m} v_{ji} x_{ji}} = \sum_{r=1}^{s} \mu_{ri} y_{ri} \qquad (3.17)$$

Der Nenner in (3.17) verschwindet wieder aufgrund der Normierung des Input-Aggregats von Unternehmen i auf den Wert 1. Die Veränderung des Effizienzwerts h_i bei partieller Variation eines Outputs (und konstanten Inputmengen) ist dann

$$\frac{\partial h_i}{\partial y_{ri}} = \mu_{ri} \text{ für alle } r \in \{1,...,s\}. \qquad (3.18)$$

Die Aggregationsgewichte der Outputs geben also den marginalen Beitrag des Outputs r zur Gesamteffizienz des Unternehmens i an, wenn die Menge des Outputs r ceteris paribus um eine marginale Einheit verändert wird. Da die Aggregation der Outputs linear erfolgt, ist diese marginale Veränderung konstant und unabhängig von der Outputmenge. Hierfür interpretiert man den Effizienzparameter h_i als Umsatzindex, der sich aus der Summe der mit den Schattenpreisen gewichteten Absatzmengen der s Outputs ergibt. Die Veränderung dieses Umsatzindex, bei einer Erhöhung des Outputs r um eine Einheit, entspricht dann gerade dem Schattenpreis von Output r, μ_{ri}.

Analog zu oben können auch die relativen Outputaggregationsgewichte interpretiert werden. Hier wird darauf verzichtet, über das totale Differential der Funktion in (3.16) die Grenzrate der Transformation zwischen verschiedenen Outputs abzuleiten, sondern diese wird direkt über die Produktionsfunktion in ihrer Steigungsform entwickelt.

Hält man die Menge aller Inputfaktoren sowie die Menge aller Outputs mit Ausnahme der Outputs f und g konstant und bezeichnet man dieses konstante Aggregat als Γ_i, so ergibt sich in analoger Vorgehensweise wie in (3.14) und (3.15) aus Gleichung (3.17), daß

$$h_i \cdot \sum_{j=1}^{m} v_{ji} x_{ji} - \sum_{r=1, r \notin \{f,g\}}^{s} \mu_{ri} y_{ri} = \Gamma_i = \mu_{fi} y_{fi} + \mu_{gi} y_{gi} \,. \tag{3.19}$$

Durch einfaches Umstellen der Geradengleichung (3.19) erhält man die Steigungsform

$$y_{gi} = \frac{\Gamma_i}{\mu_{gi}} - \frac{\mu_{fi}}{\mu_{gi}} y_{fi} \,. \tag{3.20}$$

Der erste Term der rechten Seite von (3.20) ist wieder eine Konstante. Die Steigung der Geraden in der $y_f - y_g$-Ebene ist $-\mu_{fi} / \mu_{gi}$. Dies entspricht der Grenzrate der Transformation zwischen den beiden Outputs f und g. Sie besagt: Wenn man ceteris paribus die Menge des Outputs g um eine Einheit erhöhen möchte, so muß man die Menge an Output f um μ_{fi} / μ_{gi} Einheiten reduzieren. Vergleicht man (3.20) mit (3.16), so stellt man fest, daß hier der Effizienzparameter h_i keine Rolle spielt. Aufgrund der Inputorientierung der Analyse werden diese Effizienzwerte nämlich in Inputeinheiten und nicht in Outputeinheiten gemessen.

Die Steigungen, wie sie in (3.20) bestimmt werden, ergänzen die Diskussion über die Hyperebenen oder Frontier-Funktionen oben. Dort wurden zunächst die Outputmengen auf ein konstantes, für alle gleiches Niveau fixiert. Gibt man diese Annahme auf, so ergeben sich Hyperebenen mit Steigungen nicht nur im Inputraum, sondern auch im Outputraum.

3.4.4 Beziehung zwischen Input- und Output-Gewichten

In gleicher Weise lassen sich auch die relativen Aggregationsgewichte zwischen Inputs und Outputs bilden. Betrachtet sei hierzu der Input k und der Output f, wobei alle übrigen Inputs und Outputs konstant seien. Letztere können in dem konstanten Aggregat Λ_i zusammengefaßt werden. (3.17) läßt sich zu folgender Beziehung umformen:

$$\Lambda_i = h_i \sum_{j=1, j \neq k}^{m} v_{ji} x_{ji} - \sum_{r=1, r \neq f}^{s} \mu_{ri} y_{ri} = \mu_{fi} y_{fi} - h_i v_{ki} x_{ki} \qquad (3.21)$$

Gleichung (3.21), umgestellt in die Steigungsform, führt zu

$$y_{fi} = \frac{\Lambda_i}{\mu_{fi}} + \frac{h_i v_{ki}}{\mu_{fi}} x_{ki}. \qquad (3.22)$$

Der Steigungsfaktor dieser Geradengleichung ist positiv und gibt die Mengenänderung von Output f an, wenn man die Menge von Input k um eine Einheit variiert. Erhöht man hier den Input k um eine Einheit, so produziert diese mit einer Grenzproduktivität von $h_i v_{ki}$ Einheiten des Output f, gewichtet mit dem Schattenpreis des Outputs f, μ_{fi}. Die Gewichtung mit μ_{fi} ist notwendig, weil mit Hilfe der m Inputs ein Aggregat von s Outputs produziert wird. Das bedeutet, daß die Steigerung eines Output f nicht in reinen Mengeneinheiten bewertet wird, sondern in dem daraus resultierenden Beitrag zum aggregierten Output. Dieser Beitrag beträgt pro Mengeneinheit Output f genau μ_{fi}.

Durch die Beschreibung der Steigungen in (3.22) in Verbindung mit (3.20) und (3.16) sind die best-practice-Hyperebenen oder Randfunktionen, wie sie für die Analyse der relativen technischen Leistungsfähigkeit benötigt werden, vollständig bestimmt. Es handelt sich hierbei um Hyperebenen, die durch Steigungen in den Inputebenen, den Outputebenen und den Input-Outputebenen beschrieben werden. Die Dimension dieser Hyperebenen ergibt sich aus der Anzahl der variablen Inputs m und der variablen Outputs s und ist $m + s - 1$. So stellt etwa die Hyperebene bei zwei (variablen) Inputs und einem (variablen) Output eine Fläche dar.

Mit (3.16), (3.20) und (3.22) werden ganz allgemein Steigungen von Geraden beschrieben und damit eine ganze Schar von Hyperebenen, die sich nur durch ihre Outputniveaus unterscheiden. Allerdings bestimmt nur eine Teilmenge der dort angegebenen Hyperebenen auch die best-practice-Hyperebene. Das Niveau dieser best-practice-Hyperebene wird jeweils durch die konstanten Terme in den Geradengleichungen bestimmt, und zwar dort, wo der Effizienzparameter h_i den Wert 1 aufweist. Dies bedeutet, daß im Rahmen der hier eingenommenen inputorientierten Perspektive für jedes Outputniveau der geringste Einsatz an Inputs gesucht wird, entweder in Form einer Beobachtung oder einer Linearkombination anderer Beobachtungen.

3.4.5 Beispiele

Die allgemeinen Überlegungen zur Interpretation der Effizienzergebnisse der Productivity-Form sollen im folgenden noch einmal anhand von Beispielen veranschaulicht werden. Hierzu wird zunächst auf das bereits aus Kapitel 2 und den obigen Abschnitten des Kapitels 3 bekannte Beispiel I eingegangen. Ergänzt wird diese Diskussion um ein neues Beispiel II, bei dem sich im Vergleich zu Beispiel I die betrachteten Unternehmen in ihrem Outputniveau unterscheiden, dafür aber anstelle zweier Inputfaktoren nur noch ein Produktionsfaktor eingesetzt wird. Mit diesem Beispiel II werden bereits erste Grundlagen für die Effizienzanalyse bei variablen Skalenerträgen in Kapitel 5 gelegt.

Beispiel I

Die Ergebnisse der Berechnungen der Productivity-Form die Unternehmen des Beispiels I sind bereits in Tabelle 3.8 oben ausgewiesen. Die einzelnen Ergebnisgrößen werden nun der Reihe nach diskutiert und interpretiert. Als erstes sei auf die Effizienzbewertungen eingegangen.

Effizienzkennzahlen
Tabelle 3.4 gibt noch einmal die h_i-Werte der Unternehmen A, B und C an.

Tabelle 3.4. Effizienzkennzahlen zu Beispiel I

Unternehmen	A	B	C
h_i	1,000	0,417	1,000

Die beiden Unternehmen A und C weisen den höchstmöglichen Effizienzindex und damit den höchsten Effizienzgrad auf, da $h_A = h_C = 1$. Für Unternehmen B hingegen ermittelt man mit $h_B = 0,417$ einen geringeren Index und damit ein niedrigeres Effizienzniveau. Aufgrund der Klassifikation in (3.9) gilt hier:

$$Eff(i) \quad = \quad \left\{ i \mid h_i = 1 \right\} \quad = \quad \{A, C\}$$

$$Ineff(i) \quad = \quad \left\{ i \mid h_i < 1 \right\} \quad = \quad \{B\}$$

Abbildung 3.2 zeigt offensichtlich, daß B im Vergleich zu sowohl A als auch C eine schlechtere Bewertung der Leistungsfähigkeit aufweisen muß.

Begründen kann man dieses Ergebnis mit dem Pareto-Koopmans-Kriterium aus Kapitel 2, da B gegenüber A als auch gegenüber C sowohl mehr an Inputfaktor x_1 als auch mehr an Inputfaktor x_2 einsetzt. Der Wert 0,417 besagt, daß B eine Effizienz von 41,7% im Vergleich zum höchsten Effizienzniveau (100%) aufweist. Entsprechend beträgt der Wert der Ineffizienz von B $1 - 0,417 = 0,583$ oder 58,3%.

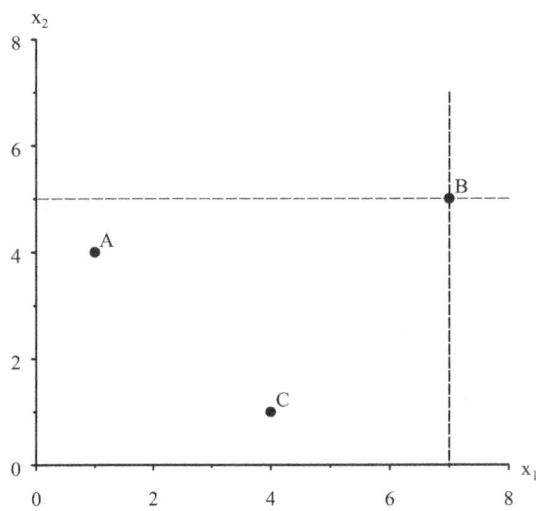

Abb. 3.2. Beobachtungen A, B und C

Unternehmen A und C werden beide mit dem höchsten Effizienzniveau bewertet. Sie stellen damit den Vergleichsmaßstab für alle Beobachtungen im best-practice-Sinne dar. Ihre Ineffizienz beträgt demnach 0%. In Bezug auf ihre technische Leistungsfähigkeit können die Unternehmen A und C nicht von einander unterschieden werden: C setzt zwar im Vergleich zu A weniger von x_2 ein, jedoch benötigt A im Vergleich zu C weniger an x_1. Nach dem Pareto-Koopmans-Kriterium können A und C also nicht in eine Rangfolge in Bezug auf ihre technische Leistungsfähigkeit gebracht werden und werden daher gleich bewertet. Da in diesem Beispiel keine im Vergleich zu A und C besseren Beobachtungen existieren, wird beiden der höchste Effizienzgrad $h_A = h_C = 1$ zugewiesen.

Aggregationsgewichte

Bezüglich der ermittelten Aggregationsgewichte für Inputs und Output, die noch einmal in Tabelle 3.5 ausgewiesen sind, können wieder zwei Gruppen von Unternehmen unterschieden werden.

Tabelle 3.5. Aggregationsgewichte im Beispiel I

Unternehmen	A	B	C
v_{1i}	0,200	0,083	0,200
v_{2i}	0,200	0,083	0,200
μ_{1i}	1,000	0,417	1,000

Für die Unternehmen A und C ermittelt man für die drei Aggregationsgewichte jeweils die gleichen Werte, $\mu_{1A} = \mu_{1C} = 1$, $v_{1A} = v_{1C} = 0,2$ und $v_{2A} = v_{2C} = 0,2$. Hiervon unterschiedliche, geringere Werte finden sich bei Unternehmen B, $\mu_{1B} = 0,417$, $v_{1B} = 0,083$ und $v_{2B} = 0,083$.

Betrachtet seien zunächst die Ergebnisse für A und C. Für beide kann die (actual-practice) Produktionsfunktion aus (3.10) aufgestellt werden:

$$\mu_{1i}\, y_{1i} = h_i\,(v_{1i}x_{1i} + v_{2i}x_{2i}) \text{ für } i \in \{A, C\}$$

Da die Aggregationsgewichte für A und C gleich sind, kann man vereinfachend schreiben $\mu_{1i} = \mu_1$, $v_{1i} = v_1$ und $v_{2i} = v_2$ für $i \in \{A, C\}$. Man erhält somit die Produktionsfunktion

$$\mu_1\, y_{1i} = h_i\,(v_1\, x_{1i} + v_2\, x_{2i}) \text{ für } i \in \{A, C\}.$$

Sie gilt demnach für die beiden Beobachtungen A und C zugleich. Zur weiteren Interpretation ist es zweckmäßig, diese gemeinsame Produktionsfunktion nicht nur für die beiden Beobachtungen A und C sondern allgemein für das Outputniveau $\bar{y}_1 = 1$ anzugeben. Man betrachtet also eine Isoquante der linearen Produktionsfunktion zum Outputniveau $\bar{y}_1$. In dieser Form können die Inputvariablen x_1 und x_2 kontinuierlich variieren, so daß die Inputkombinationen von A und C lediglich spezifische Realisierungen dieser Produktionsfunktion darstellen. Mit $h_A = h_C = h$ erhält man

$$\mu_1\, \bar{y}_1 = h \cdot (v_1 x_1 + v_2 x_2).$$

Diese lineare Produktionsfunktion durch A und C beschreibt auch alle Linearkombinationen der Produktionstechniken von A und C, mit denen das

Outputniveau $\bar{y}_1$ mit einer Effizienz von $h_A = h_C = h$ produziert werden kann. In Abbildung 3.3 ist diese Produktionsfunktion als Isoquantenteilstück graphisch wiedergegeben.

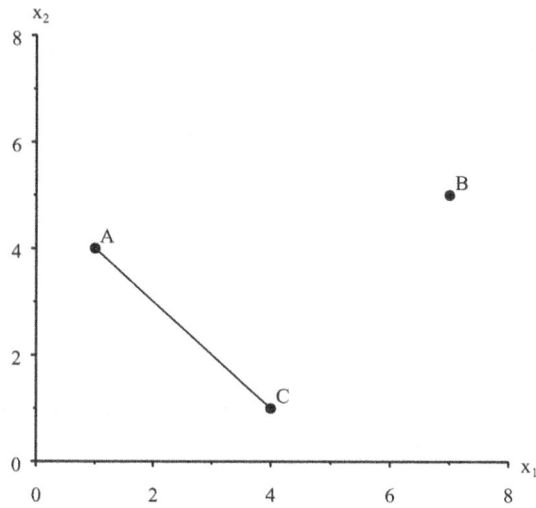

Abb. 3.3. Isoquantenteilstück zwischen A und C

Eine einfache Umstellung der linearen Produktionsfunktion führt zu folgender Geradengleichung in Steigungsform:

$$x_2 = \frac{\mu_1}{h \cdot v_2} \bar{y}_1 - \frac{v_1}{v_2} x_1$$

In dieser Formulierung ist der erste Term auf der rechten Seite konstant; es handelt sich hier um den Ordinatenabschnitt dieser Geradengleichung. Eine Variation der Menge des Inputfaktors x_1 führt hier zu einer Veränderung der Menge des Inputfaktors x_2. Die Beziehung ist dabei substitutiv, d.h. wird x_1 erhöht, so sinkt x_2 und umgekehrt.

Die Steigung der Gerade in der $x_1 - x_2$-Ebene wird durch das negative Verhältnis der Inputaggregationsgewichte $-v_1 / v_2$ bestimmt. Das Austauschverhältnis von Arbeit zu Kapital bei A und C beträgt hier jeweils $v_{1A} / v_{2A} = v_{1C} / v_{2C} = 1$ und gibt damit die Grenzrate der Substitution der Inputfaktoren an. Sollte man bei der Produktion von y_1 eine Einheit von

x_1 weniger einsetzen wollen, so muß man den Einsatz von Input x_2 um $v_1 / v_2 = 1$ Einheit erhöhen.

Eine graphische Veranschaulichung dieser Substitutionsbeziehung findet sich in Abbildung 3.3. Die Steigung der Geraden durch A und C weist einen Wert von -1 auf und gibt alle möglichen linearen Kombinationen der Produktionsprozesse von A und C an, die sich in der Intensität des Einsatzes von x_1 und x_2 unterscheiden. So ist der Produktionsprozeß in C gegenüber demjenigen in A relativ intensiv im Einsatz von x_1.

Da es sich bei A und C um Beobachtungen mit dem höchsten Effizienzgrad handelt, $h_A = h_C = 1$, findet man in diesem Beispiel keine Produktionsfunktion (Isoquante) mit einem höheren Effizienzniveau. Entsprechend stellt die Gerade durch A und C die best-practice-Produktionsfunktion (oder best-practice-Isoquante) dar.

Wie sind nun die Aggregationsgewichte der ineffizienten Beobachtung B zu interpretieren? Bekanntlich muß sich B gegenüber den best-practice-Beobachtungen A und C messen lassen. Wie wird dieser Vergleich durchgeführt?

Zunächst kann auch für B eine lineare Produktionsfunktion nach (3.10)

$$\mu_{1B}\, y_{1B} = h_B \cdot (v_{1B}x_{1B} + v_{2B}x_{2B})$$

aufgestellt werden. Diese kann mit den Inputvariablen x_1 und x_2 und für das Outputniveau $\bar{y}_1 = 1$ als

$$\mu_{1B}\bar{y}_1 = h_B \cdot (v_{1B}x_1 + v_{2B}x_2)$$

formuliert und dann in die Steigungsform

$$x_2 = \frac{\mu_{1B}}{h_B \cdot v_{2B}}\, \bar{y}_{1B} - \frac{v_{1B}}{v_{2B}}\, x_1$$

überführt werden. Vergleicht man diese lineare Produktionsfunktion für B mit derjenigen für A und C, so zeigt sich, daß die Steigungen übereinstimmen, da $v_{1A} / v_{2A} = v_{1B} / v_{2B} = v_{1C} / v_{2C} = 1$. Die Ordinatenabschnitte unterscheiden sich jedoch voneinander, wobei derjenige von B einen höheren Wert aufweist (das Einsetzen der jeweiligen Aggregationsgewichte, Effizienzmaße und des Outputniveaus führt bei B zu einem Wert von 12, während sich bei A und C ein Wert von 5 ergibt).

Für den Leistungsvergleich bedeutet dies nun, daß bei Unternehmen B eine lineare Produktionsfunktion angesetzt wird, welche dasselbe Outputniveau und dieselbe Substitutionsbeziehung zwischen den beiden Produktionsfaktoren aufweist wie die Produktionsfunktion durch A und C. Oder anders ausgedrückt, bei B wird der gleiche Typus einer linearen Produktionsfunktion angelegt wie bei A und C. Der Unterschied zwischen den beiden Produktionsfunktionen beruht allein auf einem Effizienzunterschied, wobei die actual-practice-Produktionsfunktion bei B gegenüber der actual-practice- und zugleich best-practice-Produktionsfunktion von A und C eine geringere Inputeffizienz aufweist.

Graphisch kann man sich dies so vorstellen, daß durch den Punkt B ebenfalls eine Gerade gelegt wird, welche die gleiche Steigung wie die Gerade durch A und C aufweist, allerdings oberhalb dieser verläuft. In Abbildung 3.4 ist dies mit der Geraden durch B dargestellt.

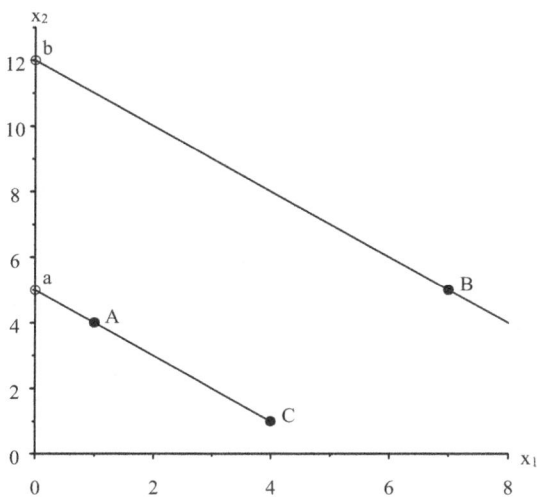

Abb. 3.4. Der Vergleichsmaßstab AC für B

Der angesprochene Effizienzunterschied spiegelt sich, wie gesagt, in den Ordinatenabschnitten der beiden Produktionsfunktionen wider, denn diese geben das jeweilige Niveau der beiden Produktionsfunktionen an. Berücksichtigt man, daß das Effizienzniveau der best-practice-Produktionsfunktion durch A und C auf $h_A = h_C = 1$ festgelegt ist, so kann aus der Abbildung 3.4 die Effizienz der actual-practice Produktionsfunktion von B aus dem Streckenverhältnis $0a / 0b$ bestimmt werden, wobei a dem Ordinatenabschnitt der best-practice-Produktionsfunktion entspricht und b demjenigen der actual-practice-Produktionsfunktion von B. Setzt man die

Zahlenwerte ein, so erhält man für B das Effizienzniveau $h_B = 5/12 = 0{,}417$.

Abschließend zur Diskussion der Ergebnisse zu Beispiel I sei noch auf die absolute Höhe der Aggregationsgewichte sowie auf die Beziehung zwischen den Aggregationsgewichten und dem Effizienzniveau eingegangen. Die Inputaggregationsgewichte stehen wie in (3.11) abgeleitet für die Grenzproduktivitäten der Inputfaktoren. So bedeutet beispielsweise $v_{1A} = v_{1C} = 0{,}2$, daß sowohl bei A als auch bei C ein Mehreinsatz einer Einheit von Produktionsfaktor 1 den Output um 0,2 Einheiten ansteigen läßt. Bei B findet man $v_{1B} = 0{,}083$, so daß eine zusätzliche Einheit von Produktionsfaktor 1 lediglich zu einer Outputsteigerung von 0,083 Einheiten führt. Die weiteren Inputaggregationsgewichte sind entsprechend zu interpretieren.

Hinsichtlich der Outputaggregationsgewichte zeigt (3.18), daß diese die Veränderung der Effizienzbewertung bei Unternehmen i angibt, wenn dieses seinen Output um eine Einheit erhöht und dabei der Faktoreinsatz aller Beobachtungen sowie das Outputniveau der übrigen Unternehmen konstant bleibt. Bei Unternehmen B ermittelt man $\mu_{1B} = 0{,}417$. Steigert B seinen Output um eine Einheit, so wird sich seine Effizienzbewertung von 0,417 auf 0,833 verbessern.

Dieses Ergebnis läßt sich anhand der folgenden Überlegung leicht nachvollziehen. Aufgrund der Annahme konstanter Skalenerträge in der Produktion ist eine Steigerung des Outputs bei Unternehmen B von 1 auf 2 Einheiten gleichbedeutend mit einer Halbierung des Inputeinsatzes je Outputeinheit. Entsprechend würde B dann 3,5 Einheiten x_1 und 2,5 Einheiten x_2 einsetzen, um eine Einheit des Outputs zu produzieren. Damit verschiebt sich die actual-practice-Produktionsfunktion von B bei $\bar{y}_B = 1$ nach unten. Da der Inputbedarf pro Outputeinheit halbiert wird, halbiert sich der Ordinatenabschnitt dieser Funktion entsprechend von 12 auf 6. Der Vergleich mit der best-practice-Produktionsfunktion führt zu einer Effizienzbewertung von $5/6 = 0{,}833$.

Beispiel II

Zur Erleichterung der Diskussion der Effizienzanalyse unter der Annahme variabler Skalenerträge in Kapitel 5, bei der unterschiedlich hohe Outputniveaus der Unternehmen eine entscheidende Rolle spielen, erfolgt an dieser Stelle eine kurze Einführung des Falles mit einem Inputfaktor x und einem Outputgut y bei konstanten Skalenerträgen. Die Darstellung soll anhand der Unternehmen M, N und P des Beispieldatensatzes II erfolgen, der in Tabelle 3.6 wiedergegeben ist.

Tabelle 3.6. Daten für Beispiel II

Unternehmen	M	N	P
Input x	5	3	11
Output y	8	3	13

In Beispiel II läßt sich die Effizienzanalyse in der Productivity-Form in entsprechender Weise mit Hilfe der linearen Programmierung durchführen. Hierzu sei auf Übungsaufgabe 3.1 verwiesen. Die Lösungen der linearen Programme sind in Tabelle 3.7 zusammengestellt.

Tabelle 3.7. Ergebnisse der Productivity-Form

Unternehmen	M	N	P
h_i	1,000	0,625	0,739
μ_{1i}	0,125	0,208	0,057
v_{1i}	0,200	0,333	0,091

Effizienzkennzahlen
Bei der Interpretation des Ergebnistableaus fällt zunächst auf, daß es hier nur ein best-practice Unternehmen gibt, Unternehmen M mit einer Effizienz von 1,0. Die Unternehmen N und P sind weniger effizient, mit 62, 5 % bzw. 73,9 %. Entsprechend (3.10) erhält man hier folgende Klassifizierung:

$$Eff(i) \quad = \quad \left\{ i \,\middle|\, h_i = 1 \right\} \quad = \quad \{M\}$$

$$Ineff(i) \quad = \quad \left\{ i \,\middle|\, h_i < 1 \right\} \quad = \quad \{N, P\}$$

Aggregationsgewichte
Für die Interpretation der ermittelten Aggregationsgewichte wird auf die Gleichung (3.21) zurückgegriffen. Da im vorliegenden Beispiel II die Unternehmen nur die Menge x eines Inputs einsetzen, um einen Output der Menge y zu produzieren (und damit keine weiteren Inputs und Outputs in-

volviert sind), nimmt Λ_i stets den Wert 0 an, so daß (3.21) hier wie folgt geschrieben werden kann:

$$0 = \mu_i y_i - h_i v_i x_i \Rightarrow y_i = h_i \frac{v_i}{\mu_i} x_i \text{ für } i \in \{M, N, P\}$$

Läßt man x und y frei variieren, dann erhält man für jede der drei Beobachtungen eine spezifische Produktionsfunktion

$$y = h_i \frac{v_i}{\mu_i} x \text{ für } i \in \{M, N, P\}.$$

Da es sich bei den Aggregationsgewichten und der Effizienzkennzahl um konstante, für jedes Unternehmen unterschiedliche Größen handelt, sind die Produktionsfunktionen linear und im Ursprung beginnend. Sie unterscheiden sich lediglich in ihrer Steigung $h_i v_i / \mu_i$. Abbildung 3.5 zeigt für die drei Unternehmen M, N und P die jeweiligen Produktionsfunktionen.

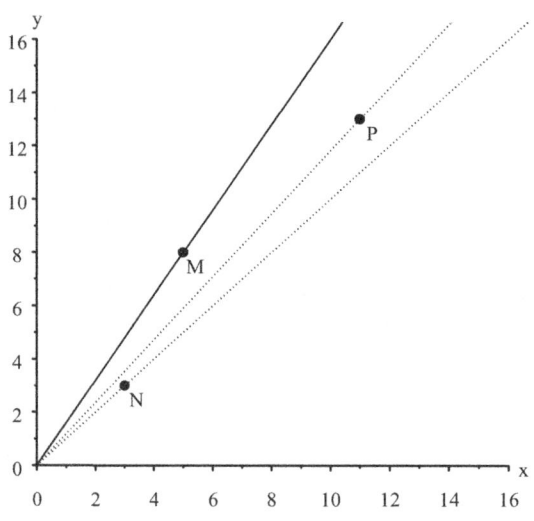

Abb. 3.5. Lineare Produktionsfunktionen

Die Steigungen der linearen Produktionsfunktionen in der $x - y$-Ebene sind als Grenzproduktivitäten

$$\frac{\partial y}{\partial x} = h_i \frac{v_i}{\mu_i} \text{ für } i \in \{M, N, P\}$$

oder Durchschnittsproduktivitäten

$$\frac{y}{x} = h_i \frac{v_i}{\mu_i} \text{ für } i \in \{M, N, P\}$$

zu interpretieren. Unternehmen M weist hier mit 1,6 die höchste Durch-schnitts- bzw. Grenzproduktivität auf und Unternehmen N mit 1,0 sowie Unternehmen P mit 1,18 entsprechend geringere Werte. Dementsprechend stellt die actual-practice-Produktionsfunktion von M zugleich die best-practice-Produktionsfunktion des Beispiels dar. Die Effizienz der actual-practice-Produktionsfunktionen von N und P wird aus dem Vergleich mit dieser best-practice-Produktionsfunktion bestimmt. Wie wird hierbei vor-gegangen?

Zunächst ist für den Steigungsfaktor $h_i v_i / \mu_i$ festzuhalten, daß der Quo-tient v_i / μ_i bei allen drei Unternehmen den Wert 1,6 aufweist und dies wegen $h_M = 1$ gerade der Steigung der best-practice-Produktionsfunktion von Unternehmen M entspricht. Die unterschiedlichen Steigungen sind al-so allein auf Unterschiede in den Effizienzwerten h_i zurückzuführen. Bei der hier eingenommenen Inputorientierung ergeben sich diese Effizienz-werte aus dem Quotienten von best-practice-Input und realisiertem Input, die jeweils für das realisierte Outputniveau gemessen werden.

Betrachtet sei hierzu in Abbildung 3.6 Unternehmen N, das einen Output $y_N = 3$ mit einem Input $x_N = 3$ produziert, dies allerdings nicht mit der best-practice-Produktionsfunktion. Zur Bestimmung des best-pratice-Faktoreinsatzes zur Produktion von 3 Outputeinheiten wird durch N eine zur best-practice-Produktionsfunktion a parallele Funktion b gestrichelt eingezeichnet, deren Steigung somit ebenfalls 1,6 beträgt. Die Funktion b scheidet die Abszisse bei der Menge x_b, welche die Inputverschwendung bei N im Vergleich zum best-practice-Inputniveau (bei $y_N = 3$) angibt. Entsprechend gibt die Differenz $x_N - x_b$ das best-practice-Inputniveau zur Produktion von $y = 3$ Einheiten an. Für den vorliegenden Fall ermittelt man $x_b = 1,125$ und $x_N - x_b = 1,875$. Der Effizienzwert h_N berechnet sich dann aus dem Quotienten von best-practice-Input und realisiertem Input beim Outputniveau $y_N = 3$ als

$$h_N = \frac{x_N - x_b}{x_N} = 0{,}625 \; .$$

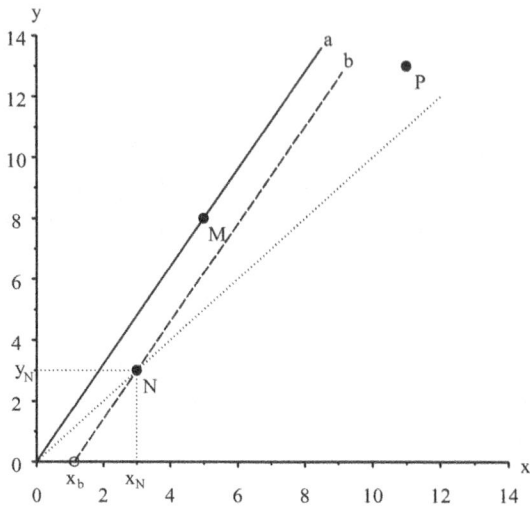

Abb. 3.6. Effizienzbestimmung für N

Entsprechende Berechnungen für Unternehmen P mit Input $x_p = 11$ führen zu $x_p = 2{,}875$ als Schnittpunkt der Parallelen zu M durch den Punkt P mit der x-Achse. Es ergibt sich ein best-practice-Input zur Produktion eines Outputniveaus $y_p = 13$ in Höhe von $x_p - x_p = 8{,}125$. Mit $h_p = (x_p - x_p)/x_p = 0{,}739$ erhält man so die Effizienzbewertung für Unternehmen P.

So betrachtet gibt der Effizienzwert h_i den Anteil des realisierten Inputs x_i von Unternehmen i an, der von einem best-practice Unternehmen zur Produktion von y_i benötigt würde. Produziert i selbst auf der best-practice-Frontierfunktion, so ist dieser Anteil 100%, ansonsten geringer als 100%.

Schlüsselbegriffe und Übungsaufgaben

Schlüsselbegriffe

actual-practice-Isoquante
best-practice-Isoquante
Durchschnittsproduktivität
Grenzproduktivität
Productivity-Form
lineare Quotientenprogrammierung
Charnes-Cooper-Transformation
lineare Programmierung
Simplexalgorithmus
Inputaggregationsgewichte
Outputaggregationsgewichte
modifizierte Aggregationsgewichte

Aufgabe 3.1 (Charnes-Cooper-Transformation)

(a) Formulieren Sie das Problem der linearen Quotientenprogrammierung für Unternehmen B aus dem Beispieldatensatz I und führen Sie die Charnes-Cooper-Transformation durch, um die Productivity-Form abzuleiten.

(b) Stellen Sie für die Unternehmen M, N und P aus Beispieldatensatz II jeweils die Productivity-Form bei Inputorientierung auf.

(c) Lösen Sie die entsprechenden Optimierungsprobleme aus (b) unter Verwendung eines Programms zur linearen Optimierung.

Aufgabe 3.2 (Productivity-Form)

Im Rahmen einer Produktivitätsanalyse werden die Betriebsstätten B1 bis B5 hinsichtlich ihrer produktiven Effizienz untersucht. Sie produzieren mit zwei Inputs in den Mengen x_1 und x_2 einen Output in der Menge y_1. Das Mengengerüst ist wie folgt gegeben:

Betriebsstätten	B1	B2	B3	B4	B5
Input x_1	2	3	7	5	7
Input x_2	5	3	2	6	4
Output y_1	1	1	1	1	1

Aus der Analyse erhalten Sie folgende Ergebnisse für die Productivity-Form:

Betriebsstätten	B1	B2	B3	B4	B5
v_{1i}	0,2222	0,2222	0,0667	0,1250	0,0435
v_{2i}	0,1111	0,1111	0,2667	0,0625	0,1739
μ_{1i}	1,0000	1,0000	1,0000	0,5625	0,6522

(a) Veranschaulichen Sie die Produktionsstruktur des Sektors anhand einer geeigneten Graphik und identifizieren Sie die Frontierbetriebsstätten sowie die Steigungen der Teilstücke der Frontierfunktion.

(b) Ermitteln Sie mit Hilfe der Werte für die Aggregationsgewichte v_1, v_2 und μ_1 den Effizienzwert h für jede der Betriebsstätten B1 bis B5.

(c) Zeigen Sie für die ineffizienten Beobachtungen, wie die Effizienzanalyse über den Vergleich der actual-practice- und der best-practice-Produktionsfunktionen erfolgt. Veranschaulichen Sie Ihre Argumentation graphisch.

(d) Verifizieren Sie für die ineffizienten Unternehmen, daß der Vergleich der jeweiligen actual-practice-Produktionsfunktion mit einem „falschen" Teilstück der best-practice-Frontierfunktion nicht zu einer Maximierung der entsprechenden Effizienzkennzahl führt.

Aufgabe 3.3 (EMS-Ergebnisinterpretation)

Für die Betriebsstätten B1 bis B5 aus Aufgabe 3.2 erhalten Sie mit Hilfe der Software EMS die folgenden Ergebnisse:

DMU	Score	x1 {I} {W}	x2 {I} {W}	y1 {O} {W}	Benchmarks
B1	100,00%	0,5000	0,0000	1,0000	...
B2	100,00%	0,1250	0,2083	1,0000	...
B3	100,00%	0,0000	0,5000	1,0000	...
B4	56,25%	0,1250	0,0625	1,0000	...
B5	65,22%	0,0435	0,1739	1,0000	...

(a) Untersuchen Sie die Aggregationsgewichte für die Inputs bei B1, B2 und B3 und erklären Sie, warum aus diesen Angaben für die Betriebsstätten allein keine eindeutige Frontierfunktion konstruiert werden kann.

(b) Wie kann man aus den Angaben unter Hinzunahme der Informationen für die Betriebsstätten B4 und B5 dennoch die Frontierfunktion eindeutig bestimmen?

(c) Ziehen Sie nun die Input- und Outputmengenangaben aus Aufgabe 3.2 hinzu, um die Inputaggregationsgewichte für die Betriebsstätten B1, B2 und B3 explizit zu berechnen.

Aufgabe 3.4 (Mineralwasserindustrie)

Betrachtet sei wieder die Mineralwasserindustrie mit den Unternehmen U1 bis U10 mit den bereits bekannten Einsatzmengen an Arbeit L und Kapital K sowie der (bei konstanten Skalenerträgen) produzierten Outputmenge y.

(a) Stellen Sie die Productivity-Form für Unternehmen U10 auf und interpretieren Sie die Zielfunktion, die Nebenbedingungen und die verwendeten Parameter.

(b) Normieren Sie die Daten auf das Outputniveau 1 und bestimmen Sie die best-practice- sowie die actual-practice-Produktionsfunktion von Unternehmen U3 graphisch. Gehen Sie bei der Effizienzbewertung von U3 davon aus, daß das Frontierfunktionsteilstück zwischen U5 und U6 als Maßstab dient. Geben Sie das Effizienzmaß von U3 sowohl graphisch als auch rechnerisch an. In welcher Weise finden hierbei die Aggregationsgewichte für die Inputs Berücksichtigung?

(c) Berechnen Sie für die normierten Daten aus (b) unter Verwendung eines Programms zur linearen Optimierung oder zur nichtparametrischen Bestimmung von Frontierfunktionen die Effizienzmaße sowie die Parameter der jeweiligen actual-practice-Produktionsfunktionen der Unternehmen in der Mineralwasserindustrie numerisch.

(d) Stellen Sie die Ergebnisse tabellarisch zusammen und interpretieren Sie diese. Was fällt Ihnen auf?

4 Konstante Skalenerträge: Envelopment-Form

Den Ausgangspunkt der Überlegungen in Kapitel 3 bildet ein (linearer) Produktivitätsindex, der über einen Leistungsvergleich von Produktionseinheiten zur Berechnung ihrer Effizienz beziehungsweise Ineffizienz führt. Im diesem Abschnitt soll eine alternative Darstellung des Problems diskutiert werden, die Umhüllenden-Form oder Envelopment-Form.

Gegenüber der Productivity-Form weist diese Envelopment-Form die Eigenschaft auf, daß mit ihr für einen Datensatz explizit eine Rand- oder Frontier-Produktionsfunktion bestimmt wird, anhand derer sich für jede Beobachtung die jeweiligen best-practice-Referenz- und Vergleichsbeobachtungen identifizieren lassen. Diese Randfunktion kann wiederum als nichtparametrisch bezeichnet werden, da sie allein aus den Daten ermittelt wird, ohne eine konkrete (parametrische) Produktionsfunktion zu unterstellen. Welche über den Grad der Effizienz hinausgehenden Erkenntnisse kann man von einer derartigen alternativen Analyse erwarten?

Die Diskussion der Productivity-Form in Kapitel 3 macht unmittelbar deutlich, daß bestimmte Beobachtungen nur mit einer gegenüber der gesamten Stichprobe eingeschränkten Anzahl anderer Beobachtungen verglichen wird. Diese Gruppe von Unternehmen läßt sich anhand der gleichen relativen Aggregationsgewichte identifizieren. Es zeigt sich, daß die besten Unternehmen innerhalb dieser Gruppe implizit eine sogenannte Hyperebene aufspannen, die man als Frontier-Funktion bezeichnet. Der Abstand einer bestimmten Beobachtung zu dieser Hyperebene dient zur Konstruktion eines radialen Maßes für die Effizienz dieser Beobachtung. An dieser Stelle wäre es ohne Zweifel wünschenswert, über den Abstand und damit das Effizienzmaß hinaus auch Informationen darüber zu erhalten, an welcher Stelle auf der Hyperebene die Effizienzbestimmung erfolgt. Hieraus ließe sich nämlich zusätzlich ableiten, welcher der Frontier-Beobachtungen eine bestimmte Beobachtung im Sinne der Produktionsstruktur am ähnlichsten ist.

Über die Envelopment-Form der DEA ist es nun gerade möglich, diese Informationen zu erhalten. Sie identifiziert für jede Beobachtung diejenigen Beobachtungen, welche eine entsprechende Hyperebene aufspannen, sowie explizit einen Vektor an Bewertungskennzahlen, aus dem man

Strukturähnlichkeiten zwischen der gerade untersuchten Beobachtung und den Beobachtungen der Frontier-Funktion ableiten kann.

Wie bei der Behandlung der Productivity-Form soll auch hier zunächst die Idee der Envelopment-Form vorgestellt werden (4.1). In diesem Zusammenhang werden dabei gleich einige Begriffe eingeführt, welche die weitere Diskussion vereinfachen. Es folgt die Darstellung des Konzept der Technologiemenge und deren Eigenschaften (4.2). Daran schließt sich die Formulierung als Minimierungsproblem (4.3), dessen Lösung (4.4) und die Interpretation der Ergebnisse (4.5) an.

4.1 Konzeption und Grundbegriffe der Envelopment-Form

Auch mit der Envelopment-Form wird ein Leistungs- und Effizienzvergleich von Beobachtungen vorgenommen. Während allerdings bei der Productivity-Form hierfür ein Index zur totalen Faktorproduktivität als Bewertungsmaßstab herangezogen wird, dessen Bestimmung und Normierung auf das Intervall (0,1] indirekt auf einem Vergleich der jeweiligen Beobachtungen basiert, führt man bei der Envelopment-Form direkt einen Vergleich aller Beobachtungen innerhalb einer vorgegebenen Technologiemenge durch. Entsprechend wird auch eine direkte Identifizierung von Vergleichsunternehmen geleistet.

Die Vorgehensweise bei der Envelopment-Form orientiert sich an den folgenden wesentlichen Schritten:

(1) Zunächst wird ein Rahmen vorgegeben, innerhalb dessen der Vergleich der Beobachtungen zulässig ist. Dieser Rahmen wird auch als Technologiemenge bezeichnet, an die bestimmte Bedingungen geknüpft sein können, oder für welche bestimmte Eigenschaften angenommen werden. Hierzu zählen etwa die Teilbarkeit der Produktionsfaktoren sowie deren Verfügbarkeit, der Grad der Substituierbarkeit, die Art der Skalenerträge in der Produktion, u.a.m.

(2) In einem nächsten Schritt wird die Orientierung bestimmt, mit der die Vergleichsanalyse zu erfolgen hat. Hier hat man zu entscheiden, ob die Analyse input- oder outputorientiert erfolgen soll (oder eine Zwischenform), wodurch gleichzeitig festgelegt wird, welche Beobachtungen für eine bestimmte Beobachtung i als Vergleichsmaßstab überhaupt zugelassen sind. Entscheidet man sich beispielsweise für die Inputorientierung, so dürfen nur solche Beobachtungen als Vergleichsmaßstab herangezogen werden, die im Vergleich zu i wenigs-

tens dieselbe Menge an Output mit weniger oder gleichem Einsatz an Input produzieren.

(3) Daneben ist über das Maß zu entscheiden, mit dem man den Vergleich durchführen möchte. Hierdurch ist die Richtung der Suche nach den Vergleichsunternehmen innerhalb der Technologiemenge eindeutig vorgegeben. Entscheidet man sich beispielsweise – bei Inputorientierung – für ein radiales Maß, so wird für jede zu analysierende Beobachtung ausschließlich in Richtung einer proportionalen Reduktion aller Inputfaktoren gesucht, d.h. graphisch betrachtet bewegt man sich bei gegebenem Outputniveau auf einem Fahrstrahl im Inputraum auf die Outputachse(n) zu. Man kann aber alternativ auch nicht-radiale Maße verwenden.

(4) Entsprechend der Festlegung der Technologiemenge, der Analyserichtung und des Analysemaßes werden für jede Beobachtung der Grad der Effizienz, die Vergleichsbeobachtungen sowie die dazugehörigen Strukturkennzahlen ermittelt.

Bei der weiteren Entwicklung und Diskussion der Envelopment-Form wird die Bezeichnung Beobachtung oder Unternehmen in verschiedenen Formen Anwendung finden. Um hier für Klarheit und Eindeutigkeit zu sorgen, sollen zunächst einige Grundbegriffe eingeführt werden. Bei *realen Unternehmen* handelt es sich um die empirisch erhobenen Beobachtungen. Unter *Referenzunternehmen* werden diejenigen best-practice Beobachtungen verstanden, die in den Leistungsvergleich einer bestimmten realen Beobachtung *i* direkt oder (zumeist) indirekt eingehen. Daneben bezeichnet man – soweit die Definition der Technologiemenge dies zuläßt – mit *virtuellem Unternehmen* oder *virtueller Beobachtung* eine konstruierte, nicht real existierende Produktionseinheit, die sich aus einer Konvexkombination von Referenzunternehmen ergibt. Ein *Vergleichsunternehmen* wiederum stellt eine Produktionseinheit dar, mit der eine bestimmte Beobachtung *i* direkt verglichen wird; ein Vergleichsunternehmen kann zum einen eine virtuelle Beobachtung sein, zum anderen aber auch (in selteneren Fällen) eine reale Beobachtung. Die Rand- oder Frontier-Funktion, welche die Input-Output-Kombinationen und damit die Technologiemenge einer Stichprobe umhüllt, wird von allen Referenzunternehmen einer Stichprobe aufgespannt. Vergleichsunternehmen sind stets Element dieser Frontier-Funktion.

Auf Basis der oben beschriebenen Analyseschritte und den eingeführten Grundbegriffen stellt sich die Vorgehensweise bei der Envelopment-Form, wenn man die inputorientierte Perspektive einnimmt und ein radiales Effizienzmaß verwendet, wie folgt dar: Für ein Unternehmen *i* wird derjenige

Prozentsatz θ_i bestimmt, auf dessen Niveau alle Inputfaktoren $\mathbf{x}_i$ von Unternehmen i reduziert werden können, ohne daß ein Vergleichsunternehmen i' (also ein reales oder ein virtuelles Unternehmen) innerhalb der Stichprobe existiert, das mit geringerer Einsatzmenge aller Inputfaktoren mindestens das gleiche Outputniveau produziert wie i. Die Kennzahl θ_i steht für das Effizienzmaß von i und über die Bestimmung des Vergleichsunternehmens i' lassen sich die Referenzunternehmen zu i sowie weitere Strukturkennzahlen ableiten.

4.2 Bestimmung der Technologiemenge

4.2.1 Grundlegende Axiome

Für die Vergleichsanalyse der Envelopment-Form ist es zunächst notwendig, die Technologiemenge als allgemeinen Rahmen festzulegen, innerhalb dessen die Vergleiche angestellt werden können. Die Technologiemenge sei T und wie folgt definiert:

$$T = \left\{ (\mathbf{x}_i, \mathbf{y}_i) : \text{mit } \mathbf{x}_i > 0 \text{ kann } \mathbf{y}_i > 0 \text{ produziert werden}, \forall\, i = 1,...,n \right\} \tag{4.1}$$

Diese Technologiemenge umfaßt alle mit der herrschenden Technologie möglichen Transformationen von m Inputfaktoren $\mathbf{x}_i$ bei Beobachtung i in s Outputs $\mathbf{y}_i$ derselben Beobachtung aus einer Gesamtheit von n Beobachtungen.

Es wird angenommen, daß die Technologiemenge folgende Axiome erfüllt:

(A1) Berücksichtigung aller Beobachtungen:

$$(\mathbf{x}_i, \mathbf{y}_i) \in T \quad \forall\, i = 1,...,n$$

Das Axiom (A1) erfordert, daß alle Beobachtungen aus derselben Technologiemenge stammen und somit prinzipiell im best-practice-Sinne miteinander verglichen werden können.

(A2) Konvexität:

$$\left(\mathbf{x}_i, \mathbf{y}_i\right) \in T \;\Rightarrow\; \left(\sum_{i=1}^{n} \eta_i \mathbf{x}_i, \sum_{i=1}^{n} \eta_i \mathbf{y}_i\right) \in T, \;\; \forall\, i = 1, \ldots, n$$

$$\text{mit } \eta_i \geq 0, \;\forall\, i = 1, \ldots, n, \; \sum_{i=1}^{n} \eta_i = 1$$

Das Konvexitätsaxiom (A2) besagt, daß zusätzlich zu den Beobachtungen alle Konvexkombinationen von Elementen (gewichtet mit den Faktoren η_i, $i \in \{1, \ldots, n\}$) aus der Technologiemenge ebenfalls Teil der Technologiemenge sein müssen. Damit wird implizit die beliebige Teilbarkeit der Inputfaktoren und Outputgüter angenommen.

(A3) Monotonie oder Ineffizienz:

$$\text{(a)} \quad \left(\mathbf{x}_i, \mathbf{y}_i\right) \in T \,\wedge\, \mathbf{x}_i' \geq \mathbf{x}_i \;\Rightarrow\; \left(\mathbf{x}_i', \mathbf{y}_i\right) \in T$$

$$\text{(b)} \quad \left(\mathbf{x}_i, \mathbf{y}_i\right) \in T \,\wedge\, \mathbf{y}_i \leq \mathbf{y}_i' \;\Rightarrow\; \left(\mathbf{x}_i, \mathbf{y}_i'\right) \in T$$

Das Ineffizienzaxiom (A3) postuliert, daß Input-Output-Kombinationen, die bei konstanten Outputmengen mehr von mindestens einem Inputfaktor einsetzen als ein Element der Technologiemenge ebenfalls Element der Technologiemenge sind (Teil a). In alternativer Betrachtungsweise müssen auch solche Input-Output-Kombinationen, die bei konstanten Inputs weniger von mindestens einem Outputgut produzieren als ein Element der Technologiemenge, ebenfalls Elemente der Technologiemenge sein (Teil b). Beide Teile des Ineffizienzaxioms zusammen definieren die sogenannte „free disposability of inputs and outputs", die intuitiv formuliert besagt, daß Verschwendung in Form von Mehreinsatz an Inputs oder Minderproduktion an Outputs mit dem Konzept der Technologiemenge vereinbar sein soll. Damit wird gleichzeitig ausgeschlossen, daß eine Konvexkombination aus Beobachtungen später als best-practice klassifiziert werden, die von einer anderen Beobachtung Pareto-Koopmans-dominiert wird (siehe hierzu die Übungsaufgaben 4.2 und 4.3).

(A4) Minimale Extrapolation:

T ist die Schnittmenge aller $\overline{T}$, welche die Axiome (A1) bis (A3) erfüllen und für die gilt $\left(\mathbf{x}_i, \mathbf{y}_i\right) \in \overline{T}, \forall\, i = 1, \ldots, n$

Mit dem Axiom der minimalen Extrapolation (A4) wird ausgesagt, daß die Technologiemenge minimal in dem Sinne ist, daß sie alle Beobachtungen unter den Restriktionen der anderen Axiome engstmöglich umhüllt. In diesem Sinne ist T die „kleinste" Menge, die mit den Beobachtungen und den anderen Axiomen (A1) bis (A3) vereinbar ist. Dadurch wird erreicht, daß der effiziente Rand der Technologiemenge allein durch die best-practice-Beobachtungen aufgespannt wird.

Entsprechend dieser 4 Axiome kann die Technologiemenge ausführlich als

$$T = \left\{ (\mathbf{x}, \mathbf{y}) \,\middle|\, \mathbf{x} \geq \sum_{i=1}^{n} \eta_i \mathbf{x}_i \,,\, \mathbf{y} \leq \sum_{i=1}^{n} \eta_i \mathbf{y}_i \,,\, \sum_{i=1}^{n} \eta_i = 1,\, \eta_i \geq 0 \right\}$$

angegeben werden. Zusätzlich kann noch die Bedingung für konstante Skalenerträge eingeführt werden.

(A5) Konstante Skalenerträge:

$$\left(\mathbf{x}_i, \mathbf{y}_i \right) \in T \;\Rightarrow\; \left(\kappa \mathbf{x}_i, \kappa \mathbf{y}_i \right) \in T \,,\, \forall\, \kappa > 0$$

Hierdurch wird das Konvexitätsaxiom nicht beeinträchtigt, doch gilt für die Technologiemenge nun, daß die Summe der λ-Koeffizienten nicht mehr 1 ergeben muß. Mit $\lambda_i = \kappa \cdot \eta_i$ anstelle von λ_i muß die Summe $\Sigma_{i=1}^{n} \kappa \eta_i$ lediglich positiv sein (da $\kappa > 0$), auch wenn hinsichtlich der η_i weiterhin die Bedingung $\Sigma_{i=1}^{n} \eta_i = 1$ gefordert wird.

Genau genommen müßte man stets zwischen λ_i und η_i unterscheiden, jedoch kann hierauf zur Vereinfachung aus dem folgenden Grund verzichtet werden. Die λ-Koeffizienten enthalten später Informationen über die Konstruktion von Vergleichsbeobachtungen und zwar unabhängig davon, ob es sich hierbei um eine Konvexkombination (η) oder eine Linearkombination (λ) von Beobachtungen handelt. Letztendlich ist eine Technologiemenge allein über die Summe der λ-Werte ausreichend charakterisiert, wobei die Bedingung $\Sigma_{i=1}^{n} \lambda_i > 0$ konstante Skalenerträge bedingt und Restriktionen der λ-Summe auf $0 < \Sigma_{i=1}^{n} \lambda_i \leq 1$, $\Sigma_{i=1}^{n} \lambda_i \geq 1$ oder $\Sigma_{i=1}^{n} \lambda_i = 1$ verschiedene Fälle nicht-konstanter bzw. variabler Skalenerträge erfaßt. Diese Varianten werden im Kapitel 5 näher erläutert. Zusätzlich wird der exakte Wert des Faktors κ im weiteren keine explizite Rolle mehr spielen.

So gesehen wird durch die Zusatzannahme (A5) der durch (A1) und (A2) definierte Raum der Konvexkombinationen der Beobachtungen $i \in \{1, ..., n\}$ auf den Raum der positiven Linearkombinationen erweitert.

Für die Technologiemenge bei konstanten Skalenerträgen T^C erhält man demnach:

$$T^C = \left\{ (\mathbf{x},\mathbf{y}) \middle| \mathbf{x} \ge \sum_{i=1}^{n} \lambda_i \mathbf{x}_i,\ \mathbf{y} \le \sum_{i=1}^{n} \lambda_i \mathbf{y}_i,\ \sum_{i=1}^{n} \lambda_i > 0,\ \lambda_i \ge 0 \right\}$$

$$= \left\{ (\mathbf{x},\mathbf{y}) \middle| \mathbf{x} \ge \mathbf{X}\lambda,\ \mathbf{y} \le \mathbf{Y}\lambda,\ \mathbf{1}^T \lambda > 0,\ \lambda \ge 0 \right\},$$

wobei $\mathbf{1}$ einen Einsvektor der Länge n darstellt, d.h. $\mathbf{1}^T = (1,\dots,1)$.

Für die weiteren Ausführungen sei zuletzt noch festgelegt, daß die Analyse inputorientiert erfolgt und als Effizienzmaß ein radiales Maß verwendet wird.

4.2.2 Beispiele

Beispiel I

Um das Konzept der Technologiemenge zu verdeutlichen sollen die Axiome (A1) bis (A5) auf zwei Beispiele angewendet werden. Für die Daten des Beispiels I in Tabelle 4.1 läßt sich die Technologiemenge wie in Abbildung 4.1 graphisch darstellen.

Tabelle 4.1. Beispiel I

Unternehmen	A	B	C
Arbeit x_1	1	7	4
Kapital x_2	4	5	1
Output y	1	1	1

Man sieht unmittelbar, daß die Technologiemenge neben den Beobachtungen A, B und C gemäß (A1) auch die Konvexkombinationen aus den Beobachtungen in Form von allen Punkten innerhalb des Linienzuges ABC gemäß (A2) und alle Punkte nordöstlich der Beobachtungen, die durch die gestrichelten Linien abgegrenzt sind, gemäß (A3) enthält. Diese Punktmenge berücksichtigt also (A1) bis (A3) und umhüllt die Beobachtungen in engstmöglicher Weise, womit (A4) ebenfalls erfüllt ist.

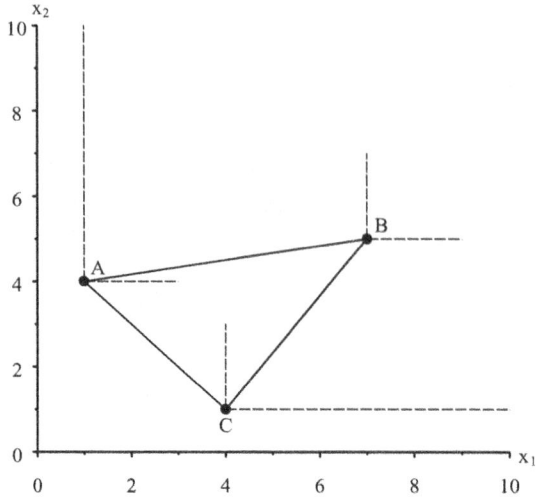

Abb. 4.1. Technologiemenge für die Beispieldaten

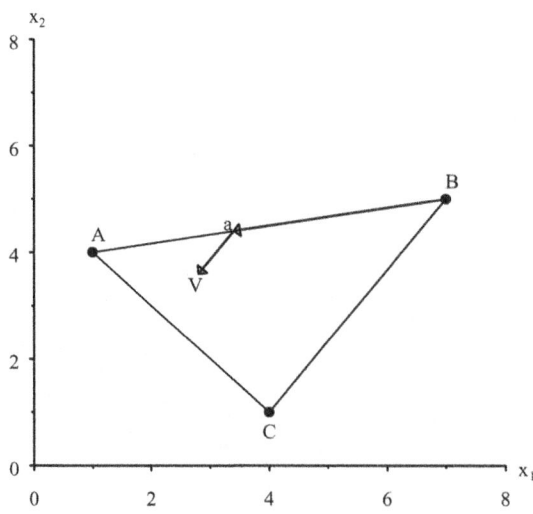

Abb. 4.2. Konvexkombinationen

Die Konstruktion von Konvexkombinationen aus den Unternehmen A, B und C sowie die Beschreibung der Menge aller Konvexkombinationen als das Innere der durch die Punkte A, B und C abgegrenzten Fläche (einschließlich des Randes), kann man sich anhand von Abbildung 4.2 verdeutlichen.

Formal läßt sich eine Konvexkombination $\mathbf{x}_V$ aus den Unternehmen A, B und C durch

$$\mathbf{x}_V = \lambda_A \mathbf{x}_A + \lambda_B \mathbf{x}_B + \lambda_C \mathbf{x}_C \quad \text{mit } \lambda_A, \lambda_B, \lambda_C \geq 0 \text{ und } \lambda_A + \lambda_B + \lambda_C = 1 \qquad (4.2)$$

darstellen. Hierbei enthalten die Vektoren $\mathbf{x}_A$, $\mathbf{x}_B$ und $\mathbf{x}_C$ die Koordinaten der Punkte A, B und C. Der Punkt B ergibt sich beispielsweise, indem die Gewichte λ_A und λ_C beide den Wert Null annehmen und somit $\lambda_B = 1$ gilt. Folglich ist $\mathbf{x}_B = 0 \cdot \mathbf{x}_A + 1 \cdot \mathbf{x}_B + 0 \cdot \mathbf{x}_C$. Analog dazu kann man sich verdeutlichen, daß sich der Punkt $\mathbf{x}_A$ im Fall $\lambda_A = 1$, $\lambda_B = \lambda_C = 0$ und der Punkt $\mathbf{x}_C$ im Fall $\lambda_C = 1$, $\lambda_A = \lambda_B = 0$ als Konvexkombination darstellen lassen.

Zusätzlich sind die Verbindungslinien zwischen A und B, A und C sowie B und C ebenfalls als Konvexkombinationen darstellbar. Für die Konstruktion der Linie AB spielt der Punkt C keine Rolle und somit kann $\lambda_C = 0$ gesetzt werden. Damit sind alle Punkte auf der Linie AB (einschließlich wiederum der Randpunkte A und B) durch die Konvexkombination $\mathbf{x}_a = \lambda_A \mathbf{x}_A + \lambda_B \mathbf{x}_B = \lambda_A \mathbf{x}_A + (1 - \lambda_A) \mathbf{x}_B = \mathbf{x}_B + \lambda_A (\mathbf{x}_A - \mathbf{x}_B)$ darstellbar, wenn λ_A stetig zwischen 0 und 1 variiert. Geometrisch bedeutet dies, daß ausgehend vom Punkt B mit seinen Koordinaten $\mathbf{x}_B$ ein Teil λ_A der Strecke AB in Richtung auf den Punkt A zurückgelegt wird. Dies wird durch den zusätzlichen Summanden $\lambda_A (\mathbf{x}_A - \mathbf{x}_B)$ zum Ausdruck gebracht. Im Fall $\lambda_A = 0$ wird ausgehend von $\mathbf{x}_B$ kein Teil der Strecke AB zurückgelegt und es gilt $\mathbf{x}_a = \mathbf{x}_B$, während für $\lambda_A = 1$ die gesamte Strecke AB bis zum Punkt A zurückgelegt wird und somit $\mathbf{x}_a = \mathbf{x}_A$ gilt. Für Werte von λ_A zwischen diesen beiden Extremen kann jeder beliebige Punkt auf der Strecke AB angesteuert werden, z.B. der Punkt a in Abbildung 4.2. Die Begründung, daß die Strecken AC und BC Teil der Konvexkombination sind, erfolgt analog zu der für AB.

Wenn nun λ_A, λ_B und λ_C positive Werte annehmen, sind alle drei Punkte A, B und C an der Bildung der Konvexkombination beteiligt. Für jeden Punkt innerhalb der durch den Linienzug ABC abgegrenzten Fläche muß

$$\mathbf{x}_V = \lambda_A \mathbf{x}_A + \lambda_B \mathbf{x}_B + \lambda_C \mathbf{x}_C \quad \text{mit } \lambda_A, \lambda_B, \lambda_C > 0 \text{ und } \lambda_A + \lambda_B + \lambda_C = 1$$

und somit auch

$$\mathbf{x}_V = \lambda_A \mathbf{x}_A + (1 - \lambda_A - \lambda_C)\mathbf{x}_B + \lambda_C \mathbf{x}_C = \mathbf{x}_B + \lambda_A (\mathbf{x}_A - \mathbf{x}_B) + \lambda_C (\mathbf{x}_C - \mathbf{x}_B)$$

mit $\lambda_A, \lambda_C > 0$ und $\lambda_A + \lambda_C < 1$ gelten. Wie bei der oben beschriebenen Konvexkombination aus zwei Punkten startet man im Punkt B und bewegt sich mit $\lambda_A (\mathbf{x}_A - \mathbf{x}_B)$ ein Stück weit entlang der Strecke AB. Vom Punkt a mit den Koordinaten $\mathbf{x}_B + \lambda_A (\mathbf{x}_A - \mathbf{x}_B)$ auf der Strecke AB ausgehend bewegt man sich dann noch einen Bruchteil λ_C entlang einer Parallelen zur Strecke BC, also $\lambda_C (\mathbf{x}_C - \mathbf{x}_B)$, in die durch den Linienzug ABC abgegrenzte Fläche hinein. Auf diese Weise wird der Punkt V als Konvexkombination aus $\mathbf{x}_A$, $\mathbf{x}_B$ und $\mathbf{x}_C$ erreicht. Die Restriktion $\lambda_A + \lambda_B + \lambda_C = 1$ stellt dabei sicher, daß wirklich ein Punkt innerhalb dieser Fläche erreicht wird und schließt die Möglichkeit aus, entlang der Strecke aV einen Punkte außerhalb der durch ABC abgegrenzten Fläche anzusteuern.

Die Veranschaulichung der konstanten Skalenerträge (Axiom (A5)) auf die Form der Technologiemenge im Rahmen des Beispieles I ist in Übungsaufgabe 4.3 zu diesem Kapitel gefordert. Vor deren Bearbeitung sollte jedoch zunächst Beispiel II verinnerlicht werden, da hieran die Auswirkung der Annahme konstanter Skalenerträge besser dargestellt werden kann.

Beispiel II

Mit den Daten für das Beispiel II in Tabelle 4.2 seien die Axiome (A1) bis (A5) nochmals im $x - y$-Raum verdeutlicht. Abbildung 4.3 stellt diese Daten graphisch dar.

Tabelle 4.2. Daten für Beispiel II

Unternehmen	M	N	P
Input x	5	3	11
Output y	8	3	13

Innerhalb der Technologiemenge liegen gemäß Axiom (A1) die Punkte der Beobachtungen M, N und P. Hinzu kommen die Konvexkombinationen zwischen diesen Punkten gemäß Axiom (A2), die mittels der durchgezogenen Linien zwischen M, N und P dargestellt sind. Nach dem Ineffizienzaxiom (A3) sind alle Punkte im positiven Quadranten, die südöstlich der Punkte M, N und P liegen und durch die gestrichelten horizontalen und vertikalen Linien durch M, N und P abgegrenzt sind, Teil der Technologiemenge. Da das Ineffizienzaxiom auch die Konvexkombinationen der Beobachtungen erfaßt, erweitert sich die Technologiemenge um die Punkte südöstlich des Linienzuges NMP und umhüllt somit die Beobachtungen engstmöglich unter Berücksichtigung von (A1) bis (A3), womit Axiom (A4) genüge getan wird.

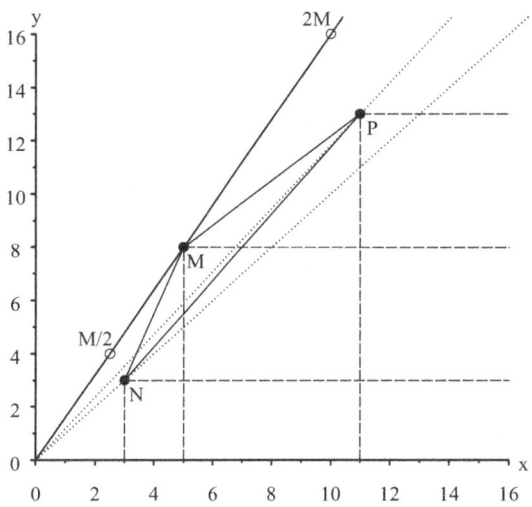

Abb. 4.3. Konstante Skalenerträge

Axiom (A5) erfordert nun, daß alle Punkte entlang der gepunkteten Ursprungsstrahle durch M, N und P Elemente der Technologiemenge sind. Am Beispiel von Unternehmen M kann man leicht einsehen, daß auch die Punkte M/2 (bzw. 2M) in denen mit halben (bzw. doppeltem) Inputeinsatz die halbe (bzw. doppelte) Menge produziert wird, hierzu gehören. Die Punkte M/2 (bzw. 2M) entsprechen den mit dem Skalierungsfaktor $k = 0{,}5$ (bzw. $k = 2$) gemäß Axiom (A5) modifizierten Varianten des Unternehmens M. Da nach Axiom (A3) wiederum alle Punkte auf und südöstlich der Ursprungsstrahle durch M, N und P Teil der Technologiemenge sind, erstreckt sich diese letztendlich auf alle Punkte südöstlich des Ursprungsstrahles durch M im positiven Quadranten. Hierin sind auch die Ursprungsstrahle durch N und P eingeschlossen.

4.3 Formulierung als Minimierungsproblem

4.3.1 Formale Darstellung

Auf Basis der oben festgelegten Technologiemenge, der Analyseorientierung und des Effizienzmaßes kann die Grundidee des Leistungsvergleichs bei der Envelopment-Form formal als ein Minimierungsproblem dargestellt werden. Hierbei wird das Niveau θ des Faktoreinsatzes bei einem Unternehmen i bestimmt, auf das dieses alle Inputfaktoren proportional reduzieren kann, ohne daß ein anderes Unternehmen oder eine Kombination anderer Unternehmen ein gleiches Outputniveau mit geringerem Faktoreinsatz produzieren können. Dieses Problem ist in (4.3) formuliert:

$$\min_{\theta, \lambda} \quad \theta$$
$$\text{N.B.} \qquad \mathbf{Y}\lambda \;\geq\; \mathbf{y}_i$$
$$\theta \mathbf{x}_i \;-\; \mathbf{X}\lambda \;\geq\; \mathbf{0} \tag{4.3}$$
$$\lambda \;\geq\; \mathbf{0}$$

Zu beachten ist, daß θ und λ in obigem Optimierungsproblem (4.3) für die noch zu bestimmenden Lösungswerte stehen und daher nicht mit dem Index i für das gerade betrachtete Unternehmen versehen werden. Wie im vorangegangenen Kapitel werden nach Lösung von (4.3) die konkreten Lösungswerte für Unternehmen i mit θ_i und λ_i bezeichnet.

Durch die Lösung von (4.3) ermittelt man den Prozentsatz θ_i, der angibt, auf welches Niveau die Inputfaktoren der Beobachtung i proportional reduziert werden können. Der n-dimensionale Lösungsvektor λ_i enthält die Koeffizienten zur Erzeugung der Linearkombinationen von Referenzunternehmen. Die einzelnen Elemente des Vektors λ_i, λ_{oi}, geben Auskunft über die Bedeutung einer Beobachtung $o \in \{1,...,n\}$ als Referenzbeobachtung zu i. Ihre Bedeutung erhalten diese Koeffizienten beim angesprochenen Leistungsvergleich. Wie wird dieser durchgeführt?

Diese Lösung erfüllt dann die in (4.3) angegebenen beiden Gruppen von Nebenbedingungen. Die erste Gruppe von Nebenbedingungen bezieht sich auf die Outputs:

$$\mathbf{Y}\lambda_i \geq \mathbf{y}_i \tag{4.4}$$

Auf der linken Seite von (4.4) wird aus allen Unternehmen bezüglich der Outputs eine Linearkombination $\mathbf{Y}\lambda_i$ gebildet, welche die Outputkombination eines Vergleichsunternehmens zu Unternehmen i darstellt. Diese Outputkombination muß mindestens dem Output des Unternehmens i entsprechen, also $\mathbf{y}_i$ auf der rechten Seite von (4.4). Das Outputniveau der Vergleichsbeobachtung wird aus einer Linearkombination der Outputniveaus aller Unternehmen gebildet. Bezeichnet $\mathbf{y}_i^V$ den Vektor dieser Outputniveaus, dann ergibt sie sich aus folgender Linearkombination:

$$\mathbf{y}_i^V = \lambda_{1i}\mathbf{y}_1 + \lambda_{2i}\mathbf{y}_2 + \dots + \lambda_{ni}\mathbf{y}_n \qquad (4.5)$$

Die Gewichtungsparameter λ_{oi} dürfen nicht negativ sein und wenigstens einer dieser Parameter muß von 0 verschieden sein, da sich andernfalls keine sinnvolle Linearkombination bilden lassen würde. Gleichung (4.5) gilt für den Vektor der Outputs, und damit auch für jeden einzelnen Output y_{ri} von Unternehmen i.

Die zweite Gruppe von Nebenbedingungen betrifft die Inputfaktoren:

$$\theta_i\mathbf{x}_i - \mathbf{X}\lambda_i \geq \mathbf{0} \qquad (4.6)$$

Der erste Term auf der linken Seite von (4.6), $\theta_i\mathbf{x}_i$, beschreibt die proportionale Reduzierung der Inputfaktoren des Unternehmens i. Dies geschieht mittels der Multiplikation des Inputvektors des Unternehmens i, $\mathbf{x}_i$, mit dem Lösungswert der Zielfunktion θ_i. Der zweite Term auf der linken Seite von (4.6) beschreibt wieder eine Linearkombination aus den Inputfaktoren aller Unternehmen. Hierdurch wird die Inputkombination eines Vergleichsunternehmens zu Unternehmen i konstruiert. Bezeichnet man diese als $\mathbf{x}_i^V$, so gilt analog zu den Outputs:

$$\mathbf{x}_i^V = \lambda_{1i}\mathbf{x}_1 + \lambda_{2i}\mathbf{x}_2 + \dots + \lambda_{ni}\mathbf{x}_n \qquad (4.7)$$

Bedingung (4.7) besagt, daß die proportionale Reduktion der Inputs bei Unternehmen i nur zu Inputkombinationen führen darf, deren Inputniveau mindestens so hoch ist, wie dasjenige des aus einer Linearkombination gewonnenen Vergleichsunternehmens. Analog zu den Outputs läßt sich eine sinnvolle Linearkombination nur dann konstruieren, wenn die Gewichtungsparameter λ_{oi} nicht negativ sind und mindestens einer positiv ist. (4.7) gilt für die Inputvektoren insgesamt und damit auch für jeden einzelnen Input x_{ji}.

Durch die Nebenbedingungen in (4.6) wird die Menge aller Vergleichs-unternehmen beschrieben. Hierbei ist zu beachten, daß die λ_{oi} zwischen den Unternehmen i verschieden sein können, jedoch bezüglich ihrer An-wendung in den s Nebenbedingungen der Outputs und den m Nebenbedin-gungen der Inputs identisch sind. Das bedeutet, daß die Gewichtungsfakto-ren bei der Konstruktion von Linearkombinationen bezüglich der einzelnen Outputs, der Outputvektoren, der einzelnen Inputs und der In-putvektoren die gleichen sind. Entsprechend wird hier ein Vergleichsun-ternehmen konstruiert, das eine Linearkombination der Input-Output-Vektoren aller Unternehmen darstellt.

Im Gegensatz zu den Nebenbedingungen für die Inputs findet sich die Variable θ nicht in den Nebenbedingungen für die Outputs. Dies ist dar-auf zurückzuführen, daß die hier diskutierte Version der DEA eine Input-orientierung darstellt. Alle Effizienzunterschiede oder Ineffizienzen wer-den hierbei in Inputeinheiten angegeben. Die proportionale Reduktion der Inputfaktoren eines ineffizienten Unternehmens interpretiert man hier als das Niveau, das erreicht werden muß, damit die betrachtete Unternehmung genauso gut bewertet wird wie die effizienten Unternehmen. Auf diesem Niveau hat ein ineffizientes Unternehmen seine Ineffizienzen bezüglich der best-practice-Frontier vollständig beseitigt.

Die Minimierungsprozedur sorgt nun dafür, daß in Nebenbedingung (4.6) für θ ein Wert gefunden wird, bei dem die zweite Gruppe von Ne-benbedingungen bindet und somit (4.6) mit Gleichheit erfüllt ist. Falls das Ungleichheitszeichen gelten würde, so wäre es möglich θ noch weiter zu reduzieren und das Minimum wäre noch nicht erreicht. Insgesamt werden durch die Minimierungsprozedur die Gewichtungsfaktoren der einzelnen Unternehmen und die Unternehmenszusammensetzung solange variiert bis keine weitere Reduktion von θ mehr möglich ist, ohne eine der Nebenbe-dingungen zu verletzen.

4.3.2 Beispiel

Anhand der Beispieldaten in Tabelle 4.1 soll aufgezeigt werden, wie mit der Envelopment-Form eine Frontierfunktion und das Effizienzniveau der einzelnen Beobachtungen ermittelt werden. Als erstes ist der Raum der zu-lässigen Linearkombinationen und damit der möglichen (realen oder virtu-ellen) Vergleichsbeobachtungen festzulegen. Beginnen wir mit den Ne-benbedingungen und wenden wir uns hier zunächst den Outputs zu.

Wie bereits erwähnt, ist es in diesem Beispiel nicht erforderlich die Outputdimension zu beachten, denn die Beobachtungen A, B und C weisen jeweils das Outputniveau 1 auf, so daß Vergleiche zwischen diesen keine k-fachen Referenzunternehmen (mit $k \neq 1$) benötigen. Auch wenn man sich ausschließlich auf der Outputebene mit Niveau 1 Einheit bewegt, muß dennoch die Nebenbedingung $\mathbf{Y}\lambda_i \geq \mathbf{y}_i$ beachtet werden. Bei $k = 1$ gilt für die weitere Analyse, daß die Summe der Gewichte λ_{oi} notwendigerweise 1 betragen muß.

Für ein Unternehmen $i \in \{A, B, C\}$ gilt die folgende Nebenbedingung bezüglich der Outputs:

$$\mathbf{y}_A \lambda_{Ai} + \mathbf{y}_B \lambda_{Bi} + \mathbf{y}_C \lambda_{Ci} \geq \mathbf{y}_i \qquad (4.8)$$

In der Lösung des Minimierungsproblems ist diese Nebenbedingung mit Gleichheit erfüllt. Berücksichtigt man, daß die Outputniveaus der drei Unternehmen gleich hoch sind und schreibt man hierfür $\mathbf{y}_i = \mathbf{y}_A = \mathbf{y}_B = \mathbf{y}_C$, so erhält man

$$\mathbf{y}_i (\lambda_{Ai} + \lambda_{Bi} + \lambda_{Ci}) \geq \mathbf{y}_i . \qquad (4.9)$$

Da, wie oben festgestellt, die Bedingung $\lambda_{Ai} + \lambda_{Bi} + \lambda_{Ci} = 1$ erfüllt ist, binden die Nebenbedingungen für die Outputs automatisch.

Als nächstes wird die zweite Gruppe von Nebenbedingungen (4.6) und damit die Inputkombinationen $\mathbf{X}\lambda_i$ betrachtet. Durch sie wird eine Fläche in der $x_1 - x_2$-Inputebene aufgespannt, die den Konvexkombinationen zwischen A, B und C entspricht. Innerhalb dieser Fläche findet die Leistungsbewertung statt. Diese erfolgt radial, gesteuert über den Proportionalitätsfaktor θ_i gesteuert. Graphisch entspricht dies im Fall von Unternehmen B einer Bewegung auf dem Ursprungsstrahl durch B in Richtung auf den Koordinatenursprung, wie in Abbildung 4.4 gepunktet eingezeichnet.

Gemäß dem Faktor θ_i werden alle Inputs soweit proportional reduziert, bis das erreichte Niveau gerade demjenigen Inputniveau einer Konvexkombination der Referenzunternehmen entspricht. Führt man diese Bewegung auf dem Ursprungsstrahl von B aus durch, so erreicht man einen Punkt auf der Geraden AC. Die Menge der Konvexkombinationen, die für die Effizienzmessung von B relevant sind, hat sich somit auf die Konvexkombinationen aus A und C reduziert.

Versucht man derartige proportionale Verringerungen der Inputs bei A und C auf deren Ursprungsstrahlen durchzuführen, so stellt man fest, daß dadurch sofort die Fläche der zulässigen Vergleichsbeobachtungen und damit die für den Vergleich relevante Technologiemenge verlassen wird.

Nur für Beobachtung B ist eine derartige Bewegung innerhalb der Technologiemenge möglich.

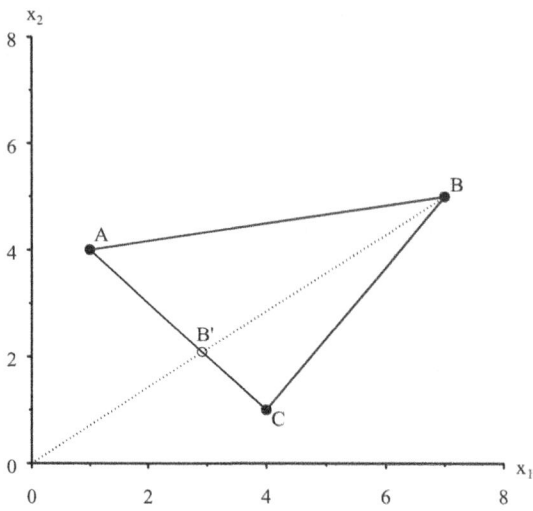

Abb. 4.4. Fahrstrahl

Je kleiner θ_B wird, desto weiter bewegt man sich auf dem Fahrstrahl auf die Outputachse zu. Sucht man nun das virtuelle und damit das Vergleichsunternehmen zu B, so ist es aufgrund des Minimierungsproblems (4.3) dann gefunden, wenn θ_B seinen minimalen Wert angenommen hat, und zugleich die Nebenbedingungen noch gelten, d.h. die Fläche der zulässigen Vergleichsunternehmen nicht verlassen wird.

Dies ist in dem Punkt erreicht, in welchem der Ursprungsstrahl die Strecke zwischen A und C schneidet. Alle virtuellen Beobachtungen auf der Strecke zwischen den Beobachtungen A und C erfüllen die Nebenbedingungen in (4.3). Der Schnittpunkt der Ursprungsgeraden durch B mit der Strecke zwischen A und C läßt sich auch als Konvexkombination aus den Referenzunternehmen A und C erzeugen. Dieses virtuelle Unternehmen bezeichnet man mit B'.

Nach dieser Diskussion zur Bedeutung der Nebenbedingungen für die Konstruktion von virtuellen Unternehmen zu B stellt sich das Minimierungsproblem für Unternehmen B in ausführlicher Schreibweise wie folgt dar:

$$\min_{\theta,\lambda} \quad \theta$$

$$
\begin{aligned}
\text{N.B.} \qquad & \lambda_A y_A + \lambda_B y_B + \lambda_C y_C \geq y_B \\
& \theta x_{1B} - \lambda_A x_{1A} - \lambda_B x_{1B} - \lambda_C x_{1C} \geq 0 \qquad\qquad (4.10)\\
& \theta x_{2B} - \lambda_A x_{2A} - \lambda_B x_{2B} - \lambda_C x_{2C} \geq 0 \\
& \lambda_A, \lambda_B, \lambda_C \geq 0
\end{aligned}
$$

Die Lösungswerte für Unternehmen B werden wieder mit $\lambda_B = (\lambda_{AB}, \lambda_{BB}, \lambda_{CB})^T$ und θ_B notiert. Entsprechende Minimierungsprobleme können auch für A und C aufgestellt werden.

4.4 Lösung des Minimierungsproblems

Die Charnes-Cooper-Transformation in Kapitel 3 erlaubt die Transformierung der Productivity-Form in ein lineares Maximierungsproblem, daß dann mit Hilfe des Simplexalgorithmus einfach gelöst werden kann. Im vorangegangenen Abschnitt wurde die Envelopment-Form ebenfalls als lineares Optimierungsproblem dargestellt, diesmal jedoch als ein Minimierungsproblem, das nicht ohne weiteres als Standardanwendung des Simplexalgorithmus gelöst werden kann. Diese Lösung gestaltet sich jedoch aufgrund des Dualitätstheorems der linearen Programmierung sehr einfach, da mit der Lösung der Productivity-Form die dazu duale Envelopment-Form automatisch mitgelöst wird und ebenfalls aus dem Endtableau des Simplexalgorithmus abgelesen werden kann. Abschnitt A.3 im Appendix stellt dieses wichtige Theorem dar und zeigt seine Anwendung anhand eines einfachen Beispieles.

Angewendet auf die Productivity-Form erhält man über das Dualitätstheorem aus dem primalen Maximierungsproblem der Productivity-Form das duale Minimierungsproblem der Envelopment-Form. Hierbei ist eine „kleine Hürde" zu überwinden, da in der Productivity-Form

$$
\begin{aligned}
\max_{\mu,\nu} \quad h \ &= \ \mathbf{y}_i^T \boldsymbol{\mu} \\
\text{N.B.} \qquad\qquad \mathbf{x}_i^T \mathbf{v} \ &= \ 1 \\
\mathbf{Y}^T \boldsymbol{\mu} - \mathbf{X}^T \mathbf{v} \ &\leq \ 0 \\
\boldsymbol{\mu} \ &> \ 0 \\
\mathbf{v} \ &> \ 0
\end{aligned}
$$

die Nebenbedingung $\mathbf{x}_i^T \mathbf{v} = 1$ nicht als Ungleichung formuliert ist. Sie muß zunächst in die beiden äquivalenten Ungleichheitsrestriktionen $\mathbf{x}_i^T \mathbf{v} \leq 1$ und $-\mathbf{x}_i^T \mathbf{v} \leq -1$ zerlegt werden. Faßt man nun die zu bestimmenden Variablen im Vektor $(\boldsymbol{\mu}^T, \mathbf{v}^T)^T$ zusammen, so ergibt sich für die Productivity-Form das lineare Programm

$$\max_{\boldsymbol{\mu}, \mathbf{v}} \quad h \quad = \quad \begin{pmatrix} \mathbf{y}_i^T & \mathbf{0}^T \end{pmatrix} \begin{pmatrix} \boldsymbol{\mu} \\ \mathbf{v} \end{pmatrix}$$

$$\text{N.B.} \quad \begin{pmatrix} \mathbf{0}^T & \mathbf{x}_i^T \\ \mathbf{0}^T & -\mathbf{x}_i^T \\ \mathbf{Y}^T & -\mathbf{X}^T \end{pmatrix} \begin{pmatrix} \boldsymbol{\mu} \\ \mathbf{v} \end{pmatrix} \leq \begin{pmatrix} 1 \\ -1 \\ 0 \end{pmatrix}$$

$$\begin{pmatrix} \boldsymbol{\mu} \\ \mathbf{v} \end{pmatrix} > \mathbf{0}.$$

Dies korrespondiert mit der allgemeinen Struktur eines linearen Maximierungsproblems, wie es im Abschnitt A.1 des Appendix formuliert ist, wenn man die Koeffizientenmatrizen und -vektoren als

$$\mathbf{A} = \begin{pmatrix} \mathbf{0}^T & \mathbf{x}_i^T \\ \mathbf{0}^T & -\mathbf{x}_i^T \\ \mathbf{Y}^T & -\mathbf{X}^T \end{pmatrix} , \ \mathbf{b} = \begin{pmatrix} 1 \\ -1 \\ 0 \end{pmatrix} , \ \mathbf{c} = \begin{pmatrix} \mathbf{y}_i \\ \mathbf{0} \end{pmatrix} ,$$

sowie den Variablenvektor $(\boldsymbol{\mu}^T, \mathbf{v}^T)^T$ betrachtet. Die Anwendung des Dualitätstheorems im Abschnitt A.3 des Appendix auf diese Konstellation ergibt das folgende Ergebnis:

$$\min_{\theta_1, \theta_2, \lambda} \quad \begin{pmatrix} 1 & -1 & \mathbf{0}^T \end{pmatrix} \begin{pmatrix} \theta_1 \\ \theta_2 \\ \lambda \end{pmatrix}$$

$$\text{N.B.} \quad \begin{pmatrix} \mathbf{0} & \mathbf{0} & \mathbf{Y} \\ \mathbf{x}_i & -\mathbf{x}_i & -\mathbf{X} \end{pmatrix} \begin{pmatrix} \theta_1 \\ \theta_2 \\ \lambda \end{pmatrix} \geq \begin{pmatrix} \mathbf{y}_i \\ 0 \end{pmatrix}$$

$$\begin{pmatrix} \theta_1 \\ \theta_2 \\ \lambda \end{pmatrix} \geq \mathbf{0}$$

Man erkennt, daß hierin die Maximierungsvorschrift durch die Minimierungsvorschrift ersetzt wurde, die Koeffizientenmatrix **A** in transponierter Form auftritt und die Vektoren **b** und **c** vertauscht wurden. Der Vektor der Variablen, für den die Lösung berechnet werden soll, wird dann als $(\theta_1, \theta_2, \lambda^T)^T$ geschrieben. Einfaches Ausmultiplizieren der Vektoren- und Matrixprodukte ergibt das lineare Programm

$$\min_{\theta_1, \theta_2, \lambda} \quad \theta_1 - \theta_2$$

$$\text{N.B.} \qquad\qquad \mathbf{Y}\lambda \;\geq\; \mathbf{y}_i$$

$$(\theta_1 - \theta_2)\mathbf{x}_i \;-\; \mathbf{X}\lambda \;\geq\; \mathbf{0}$$

$$\lambda \;\geq\; \mathbf{0},$$

welches durch Variablenzusammenfassung $\theta = \theta_1 - \theta_2$ in die vertraute Envelopment-Form

$$\min_{\theta, \lambda} \quad \theta$$

$$\text{N.B.} \qquad\qquad \mathbf{Y}\lambda \;\geq\; \mathbf{y}_i$$

$$\theta\mathbf{x}_i \;-\; \mathbf{X}\lambda \;\geq\; \mathbf{0}$$

$$\lambda \;\geq\; \mathbf{0}$$

überführt werden kann (siehe Gleichung (4.3)). Die Nebenbedingungen $\theta\mathbf{x}_i \geq \mathbf{X}\lambda$ stellen hierbei sicher, daß die zusammengefaßte Variable θ nicht negativ werden kann, da alle Einträge in $\mathbf{x}_i$ und $\mathbf{X}$ streng positiv sind und $\lambda \geq \mathbf{0}$ ist.

Damit ist klar, daß Productivity- und Envelopment-Form sich tatsächlich dual zueinander verhalten und aus dem Endtableau der Productivity-Form die Optimallösung der Envelopment-Form, in der im Abschnitt A.3 des Appendix beschriebenen Weise, entnommen werden kann. Wie dort für die Unternehmen A bis C des Beispieldatensatzes I demonstriert, ergeben sich die in Lösungswerte für die Envelopment-Form in Tabelle 4.3.

Tabelle 4.3. Optimallösungen der Envelopment-Form für A, B und C

Unternehmen	A	B	C
θ_i	1,000	0,417	1,000
λ_{Ai}	1,000	0,361	0,000
λ_{Bi}	0,000	0,000	0,000
λ_{Ci}	0,000	0,639	1,000

4.5 Ergebnisinterpretation

Über der Minimierung der Zielfunktion in (4.3) für Unternehmen i beziehungsweise über die Dualitätsbeziehung aus der Maximierung der Productivity-Form für Unternehmen i erhält man Ergebnisse zur Effizienz von i sowie zu dessen Referenzunternehmen. Diese Resultate sollen im weiteren interpretiert werden. Hierzu wird zunächst wieder eine allgemeine Darstellung gewählt, welche dann anschließend anhand der beiden Beispiele I und II angewendet und konkretisiert wird.

4.5.1 Effizienzwerte

Der minimale Wert $\theta_i \in (0,1]$ stellt ein Maß für die Effizienz der Produktion des Unternehmens i dar. Er gibt das Niveau an, auf das Unternehmen i den Einsatz aller Inputfaktoren proportional verringern muß, damit es alle Ineffizienzen abgebaut hat und folglich ebenso effizient ist wie ein best-practice-Unternehmen. Entsprechend ergibt sich dann mit $1-\theta_i$ ein Maß für die Ineffizienz von i. Aus dem Dualitätstheorem folgt, daß der Wert von θ_i für Unternehmen i identisch zum Wert h_i dieser Beobachtung bei Anwendung der Productivity-Form ist. Es gelten entsprechend die folgenden Zusammenhänge für die Gruppen der effizienten Beobachtungen $Eff(i)$ und derjenigen der ineffizienten Beobachtungen $Ineff(i)$:

$$Eff(i) \quad = \quad \left\{ i \,\middle|\, \theta_i = 1,\ i = 1,...,n \right\} = \left\{ i \,\middle|\, h_i = 1,\ i = 1,...,n \right\}$$

$$(4.11)$$

$$Ineff(i) \quad = \quad \left\{ i \,\middle|\, \theta_i < 1,\ i = 1,...,n \right\} = \left\{ i \,\middle|\, h_i < 1,\ i = 1,...,n \right\}$$

Die best-practice-Frontierfunktion wird von denjenigen Beobachtungen aufgespannt, die zur Gruppe $Eff(i)$ zählen.

4.5.2 Gewichtungsfaktoren und Referenzbeobachtungen

Für jede Beobachtung i erhält man einen Vektor λ_i, dessen Komponenten die Lösungen für die einzelnen Gewichtungsfaktoren, λ_{oi} ($o = 1,...,n$), darstellen. Diese enthalten Informationen über die Vergleichs- und Referenzunternehmen zu Unternehmen i. Aus diesen Werten kann man folgende Ergebnisse ableiten:

Referenzunternehmen zu Unternehmen i stellen alle realen Beobachtungen o mit $\lambda_{oi} > 0$ dar; alle anderen Beobachtungen mit $\lambda_{oi} = 0$ spielen für den Leistungsvergleich der Beobachtung i keine Rolle. Sollte es nur eine einzige Beobachtung o geben, mit $\lambda_{oi} > 0$ und $\lambda_{li} = 0$ für alle $l \neq i$, dann ist die reale Beobachtung o zugleich die einzige Referenzbeobachtung und reale Vergleichsbeobachtung für i. Findet man das Ergebnis $\lambda_{ii} = 1$ und $\lambda_{oi} = 0$ für alle $o \neq i$, dann ist das Unternehmen i ein effizientes Unternehmen mit $\theta_i = 1$ und es wird beim Unternehmensvergleich nur mit sich selber verglichen.

Aus den Werten der λ_{oi} lassen sich folgende Rückschlüsse ziehen: Ihre Werte geben das Gewicht an, mit dem eine reale Beobachtung o in die Konstruktion eines Vergleichsunternehmens zu i eingeht. Je höher dieser Wert ist, desto ähnlicher ist das Unternehmen i der entsprechenden Referenzbeobachtung o. Graphisch bedeutet dies, daß der Ursprungsstrahl von Unternehmen i bei höherem λ_{oi} vergleichsweise näher zum Ursprungsstrahl von Unternehmen o liegt. Die Produktionsstrukturen – im Sinne von Faktorintensitäten oder Faktorkoeffizienten – der beiden betrachteten Unternehmen sind sich somit ähnlich.

4.5.3 Input-Output-Kombination der Vergleichsbeobachtungen

Für jede reale Beobachtung i wird bei der Envelopment-Form eine Vergleichsbeobachtung i' auf der Frontierfunktion bestimmt, deren Input-Output-Kombination sich aus den Berechnungsergebnissen ableiten läßt. Hierbei ist zu beachten, daß bei einer inputorientierten Betrachtung das Outputniveau der Vergleichsbeobachtung i' genau dem Outputniveau der dazugehörigen realen Beobachtung i entspricht.

Der Inputvektor zu i' läßt sich auf zwei Wegen bestimmen. Zum einen berücksichtigt man einfach den Zusammenhang, daß der Effizienzparameter θ_i angibt, auf welches Niveau die Inputfaktoren von i proportional (bis zum Erreichen der Frontierfunktion) zu reduzieren sind, damit i bestpractice wird. Dieses best-practice Inputniveau entspricht nun gerade dem Inputniveau der Vergleichsbeobachtung. Entsprechend erhält man bei $\mathbf{y}_{i'} = \mathbf{y}_i$ für den Inputvektor $\mathbf{x}_{i'}$ von i':

$$\mathbf{x}_{i'} = \theta_i \cdot \mathbf{x}_i \qquad (4.12)$$

Zum anderen wird das Vergleichsunternehmen durch eine geeignete Linearkombination der Frontierbeobachtungen konstruiert. Dazu werden im

Beispiel der Inputvektor und der Outputvektor aller Beobachtungen zu einer Matrix zusammengefaßt und der Vektor λ_i mit der Transponierten dieser Matrix multipliziert. Man erhält:

$$\begin{pmatrix} \mathbf{x}_{i'} \\ \mathbf{y}_{i'} \end{pmatrix} = \begin{pmatrix} \mathbf{X} \\ \mathbf{Y} \end{pmatrix} \cdot \lambda_i \qquad (4.13)$$

4.5.4 Beispiele

Anhand der beiden Beispiele I und II soll im weiteren die Interpretation der Berechnungsergebnisse der Envelopment-Form noch einmal exemplarisch vorgenommen werden.

Beispiel I

Für die Unternehmen A, B und C in Beispiel I finden sich die Berechnungsergebnisse zur Envelopment-Form in Tabelle 4.4.

Tabelle 4.4. Effizienzkennzahlen und Gewichtungsfaktoren für Beispiel I

Unternehmen	A	B	C
θ_i	1,000	0,417	1,000
λ_{Ai}	1,000	0,361	0,000
λ_{Bi}	0,000	0,000	0,000
λ_{Ci}	0,000	0,639	1,000

Effizienzwerte
Weder bei Unternehmen A noch bei Unternehmen C wird die Notwendigkeit einer Reduktion der Inputs angezeigt ($\theta_A = 1$ und $\theta_C = 1$). Die Unternehmen A und C zählen demnach im Beispieldatensatz zu den effizienten Unternehmen des Samples. Der Effizienzwert von B, $\theta_B = 0{,}417$, besagt, daß B alle seine Inputeinsatzmengen auf 41,7% des Ausgangsniveaus reduzieren muß, um einen Output von $y = 1$ ebenso effizient wie die Unternehmen A und C zu produzieren.

Die Frontierfunktion dieses Beispiels wird durch die Unternehmen A und C aufgespannt. Genaugenommen handelt es sich hierbei um die Frontierisoquante, also einem Ausschnitt der Frontierfunktion auf dem Output-

niveau 1. Aus Abbildung 4.5 kann man die Effizienzwerte wieder graphisch entnehmen. So läßt sich $\theta_B = 0{,}417$ als radiales Maß mit Hilfe des
Ursprungsstrahls zu B bestimmen. Man bildet hierzu einfach das Verhältnis der Strecken 0B' und 0B. Letztere steht für den realisierten Inputvektor, erstere für den Inputvektor des (best-practice) Vergleichsunternehmens. Für A und C ergibt sich der jeweilige Effizienzwert von 1 aus den
entsprechenden Streckenverhältnissen 0A/0A auf dem Ursprungsstrahl
0A und 0C/0C auf dem Ursprungsstrahl 0C.

Die beiden Gruppen der effizienten und ineffizienten Unternehmen ergeben sich demnach über (4.11):

$$Eff(i) \quad = \quad \left\{ i \,\middle|\, \theta_i = 1,\, i = 1,...,n \right\} \quad = \quad \{A, C\}$$

$$Ineff(i) \quad = \quad \left\{ i \,\middle|\, \theta_i < 1,\, i = 1,...,n \right\} \quad = \quad \{B\}$$

Gewichtungsfaktoren und Referenzunternehmen
Aus den Ergebnissen zu den Gewichtungsfaktoren λ_{li} entnimmt man für
die Unternehmen A, B und C die folgenden $\boldsymbol{\lambda}$-Vektoren:

$$\boldsymbol{\lambda}_A = \begin{pmatrix} \lambda_{AA} \\ \lambda_{BA} \\ \lambda_{CA} \end{pmatrix} = \begin{pmatrix} 1 \\ 0 \\ 0 \end{pmatrix}, \quad \boldsymbol{\lambda}_B = \begin{pmatrix} \lambda_{AB} \\ \lambda_{BB} \\ \lambda_{CB} \end{pmatrix} = \begin{pmatrix} 0{,}361 \\ 0 \\ 0{,}639 \end{pmatrix}, \quad \boldsymbol{\lambda}_C = \begin{pmatrix} \lambda_{AC} \\ \lambda_{BC} \\ \lambda_{CC} \end{pmatrix} = \begin{pmatrix} 0 \\ 0 \\ 1 \end{pmatrix}$$

Die Unternehmen A und C werden jeweils nur mit sich selber verglichen.
Bei beiden gilt $\lambda_{ii} = 1$ und $\lambda_{oi} = 0$ für $o \neq i$. Unternehmen B hingegen
wird mit einem virtuellen Vergleichsunternehmen verglichen, das aus ei-
ner Kombination der Unternehmen A und C konstruiert ist, woraus sich
$\lambda_{oB} > 0$ für $o \in \{A, C\}$ ergibt. Unternehmen B stellt selbst keine Referenzbeobachtung für seine eigene Effizienzbewertung dar, $\lambda_{BB} = 0$.

Aus der Höhe der Gewichtungsfaktoren $\lambda_{CB} = 0{,}639 > 0{,}361 = \lambda_{AB}$ leitet
sich ab, daß das Referenzunternehmen C mit einem höheren Gewicht in
die Konstruktion von B' eingeht als das Referenzunternehmen A. In Abbildung 4.4 (oder 4.5) erkennt man, daß B' auf AC näher bei C als bei A
liegt. Entsprechend verläuft der Ursprungsstrahl von Unternehmen B näher zu demjenigen von C als zu demjenigen von A.

Graphische Bestimmung der Gewichtungsfaktoren

Die Konstruktion der Gewichtungsfaktoren soll für Unternehmen B anhand von Abbildung 4.5 nochmals verdeutlicht werden. Die Ortsvektoren (also die Vektoren, die vom Ursprung des Koordinatensystems ausgehen) zu den Punkten A und C sind als dünne Pfeile eingezeichnet. Analog zur Vorgehensweise bei Abbildung 4.2 kann man nun die Bewegung vom Ursprung zum Punkt B' durch eine Bewegung entlang des Vektors nach C und eine Bewegung entlang des Vektors nach A darstellen. Dabei wird ein Anteil λ_{CB} der Strecke 0C bis Punkt c und anschließend von Punkt c ausgehend ein Anteil λ_{AB} der Strecke 0A zurückgelegt. Diese Anteile lassen sich mit Hilfe der Streckenverhältnisse $\lambda_{AB} = cB'/0A$ und $\lambda_{CB} = 0c/0C$ angeben. Alternativ läßt sich Punkt B' auch erreichen, indem zuerst einen Anteil der Strecke 0A bis Punkt a und danach von dort aus einen Anteil der 0C bis zum B' zurückgelegt wird. Es ergeben sich auf diese Weise für die Streckenverhältnisse $\lambda_{AB} = 0a/0A$ und $\lambda_{CB} = aB'/0C$. Da sich die Streckenzüge 0aB' und 0cB' zu einem Parallelogramm ergänzen, sind die jeweiligen Werte von λ_{AB} und λ_{CB} bei beiden Konstruktionen identisch.

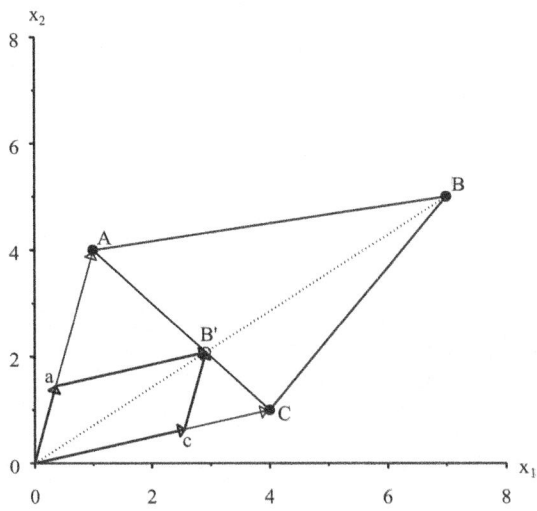

Abb. 4.5. Konstruktion der Gewichtungsfaktoren

Der Vollständigkeit wegen sei noch erwähnt, daß gilt $\lambda_{AA} = 0A/0A = 1$ und $\lambda_{CC} = 0C/0C = 1$.

Input-Output-Kombinationen der Vergleichsbeobachtungen

Die Input-Output-Kombinationen der Vergleichsbeobachtungen können auf zwei Wegen bestimmt werden. Dies sei am Beispiel von Unternehmen B noch einmal dargestellt. Zum ersten ergibt sich die Input-Output-Kombination von B' (bei der Inputorientierung) aus den Inputwerten der realen Beobachtung B, die mit dem Effizienzparameter multipliziert werden. Das Outputniveau bleibt hierbei konstant. Der Effizienzwert von B, $\theta_B = 0,417$, besagt, daß B alle seine Inputeinsatzmengen auf 41,7% des Ausgangsniveaus reduzieren muß, um ebenso effizient wie die Vergleichsunternehmen A und C eine Outputmenge von $y = 1$ zu produzieren. Der auf diese Weise erreichte Vergleichspunkt B' weist unter Anwendung von (4.12) folgenden Inputvektor $\mathbf{x}_{B'}$ auf:

$$\mathbf{x}_{B'} = \theta_B \mathbf{x}_B = 0,417 \cdot \begin{pmatrix} 7 \\ 5 \end{pmatrix} = \begin{pmatrix} 2,92 \\ 2,08 \end{pmatrix}$$

Die Input-Output-Kombination der Vergleichsbeobachtung B' lautet demnach

$$\begin{pmatrix} \mathbf{x}_{B'} \\ \mathbf{y}_{B'} \end{pmatrix} = \begin{pmatrix} 2,92 \\ 2,08 \\ 1 \end{pmatrix}.$$

Alternativ hierzu kann man die Input-Output-Kombination des Vergleichsunternehmens auch aus Linearkombinationen realer Referenzbeobachtungen ermitteln. Hierbei dienen die Optimallösungen der λ-Werte als Gewichtungsfaktoren. Wendet man (4.13) auf das Unternehmen B an, so ergibt sich als Input-Output-Kombination von B':

$$\begin{pmatrix} \mathbf{x}_{B'} \\ \mathbf{y}_{B'} \end{pmatrix} = \begin{pmatrix} \mathbf{X} \\ \mathbf{Y} \end{pmatrix} \cdot \lambda_B = \begin{pmatrix} 1 & 7 & 4 \\ 4 & 5 & 1 \\ 1 & 1 & 1 \end{pmatrix} \cdot \begin{pmatrix} 0,361 \\ 0 \\ 0,639 \end{pmatrix} = \begin{pmatrix} 2,92 \\ 2,08 \\ 1 \end{pmatrix}$$

Diese Linearkombination entspricht exakt dem Punkt, der aus der proportionalen Reduktion der Inputfaktoren resultiert.

Für die Unternehmen A und C kommt man bei gleicher Vorgehensweise zu dem Ergebnis, daß das Vergleichsunternehmen und die Referenzbeobachtung identisch sind. So kommt man auf den beiden alternativen Berechnungswegen für A zu folgenden Ergebnissen:

$$\mathbf{x}_{A'} = \theta_A \mathbf{x}_A = 1 \cdot \begin{pmatrix} 1 \\ 4 \end{pmatrix} = \begin{pmatrix} 1 \\ 4 \end{pmatrix} \Rightarrow \begin{pmatrix} \mathbf{x}_{A'} \\ \mathbf{y}_{A'} \end{pmatrix} = \begin{pmatrix} 1 \\ 4 \\ 1 \end{pmatrix} = \begin{pmatrix} \mathbf{x}_A \\ \mathbf{y}_A \end{pmatrix}$$

$$\begin{pmatrix} \mathbf{x}_{A'} \\ \mathbf{y}_{A'} \end{pmatrix} = \begin{pmatrix} \mathbf{X} \\ \mathbf{Y} \end{pmatrix} \cdot \lambda_A = \begin{pmatrix} 1 & 7 & 4 \\ 4 & 5 & 1 \\ 1 & 1 & 1 \end{pmatrix} \cdot \begin{pmatrix} 1 \\ 0 \\ 0 \end{pmatrix} = \begin{pmatrix} 1 \\ 4 \\ 1 \end{pmatrix} = \begin{pmatrix} \mathbf{x}_A \\ \mathbf{y}_A \end{pmatrix}$$

Für C berechnet man:

$$\mathbf{x}_{C'} = \theta_C \mathbf{x}_C = 1 \cdot \begin{pmatrix} 4 \\ 1 \end{pmatrix} = \begin{pmatrix} 4 \\ 1 \end{pmatrix} \Rightarrow \begin{pmatrix} \mathbf{x}_{C'} \\ \mathbf{y}_{C'} \end{pmatrix} = \begin{pmatrix} 4 \\ 1 \\ 1 \end{pmatrix} = \begin{pmatrix} \mathbf{x}_C \\ \mathbf{y}_C \end{pmatrix}$$

$$\begin{pmatrix} \mathbf{x}_{C'} \\ \mathbf{y}_{C'} \end{pmatrix} = \begin{pmatrix} \mathbf{X} \\ \mathbf{Y} \end{pmatrix} \cdot \lambda_C = \begin{pmatrix} 1 & 7 & 4 \\ 4 & 5 & 1 \\ 1 & 1 & 1 \end{pmatrix} \cdot \begin{pmatrix} 0 \\ 0 \\ 1 \end{pmatrix} = \begin{pmatrix} 4 \\ 1 \\ 1 \end{pmatrix} = \begin{pmatrix} \mathbf{x}_C \\ \mathbf{y}_C \end{pmatrix}$$

Beispiel II

Tabelle 4.5 gibt die Ergebnisse der Envelopment-Form für die im voranstehenden Kapitel eingeführten Unternehmen M, N und P des Beispieldatensatzes II an.

Tabelle 4.5. Effizienzkennzahlen und Gewichtungsfaktoren für Beispiel II

Unternehmen	M	N	P
θ_i	1,000	0,625	0,739
λ_{Mi}	1,000	0,375	1,625
λ_{Ni}	0,000	0,000	0,000
λ_{Pi}	0,000	0,000	0,000

Mit der Envelopment-Form werden die Effizienzergebnisse und explizit die Frontierfunktion für die Beobachtungen M, N und P ermittelt, die in Abbildung 4.6 wiedergegeben ist. Die Fläche rechts unterhalb dieser Frontierfunktion repräsentiert die Technologiemenge, welche den Axiomen A1 bis A5 genügt. Innerhalb der Technologiemenge werden die Effizienzbewertungen mit Hilfe eines radialen Maßes durchgeführt, was hier bei Inputorientierung einer Bewertung auf horizontalen Fahrstrahlen entlang der gepunkteten Linien entspricht.

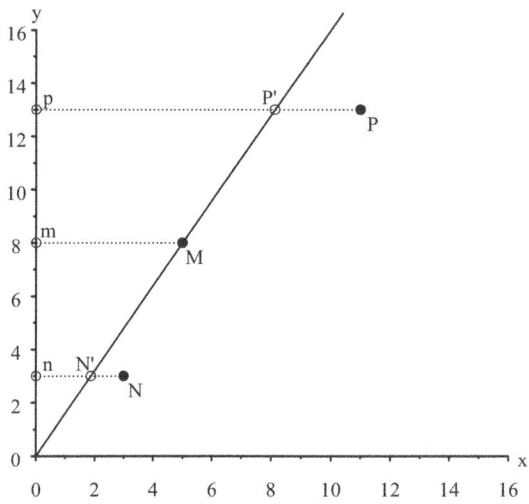

Abb. 4.6. Frontierfunktion und radiale Effizienzmessung

Effizienzwerte
Unternehmen M weist hier als einzige Beobachtung einen Effizienzwert von 1,0 auf. Die Frontierfunktion wird somit von der best-practice-Beobachtung M sowie – bedingt durch die Annahme konstanter Skalenerträge – dem Koordinatenursprung aufgespannt. Die übrigen Unternehmen weisen eine entsprechend geringere Effizienz auf.

Der Vergleich der ineffizienten Beobachtungen N und P wird inputorientiert durchgeführt, indem man eine Vergleichsbeobachtung auf der Frontierfunktion identifiziert, deren Outputniveau genau demjenigen von N beziehungsweise P entspricht. In der Abbildung stehen die Punkte N' und P' für die ineffizienten Unternehmen N und P. Über die Vergleichsbeobachtungen auf der Frontierfunktion kann die Effizienz einer Beobachtung bestimmt werden, indem man wieder den Quotienten aus dem Inputeinsatz der Referenzbeobachtung zum Inputeinsatz der realen Beobachtung bestimmt. Diese (radialen) Effizienzmaße entsprechen in Abbildung 4.6 den Streckenverhältnissen

$$\theta_{M} = mM/mM = 1,$$

$$\theta_N = nN'/nN = 1,875/3 = 0,625 \text{ und}$$
$$\theta_P = pP'/pP = 8,125/11 = 0,739.$$

Über (4.11) bestimmen sich wieder die beiden Gruppen der effizienten und nicht-effizienten Unternehmen:

$$Eff(i) \quad = \quad \left\{i \,\middle|\, \theta_i = 1, \, i = 1,...,n\right\} \quad = \quad \{M\}$$

$$Ineff(i) \quad = \quad \left\{i \,\middle|\, \theta_i < 1, \, i = 1,...,n\right\} \quad = \quad \{N,P\}$$

Gewichtungsfaktoren und Referenzunternehmen
Tabelle 4.5 lassen sich die λ-Vektoren entnehmen:

$$\lambda_M = \left(\lambda_{MM} \quad \lambda_{NM} \quad \lambda_{PM}\right) = \left(1 \quad 0 \quad 0\right)$$
$$\lambda_N = \left(\lambda_{MN} \quad \lambda_{NN} \quad \lambda_{PN}\right) = \left(0,375 \quad 0 \quad 0\right)$$
$$\lambda_P = \left(\lambda_{MP} \quad \lambda_{NP} \quad \lambda_{PP}\right) = \left(1,675 \quad 0 \quad 0\right)$$

Da Unternehmen M die einzige Referenzbeobachtung darstellt, lassen sich die Vergleichsbeobachtungen allein aus M konstruieren. Genau genommen entspricht im vorliegenden Fall eines Inputs und eines Outputs der Vektor λ_i, dem k-fachen der best-practice-Konvexkombination der Referenzbeobachtungen zu $i \in \{M, N, P\}$. Da die Referenzbeobachtung das Unternehmen M ist, ist der Faktor k dann genau gleich 1 für Unternehmen M, 0,375 für Unternehmen N und 1,625 für Unternehmen P. Diese Werte lassen sich ebenfalls aus Abbildung 4.6 mit Hilfe von Streckenverhältnissen entnehmen. So erhält man als Gewichtungsfaktoren, mit denen M in die Konstruktion der Vergleichsunternehmen eingeht, die Quotienten $\lambda_{NM} = 0N'/0M$, $\lambda_{PM} = 0P'/0M$ und $\lambda_{MM} = 0M/0M$.

Input-Output-Kombinationen der Vergleichsunternehmen
Die Input-Output-Kombinationen der Vergleichsbeobachtungen bestimmt man rechnerisch wieder über (4.12) oder (4.13). Wendet man diese zur Berechnung der Input-Output-Kombination des Vergleichsunternehmens M' an, so findet sich[1]

$$\mathbf{x}_{M'} = \theta_M \mathbf{x}_M = 1 \cdot 5 = 5 \Rightarrow \begin{pmatrix} \mathbf{x}_{M'} \\ \mathbf{y}_{M'} \end{pmatrix} = \begin{pmatrix} 5 \\ 8 \end{pmatrix} = \begin{pmatrix} \mathbf{x}_M \\ \mathbf{y}_M \end{pmatrix}$$

---

[1]   Im vorliegenden Fall eines Inputs und eines Outputs bei 3 Beobachtungen sind **X** und **Y** Matrizen der Ordnung 1×3.

$$\begin{pmatrix} \mathbf{x}_{M'} \\ \mathbf{y}_{M'} \end{pmatrix} = \begin{pmatrix} \mathbf{X} \\ \mathbf{Y} \end{pmatrix} \lambda_M = \begin{pmatrix} 5 & 3 & 11 \\ 8 & 3 & 13 \end{pmatrix} \begin{pmatrix} 1 \\ 0 \\ 0 \end{pmatrix} = \begin{pmatrix} 5 \\ 8 \end{pmatrix} = \begin{pmatrix} \mathbf{x}_M \\ \mathbf{y}_M \end{pmatrix}$$

und damit der Punkt M selbst, für die Unternehmen N der Vergleichspunkt

$$\mathbf{x}_{N'} = \theta_N \mathbf{x}_N = 0{,}625 \cdot 3 = 1{,}875 \Rightarrow \begin{pmatrix} \mathbf{x}_{N'} \\ \mathbf{y}_{N'} \end{pmatrix} = \begin{pmatrix} 1{,}875 \\ 3 \end{pmatrix} \neq \begin{pmatrix} \mathbf{x}_N \\ \mathbf{y}_N \end{pmatrix}$$

$$\begin{pmatrix} \mathbf{x}_{N'} \\ \mathbf{y}_{N'} \end{pmatrix} = \begin{pmatrix} \mathbf{X} \\ \mathbf{Y} \end{pmatrix} \lambda_N = \begin{pmatrix} 5 & 3 & 11 \\ 8 & 3 & 13 \end{pmatrix} \begin{pmatrix} 0{,}375 \\ 0 \\ 0 \end{pmatrix} = \begin{pmatrix} 1{,}875 \\ 3 \end{pmatrix} \neq \begin{pmatrix} \mathbf{x}_N \\ \mathbf{y}_N \end{pmatrix},$$

sowie für Unternehmen P der Vergleichspunkt

$$\mathbf{x}_{P'} = \theta_P \mathbf{x}_P = 0{,}739 \cdot 11 = 8{,}125 \Rightarrow \begin{pmatrix} \mathbf{x}_{P'} \\ \mathbf{y}_{P'} \end{pmatrix} = \begin{pmatrix} 8{,}125 \\ 13 \end{pmatrix} \neq \begin{pmatrix} \mathbf{x}_P \\ \mathbf{y}_P \end{pmatrix}$$

$$\begin{pmatrix} \mathbf{x}_{P'} \\ \mathbf{y}_{P'} \end{pmatrix} = \begin{pmatrix} \mathbf{X} \\ \mathbf{Y} \end{pmatrix} \lambda_P = \begin{pmatrix} 5 & 3 & 11 \\ 8 & 3 & 13 \end{pmatrix} \begin{pmatrix} 1{,}625 \\ 0 \\ 0 \end{pmatrix} = \begin{pmatrix} 8{,}125 \\ 13 \end{pmatrix} \neq \begin{pmatrix} \mathbf{x}_P \\ \mathbf{y}_P \end{pmatrix}.$$

Man erkennt, daß bei N' und P' derselbe Output wie in N und P mit einer jeweils geringeren Inputmenge produziert wird.

Schlüsselbegriffe und Übungsaufgaben

Schlüsselbegriffe

Envelopment-Form
Technologiemenge
Konvexität
Ineffizienzaxiom
minimale Extrapolation
Dualität
Linearkombination
Konvexkombination
virtuelle Beobachtung
Referenzbeobachtung
Vergleichsbeobachtung

Aufgabe 4.1 (Technologiemenge I)

Gegeben sind die Daten für die Einsatzmengen zweier Inputs x_1 und x_2, die bereits auf ein konstantes Outputniveau normiert sind.

Unternehmen	A	B	C	D
Input 1 x_1	2	8	5	10
Input 2 x_2	6	9	3	4

(a) Zeichnen Sie die Technologiemenge in ein Schaubild ein, die sich bei Unterstellung der Axiome (A1) bis (A5) ergibt. Welche Punkte dienen als Referenzpunkte für die Unternehmen A bis D?

(b) Wie verändert sich die Technologiemenge, wenn auf das Ineffizienzaxiom (A3) verzichtet wird? Welches Problem tritt hier bei einer radialen Effizienzmessung auf?

Aufgabe 4.2 (Technologiemenge II)

Die folgende Tabelle enthält die Beobachtungen für 4 Unternehmen A bis D, die mit den Inputmengen x_1 und x_2 jeweils die Outputmenge y produzieren.

Unternehmen	A	B	C	D
Input 1 x_1	6	11	7	9
Input 2 x_2	6	3	11	7
Output y	1	1	1	1

(a) Führen Sie einen Vergleich zur technischen Effizienz der vier Beobachtungen mit Hilfe des Pareto-Koopmans-Kriteriums durch.

(b) Geben Sie mit Hilfe einer Graphik die Technologiemenge T^1 auf Basis der Axiome „Berücksichtigung aller Beobachtungen" und „Konvexität" an.

(c) Ermitteln sie die Frontierfunktion einer Effizienzanalyse im Rahmen der Technologiemenge T^1. Wozu dient diese bei der Bestimmung von Effizienzmaßen?

(d) Diskutieren Sie, ob ein Vergleich der Beobachtungen A-D innerhalb der Technologiemenge T^1 zu sinnvollen Ergebnissen führt, wenn Sie ein radiales Effizienzmaß verwenden. Welche unerwünschten Ergebnisse könnten sich einstellen, und durch welche zusätzlichen Axiome könnte man diese vermeiden?

Aufgabe 4.3 (Konstante Skalenerträge)

Veranschaulichen Sie mit Hilfe einer dreidimensionalen Zeichnung Auswirkungen des Axioms (A5) auf die Gestalt der Technologiemenge im Beispieldatensatz I. Zeichnen sie dazu die Produktionspunkte für die Unternehmen A bis C und diejenigen Produktionspunkte ein, die sich bei einer Verdoppelung von Inputs und Output ergeben würden. Verzichten Sie dabei aus Gründen der Übersichtlichkeit auf den Einbezug des Ineffizienzaxioms (A3) in der Zeichnung.

Aufgabe 4.4 (Dualität)

Führen Sie für Unternehmen N aus Beispieldatensatz II die Dualitäts-Analyse durch. Gehen Sie von konstanten Skalenerträgen aus und orientieren Sie sich dabei an den folgenden Schritten:

(a) Stellen Sie die Productivity-Form für Unternehmen N auf.
(b) Führen Sie die Schlupfvariablen ein und stellen Sie das Simplex-Starttableau für Unternehmen N auf. Lösen Sie das Maximierungsproblem und lesen Sie die Lösung aus dem Endtableau ab.
(c) Formulieren Sie das duale Minimierungsproblem der Envelopment-Form für Unternehmen N und lesen Sie die Lösung für dieses aus dem Endtableau der Teilaufgabe (a) ab.

Aufgabe 4.5 (Envelopment-Form)

Für die Unternehmen B1 bis B7 sind folgende Input- und Outputwerte gegeben:

Unternehmen	B1	B2	B3	B4	B5	B6	B7
Input x_1	2	3	4	7	8	5	4
Input x_2	5	3	4	5	3	2	7
Output y	1	1	1	1	1	1	1

Die Berechnung der Envelopment-Form ergibt die folgenden Ergebnisse:

Unternehmen	B1	B2	B3	B4	B5	B6	B7
θ_i	1,000	1,000	0,750	0,529	0,667	1,000	0,600
λ_{B1i}	1,000	0,000	0,000	0,000	0,000	0,000	0,600
λ_{B2i}	0,000	1,000	1,000	0,647	0,000	0,000	0,400
λ_{B3i}	0,000	0,000	0,000	0,000	0,000	0,000	0,000
λ_{B4i}	0,000	0,000	0,000	0,000	0,000	0,000	0,000
λ_{B5i}	0,000	0,000	0,000	0,000	0,000	0,000	0,000
λ_{B6i}	0,000	0,000	0,000	0,353	1,000	1,000	0,000
λ_{B7i}	0,000	0,000	0,000	0,000	0,000	0,000	0,000

(a) Stellen Sie die Produktionsstruktur graphisch dar, ermitteln Sie die Frontierfunktion und geben Sie die Lösungen für die Effizienzwerte θ als Streckenverhältnisse an. Welche Besonderheit fällt Ihnen dabei auf?

(b) Interpretieren Sie die λ-Parameter und erklären Sie für B7, wie man diese aus der Zeichnung ermitteln kann.

(c) Berechnen Sie die Koordinaten der virtuellen Vergleichsbeobachtungen zu den ineffizienten Unternehmen B3 und B4. Unterscheiden Sie dabei zwei verschiedene Vorgehensweisen.

(d) Diskutieren Sie die Bedeutung des Ineffizienzaxioms (A3) für die Effizienzmessung bei den Unternehmen B1 bis B7.

Aufgabe 4.6 (Mineralwasserindustrie)

Betrachtet sei wieder die Mineralwasserindustrie mit den Unternehmen U1 bis U10 mit den bereits bekannten Einsatzmengen an Arbeit L und Kapital K sowie der bei konstanten Skalenerträgen produzierten Outputmenge y.

(a) Stellen Sie die Envelopment-Form für Unternehmen U3 auf und interpretieren Sie die Zielfunktion, die Nebenbedingungen und die verwendeten Parameter.

(b) Normieren Sie die Daten auf das Outputniveau 1 und geben Sie die Technologiemenge auf Basis der Axiome (A1) bis (A5) anhand einer Graphik an.

(c) Geben Sie auf Basis der normierten Daten für Unternehmen U3 die Vergleichsbeobachtung U3' sowie die Referenzbeobachtungen graphisch an. In welcher Weise finden hierbei die Gewichtungsfaktoren

λ_i Berücksichtigung. Geben Sie das Effizienzmaß von U3 sowohl graphisch als auch rechnerisch an.

(d) Berechnen Sie für die normierten Daten aus (b) unter Verwendung eines Programms zur linearen Optimierung oder zur nichtparametrischen Bestimmung von Frontierfunktionen die Effizienzmaße sowie die Gewichtungsfaktoren aller Unternehmen in der Mineralwasserindustrie numerisch. Stellen Sie die Ergebnisse tabellarisch zusammen und interpretieren Sie diese.

(e) Zeigen Sie anhand der Ergebnisse aus der vorangegangenen Teilaufgabe, wie sich die (normierten) Inputkoordinaten der Vergleichsunternehmen auf zwei unterschiedliche Weisen berechnen lassen. Was fällt Ihnen auf?

5 Variable Skalenerträge

Die Effizienzanalysen in den vorangegangenen Kapiteln 3 und 4 sind von einer Produktionstechnologie mit konstanten Skalenerträgen ausgegangen. In diesem Kapitel soll diese Annahme aufgegeben und gezeigt werden, wie der Unternehmensvergleich bei Vorliegen nicht konstanter Skalenerträgen durchgeführt werden kann. Die Unternehmensgröße, die bei der Betrachtung unter konstanten Skalenerträgen unberücksichtigt bleibt, wird hier explizit als ein effizienzbestimmender Faktor in die Analyse einbezogen. Dies beinhaltet die Fälle steigender und sinkender Skalenerträge, schließt aber auch die Möglichkeit konstanter Skalenerträge mit ein. Man spricht daher von einer Analyse unter variablen Skalenerträgen bzw. „variable returns to scale". Letztere Bezeichnung hat auch zur Abkürzung VRS-Modell geführt. Da die nichtparametrische Effizienzanalyse bei variablen Skalenerträgen auf den Aufsatz von Banker, Charnes und Cooper (1984) zurückgeht, findet sich auch häufig die Bezeichnung als BCC-Modell in der Literatur.

Nach einigen grundsätzlichen Überlegung zur Bedeutung der Unternehmensgröße im Rahmen von Effizienzanalysen (5.1) erfolgt die Darstellung zunächst der Envelopment-Form bei variablen Skalenerträgen (5.2) und danach der entsprechenden Productivity-Form (5.3). Der Teil der Effizienz, der sich auf die Unternehmensgröße zurückführen läßt, wird unter dem Begriff der Skaleneffizienz zusammen mit dem Konzept der produktivsten Unternehmensgröße (most productive scale size) diskutiert (5.4). Das Kapitel endet mit einer Behandlung der etwas restriktiveren Fälle, bei denen die Skalenerträge nicht vollständig variabel, sondern lediglich entweder nicht-steigender oder nicht-sinkender Natur sind (5.5).

5.1 Effizienzanalyse und Skalenerträge

Welcher Idee folgt eine Analyse, bei der die Annahme konstanter Skalenerträge aufgegeben und eine Abhängigkeit der produktiven Leistungsfähigkeit eines Unternehmens von dessen Größe zugelassen wird? Um diese Frage beantworten zu können, muß zuerst geklärt werden, was im weiteren

unter der Größe eines Unternehmens zu verstehen ist. Danach ist zu über-
legen, wie man sich darauf aufbauend, den Zusammenhang zwischen Unternehmensgröße und Effizienz vorzustellen hat.

5.1.1 Größeneffekte und Effizienz

Die Größe eines Unternehmens soll durch dessen Produktionsvolumen
ausgedrückt werden, welches in (über mehrere Produkte aggregierte) Outputeinheiten oder in Einheiten aggregierter Inputs gemessen werden kann.
Bei einer Inputorientierung der Effizienzanalyse ist es zunächst zweckmäßig, die Unternehmensgröße in Outputeinheiten anzugeben. Möchte man
Effekte der Unternehmensgröße auf die Effizienz, also Skaleneffizienz,
und die technische Effizienz später in einem gemeinsamen Maß vereini-
gen, dann macht es Sinn, beide Größen in der gleichen Richtung zu messen. Diese Festlegung begründet sich damit, daß bei einer Inputorientierung die technische Effizienz (und Ineffizienz) stets in Inputeinheiten
auszudrücken ist, wobei notwendigerweise das Outputniveau konstant gehalten wird.[1]
Für den Zusammenhang zwischen Effizienz und Unternehmensgröße
sind drei Fälle vorstellbar. So kann mit der Größe eines Unternehmens
dessen Effizienz ansteigen, sie kann sinken, oder es kann überhaupt kein
Zusammenhang bestehen. Der zuletzt genannte Fall impliziert eine Beschränkung der Analyse auf Produktionsprozesse mit konstanten Skalenerträgen, wie sie bereits den beiden vorangegangenen Kapiteln dargestellt
ist. In diesem Fall besteht entweder kein Einfluß der Unternehmensgröße
auf die Effizienz des Produktionsprozesses oder der Einfluß wird nicht berücksichtigt. Mißt man die Unternehmensgröße in Outputeinheiten, so bedeutet dies, daß sich bei jedem (effizienten und ineffizienten) Unternehmen die Einsatzmengen der Inputfaktoren proportional (mit dem Faktor
$\kappa > 0$) zur Unternehmensgröße und damit zum Output verändern. Dies ist
genau dann der Fall, wenn die Produktionsfunktion linearhomogen ist. Das
Niveau der technischen Effizienz ist hierbei keiner Veränderung unterwor-
fen, d.h. die Multiplikation der Inputs und Outputs eines Unternehmens i
mit demselben Faktor $\kappa > 0$ läßt das Effizienzniveau h_i oder θ_i des
betrachteten Unternehmens unbeeinflußt.
Solange die Annahme konstanter Skalenerträge die realen Produktions-
gegebenheiten genau widerspiegelt, befindet man sich mit den erzielten

---

[1]   Analog gilt die Festlegung, daß bei einer Outputorientierung die Größe eines
Unternehmens in Inputeinheiten gemessen wird (siehe hierzu Abschnitt 6.2).

Analyseergebnissen und deren Interpretation auf sicherem Terrain. Bei der praktischen Anwendung der DEA hat man diese Annahme allerdings immer erst zu prüfen, bevor man die Analyse durchführen und die Ergebnisse entsprechend interpretieren kann. Sollte sich dabei herausstellen, daß konstante Skalenerträge den realen Verhältnissen nicht entsprechen, dann drückt das ermittelte Maß für die Effizienz bzw. die Ineffizienz nicht nur die reine technische Effizienz bzw. Ineffizienz aus. Vielmehr umfaßt das Effizienzmaß dann noch weitere effizienzbeeinflussende Größen, die mit der Unternehmensgröße in Verbindung stehen, wie z.B. Massenproduktionsvorteile (economies of scale).

Kann beispielsweise das Verhältnis von produziertem Outputvolumen zu eingesetzter Inputmenge allein aufgrund bestimmter technischer und/oder organisatorischer Gegebenheiten mit zunehmender Unternehmensgröße systematisch erhöht werden (steigende Skalenerträge), so würden vergleichsweise kleine Unternehmen von DEA-Modellen unter der Annahme konstanter Skalenerträge als technisch ineffizient identifiziert werden, obwohl ihre geringere (relative) Leistungsfähigkeit unter Umständen ausschließlich auf Nachteilen beruht, die auf eine zu geringe Unternehmensgröße zurückzuführen sind. Damit würde von der Produktivitätsanalyse entweder eine technische Ineffizienz ausgewiesen, die keine ist, oder die technische Ineffizienz würde zumindest überschätzt. Analoges gilt für den Fall sinkender Skalenerträge, bei dem sich das Verhältnis von Output zu Input mit zunehmender Unternehmensgröße systematisch verringert. Auch hier wäre eine Interpretation dieses Effekts als (reine) technische Ineffizienz falsch.

Vor diesem Hintergrund ist es bei Vorliegen nicht linearhomogener Produktionsfunktionen sinnvoll, ein Verfahren anzuwenden, mit dessen Hilfe man die reine technische Effizienz von einer Effizienz abgrenzen kann, die allein auf die Größe des betrachteten Unternehmens zurückzuführen ist, die sogenannte *Skaleneffizienz*. Um diese Differenzierung vornehmen zu können, ermittelt man zunächst die reine technische Effizienz eines Unternehmens. Hierzu ist es notwendig, actual-practice- und damit auch best-practice-Produktionsfunktionen zuzulassen, die nicht zwingend konstante Skalenerträge aufweisen. Entsprechend offen ist eine Vorgehensweise, die unter der Annahme variabler Skalenerträge erfolgt und bei Produktions- und Frontierfunktionen konstante, steigende oder sinkende Skalenerträge erlaubt. Sobald bei einer derartig angelegten Analyse ein Unternehmen auf der Frontierfunktion liegt, produziert es technisch effizient. Hierdurch wird bei der Effizienzbewertung der Unternehmen von sämtlichen Größeneffekten abstrahiert.

Aufbauend auf diese Überlegungen sollen zunächst einige produktions-theoretische Überlegungen deutlich machen, welche prinzipiellen Unter-schiede zwischen einer Analyse bei variablen Skalenerträgen und einer Analyse bei konstanten Skalenerträgen bestehen. Zur Veranschaulichung dient wieder das bereits bekannten Beispiel II, das jetzt um die Unterneh-men Q und R erweitert ist. Tabelle 5.1 enthält hierzu die Input- und Out-putmengen.

Tabelle 5.1. Erweiterter Beispieldatensatz II

Unternehmen	M	N	P	Q	R
Input x	5	3	11	10	7
Output y	8	3	13	9	5

5.1.2 Pareto-Koopmans-Kriterium

In einem ersten Schritt wird wieder auf das Pareto-Koopmans-Kriterium zurückgegriffen, das jetzt auf Input-Output-Kombinationen anzuwenden ist und mit dessen Hilfe wieder die dominierenden von den dominierten Beobachtungen unterschieden werden können. Bei dem vorzunehmenden Vektorenvergleich werden Inputs als negative Outputs behandelt, so daß man im Ergebnis eindeutige Beziehungen im Sinne von "≥" beziehungs-weise "≤" erhält. So wird eine Beobachtung i dann als Pareto-Koopmans-dominiert bezeichnet, wenn man zu ihr mindestens eine andere Beobach-tung $o \in \{1,...,n\}$ findet, die mehr (oder zumindest gleich viel) Output mit Hilfe eines geringeren (oder zumindest gleich großen) Inputeinsatzes pro-duziert. Für eine solche Beobachtung muß dann

$$\begin{pmatrix} -\mathbf{x}_o \\ \mathbf{y}_o \end{pmatrix} \geq \begin{pmatrix} -\mathbf{x}_i \\ \mathbf{y}_i \end{pmatrix} \qquad (5.1)$$

gelten, wobei das Ungleichheitszeichen „≥" wieder so zu verstehen ist, daß kein Element des ersten Vektors kleiner ist als das entsprechende E-lement des zweiten Vektors und mindestens ein Element des ersten Vek-tors größer ist als das entsprechende Element des zweiten Vektors. So gilt zum Beispiel für die beiden Beobachtungen M und R aus Beispiel II die Beziehung

$$\begin{pmatrix} -\mathbf{x}_M \\ \mathbf{y}_M \end{pmatrix} = \begin{pmatrix} -5 \\ 8 \end{pmatrix} \geq \begin{pmatrix} -7 \\ 5 \end{pmatrix} = \begin{pmatrix} -\mathbf{x}_R \\ \mathbf{y}_R \end{pmatrix}$$

womit klargestellt ist, daß R von M dominiert ist.

Graphisch läßt sich dieser Vergleich umsetzen, indem man durch die jeweiligen Beobachtungen ein Hilfskoordinatenkreuz zeichnet, wie dies in Abbildung 5.1 für die Unternehmen M bis R verdeutlicht ist. Es entstehen hierdurch für jede Beobachtung im Input-Output-Raum vier Bereiche. Betrachtet sei in diesem Zusammenhang Unternehmen M. Alle Beobachtungen, die südöstlich von M liegen, werden von M gemäß des Pareto-Koopman-Kriteriums dominiert, wie etwa die Beobachtung R. Diese Dominanz drückt sich in geringerer Input- und gleichzeitig höherer Outputmenge aus, was bedeutet, daß M gegenüber R eine höhere Produktivität aufweist.[2] Umgekehrt gilt für R, daß dominierende Beobachtungen im Bereich nordwestlich von R zu finden sind, was offensichtlich nur für die Beobachtung M zutrifft.

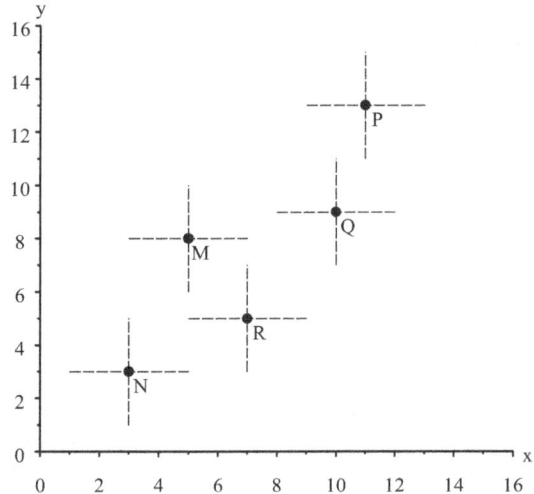

Abb. 5.1. Pareto-Koopmans-Kriterium

---

[2] Man bestimmt einfach für M und R jeweils den Quotienten y/x und erhält $y_M/x_M > y_R/x_R$ beziehungsweise $8/5 > 5/7$ wobei dieses Ergebnis gänzlich unabhängig von der (hier unbekannten) Produktionsfunktion der beiden Unternehmen ist.

Liegen Beobachtungen im nordöstlichen bzw. südwestlichen Quadrant, wie etwa N und P in Bezug auf M, so kann aus dem Vektorvergleich ohne weitere Annahmen keine Dominanzbeziehung festgestellt werden. N verwendet zwar weniger Input als M ($x_N = 3 < 5 = x_M$), produziert damit jedoch auch weniger Output als M ($y_N = 3 < 8 = y_M$). Dagegen produziert P zwar mehr an Output als M ($y_P = 13 > 8 = y_M$), benötigt dafür aber auch einen Mehreinsatz an Input ($x_P = 11 > 5 = x_M$). Aus diesen Gründen kann zwischen den Unternehmen M, N und P keine Dominanzbeziehung festgestellt werden. Auch Beobachtung Q ist undominiert, da Q nordöstlich der Beobachtungen M, N und R und südwestlich von P liegt.

Im Endergebnis erhält man für dieses einfache Beispiel bei alleiniger Anwendung des Pareto-Koopman-Kriteriums vier undominierte und eine dominierte Beobachtung. Ohne zusätzliche Annahmen über produktionstechnische Zusammenhänge lassen sich an dieser Stelle keine weitergehenden Effizienzaussagen ableiten. Mit diesem Punkt sind ganz unmittelbar die zugrundeliegende Produktionstechnologie und die Art der Produktionsfunktion angesprochen, wobei für die Belange der hier verfolgten Fragestellung die Art der zu charakterisierenden Skalenerträge ein wichtiges Unterscheidungsmerkmal darstellt. Im folgenden soll zwischen konstanten und variablen Skalenerträgen unterschieden werden.

Pareto-Koopmans-Kriterium bei konstanten Skalenerträgen

Nimmt man für die Produktionstechnologie konstante Skalenerträge an, dann unterstellt dies implizit, daß die Größe eines Unternehmens keinen Einfluß auf dessen Produktivität hat. Diese Aussage folgt unmittelbar aus dem Zusammenhang, daß für einen Produktionsprozeß bei konstanten Skalenerträgen das Verhältnis von Output zu Input bei Variation der Einsatzmenge stets konstant bleibt und somit die Produktivität unabhängig vom Produktionsvolumen bzw. der Unternehmensgröße ist.

Diesen Sachverhalt kann man sich für einen Unternehmensvergleich zu nutze machen, indem man Unternehmen nicht nur über deren beobachteten Produktionspunkt in die Effizienzanalyse einbezieht, sondern auch deren jeweilige gesamte (actual-practice) Produktionsfunktion betrachtet, die annahmegemäß konstante Skalenerträge aufweist und jeweils durch die beobachteten Produktionspunkte verläuft. Unternehmen können auf ihrer actual-practice-Produktionsfunktion (virtuell) linear wachsen oder schrumpfen, ohne daß dabei der Grad der eigenen technischen Effizienz verändert wird. Für den Vergleich unterschiedlich großer Unternehmen bedeutet dies, daß man für die Bewertung einer ineffizienten Beobachtung *i* eine entsprechende best-practice-Beobachtung *o* gerade auf die Größe des zu bewertenden Unternehmens *i* schrumpfen oder wachsen lassen kann. Die dabei entstehende virtuelle Beobachtung *i'* dient als Vergleichsbeobachtung für *i*, und weist genau die gleiche (in Output gemessene) Größe wie *i* auf.

An der Beobachtung N aus Beispiel II seien die Vorgehensweise und die sich daraus ergebenden Konsequenzen für die Effizienzanalyse aufgezeigt. In Abbildung 5.2 sind Fahrstrahle vom Ursprung ausgehend durch die Beobachtungen N und M gezeichnet, die deren actual-practice-Produktionsfunktionen verkörpern. Sie sind linear-homogen und repräsentieren somit den produktionstheoretischen Zusammenhang konstanter Skalenerträge.

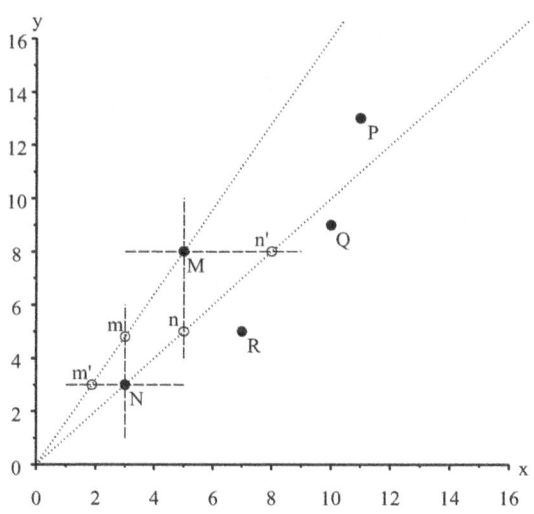

Abb. 5.2. Pareto-Koopmans-Kriterium bei konstanten Skalenerträgen

Bei Anwendung des einfachen Pareto-Koopmans-Kriteriums können M und N in keine Effizienzrangfolge gebracht werden. Die Berücksichtigung konstanter Skalenerträge erlaubt nun, daß nicht mehr einzelne Produktionspunkte, sondern zwei lineare Produktionsfunktionen miteinander verglichen werden. Dies gelingt, indem man das Produktionsvolumen bei N (auf dessen Produktionsfunktion) soweit ausdehnt, bis ein virtueller Produktionspunkt entsteht, der von M eindeutig dominiert wird. Dieser virtuelle Produktionspunkt liegt auf der actual-practice-Produktionsfunktion von N zwischen den Punkten n und n'. Er ergibt sich durch Multiplikation der Inputs und Outputs von N mit einem Faktor $\kappa > 1$. Dieser – wie alle Punkte auf nn' – werden von M dominiert und weisen daher eine geringere Produktivität als M auf, während sie die gleiche Produktivität wie N besitzen. Folglich zeichnet sich M auch gegenüber N durch ein höheres Produktivitätsniveau aus.

Man kann natürlich auch umgekehrt, von M ausgehend, auf dessen actual-practice-Produktionsfunktion das Produktionsvolumen soweit reduzieren, bis man einen virtuellen Produktionspunkt zwischen m' und m erreicht, der dann nordwestlich von N liegt. Diese Bewegung entspricht einer Multiplikation der Input- und Outputdaten des Unternehmens M mit dem Faktor $\kappa < 1$. Die virtuellen Produktionspunkte zwischen m' und m dominieren die Beobachtung N und weisen folglich gegenüber N eine höhere Produktivität auf. Auch hieraus ergibt sich, daß M eine höhere Produktivität in der Produktion von y aus x besitzt als N.

Genaugenommen reicht es für die Dominanz von M gegenüber N aus, daß die lineare actual-practice-Produktionsfunktion von M über derjenigen von N verläuft. Die Steigungen sind hier ein Maß für die Produktivität, d. h. je steiler die Produktionsfunktion verläuft, desto höher ist die entsprechende Produktivität.

In gleicher Weise lassen sich für alle anderen Beobachtungen Ursprungsstrahle und damit lineare actual-practice-Produktionsfunktionen angeben sowie die entsprechenden Effizienzvergleiche durchführen. Im Ergebnis erhält man, daß sich die best-practice-Beobachtungen auf der steilsten Produktionsfunktion befinden. In obigem Beispiel ist nur die Beobachtung M als best-practice einzustufen. Sie dominiert über die Annahme konstanter Skalenerträge alle anderen Beobachtungen und der Ursprungsstrahl durch M stellt die Frontierfunktion dar. Die übrigen Unternehmen, die nun notwendigerweise unterhalb oder rechts von der Frontierfunktion liegen, sind damit als weniger effizient gegenüber M anzusehen. Bestimmt man für dieses einfache Beispiel (ein Input, ein Output) die Steigungen der jeweiligen Produktionsfunktionen und teilt diese Werte durch den maximalen Wert, dann erhält man gerade die Effizienzkennzahl h_i bzw. θ_i.

Die Vorgehensweise unter der Annahme konstanter Skalenerträge erlaubt es also, Unternehmen unabhängig von ihrer Größe miteinander zu vergleichen. Genaugenommen wird dabei unterstellt, daß die Unternehmensgröße keinen Einfluß auf die technische Effizienz hat.

Pareto-Koopmans-Kriterium und variable Skalenerträge

Übt nun die Größe eines Unternehmens einen Einfluß auf dessen Produktivität aus, dann spiegeln sich diese Abhängigkeiten in nicht-konstanten Skalenerträgen der Produktion wieder. Unter steigenden Skalenerträgen etwa nimmt die Durchschnittsproduktivität zu, d.h. wenn größere Unternehmen und kleinere Unternehmen auf dieser Produktionsfunktion produzieren, so weisen erstere eine höhere Durchschnittsproduktivität auf. Der umgekehrte Zusammenhang liegt bei sinkenden Skalenerträgen vor, d.h. hier zeigen kleinere Unternehmen eine vergleichsweise höhere Durchschnittsproduktivität. Gelingt es nun, diese größenabhängigen Effekte auf die Produktivität und Effizienz eines Unternehmens durch die geeignete Wahl einer Produktionsfunktion aufzufangen, so basieren verbleibende Effizienzunterschiede zwischen Unternehmen auf reiner technischer Effizienz.

Eine Analyse, die sich die Ermittlung der reinen technischen Effizienz zum Ziel gesetzt hat, könnte zunächst einmal einer Regel folgen, nach der ein Unternehmen *i* immer dann als best-practice einzustufen ist, wenn in der Stichprobe kein anderes Unternehmen genau gleicher Größe existiert, das *i* Pareto-Koopmans-dominiert. Setzt man diese Regel allerdings wortwörtlich um, wird man in den allermeisten Fällen nur best-practice-Unternehmen identifizieren; es wäre reiner Zufall, wenn zwei Unternehmen exakt die gleiche Größe aufwiesen. In letzter Konsequenz wären dann aber alle Unternehmen unvergleichbar zueinander, bestehende technische Ineffizienzen ließen sich nicht aufdecken und eine Effizienzanalyse würde so ad absurdum geführt.

Um dennoch eine sinnvolle Analyse der technischen Effizienz durchführen zu können, schwächt man obige Regel dahingehend ab, daß ein Unternehmen *i* immer dann als „nicht best-practice" eingestuft wird, wenn

(1) es (wie oben) ein anderes Unternehmen gibt, oder
(2) eine, als Konvexkombination aus den Unternehmen des Samples konstruierte, virtuelle Beobachtung existiert,

von der *i* nach dem Pareto-Koopmans-Kriterium dominiert wird.

Anhand von Abbildung 5.3 können diese Zusammenhänge für den Beispieldatensatz II interpretiert werden. Für jede einzelne Beobachtung ist dort das bekannte Hilfskoordinatenkreuz zum Pareto-Koopmans-Kriterium eingezeichnet. Mit Bedingung (1) trägt man dafür Sorge, daß Unternehmen, die gegenüber einem anderen Unternehmen mindestens soviel Input einsetzen und höchstens gleich viel Output produzieren, nicht als best-practice ausgewiesen werden können und zwar unabhängig von der Unternehmensgröße. Dies gilt in Abbildung 5.3 für Unternehmen R, das durch M eindeutig Pareto-Koopmans-dominiert ist und daher nicht best-practice sein kann.[3]

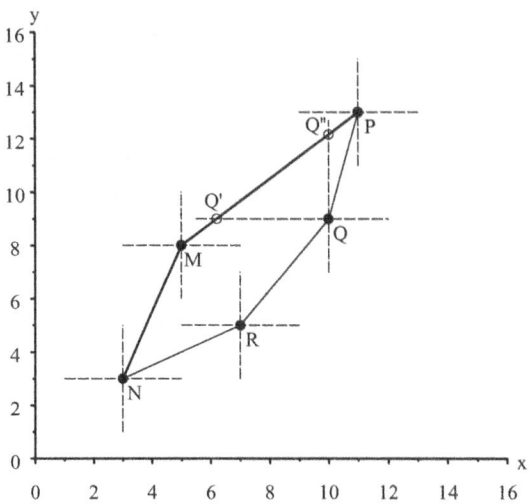

Abb. 5.3. Erweitertes Pareto-Koopmans-Kriterium

Bedingung (2) ist für solche Beobachtungen zu überprüfen, bei denen Bedingung (1) nicht erfüllt ist. Im Beispiel trifft dies auf die Unternehmen M, N, P und Q zu, da diese durch keine andere reale Beobachtung dominiert werden. Für die Überprüfung ist es notwendig, die Konvexkombinationen der fünf Unternehmen zu bestimmen. Der Kurvenzug MNRQP umschließt eine Fläche, welche gerade diese Konvexkombinationen repräsentiert. Man erkennt unmittelbar, daß die Beobachtung Q eindeutig nach Bedingung (2) Pareto-Koopmans-dominiert wird, und zwar von Abschnitt Q'Q" der Konvexkombinationen auf MP. Die Beobachtungen M, N

---

[3]   Andernfalls müßten M und R auf der gleichen Frontierfunktion liegen, die dann eine negative Steigung aufweisen und damit implizieren würde, daß es auf dem best-practice-Rand (zwischen R und M) einen Bereich gibt, innerhalb dessen man durch Verringerung des Inputeinsatzes eine Outputsteigerung erzielen kann. Derartige Input-Output-Kombinationen können aus Sicht der technischen Effizienz schwerlich als unvergleichbar und damit gleichwertig angesehen werden, woraus unmittelbar folgt, daß R keine Frontierbeobachtung sein kann.

und P sind hingegen weder nach (1) noch nach (2) Pareto-Koopmans-
dominiert und damit best-practice.

Die Frontierfunktion wird demzufolge von den best-practice-
Unternehmen M, N und P aufgespannt. Inwieweit repräsentiert diese variable Skalenerträge und wie wird hier der Effekt der Unternehmensgröße
auf die Effizienzbewertung eliminiert? Zur Beantwortung dieser Fragen
sei Abbildung 5.4 betrachtet. Die Randfunktion bei variablen Skalenerträgen ist durch den Kurvenzug NMP (genaugenommen, wie in 5.2 noch zu
zeigen, durch den Kurvenzug 0'NMP0'') gegeben, wobei die Teilstücke
NM und MP die Menge der Konvexkombinationen der Beobachtungen N
und M bzw. M und P repräsentieren. Zusätzlich ist auch die Randfunktion
bei konstanten Skalenerträgen als Ursprungsstrahl durch M eingezeichnet.

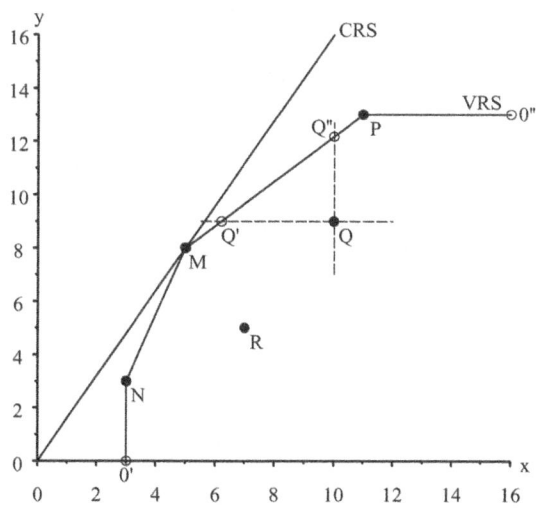

Abb. 5.4. Frontierfunktionen

Die Frontierfunktion NMP weist variable Skalenerträge in dem Sinn auf,
daß man Bereiche mit steigenden von Bereichen mit sinkenden Skalenerträgen unterscheiden kann. Ein Vergleich der Steigungen auf den Teilfrontierfunktionen mit der Steigung der Frontierfunktion bei konstanten Skalenerträgen (CRS-Frontier) durch M zeigt, daß NM steiler und MP flacher
als die CRS-Frontier durch M verläuft. Entsprechend weist NM steigende
Skalenerträge auf, während auf MP sinkende Skalenerträge vorliegen. Ü-
berprüfbar ist dies, indem man sich auf NM (bzw. MP) von N nach M
(bzw. M nach P) bewegt und bei jedem Schritt das Verhältnis von Output

zu Input mißt. Graphisch entspricht dieser Wert der Steigung des Fahrstrahls vom Ursprung zum jeweiligen Punkt auf NM (MP). Dabei nimmt von N nach M (bzw. M nach P) die Steigung dieses Ursprungsstrahls und damit das Verhältnis von Output zu Input zu (bzw. ab), so daß das Teilfrontierstück NM (bzw. MP) steigende (bzw. sinkende) Skalenerträge aufweist.

Obwohl die Durchschnittsproduktivität auf dem Teilfrontierstück NM (bzw. MP) mit steigendem Inputeinsatz kontinuierlich anwächst (sinkt), werden N und M (bzw. M und P) – sowie deren jeweilige Konvexkombinationen – als best-practice und damit gleichwertig behandelt. Definitionsgemäß sind Beobachtungen immer dann technisch effizient, wenn sie auf einer best-practice-Produktionsfunktion produzieren. Das bedeutet aber nichts anderes, als daß der Unterschied zwischen N und M (bzw. M und P) bezüglich der Durchschnittsproduktivität aus der Effizienzbewertung herausgenommen und allein dem Faktum unterschiedlicher Unternehmensgröße zugeschrieben wird. Effizienzunterschiede zwischen Beobachtungen sind somit allein auf die technische Effizienz beschränkt, wie etwa zwischen R und M oder Q und P.

Abschließend kann man sich noch fragen, wie hoch der Effekt der Unternehmensgröße auf die Effizienz ist. Diese sogenannte Skaleneffizienz läßt sich, wie in Abschnitt 5.4 noch zu zeigen sein wird, aus dem Vergleich der Analyse bei konstanten und derjenigen bei variablen Skalenerträgen ableiten. Erstere ermittelt nämlich ein Aggregat aus technischer Effizienz und Skaleneffizienz, während letztere ausschließlich die (reine) technische Effizienz identifiziert. Letztendlich ist es unter Verwendung der Effizienzkennzahlen aus beiden Analysen möglich, die Skaleneffizienz einer Beobachtung zu bestimmen.

Die folgenden Ausführungen in diesem Kapitel befassen sich mit der Analyse bei variablen Skalenerträgen. Es wird gezeigt, wie man die entsprechenden Frontierfunktionen für eine Gruppe von Beobachtungen bestimmt sowie ein quantitatives Maß für die technische Effizienz wie auch für die Skaleneffizienz ableitet.

5.2 Envelopment-Form bei variablen Skalenerträgen

Für die Darstellung der Vorgehensweise einer Effizienzanalyse unter variablen Skalenerträgen wird zunächst die Envelopment-Form gewählt. Die Effizienz wird radial bei Inputorientierung gemessen, so daß die Unternehmensgröße in Outputeinheiten ausgedrückt ist.

5.2.1 Technologiemenge

Analog zur Vorgehensweise in Kapitel 4 ist bei der Envelopment-Form in einem ersten Schritt die Technologiemenge festzulegen, innerhalb derer der Vergleich der Beobachtungen stattfinden darf. Die Definition der Technologiemenge erfolgt wieder über die Axiome (A1) bis (A4). Zu diesen Axiomen bedarf es hier keiner weiteren, über die Diskussion in Kapitel 4 hinausgehenden, Ausführungen. Die Besonderheit der Analyse bei variablen Skalenerträgen äußert sich im Verzicht auf Axiom (A5) und damit verbunden die Beschränkung der zulässigen Technologiemenge auf die reinen Konvexkombinationen (A2) in Verbindung mit dem Ineffizienzaxiom (A3).

Wie die Eingangsdiskussion in Abschnitt 5.1 gezeigt hat, möchte man bei der Analyse unter variablen Skalenerträgen Effizienzunterschiede allein als unterschiedliche technische Effizienz ermitteln und solche, die sich aus verschiedenen Unternehmensgrößen ergeben, unberücksichtigt lassen. Unter der Annahme konstanter Skalenerträge ist aber genau dieses Ziel nicht realisierbar, da diese explizit besagen, daß Effizienz und Effizienzunterschiede von der Unternehmensgröße unabhängig sind. Behielte man bei der Analyse das Axiom (A5) dennoch bei, so würden reine technische Ineffizienzen und möglicherweise bestehende Skalenineffizienzen gemeinsam und nicht voneinander unterscheidbar in einer einzigen Kennzahl ausgewiesen.

Axiom (A2), die Konvexkombinationen betreffend, kommt in diesem Zusammenhang die Funktion zu, die Technologiemenge so abzugrenzen, daß eine Frontierfunktion bestimmt werden kann, die bezüglich der Art der Skalenerträge in dem Sinne variabel ist, daß zugleich Bereiche von steigenden, konstanten und sinkenden Skalenerträgen vorkommen können. Diese Bereiche stellen wie in Abschnitt 5.1 lineare Teilfrontierfunktionen dar. Eine wesentliche Eigenschaft einer Teilfrontierfunktion ist, daß sie von mindestens zwei realen best-practice-Beobachtungen aufgespannt wird und damit eine Konvexkombination von best-practice-Beobachtungen repräsentiert.

So gesehen stellt Axiom (A2) über die Zulässigkeit aller möglichen Konvexkombinationen realer Beobachtungen sicher, daß die Frontierfunktionen Konvexkombinationen und nicht Linearkombinationen realer Beobachtungen darstellen. Darauf aufbauend leistet das entsprechende Minimierungsproblem der Envelopment-Form die Aufgabe, innerhalb der über (A1) bis (A4) definierten, zulässigen Technologiemenge diejenigen realen Beobachtungen und deren Konvexkombinationen zu identifizieren, welche die Frontierfunktion aufspannen beziehungsweise auf dieser liegen.

5.2.2 Minimierungsproblem

Die Envelopment-Form bei variablen Skalenerträgen wird für ein Unternehmen i betrachtet. Wiederum wird ein Effizienzparameter für Unternehmen i minimiert, wobei der berechnete Wert mit $\widetilde{\theta}_i$ bezeichnet wird, um ihn nicht mit θ_i der CRS-Analyse zu verwechseln.

Das hier verwendete Minimierungsmodell unterscheidet sich von der Envelopment-Form bei konstanten Skalenerträgen nur darin, daß die Technologiemenge jetzt nicht mehr aus Linearkombinationen sondern aus Konvexkombinationen der Beobachtungen aufgespannt wird. Die zentrale formale Bedingung bei der Analyse unter variablen Skalenerträgen lautet damit $\Sigma_{l=1}^{n}\lambda_{li} = 1$. Sie wird als zusätzliche Nebenbedingung in die Envelopment-Form aufgenommen. Für die Effizienzkennzahl $\widetilde{\theta}_i$ des Unternehmens i erhält man folgendes Minimierungsproblem

$$
\begin{array}{rll}
\min_{\widetilde{\theta},\lambda} & \widetilde{\theta} & \\
\text{N.B.} & \mathbf{Y}\lambda \geq \mathbf{y}_i & \\
\widetilde{\theta}\mathbf{x}_i - & \mathbf{X}\lambda \geq \mathbf{0} & \qquad (5.2)\\
& \mathbf{1}^T\lambda = 1 & \\
& \lambda \geq \mathbf{0}, &
\end{array}
$$

wobei das innere Produkt aus dem Vektor der Gewichtungsfaktoren λ und dem n-Vektor $\mathbf{1} = (1,...,1)^T$, dessen Komponenten ausschließlich den Wert 1 aufweisen, gerade der Bedingung entspricht, daß sich die Gewichtungsfaktoren zu 1 addieren müssen, $\mathbf{1}^T\lambda = \Sigma_{l=1}^{n}\lambda_l = 1$. Zur Unterscheidung sei hier noch einmal darauf hingewiesen, daß im CRS-Modell allein die Bedingung $\lambda \geq 0$ einzuhalten ist, womit für die Summe über alle n Gewichtungsfaktoren jeder nicht negative Wert zulässig ist.

5.2.3 Ergebnisinterpretation

Die Lösung des Minimierungsproblems (5.2) führt wieder zu zwei Gruppen von Ergebnissen: Für jedes Unternehmen $i = 1,...,n$ wird zum einen ein Effizienzwert $\widetilde{\theta}_i$ und zum anderen ein Vektor der Gewichtungsfaktoren λ_i berechnet.

Die Effizienzkennzahl $\widetilde{\theta}_i$ gibt das Niveau der reinen technischen Effizienz an. Berücksichtigt man das Anliegen der Analyse bei variablen Skalenerträgen, dann kann der hier bestimmte Wert für $\tilde{\theta}_i$ höchstens so groß sein wie der Wert von θ_i, den man bei einer Analyse unter konstanten Skalenerträgen berechnet. Ein bestehender Unterschied ist auf Skaleneffekte zurückzuführen, auf die Abschnitt 5.4 noch genauer eingeht.

Die Einteilung der Gruppen von effizienten und ineffizienten Beobachtungen erfolgt analog zu Kapitel 4:

$$\widetilde{Eff}(i) \;=\; \left\{ i \,\middle|\, \tilde{\theta}_i = 1,\, i = 1, \ldots, n \right\}$$

$$\widetilde{Ineff}(i) \;=\; \left\{ i \,\middle|\, \tilde{\theta}_i < 1,\, i = 1, \ldots, n \right\}$$

(5.3)

Für den Vektor der Gewichtungsfaktoren gelten die Aussagen aus Abschnitt 4.5 in gleicher Weise. Darüber hinaus jedoch hat die Bedingung $\mathbf{1}^T \lambda_i = 1$ Konsequenzen für die Zusammensetzung der Referenzunternehmen zu i. So ist es im Vergleich zur Analyse mit konstanten Skalenerträgen nicht mehr zugelassen, daß die Vergleichsbeobachtung i' zu i aus Referenzbeobachtungen konstruiert wird, die alle kleiner als i sind – in diesem Fall würde sich nämlich $\mathbf{1}^T \lambda_i > 1$ einstellen, da die y-Koordinaten des Referenzpunktes $\mathbf{Y}\lambda_i = \mathbf{y}_i$ nur aus kleineren Unternehmen als i konstruiert werden, die entsprechend stärker gewichtet werden müssen. Ebenso ist nicht mehr zugelassen, daß alle Referenzbeobachtungen größer sind als die betrachtete Unternehmung i. Hier würde $\mathbf{1}^T \lambda_i < 1$ berechnet werden, weil nun die y-Koordinaten des Referenzpunktes $\mathbf{Y}\lambda_i = \mathbf{y}_i$ nur aus größeren Unternehmen als i konstruiert werden, die entsprechend schwächer zu gewichten sind. Um diese Fälle auszuschließen fordert die Bedingung $\mathbf{1}^T \lambda_i = 1$ vielmehr, daß das Vergleichsunternehmen i' zu i entweder

- aus einer Konvexkombination von Referenzunternehmen gleicher Unternehmensgröße wie i selbst konstruiert wird, oder
- aus einer Konvexkombination von Referenzunternehmen gebildet wird, welche teilweise größer und teilweise kleiner als i sind, oder
- das Unternehmen i selbst darstellt, $\lambda_{ii} = 1$.

Diese Bedingungen implizieren folgendes: Selbst dann, wenn alle Unternehmen, die kleiner als Unternehmen i sind, bei konstanten Skalenerträgen eine Effizienz von $\theta = 1$ aufweisen, darf das Vergleichsunternehmen i' zu i nicht durch eine Kombination dieser Unternehmen gebildet werden, denn dies würde $\mathbf{1}^T \lambda_i > 1$ zur Folge haben. Vielmehr muß in die Menge der Referenzunternehmen zu i mindestens ein (best-practice) Unternehmen o aufgenommen werden, das größer als oder zumindest ebenso groß wie i ist, so daß $\mathbf{1}^T \lambda_i = 1$ mit $1 \geq \lambda_{oi} > 0$ eingehalten wird. Dieses Unternehmen o mag durchaus bei konstanten Skalenerträgen nicht als best-practice eingestuft worden sein. Findet sich kein Unternehmen, das größer als i ist, dann ist i zu sich selbst Vergleichsunternehmen ($\lambda_{ii} = 1$ sowie $\mathbf{1}^T \lambda_i = 1$) und damit best-practice. Gleiches gilt, wenn alle Unternehmen mit $\theta = 1$ größer als i sind. Hier muß ein (best-practice) Unternehmen in die Menge der Referenzunternehmen zu i aufgenommen werden, das kleiner oder zumindest gleich groß wie i ist.

5.2.4 Beispiel

Anhand von Beispiel II können diese Erkenntnisse noch einmal verdeutlicht werden.

Technologiemenge

Zunächst wird für die fünf Beobachtungen dieses Beispiels anhand der Axiome (A1) bis (A4) die Technologiemenge festgelegt, innerhalb derer der Vergleich durchzuführen ist. Die nach (A2) zulässigen Konvexkombinationen der Beobachtungen sind in Abbildung 5.3 wiedergegeben. Alle bilateralen Konvexkombinationen der Beobachtungen M bis R liegen auf den gepunktete Linien zwischen den entsprechenden Beobachtungen. Konvexkombinationen von drei oder mehr Beobachtungen befinden sich innerhalb des durch die Punkte M, N, P, Q und R aufgespannten Polygons.

Das Axiom der Monotonie oder Ineffizienz (A3) wird auf folgende Weise berücksichtigt: Man zeichnet zu jeder realen Beobachtung sowie zu jeder der zulässigen Konvexkombinationen ein Hilfskoordinatensystem und bezieht dann alle Beobachtungen im jeweiligen südöstlichen Quadranten in die zulässige Technologiemenge ein. In Abbildung 5.5 wird dies anhand der realen Beobachtungen M und P sowie anhand der virtuellen Punkte a und b beispielhaft aufgezeigt. Die Punkte a und b stellen Konvexkombinationen aus M und P beziehungsweise Q und R dar. Nach (A3) werden nun alle Input-Output-Kombinationen südöstlich von b in die zulässige Technologiemenge einbezogen. Entsprechend kann man für alle anderen Konvexkombinationen vorgehen. Es zeigt sich hierbei allerdings – betrachtet man beispielsweise a – daß die ineffizienten Punkte zu b bereits Teilmenge der ineffizienten Kombinationen zu a sind.

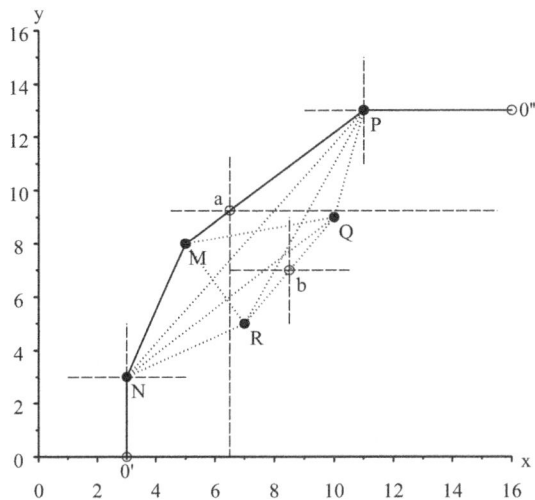

Abb. 5.5. Axiome bei variablen Skalenerträgen

Davon ausgehend reicht es aus, die Mengen der ineffizienten Punkte für alle Konvexkombinationen auf der nordwestlichen Grenze aller Konvexkombinationen zu bestimmen. Hierbei sind zwei spezielle Konvexkombinationen von besonderer Bedeutung, nämlich die realen Beobachtungen N und P, die als Konvexkombinationen mit sich selbst aufgefaßt werden können. Diese zeichnen sich durch die geringste (bei N) beziehungsweise höchste Unternehmensgröße (bei P) aus (unabhängig davon, ob die Größe in Input- oder in Outputeinheiten gemessen wird). Durch das Hilfskoordinatenkreuz bei N wird die Technologiemenge ab dem Outputniveau y_N nach links durch das Inputniveau x_N beschränkt. Das Hilfskoordinatenkreuz bei P beschränkt die Technologiemenge ab dem Inputniveau x_P durch y_P nach oben. Demzufolge besteht die für den Vergleich der Beobachtungen M bis R zulässige Technologiemenge aus dem Kurvenzug 0'NMP0" sowie allen dazu südlich oder östlich liegenden Punkten mit positiven Input- und Outputmengen.[4]

---

[4] Hierbei ist der Punkt 0" lediglich als Hilfspunkt zu verstehen, der nicht das Ende der Frontierfunktion markiert. Die Frontierfunktion läuft als horizontale Linie unbeschränkt auch über den Punkt 0" hinaus weiter.

Im Anschluß an die Beschreibung der zulässigen Technologiemenge wird für alle Beobachtungen das entsprechende Minimierungsproblem gelöst. Tabelle 5.2 enthält die Ergebnisse für die Effizienz der einzelnen Beobachtungen sowie für deren Vektoren der Gewichtungsfaktoren.

Tabelle 5.2. Ergebnisse bei variablen Skalenerträgen

Unternehmen	M	N	P	Q	R
$\tilde{\theta}_i$	1,000	1,000	1,000	0,620	0,543
λ_{Mi}	1,000	0,000	0,000	0,800	0,400
λ_{Ni}	0,000	1,000	0,000	0,000	0,600
λ_{Pi}	0,000	0,000	1,000	0,200	0,000
λ_{Qi}	0,000	0,000	0,000	0,000	0,000
λ_{Ri}	0,000	0,000	0,000	0,000	0,000
$\sum_l \lambda_{li}$	1,000	1,000	1,000	1,000	1,000

Effizienzwerte

Zunächst sind anhand des $\tilde{\theta}$-Parameters die Unternehmen M, N und P offensichtlich als best-practice einzustufen, während die Beobachtungen Q und R Ineffizienzen aufweisen. Die Menge aller realen best-practice-Beobachtungen spannt die Frontierfunktion auf. Die linearen Teilfrontierfunktionen stellen die best-practice-Konvexkombinationen dar. In Abbildung 5.4 entspricht die Frontierfunktion dem Kurvenzug 0'NMP0" mit den realen Beobachtungen N, M und P, für die $\tilde{\theta}$ den Wert 1 annimmt. Die Beobachtungen Q und R befinden sich südöstlich der Frontierfunktion NMP und sind demnach ineffizient. Deren jeweiliger Vergleichspunkt auf der Frontierfunktion ergibt sich bei Q aus einer Konvexkombination von M und P, bei R aus einer Konvexkombination von N und M.

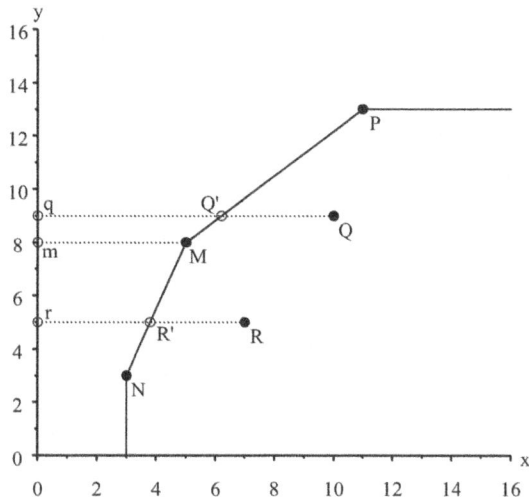

Abb. 5.6. Effizienzmessung bei variablen Skalenerträgen

Die graphische Interpretation der $\widetilde{\theta}$ -Werte läßt sich aus Abbildung 5.6 beispielhaft für die Unternehmen M, Q und R entnehmen. Bei Inputorientierung wird die Effizienz auf einem Fahrstrahl zum Ursprung in der Inputebene gemessen, in Abbildung 5.6 also auf horizontalen Fahrstrahlen mit dem Outputniveau y_i, $i \in \{M, Q, R\}$. Die Schnittpunkte dieser Fahrstrahle mit der Frontierfunktion ergeben die Vergleichsunternehmen, M = M', Q' und R'.

Im Rahmen der hier angewendeten Inputorientierung hat man den Inputeinsatz der realen Beobachtung mit der Inputmenge der dazu korrespondierenden Vergleichsbeobachtungen in Beziehung zu setzten. So gilt für das Unternehmen R, daß die Strecke rR die Inputmenge x_R und die Strecke rR' entsprechend $x_{R'}$ wiedergibt. Den Wert für $\widetilde{\theta}_R$ erhält man aus dem Quotienten dieser beiden Strecken, rR'/rR . Für die Effizienz der Beobachtung Q berechnet man analog $\widetilde{\theta}_Q = qQ'/qQ$. Bei den best-practice-Beobachtungen M, N und P sind die Vergleichsbeobachtungen zugleich reale Beobachtungen. Der Abbildung 5.4 entnimmt man beispielsweise für M den Wert $\widetilde{\theta}_M = mM/mM = 1$.

Die beiden Gruppen der effizienten und nicht-effizienten Unternehmen setzen sich nach (5.3) wie folgt zusammen:

$$\widetilde{Eff}(i) \quad = \quad \left\{i\,\middle|\,\widetilde{\theta}_i = 1,\ i = 1,...,n\right\} \quad = \quad \{M, N, P\}$$

$$\widetilde{Ineff}(i) \quad = \quad \left\{i\,\middle|\,\widetilde{\theta}_i < 1,\ i = 1,...,n\right\} \quad = \quad \{Q, R\}$$

Gewichtungsfaktoren und Referenzunternehmen

Bei den λ-Vektoren der fünf Beobachtungen erkennt man unmittelbar, daß die Summe der fünf Komponenten in jedem Vektor genau 1 ergibt – die zentrale Bedingung für eine Analyse unter variablen Skalenerträgen ist also erfüllt.

Bei den Beobachtungen M, N und P ist nur jeweils eine Komponente ihres λ-Vektors größer als Null und zwar $\lambda_{ii} = 1$, $i = \{M, N, P\}$. Da der Effizienzwert dieser Beobachtungen gleich 1 ist, sind sie jeweils zu sich selbst Vergleichsunternehmen.

Der Vektor $\lambda_Q^T = (\lambda_{MQ}, \lambda_{NQ}, \lambda_{PQ}, \lambda_{QQ}, \lambda_{RQ}) = (0,8; 0; 0,2; 0; 0)$ bei Unternehmen Q zeigt an, daß nur M und P als Referenzunternehmen fungieren. Auf die Unternehmensgröße bezogen liegt Q' zwischen dem größeren P und dem kleineren M. Dabei ist der Abstand zu M geringer, was man daran erkennt, daß M in die Konstruktion von Q' auf dem Outputniveau $y_Q = y_{Q'}$ mit dem höheren Gewichtungsfaktor von 0,8 eingeht, während P einen Faktor von 0,2 aufweist.

Für Unternehmen R identifiziert man anhand von λ_R die beiden Unternehmen M und N als Referenzunternehmen. In die Konstruktion von R' geht M mit dem niedrigeren Gewicht von 0,4 im Vergleich zu 0,6 ein, was anzeigt, daß der Größenunterschied von R' zum größeren M höher ausfällt als derjenige zum kleineren N.

Graphische Bestimmung der Gewichtungsfaktoren

Den λ_{oi}-Werten kann eine graphische Interpretation analog zu der in Kapitel 4 gegeben werden. Hierzu dient Abbildung 5.7.

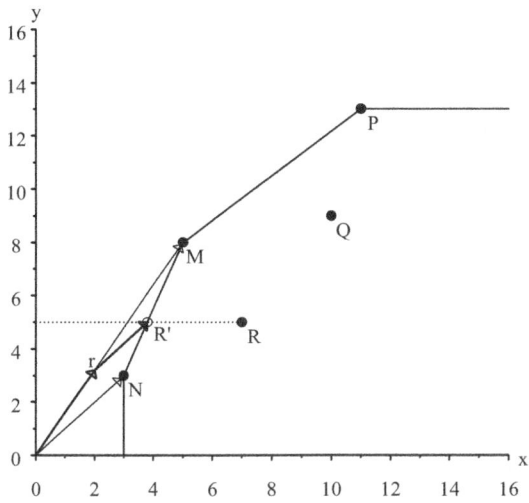

Abb. 5.7. Konstruktion der Gewichtungsfaktoren

Dort sind als dünne Pfeile die Ortsvektoren zu den Punkten M und N eingezeichnet. Die Bewegung vom Ursprung zum Punkt R' läßt sich durch eine Bewegung entlang des Vektors nach M bis zum Punkt r und eine anschließende Bewegung entlang eines Vektors von r ausgehend zum Punkt R', der parallel zum Ortsvektor nach N verläuft, darstellen. Der Anteil der Strecke 0r an der Strecke 0M entspricht dem Wert von λ_{MR} und läßt sich durch das Streckenverhältnis $\lambda_{MR} = 0r / 0M$ angeben. Von Punkt r ausgehend wird nach R' dann noch der Anteil $\lambda_{NR} = rR'/ 0N$ der Strecke 0N zurückgelegt. Auf gleiche Weise lassen sich auch die Gewichtungsfaktoren der anderen Beobachtungen graphisch ableiten.

Input-Output-Kombinationen der Vergleichsunternehmen

Die Input-Output-Kombinationen der Vergleichspunkte zu realen Beobachtungen erhält man durch die Anwendung des Effizienz-Wertes auf die Inputmenge(n) des betrachteten Unternehmens. So entspricht R' einer Input-Output-Kombination, die Unternehmen R dann realisieren könnte, wenn es seinen Input $x_R = 7$ auf 54,3% und damit das Niveau $x_{R'} = \tilde{\theta}_R \cdot x_R = 3,8$ reduziert. Dabei verbleibt das Outputniveau von R bei $y_R = 5$ fixiert, d.h. die Unternehmensgröße wird konstant gehalten. Auf gleiche Weise erhält man für die Input-Output-Kombinationen des Vergleichsunternehmens Q' die Mengen $x_{Q'} = \tilde{\theta}_Q \cdot x_Q = 0,62 \cdot 10 = 6,2$ bei $y_{Q'} = y_Q = 9$.

Alternativ hierzu bestimmen sich die Input-Output-Kombinationen eines Vergleichsunternehmens über die Konvexkombination der entsprechenden Referenzunternehmen. So ergibt sich für Q'

$$\begin{pmatrix} \mathbf{x}_{Q'} \\ \mathbf{y}_{Q'} \end{pmatrix} = \begin{pmatrix} \mathbf{X} \\ \mathbf{Y} \end{pmatrix} \lambda_Q = \begin{pmatrix} 5 & 3 & 11 & 10 & 7 \\ 8 & 3 & 13 & 9 & 5 \end{pmatrix} \begin{pmatrix} 0,8 \\ 0 \\ 0,2 \\ 0 \\ 0 \end{pmatrix} = \begin{pmatrix} 6,2 \\ 9 \end{pmatrix}$$

und für R' errechnet sich

$$\begin{pmatrix} \mathbf{x}_{R'} \\ \mathbf{y}_{R'} \end{pmatrix} = \begin{pmatrix} \mathbf{X} \\ \mathbf{Y} \end{pmatrix} \lambda_R = \begin{pmatrix} 5 & 3 & 11 & 10 & 7 \\ 8 & 3 & 13 & 9 & 5 \end{pmatrix} \begin{pmatrix} 0,4 \\ 0,6 \\ 0 \\ 0 \\ 0 \end{pmatrix} = \begin{pmatrix} 3,8 \\ 5 \end{pmatrix}$$

als entsprechende Input-Output-Kombination auf der Frontierfunktion.

5.3 Productivity-Form bei variablen Skalenerträgen

Dieser Abschnitt enthält die Ableitung der Productivity-Form bei variablen Skalenerträgen und die Interpretation ihrer Ergebnisse. Die Vorgehensweise zeichnet sich dadurch aus, daß für jedes Unternehmen eine actual-practice-Produktionsfunktion ermittelt wird und anschließend nur Unternehmen direkt miteinander verglichen werden, die denselben Grad an Skalenerträgen aufweisen.

5.3.1 Maximierungsproblem

Für die Herleitung der Productivity-Form macht man sich die duale Beziehung zwischen dem Minimierungsproblem der Envelopment-Form und dem gesuchten Maximierungsproblem zu nutze. Ausgangspunkt ist das Minimierungsproblem bei variablen Skalenerträgen in (5.2):

$$\min_{\tilde{\theta},\lambda} \quad \tilde{\theta}$$

$$\text{N.B.} \qquad Y\lambda \geq y_i$$

$$\tilde{\theta}x_i \quad - \quad X\lambda \geq 0$$

$$1^T\lambda = 1$$

$$\lambda \geq 0$$

In Umkehrung der Vorgehensweise in Kapitel 4 wird die Variable $\tilde{\theta}$ ohne Beschränkung der Allgemeinheit zunächst gemäß $\tilde{\theta} = \tilde{\theta}_1 - \tilde{\theta}_2$ aufgespalten und die Gleichheitsrestriktion $1^T\lambda = 1$ durch die beiden dazu äquivalenten Ungleichheitsrestriktionen $1^T\lambda \geq 1$ und $-1^T\lambda \geq -1$ ausgedrückt. Substitution in (5.2) ergibt das lineare Programm

$$\min_{\tilde{\theta}_1,\tilde{\theta}_2,\lambda} \quad \tilde{\theta}_1 - \tilde{\theta}_2$$

$$\text{N.B.} \qquad Y\lambda \geq y_i$$

$$(\tilde{\theta}_1 - \tilde{\theta}_2)x_i \quad - \quad X\lambda \geq 0$$

$$1^T\lambda \geq 1 \tag{5.3}$$

$$-1^T\lambda \geq -1$$

$$\lambda \geq 0,$$

welches anschließend in die Form

$$\min_{\tilde{\theta}_1,\tilde{\theta}_2,\lambda} \quad \begin{pmatrix} 1 & -1 & 0^T \end{pmatrix} \begin{pmatrix} \tilde{\theta}_1 \\ \tilde{\theta}_2 \\ \lambda \end{pmatrix}$$

$$\text{N.B.} \quad \begin{pmatrix} 0 & 0 & Y \\ x_i & -x_i & -X \\ 0 & 0 & 1^T \\ 0 & 0 & -1^T \end{pmatrix} \begin{pmatrix} \tilde{\theta}_1 \\ \tilde{\theta}_2 \\ \lambda \end{pmatrix} \geq \begin{pmatrix} y_i \\ 0 \\ 1 \\ -1 \end{pmatrix} \tag{5.4}$$

$$\lambda \geq 0$$

gebracht wird. Diese wird über die Vorschrift zur Dualisierung in das entsprechende duale Maximierungsproblem

$$\max_{\boldsymbol{\mu},\mathbf{v},\mu_{01},\mu_{02}} \quad \begin{pmatrix} \mathbf{y}_i^T & \mathbf{0}^T & 1 & -1 \end{pmatrix} \begin{pmatrix} \boldsymbol{\mu} \\ \mathbf{v} \\ \mu_{01} \\ \mu_{02} \end{pmatrix}$$

$$\text{N.B.} \quad \begin{pmatrix} \mathbf{0}^T & \mathbf{x}_i^T & 0 & 0 \\ \mathbf{0}^T & -\mathbf{x}_i^T & 0 & 0 \\ \mathbf{Y}^T & -\mathbf{X}^T & 1 & -1 \end{pmatrix} \begin{pmatrix} \boldsymbol{\mu} \\ \mathbf{v} \\ \mu_{01} \\ \mu_{02} \end{pmatrix} \leq \begin{pmatrix} 1 \\ -1 \\ 0 \end{pmatrix} \quad (5.5)$$

$$\begin{pmatrix} \boldsymbol{\mu} \\ \mathbf{v} \\ \mu_{01} \\ \mu_{02} \end{pmatrix} > \quad \mathbf{0}$$

transformiert. Hieraus folgt nach Ausmultiplizieren der Zielfunktion und der Nebenbedingungen:

$$\max_{\boldsymbol{\mu},\mathbf{v},\mu_{01},\mu_{02}} \tilde{h} = \mathbf{y}_i^T \boldsymbol{\mu} + \mu_{01} - \mu_{02}$$

$$\text{N.B.} \qquad\qquad \mathbf{x}_i^T \mathbf{v} \qquad\qquad \leq 1$$

$$-\mathbf{x}_i^T \mathbf{v} \qquad\qquad \leq -1$$

$$\mathbf{Y}^T \boldsymbol{\mu} - \mathbf{X}^T \mathbf{v} + \mathbf{1}(\mu_{01} - \mu_{02}) \leq 0 \quad (5.6)$$

$$\begin{pmatrix} \boldsymbol{\mu} \\ \mathbf{v} \\ \mu_{01} \\ \mu_{02} \end{pmatrix} > \quad \mathbf{0}$$

Faßt man die ersten beiden Nebenbedingungen zur Gleichheitsrestriktion $\mathbf{x}_i^T \mathbf{v} = 1$ zusammen und verschmilzt zudem die Variablen μ_{01} und μ_{02} zur Variable $\mu_0 = \mu_{01} - \mu_{02}$, deren Vorzeichen a priori unbestimmt ist, erhält man die übliche Darstellung des Maximierungsproblems der Productivity-Form:

$$\max_{\mu,\mathbf{v},\mu_0} \quad \widetilde{h} \;=\; \mathbf{y}_i^T\boldsymbol{\mu} \;+\; \mu_0$$

$$\text{N.B.} \qquad \mathbf{Y}^T\boldsymbol{\mu} \;-\; \mathbf{X}^T\mathbf{v} \;+\; \mathbf{1}\mu_0 \;\leq\; \mathbf{0}$$

$$\mathbf{x}_i^T\mathbf{v} \;=\; 1 \qquad (5.7)$$

$$\boldsymbol{\mu} \;>\; \mathbf{0}$$

$$\mathbf{v} \;>\; \mathbf{0}$$

Der zu maximierende relative Produktivitätsindex ist hier mit $\widetilde{h}$ bezeichnet, um eine Verwechslung mit dem Index h zu vermeiden, welcher bei konstanten Skalenerträgen berechnet wird.

Der wesentliche Unterschied zwischen dem Maximierungsproblem bei variablen Skalenerträgen in (5.7) und demjenigen bei konstanten Skalenerträgen in (3.8) besteht in der Variablen μ_0, die sowohl in der Zielfunktion als auch in den Nebenbedingungen zu finden ist. Sie korrespondiert über die Dualitätsbeziehung mit der Konvexitätsbedingung $\mathbf{1}^T\boldsymbol{\lambda}=1$ im Minimierungsproblem der Envelopment-Form. Demzufolge kann in der Productivity-Form am Wert von μ_0 die Art der bei einem bestimmten Unternehmen i vorliegenden Skalenerträge abgelesen werden.

5.3.2 Ergebnisinterpretation

Als Lösung des Maximierungsproblems erhält man den Effizienzparameter $\widetilde{h}$, die Aggregationsgewichte für die Inputs und die Outputs sowie zusätzlich die Variable μ_0. Die Interpretation des Effizienzparameters sowie der Aggregationsgewichte verändert sich gegenüber der Diskussion in Kapitel 3 nicht. Über den Effizienzparameter $\widetilde{h}_i$ kann analog zur Vorgehensweise in Kapitel 3 eine Einteilung in effiziente und ineffiziente Unternehmen vorgenommen werden:

$$\widetilde{\mathit{Eff}}(i) \;=\; \left\{ i \,\middle|\, \widetilde{h}_i = 1,\; i = 1,...,n \right\}$$

$$\widetilde{\mathit{Ineff}}(i) \;=\; \left\{ i \,\middle|\, \widetilde{h}_i < 1,\; i = 1,...,n \right\} \qquad (5.8)$$

Zusätzlich zu interpretieren ist der Lösungswert für die Variable μ_0. Diese bestimmt nämlich auf spezifische Weise die Art der vorliegenden Skalenerträge. Der Lösungswert von μ_0 für Unternehmen i, μ_{0i}, läßt sich produktionstheoretisch interpretieren. Daher werden die berechneten Parameter des Maximierungsproblems für Unternehmen i in die Zielfunktion eingesetzt, wobei die Nebenbedingung $\mathbf{v}_i^T \mathbf{x}_i = 1$ als Nenner des Aggregats $\boldsymbol{\mu}_i^T \mathbf{y}_i$ explizit berücksichtigt wird:

$$\widetilde{h}_i = \frac{\boldsymbol{\mu}_i^T \mathbf{y}_i + \mu_{0i}}{\mathbf{v}_i^T \mathbf{x}_i} \quad \Rightarrow \quad \boldsymbol{\mu}_i^T \mathbf{y}_i = \widetilde{h}_i \cdot \mathbf{v}_i^T \mathbf{x}_i - \mu_{0i}$$

$$\Rightarrow \mathbf{y}_i = \widetilde{h}_i \frac{\mathbf{v}_i^T}{\boldsymbol{\mu}_i^T} \cdot \mathbf{x}_i - \frac{\mu_{0i}}{\boldsymbol{\mu}_i^T} \tag{5.9}$$

Betrachtet man die letzte Beziehung, dann steht dort nicht anderes als eine lineare Produktionsfunktion, die, im Gegensatz zu einer Produktionsfunktion mit konstanten Skalenerträgen, nicht notwendigerweise im Koordinatenursprung beginnt. Um dies zu verdeutlichen, werden aus den m Inputgrößen und s Outputs wieder der Input k und der Output f ausgewählt und die Beziehung zwischen diesen beiden untersucht. Alle übrigen Inputs und Outputs sind als Konstante zu interpretieren und werden in dem konstanten Aggregat Λ_0 zusammengefaßt. Entsprechend wird hier nur ein Ausschnitt der linearen Produktionsfunktion betrachtet. Für die Beziehung zwischen Output f und Input k bei Unternehmen i erhält man aus (5.9):

$$y_{fi} = \widetilde{h}_i \frac{v_{ki}}{\mu_{fi}} x_{ki} - \frac{\mu_{0i}}{\mu_{fi}} + \frac{\Lambda_0}{\mu_{fi}} \tag{5.10}$$

$$\text{mit } \Lambda_0 = \widetilde{h}_i \cdot \sum_{j=1, j \neq k}^{m} v_{ji} x_{ji} - \sum_{r=1, r \neq f}^{s} \mu_{ri} y_{ri}$$

Bei (5.10) handelt es sich um eine Geradengleichung, bei der $-\mu_{0i}/\mu_{fi}$ den Ordinatenabschnitt angibt. Deren Steigung ergibt sich aus dem Verhältnis von Input- zu Outputaggregationsgewicht, multipliziert mit $\widetilde{h}_i$. Der konstante Quotient Λ_0/μ_{fi} spielt für die weiteren Ausführungen keine Rolle und kann ohne Beschränkung der Allgemeinheit auch auf den Wert 0 gesetzt werden. Für die weitere Diskussion wird daher die folgende Form verwendet:

$$y_{fi} = \widetilde{h}_i \frac{v_{ki}}{\mu_{fi}} x_{ki} - \frac{\mu_{0i}}{\mu_{fi}} \tag{5.11}$$

Die Geradengleichung in (5.11) repräsentiert nun eine lineare Produktionsfunktion mit (konstanter) Steigung $\widetilde{h}_i \cdot v_{ki}/\mu_{fi}$. Mit $\mu_{0i} = 0$ erhält man als Wert für den Ordinatenabschnitt $-\mu_{0i}/\mu_{fi}=0$. In diesem Fall beginnt die Gerade im Koordinatenursprung, was einen linearen Produktionszusammenhang bei konstanten Skalenerträgen impliziert. Dies entspricht dem in Kapitel 3 diskutierten Fall.

Sobald ein Wert $\mu_{0i}\neq 0$ für Unternehmen i bestimmt wird, weist die lineare Produktionsfunktion keine konstanten Skalenerträge mehr auf, sondern es können entweder steigende oder sinkende Skalenerträge auftreten. Zur Identifikation der Art der Skalenerträge kann man die Veränderung des Quotienten von Output zu Input, also die Durchschnittsproduktivität, bei steigendem Faktorinput heranziehen. Die marginale Veränderung der Durchschnittsproduktivität erhält man, indem man in (5.11) beide Seiten durch x_{ki} dividiert und den sich ergebenden Quotienten y_{fi}/x_{ki} nach x_{ki} ableitet. Man erhält

$$\frac{\partial(y_{fi}/x_{ki})}{\partial x_{ki}}=\frac{\mu_{0i}}{\mu_{fi}}\frac{1}{x_{ki}^{2}}. \tag{5.12}$$

Es sind – neben $\mu_{0i}=0$ – zwei Fälle zu unterscheiden: Bei $\mu_{0i}>0$ ist der Abschnitt der Geradengleichung (5.11) auf der Ordinate negativ mit dem Wert $-\mu_{0i}/\mu_{fi}$. Die zugrundeliegende Produktionsfunktion weist in diesem Fall steigende Skalenerträge auf. Man erkennt dies sofort aus (5.12), denn mit $\mu_{0i}>0$ ist die Veränderung der Durchschnittsproduktivität positiv. Ein Produktionsprozeß, bei dem mit steigendem Inputeinsatz die Durchschnittsproduktivität zunimmt, weist definitionsgemäß steigende Skalenerträge auf. Dies bedeutet für die Interpretation der Variablen $\mu_{0i}>0$, daß eine lineare Produktionsfunktion mit steigenden Skalenerträgen vorliegt.

Der zweite Fall betrifft den Lösungswert $\mu_{0i}<0$. Die hierdurch charakterisierte Produktionsfunktion weist einen positiven Ordinatenabschnitt mit dem Wert μ_{0i}/μ_{1i} auf. Aus (5.12) entnimmt man unmittelbar, daß die Veränderung der Durchschnittsproduktivität jetzt negativ ist. Eine sinkende Durchschnittsproduktivität impliziert eine Produktionsfunktion mit sinkenden Skalenerträgen, so daß man bei $\mu_{0i}<0$ stets auf diesen Typ der linearen Produktionsfunktion schließen kann.

Faßt man diese Aussagen zusammen, so wird unmittelbar die Bezeichnung "variable Skalenerträge" verständlich. Je nachdem, ob die Variable μ_{0i} positive Werte, negative Werte oder den Wert 0 annimmt, liegen steigende, sinkende oder konstante Skalenerträge in der Produktion vor. Die

Maximierung in der Productivity-Form läßt dabei offen, welche Art sich bei einer bestimmten Beobachtung i einstellt. Bei einer Untersuchung mit n Beobachtungen können somit alle drei Fälle innerhalb der Stichprobe auftreten, d.h. für einige Unternehmen ermittelt man steigende Skalenerträge, für andere sinkende Skalenerträge und für eine dritte Gruppe möglicherweise konstante Skalenerträge in der Produktion. So gesehen sind eben die Skalenerträge innerhalb einer Gruppe von Beobachtungen variabel, d.h. sie sind nicht festgelegt auf einen bestimmten Typ.

5.3.3 Beispiel

Anhand von Beispiel II können die soeben dargestellten Zusammenhänge noch einmal verdeutlicht werden. Die Ergebnisse des dazugehörigen Maximierungsproblems finden sich in Tabelle 5.3.

Tabelle 5.3. Ergebnisse

Unternehmen	M	N	P	Q	R
$\tilde{h}_i$	1,000	1,000	1,000	0,620	0,543
μ_{1i}	0,125	0,133	0,109	0,120	0,057
v_{1i}	0,200	0,333	0,091	0,100	0,143
μ_{0i}	0,000	0,600	−0,418	−0,460	0,257
v_{1i} / μ_{1i}	1,600	2,500	0,833	0,833	2,500
$\tilde{h}_i \cdot v_{1i} / \mu_{1i}$	1,600	2,500	0,833	0,517	1,357
$-\mu_{0i} / \mu_{1i}$	0,000	−4,500	3,834	3,834	−4,500

Zunächst bestätigt sich die Effizienzaussage der dualen Envelopment-Form (aus Abschnitt 5.2), da die Variable $\tilde{h}_i$ bei den Unternehmen M, N und P den Wert 1 annimmt, während sich für Q und R ein Wert $\tilde{h}_i < 1$ berechnet. Nach (5.8) gilt somit:

$$\widetilde{Eff}(i) \quad = \quad \left\{ i \,\middle|\, \tilde{h}_i = 1,\, i = 1,...,n \right\} \quad = \quad \{M, N, P\}$$

$$\widetilde{Ineff}(i) \quad = \quad \left\{ i \,\middle|\, \tilde{h}_i < 1,\, i = 1,...,n \right\} \quad = \quad \{Q, R\}$$

Die Ergebnisse für die Aggregationsgewichte geben Aufschluß über die Steigungen der Frontierfunktion und über die im Effizienzvergleich verwendeten Teilstücke dieser Frontier. Zunächst bildet man für jede Beobachtung den Quotienten v_{1i} / μ_{1i}. Bei den Beobachtungen N und R erhält man jeweils 2,5 und bei P und Q jeweils 0,833. Aus diesen beiden unterschiedlichen Werten kann man schließen, daß sich die Frontierfunktion aus zwei Teilfrontierfunktionen zusammensetzt. In Abbildung 5.8 weist die Teilfrontierfunktion zwischen N und M eine Steigung von 2,5 auf und diejenige zwischen M und P die Steigung 0,833. Aus der Gleichheit der Quotienten v_{1i} / μ_{1i} bei R und N läßt sich außerdem ableiten, daß das ineffiziente Unternehmen R mit einer Teilfrontierfunktion verglichen wird, die auch vom effizienten Unternehmen N aufgespannt wird. Die Gleichheit von v_{1i} / μ_{1i} bei P und Q zeigt an, daß die Teilfrontierfunktion, die mit vom effizienten Unternehmen P aufgespannt wird, als Vergleichsmaßstab für Unternehmen Q dient.

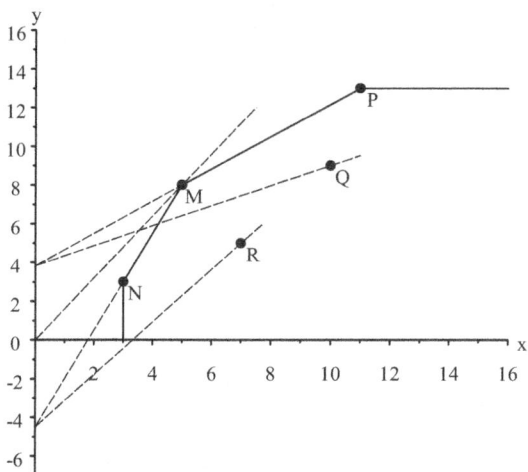

Abb. 5.8. Aggregationsgewichte und Effizienz

Multipliziert man die Quotienten v_{1i} / μ_{1i} des Unternehmens i mit dessen Effizienzwert $\widetilde{h}_i$, dann erhält man die Steigung der jeweiligen actual-practice-Produktionsfunktion durch i. Die entsprechenden Werte finden sich in der vorletzten Zeile der Tabelle 5.3.

Neben dieser Steigung ist für die genaue Beschreibung der jeweiligen Produktionsfunktion noch deren Ordinatenabschnitt $-\mu_{0i}/\mu_{1i}$ zu bestimmen. Aus den Ergebnissen für μ_{0i} und dem Aggregationsgewicht für den Output μ_{1i} berechnet sich bei den Unternehmen N und R der Wert $-4,5$, bei P und Q ergibt sich $3,83$. Dies bedeutet, daß die actual-practice-Produktionsfunktionen bei N und R steigende Skalenerträge aufweisen, während bei P und Q sinkende Skalenerträge vorliegen.

Die sich auf diese Weise ergebenden actual-practice-Funktionen sind in Abbildung 5.8 eingezeichnet. Der Vergleich zwischen den einzelnen Beobachtungen erfolgt derart, daß nur solche Unternehmen miteinander verglichen werden, die auch den gleichen Ordinatenabschnitt der Produktionsfunktion aufweisen. Entsprechend wird R mit N verglichen, wobei sich der Effizienzunterschied in den unterschiedlichen Steigungen der actual-practice-Funktionen widerspiegelt. Analog dazu findet der Vergleich von Q mit P statt.

Das Ergebnis für Unternehmen M ist anders geartet als die Ergebnisse der übrigen Unternehmen. Für M wird nämlich eine Produktionsfunktion mit konstanten Skalenerträgen berechnet und die Ergebnisse entsprechen genau denjenigen aus Abschnitt 4.5. Man kann hier generell festhalten, daß für diejenigen Beobachtungen, die bei einer Analyse unter konstanten Skalenerträgen als best-practice identifiziert werden, die Berechnungsergebnisse bei variablen Skalenerträgen genau denjenigen unter konstanten Skalenerträgen entsprechen.

5.4 Skaleneffizienz

Die in den beiden vorangegangenen Abschnitten ermittelten Effizienzmaße, $\tilde{\theta}$ und $\tilde{h}$, betreffen die reine technische Effizienz. Eine best-practice-Beobachtung in diesem Sinne produziert auf der Frontierfunktion und zwar unabhängig davon, welche Art der Skalenerträge für diese Frontierfunktion vorliegen. Dies bedeutet, wie ausführlich gezeigt wurde, daß die Effekte, die von der Unternehmensgröße auf die Effizienz der Produktion ausgehen, von $\tilde{\theta}$ und $\tilde{h}$ nicht erfaßt werden. In diesem Abschnitt geht es nun darum, diese Effekte explizit zu identifizieren und zu analysieren.

Untersucht man den Einfluß der Unternehmensgröße auf die Effizienz der Leistungserstellung, dann ermittelt man Kennzahlen zur sogenannten Skaleneffizienz. Diese gibt an, wieviel der erreichten Effizienz eines Unternehmens auf dessen Unternehmensgröße zurückzuführen ist, oder anders ausgedrückt, wieviel Ineffizienz ein Unternehmen allein deshalb aufweist, weil die Unternehmensgröße zu klein oder zu groß ausfällt. Der Unternehmensgrößeneffekt weist demnach zwei Dimensionen auf, zum einen eine Quantifizierung, womit eine skalare Kennzahl zur Skaleneffizienz ermittelt wird, und zum anderen eine Qualifizierung, die angibt, ob eine Skalenineffizienz eher auf ein zu kleines oder auf ein zu großes Produktionsvolumen zurückzuführen ist.

5.4.1 Quantifizierung der Skaleneffizienz

Zur Quantifizierung der Skaleneffizienz macht man sich den prinzipiellen Unterschied der VRS-Analyse im Vergleich zur CRS-Analyse zu nutze. Wie bereits einleitend angesprochen, erfaßt der Effizienzparameter, $\tilde{\theta}$ oder $\tilde{h}$, der bei einer Analyse unter variablen Skalenerträgen abgeleitet wird, die reine technische Effizienz des betrachteten Unternehmens. Der Effizienzparameter θ oder h, welcher sich bei einer CRS-Analyse ergibt, enthält neben der reinen technischen Effizienz auch die Effizienz, die auf die Unternehmensgröße zurückzuführen ist, die Skaleneffizienz. Allerdings geben θ und h die technische Effizienz und die Skaleneffizienz in einem Gesamtmaß an, das sich ohne zusätzliche Informationen nicht in seine beiden Komponenten aufteilen läßt.

Die Kenntnis von θ_i (beziehungsweise h_i) sowie von $\tilde{\theta}_i$ (beziehungsweise $\tilde{h}_i$) für Unternehmen i erlaubt es nun, zwischen technischer und Skaleneffizienz zu unterscheiden, indem man aus dem Gesamteffizienzmaß θ_i einfach das Maß für die reine technische Effizienz „herausrechnet". Dies gelingt, da beide Maße im Inputraum radial auf demselben Ursprungsstrahl gemessen werden und dabei multiplikativ miteinander verknüpft sind. Bezeichnet man die Skaleneffizienz von Unternehmen i mit σ_i, dann gilt

$$\theta_i = \sigma_i \cdot \tilde{\theta}_i, \tag{5.13}$$

woraus man die Skaleneffizienz einfach als Quotient

$$\sigma_i = \frac{\theta_i}{\tilde{\theta}_i} \tag{5.14}$$

berechnet. Da die Gesamteffizienz θ_i nicht höher als die reine technische Effizienz $\tilde{\theta}_i$ sein kann ($\theta_i \leq \tilde{\theta}_i$), nimmt σ_i Werte aus dem Intervall $(0,1]$ an. Bei $\theta_i = \tilde{\theta}_i$ entspricht das Niveau der Gesamteffizienz gerade dem Niveau der technischen Effizienz. Demzufolge tritt hier keinerlei Skalenineffizienz auf und es gilt $\sigma_i = 1$. Bezüglich der Skaleneffizienz läßt sich folgende Klasseneinteilung treffen:

$$SEff(i) \quad = \quad \left\{ i \mid \sigma_i = 1,\ i = 1,...,n \right\}$$

$$SIneff(i) \quad = \quad \left\{ i \mid \sigma_i < 1,\ i = 1,...,n \right\}$$

(5.15)

5.4.2 Skalenerträge und most productive scale size

Neben der Quantifizierung des Ausmaßes der Skaleneffizienz ist von Interesse, ob mögliche Skalenineffizienzen darauf zurückzuführen sind, daß die Unternehmensgröße zu klein oder zu groß gewählt wurde. Die Frage, was man unter „zu klein" und „zu groß" eigentlich zu verstehen hat, drängt sich hier unmittelbar auf. Eine Antwort liefert das Konzept der produktivsten Unternehmensgröße bzw. der *most productive scale size* (MPSS). Hierbei handelt es sich um diejenige Unternehmensgröße, bei der effizient produziert wird, d.h. sowohl die reine technische Effizienz $\tilde{\theta}_i$, die Gesamteffizienz θ_i wie auch konsequenterweise die Skaleneffizienz σ_i weisen den Wert 1 auf. Kennt man die MPSS, dann lassen sich andere Beobachtungen der Größe nach mit dieser MPSS vergleichen und daraus die Aussage „zu klein" oder „zu groß" ableiten.

Die Identifizierung der MPSS macht sich die Beziehung $\theta_i \leq \tilde{\theta}_i$ zu nutze. Hiernach bilden automatisch alle Unternehmen mit $\theta_i = 1$ die Gruppe der Unternehmen mit MPSS. Es handelt sich also um die Unternehmensgröße aller best-practice-Beobachtungen einer Analyse unter konstanten Skalenerträgen, welche die höchste Durchschnittsproduktivität innerhalb der Stichprobe aufweisen. Alle anderen Unternehmen, für welche die Bedingung $\theta_i = \tilde{\theta}_i = 1$ der MPSS nicht erfüllt ist, produzieren mit geringer Durchschnittsproduktivität, was auf Skalenineffizienzen und damit auf $\sigma_i < 1$ zurückzuführen ist. Sofern ein Unternehmen i kleiner (größer) als die Unternehmensgröße bei MPSS ist, wird es als „zu klein" („zu groß") bezeichnet.

Die Art der actual-practice-Produktionsfunktion eines Unternehmens i ergibt sich hieraus unmittelbar. Wird Unternehmen i als „zu klein" identifiziert, dann müßte es noch wachsen, um die gleiche Durchschnittsproduktivität zu erreichen wie ein Unternehmen bei MPSS, woraus sich für i eine actual-practice-Produktionsfunktion mit steigenden Skalenerträgen ergibt.

Analog bei einer Klassifizierung in „zu groß" müßte ein Unternehmen i schrumpfen, um die best-practice-Durchschnittsproduktivität zu erlangen, was eine actual-practice-Produktionsfunktion mit sinkenden Skalenerträgen impliziert.

Letztendlich lassen sich die Aussagen „zu klein" und „zu groß" aus den Berechnungsergebnissen der Effizienzanalyse entnehmen. Hierzu greift man auf die Envelopment-Form bei konstanten Skalenerträgen zurück. Wichtig für die weitere Argumentation ist es dabei, noch einmal auf die Inputorientierung der Analyse und das Outputvolumen als Maß für die Unternehmensgröße hinzuweisen.

Ausgangspunkt der Überlegungen ist, daß unter der Bedingung konstanter Skalenerträge ausschließlich Unternehmen mit MPSS als Referenzbeobachtungen in die Konstruktion der Vergleichsbeobachtungen (als Linearkombinationen) zu den realen Beobachtungen eingehen.

Ist nun eine reale Beobachtung i kleiner als deren Referenzbeobachtungen, dann wird die Vergleichsbeobachtung i' als Linearkombination größerer Referenzunternehmen konstruiert. Dabei weist die Vergleichsbeobachtung i' zu einer Beobachtung i bekanntlich das gleiche Outputniveau auf wie die Beobachtung i selbst, d.h. die Unternehmensgrößen von i und i' sind identisch. Bei einer Analyse unter konstanten Skalenerträgen muß demzufolge die Summe der Gewichtungsfaktoren, mit denen die Referenzbeobachtungen (mit MPSS) in die Konstruktion von i' eingehen, kleiner als 1 sein, um die Bedingung $\mathbf{Y}\boldsymbol{\lambda} = \mathbf{y}_i$ zu erfüllen. Im Umkehrschluß bedeutet dies aber nichts anderes, als daß bei einer Beobachtung i mit $\sigma_i < 1$ die Skaleninneffizienz immer dann auf eine zu kleine Unternehmensgröße zurückzuführen ist, wenn sich bei konstanten Skalenerträgen für i ein Vektor $\boldsymbol{\lambda}_i$ mit $\mathbf{1}^T \boldsymbol{\lambda}_i < 1$ ergibt. Berechnet man hingegen für das Unternehmen i mit $\sigma_i < 1$ bei der Analyse mit konstanten Skalenerträgen einen Vektor $\boldsymbol{\lambda}_i$ mit $\mathbf{1}^T \boldsymbol{\lambda}_i > 1$, dann ist die Skaleninneffizienz von i auf eine zu hohe Unternehmensgröße zurückzuführen.

Man kann diese Erkenntnisse folgendermaßen ausdrücken:

$$\left\{ i \,\middle|\, y_i = \text{MPSS} \right\} = \left\{ i \,\middle|\, \left(\theta_i = 1 \vee \mathbf{1}^T \boldsymbol{\lambda}_i = 1 \right) \right\}$$

$$\left\{ i \,\middle|\, y_i < \text{MPSS} \right\} = \left\{ i \,\middle|\, \left(\theta_i < 1 \wedge \mathbf{1}^T \boldsymbol{\lambda}_i < 1 \right) \right\} \tag{5.16}$$

$$\left\{ i \,\middle|\, y_i > \text{MPSS} \right\} = \left\{ i \,\middle|\, \left(\theta_i < 1 \wedge \mathbf{1}^T \boldsymbol{\lambda}_i > 1 \right) \right\}$$

5.4.3 Beispiel

Anhand von Beispiel II sollen die Ergebnisse der Berechnung zur Skaleneffizienz noch einmal verdeutlicht werden. Hierzu sind die berechneten Effizienzkennzahlen bei konstanten und variablen Skalenerträgen für die Unternehmen M bis R in Tabelle 5.4 aufgeführt. Im Unterschied zu Kapitel 4.5 finden sich hier für den Fall konstanter Skalenerträge auch die Berechnungsergebnisse für die Unternehmen Q und R.

Skaleneffizienz

Die Skaleneffizienz berechnet sich nach (5.13) aus dem Quotienten der Effizienzwerte bei konstanten und variablen Skalenerträgen. Tabelle 5.4 enthält auch die entsprechenden σ-Werte. Es zeigt sich, daß allein Unternehmen M mit einer Skaleneffizienz von 1 produziert, während die anderen Unternehmen Skaleninffizienzen aufweisen. Die Unternehmen N und P produzieren zwar technisch effizient, jedoch mit einer nicht effizienten Unternehmensgröße. Bei den Unternehmen Q und R findet man sowohl technische als auch Skaleninffizienz.

Tabelle 5.4. Skaleneffizienz

Unternehmen	M	N	P	Q	R
θ_i	1,000	0,625	0,739	0,563	0,446
$\tilde{\theta}_i$	1,000	1,000	1,000	0,620	0,543
σ_i	1,000	0,625	0,739	0,908	0,821

Nach (5.15) ergibt sich bezüglich der Unternehmensgröße folgende Einteilung in effiziente und ineffiziente Unternehmen:

$$SEff(i) \quad = \quad \left\{ i \,\middle|\, \sigma_i = 1,\, i = 1,...,n \right\} \quad = \quad \{M\}$$

$$SIneff(i) \quad = \quad \left\{ i \,\middle|\, \sigma_i < 1,\, i = 1,...,n \right\} \quad = \quad \{N,P,Q,R\}$$

Die Parameterwerte zur Skaleneffizienz lassen sich wieder graphisch interpretieren. Anhand von Abbildung 5.9 wird dies für die Beobachtungen R, N und M deutlich gemacht. Für R identifiziert man mit R' die (virtuelle) Vergleichsbeobachtung auf der Frontierfunktion bei variablen Skalenerträgen und mit R" die (virtuelle) Vergleichsbeobachtung auf der Frontierfunktion bei konstanten Skalenerträgen. $\tilde{\theta}_R$ ergibt sich bekanntlich aus dem Streckenverhältnis rR' zu rR und θ_R aus dem Verhältnis der Strecken rR'' zu rR. Für die Skaleneffizienz von R erhält man folglich nach (5.13):

$$\sigma_R = \frac{\theta_R}{\tilde{\theta}_R} = \frac{rR''}{rR} \cdot \frac{rR}{rR'} = \frac{rR''}{rR'}$$

Der Wert θ_R besagt, daß R seinen Input x_R auf 44,6% reduzieren muß, um im Fall konstanter Skalenerträge best-practice zu produzieren. Für $\tilde{\theta}_R$ gilt analog, daß R im Fall variabler Skalenerträge dann best-practice produziert, wenn der Input auf 54,3 % von x_R reduziert wird. In Punkt R' produziert R zwar technisch effizient, nicht aber mit der effizienten Unternehmensgröße. Ein radiales Maß für diese größenabhängige Skaleneffizienz stellt $\sigma_R < 1$ dar. Würde R von R' ausgehend und unter Beibehaltung der Unternehmensgröße y_R seine Inputs von $x_{R'}$ auf $x_{R''}$ reduzieren, so würde mit der gleichen Durchschnittsproduktivität wie bei M produziert. Der Wert $\sigma_R = 0{,}821$ sagt in diesem Zusammenhang aus, daß $x_{R''}$ gerade 82,1 % des Ausgangsniveaus $x_{R'}$ ausmacht oder R von $x_{R'}$ ausgehend den Inputverbrauch auf 82,1 % reduzieren muß.

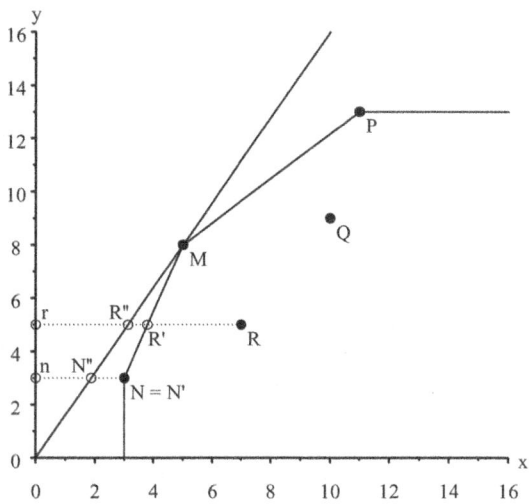

Abb. 5.9. Skaleneffizienz

Entsprechend läßt sich für Unternehmen N

$$\sigma_N = \frac{\theta_N}{\tilde{\theta}_N} = \frac{nN''}{nN} \cdot \frac{nN}{nN'} = \frac{nN''}{nN} \cdot 1 = \frac{nN''}{nN} < 1$$

ableiten und für M folgt

$$\sigma_M = \frac{\theta_M}{\tilde{\theta}_M} = \frac{mM}{mM} \cdot \frac{mM}{mM} = 1.$$

Unternehmensgröße, MPSS und Skalenerträge

Die effiziente Unternehmensgröße weist im Beispiel Unternehmen M auf. Es ist die einzige Beobachtung, die bei konstanten und variablen Skalenerträgen best-practice produziert. Die nicht best-practice-Skaleneffizienz der Unternehmen N, P, Q und R ist auf eine Unternehmensgröße zurückzuführen, die eben nicht der MPSS entspricht. Aus der Summe der Einträge der Vektoren λ_i bei konstanten Skalenerträgen entnimmt man, ob ein Unternehmen gegenüber der MPSS „zu klein" oder „zu groß" ist. Tabelle 5.5 enthält hierzu in der ersten Zeile die entsprechenden λ-Summen.

Tabelle 5.5. MPSS und Skalenerträge

Unternehmen	M	N	P	Q	R
$\sum_l \lambda_{li}$	1,000	0,375	1,625	1,125	0,625
$-\mu_{0i}/\mu_{1i}$	0,000	–4,500	3,834	3,834	–4,500

Für die Beobachtungen N und R ergeben sich λ-Summen kleiner als 1. Dies bedeutet, daß diese Unternehmen kleiner als das MPSS-Unternehmen M sind. So weist N nur 37,5% der Größe von M auf, bei R sind es 62,5%. Um die gleiche best-practice-Durchschnittsproduktivität wie M zu erreichen, müßten N und R jeweils ihre Unternehmensgröße derjenigen von M anpassen und wachsen. Sie müßten auf dem Teilstück der Frontierfunktion NM ihre jeweilige Input-Outputkombination von N beziehungsweise R' nach M verändern, wobei steigende Skalenerträge genutzt werden könnten. Unternehmen, die als „zu klein" identifiziert werden produzieren auf einer actual-practice-Produktionsfunktion mit steigenden Skalenerträgen. An den Ordinatenabschnitten $-\mu_{0i}/\mu_{1i}$ aus Tabelle 5.5 liest man ab, daß dieser Zusammenhang für N und R bestätigt wird, da die Ordinatenabschnitte negativ sind.

Die Unternehmen P und Q sind im Vergleich zu M „zu groß", da hier λ-Summen größer als 1 berechnet werden. Beobachtung P hat eine Größe, die 162,5% der Größe von M entspricht, bei Q sind dies 112,5%. Folglich müßten sie auf MP von P beziehungsweise Q' aus in Richtung auf M schrumpfen, um aufgrund der auf MP vorherrschenden sinkenden Skalenerträge eine Größe zu erreichen, die skaleneffizient ist. Diesen Zusammenhang entnimmt man unmittelbar Tabelle 5.8, wo für P und Q, die als „zu große" Unternehmen mit actual-practice-Produktionsfunktionen produzieren, die sinkende Skalenerträge und damit positive Ordinatenabschnitte aufweisen.

Diese Werte der λ-Summen korrespondieren im vorliegenden Fall exakt mit den Quotienten des Outputs der Unternehmen mit dem MPSS-Unternehmen M, da $y_N / y_M = 3/8 = 0{,}375$, $y_R / y_M = 5/8 = 0{,}625$, $y_P / y_M = 13/8 = 1{,}625$ und $y_Q / y_M = 9/8 = 1{,}125$.

Nach (5.16) erhält man folgende Einteilung der Unternehmen im Vergleich zum MPSS:

$$\{i \mid y_i = \mathrm{MPSS}\} = \{M\}$$

$$\{i \mid y_i < \mathrm{MPSS}\} = \{N, R\}$$

$$\{i \mid y_i > \mathrm{MPSS}\} = \{P, Q\}$$

Generell muß die MPSS jedoch nicht eindeutig sein, sondern kann beispielsweise aus einem ganzen Intervall von Unternehmensgrößen bestehen. Eine weiterführende Diskussion der Uneindeutigkeit der MPSS im Rahmen dieses Beispieles erfolgt am Ende von Kapitel 6.

5.5 NIRS- und NDRS-Modelle

Die vorstehenden Abschnitte befaßten sich mit variablen Skalenerträgen, wobei letztendlich die Daten des untersuchten Samples bestimmen, welche Art von Skalenerträgen sich einstellen werden. Die Vorgehensweise bei variablen Skalenerträgen (VRS) ist diesbezüglich am wenigsten beschränkt. Dem entgegen zeigte sich die Analyse bei konstanten Skalenerträgen (CRS) sehr restriktiv, da dort ausschließlich lineare Produktionsfunktionen zugelassen werden. In diesem Abschnitt sollen nun zwei „Mittelwege" zwischen diesen Polen vorgestellt werden, die Analyse bei nicht-steigenden Skalenerträgen (non-increasing returns to scale, NIRS) und die Analyse bei nicht-sinkenden Skalenerträgen (non-decreasing returns to scale, NDRS).

5.5.1 Nicht-steigende Skalenerträge (NIRS)

Bei NIRS-Analysen wird für die Produktionsfunktionen angenommen, daß sie nur konstante und sinkende Skalenerträge aufweisen können, während steigende Skalenerträge ausgeschlossen sind. In der Envelopment-Form wird diese Forderung an die Produktionstechnologie durch die Nebenbedingung $\mathbf{1}^T \lambda \leq 1$ gewährleistet. Da in Minimierungsproblemen die Restriktionen als "$\geq$"-Bedingungen berücksichtigt werden, schreibt man entsprechend $-\mathbf{1}^T \lambda \geq -1$ und erhält folgendes lineare Programm für das Minimierungsproblem:

$$\min_{\theta, \lambda} \ \hat{\theta}$$

$$\text{N.B.} \qquad\qquad\quad \mathbf{Y}\lambda \ \geq \ \mathbf{y}_i$$
$$\hat{\theta}\mathbf{x}_i \ - \ \mathbf{X}\lambda \ \geq \ \mathbf{0} \qquad\qquad (5.17)$$
$$-\mathbf{1}^T \lambda \ \geq \ -1$$
$$\lambda \ \geq \ \mathbf{0}$$

$\hat{\theta}$ stellt den Effizienzparameter unter NIRS dar. Die Nebenbedingung bezüglich der Summe der Gewichtungsfaktoren bewirkt, daß die Referenzbeobachtungen zu einer Beobachtung i niemals alle zugleich kleiner sind als die Beobachtung i selbst. Daraus ergeben sich unmittelbar zwei Möglichkeiten des Vergleichs: Sind einerseits alle Referenzunternehmen zu i größer als i, dann basiert der Vergleich auf Produktionsfunktionen mit konstanten Skalenerträgen und es gilt $\mathbf{1}^T \lambda_i < 1$. Finden sich andererseits im Vergleich zu i sowohl größere als auch kleinere Referenzunternehmen, dann werden Produktionsfunktionen miteinander verglichen, die sinkende Skalenerträge aufweisen und man erhält $\mathbf{1}^T \lambda_i = 1$.

Über die Dualisierung erhält man aus dem Minimierungsproblem unmittelbar das entsprechende Maximierungsproblem mit $\hat{h}$ als dem Effizienzparameter bei NIRS

$$\max_{\mu, v} \ \hat{h} = \mathbf{y}_i^T \mu - \chi_0$$

$$\text{N.B.} \ \ \mathbf{Y}^T \mu \ - \ \mathbf{X}^T v \ - \ \mathbf{1}\chi_0 \ \leq \ \mathbf{0}$$
$$\mathbf{x}_i^T v \ = \ 1 \qquad\qquad (5.18)$$
$$\chi_0 \geq 0, v > \mathbf{0}, \mu > \mathbf{0},$$

wobei die Variable χ_0 nur nicht-negative Werte annimmt. Damit die Interpretation der Productivity-Form bei NIRS konsistent zur Productivity-

Form bei VRS bleibt, setzt man einfach $\chi_0 = -\mu_0$ und substituiert dies in (5.18). Im so modifizierten Programm

$$\max_{\mu,\nu} \quad \hat{h} = \mathbf{y}_i^T \boldsymbol{\mu} + \mu_0$$

$$\text{N.B.} \quad \mathbf{Y}^T \boldsymbol{\mu} \quad - \quad \mathbf{X}^T \boldsymbol{\nu} \quad - \quad \mathbf{1}\mu_0 \quad \leq \quad \mathbf{0}$$
$$\mathbf{x}_i^T \boldsymbol{\nu} \qquad\qquad = \quad 1 \tag{5.19}$$
$$\mu_0 \leq 0, \boldsymbol{\nu} > \mathbf{0}, \boldsymbol{\mu} > \mathbf{0}$$

steht $\mu_0 = 0$ für konstante und $\mu_0 < 0$ wie bei VRS für sinkende Skalenerträge.

Zwischen den Effizienzmaßen der Modelle unter den Annahmen CRS, VRS und NIRS gilt generell die folgende Beziehung:

$$\tilde{\theta}_i \geq \hat{\theta}_i \geq \theta_i$$

5.5.2 Nicht-sinkende Skalenerträge (NDRS)

Das NDRS-Modell zeichnet sich dadurch aus, daß es actual-practice-Produktionsfunktionen ausschließt, die fallende Skalenerträge aufweisen, aber dahingehend offen ist, ob bei der Produktion konstante oder steigende Skalenerträge vorliegen. Diese Einschränkung der zulässigen Typen von Produktionsfunktionen findet im Minimierungsproblem der Envelopment-Form über die Nebenbedingung zur Summe der Gewichtungsfaktoren Berücksichtigung, indem $\mathbf{1}^T \boldsymbol{\lambda} \geq 1$ gefordert wird. Das entsprechende lineare Programm lautet

$$\min_{\breve{\theta},\lambda} \quad \breve{\theta} \tag{5.20}$$

$$\text{N.B.} \qquad\qquad \mathbf{Y}\boldsymbol{\lambda} \quad \geq \quad \mathbf{y}_i$$
$$\breve{\theta}\mathbf{x}_i \quad - \quad \mathbf{X}\boldsymbol{\lambda} \quad \geq \quad \mathbf{0}$$
$$\mathbf{1}^T \boldsymbol{\lambda} \quad \geq \quad 1$$
$$\boldsymbol{\lambda} \quad \geq \quad \mathbf{0},$$

wobei $\breve{\theta}$ den Effizienzparameter unter NDRS darstellt. Analog zum NIRS-Fall bewirkt die Nebenbedingung zur Summe der Gewichtungsfaktoren, daß die Referenzbeobachtungen zu einer Beobachtung i niemals alle zugleich größer sind als die Beobachtung i selbst. Entweder sind also alle Referenzunternehmen zu i kleiner als i und der Vergleich basiert auf Produktionsfunktionen mit konstanten Skalenerträgen ($\mathbf{1}^T \boldsymbol{\lambda}_i > 1$) oder es finden sich im Vergleich zu i sowohl größere als auch kleinere Referenzunternehmen und es werden dann Produktionsfunktionen miteinander verglichen, die steigende Skalenerträge aufweisen ($\mathbf{1}^T \lambda_i = 1$).

Über die Dualitätsbeziehung läßt sich das Minimierungsproblem wieder in das dazugehörige Maximierungsproblem der Productivity-Form bei NDRS transformieren:

$$\max_{\mu,\nu} \quad \breve{h} = \mathbf{y}_i^T \mathbf{\mu} + \mu_0$$

$$\text{N.B.} \quad \mathbf{Y}^T \mathbf{\mu} \quad - \quad \mathbf{X}^T \mathbf{\nu} \quad + \quad \mathbf{1}\mu_0 \quad \leq \quad \mathbf{0}$$

$$\mathbf{x}_i^T \mathbf{\nu} \quad = \quad 1 \tag{5.21}$$

$$\mu_0 \geq 0, \mathbf{\nu} > \mathbf{0}, \mathbf{\mu} > \mathbf{0}$$

Die Bedingung nicht-sinkender Skalenerträge findet sich hier in der Beschränkung des Parameters μ_0 auf nicht-negative Werte. Mit $\mu_0 = 0$ ist dann der Fall konstanter Skalenerträge angesprochen und mit $\mu_0 > 0$ wieder steigende Skalenerträge.

Zwischen den Effizienzmaßen der Modelle unter den Annahmen CRS, VRS und NDRS gilt generell die folgende Beziehung:

$$\widetilde{\theta}_i \geq \breve{\theta}_i \geq \theta_i$$

5.5.3 Beispiel

Die Ergebnisse der beiden Varianten NIRS und NDRS können anhand des Beispieldatensatzes II interpretiert werden. Tabelle 5.6 enthält die Ergebnisse des Minimierungsmodells (5.17), wenn nicht steigende Skalenerträge unterstellt sind.

Zunächst erkennt man, daß die Beschränkung $\mathbf{1}^T \lambda_i \leq 1$ hier stets erfüllt wird. Für die Unternehmen P und Q, die größer sind als das Unternehmen M mit MPSS, was hier durch $\mathbf{1}^T \lambda_i = 1$ angezeigt wird, reproduzieren die Ergebnisse der Analyse unter variablen Skalenerträgen. Die entsprechenden Werte für $\widehat{\theta}_i$ erfassen hier dann die reine technische Effizienz. Die Skaleneffizienz dieser Beobachtungen ergibt sich mit Hilfe der in Abschnitt 5.4 dargestellten Vorgehensweise über das korrespondierende CRS-Modell. Bei N und R hingegen, die wegen $\mathbf{1}^T \lambda_i < 1$ kleiner sind als M, erhält man wieder die Ergebnisse unter konstanten Skalenerträgen. $\widehat{\theta}_i$ gibt hier das Niveau der reinen technischen Effizienz an. Das Niveau der

Skaleneffizienz ist für N und R stets 1, da bei NIRS keine Produktionsprozesse mit steigenden Skalenerträgen auftreten können.

Tabelle 5.6. Ergebnisse der Envelopment-Form bei NIRS

Unternehmen	M	N	P	Q	R
$\hat{\theta}_i$	1,000	0,625	1,000	0,620	0,446
λ_{Mi}	1,000	0,375	0,000	0,800	0,625
λ_{Ni}	0,000	0,000	0,000	0,000	0,000
λ_{Pi}	0,000	0,000	1,000	0,200	0,000
λ_{Qi}	0,000	0,000	0,000	0,000	0,000
λ_{Ri}	0,000	0,000	0,000	0,000	0,000
$\sum_l \lambda_{1i}$	1,000	0,375	1,000	1,000	0,625

Entsprechend dieser Aufteilung der Effizienzergebnisse in Gruppen, bei denen die Bedingungen von CRS bzw. von VRS vorliegen, zeigt die dick ausgezogene NIRS-Frontierfunktion in Abbildung 5.10 zwei Bereiche.

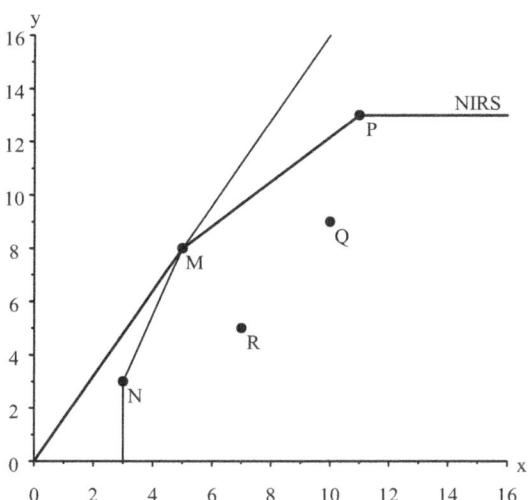

Abb. 5.10. Frontierfunktion bei NIRS

Vom Koordinatenursprung ausgehend bis zur Beobachtung M mit MPSS weist sie konstante Skalenerträge auf, so daß die Beobachtungen N und R eben auf Basis einer CRS-Technologie bewertet werden. Ab der MPSS zeigt die Frontierfunktion mit steigender Unternehmensgröße die Eigenschaft sinkender Skalenerträge und die Effizienzniveaus der Beobachtungen P und Q werden im Rahmen einer Technologie mit sinkenden Skalenerträgen bestimmt. Letztendlich schließt sich ab P ein horizontales Teilstück der Frontierfunktion an, das wieder durch das Ineffizienzaxiom (A3) generiert wird.

Im dualen Problem der Productivity-Form wiederholen sich die soeben dargestellten Ergebnisse entsprechend. Tabelle 5.7 enthält diese. Für die Beobachtungen M, N und R werden actual-practice-Produktionsfunktionen mit konstanten Skalenerträgen berechnet, da der Ordinatenabschnitt $-\mu_{0i}/\mu_{1i}$ hier jeweils einen Wert von 0 aufweist. Bei P und Q hingegen berechnet sich hierfür ein positiver Wert, was auf actual-practice-Produktionsfunktionen mit sinkenden Skalenerträgen schließen läßt.

Tabelle 5.7. Ergebnisse der Productivity-Form bei NIRS

Unternehmen	M	N	P	Q	R
$\hat{h}_i$	1,000	0,625	1,000	0,620	0,446
μ_{1i}	0,125	0,208	0,109	0,120	0,089
v_{1i}	0,200	0,333	0,091	0,100	0,143
μ_{0i}	0,000	0,000	−0,418	−0,460	0,000
v_{1i}/μ_{1i}	1,600	1,600	0,833	0,833	1,600
$\hat{h}_i \cdot v_{1i}/\mu_{1i}$	1,600	1,000	0,833	0,517	0,714
$-\mu_{0i}/\mu_{1i}$	0,000	0,000	3,834	3,834	0,000

Neben dem Ordinatenabschnitt werden die actual-practice-Produktionsfunktionen noch durch den jeweiligen Steigungswert determiniert. Dieser findet sich für die Unternehmen M bis R in der Zeile $\hat{h}_i \cdot v_{1i}/\mu_{1i}$. Unter den Unternehmen, die mit konstanten Skalenerträgen produzieren, zeigt M den höchsten Steigungsparameter und damit die höchste Durchschnittsproduktivität. Für P und Q, die im Bereich sinkender Skalenerträge operieren, ist der Steigungsparameter bei P höher als bei Q, was auf eine stets höhere, wenn auch mit steigender Unternehmensgröße sinkende Durchschnittsproduktivität schließen läßt als bei Q. Die Steigungen der Teilstücke der

Frontierfunktion v_{1i} / μ_{1i} ergeben sich aus den maximalen Steigungswerten innerhalb der jeweiligen Gruppen von Beobachtungen, die unter gleichen Skalenerträgen operieren. Das Teilstück mit konstanten Skalenerträgen zwischen Koordinatenursprung und MPSS – Unternehmen M – weist eine Steigung von 1,6 auf; das sich daran anschließende Teilstück zwischen M und P hat eine niedrigere Steigung von 0,833. Auch dieser Vergleich weist auf die sinkenden Skalenerträge ab der MPSS hin.

In analoger Weise läßt sich auch eine Analyse unter NDRS auf den Beispieldatensatz II anwenden. Die Ergebnisse der Envelopment-Form finden sich in Tabelle 5.8, diejenigen zur Productivity-Form in Tabelle 5.9. Da die Analyse hier keine sinkenden Skalenerträge zuläßt, werden alle Beobachtungen, die größer als MPSS sind, im Rahmen konstanter Skalenerträge bewertet, während für Beobachtungen kleiner als MPSS steigende Skalenerträge auftreten.

Tabelle 5.8. Ergebnisse der Envelopment-Form bei NDRS

Unternehmen	M	N	P	Q	R
$\tilde{\theta}_i$	1,000	1,000	0,739	0,563	0,543
λ_{Mi}	1,000	0,000	1,625	1,125	0,400
λ_{Ni}	0,000	1,000	0,000	0,000	0,600
λ_{Pi}	0,000	0,000	0,000	0,000	0,000
λ_{Qi}	0,000	0,000	0,000	0,000	0,000
λ_{Ri}	0,000	0,000	0,000	0,000	0,000
$\sum_l \lambda_{1i}$	1,000	1,000	1,625	1,125	1,000

Aus Tabelle 5.8 entnimmt man, daß die Beobachtungen P und Q zur ersten Gruppe gehören. Sie sind wegen $\mathbf{1}^T \lambda_i > 1$ größer als das Unternehmen M mit MPSS, was in diesen beiden Fällen auch als alleiniges Referenzunternehmen fungiert. Zur zweiten Gruppe gehören wegen $\mathbf{1}^T \lambda_i = 1$ die Unternehmen N und R, wobei N als best-practice eingestuft wird. Das ausgewiesene Effizienzniveau bei diesen beiden Beobachtungen betrifft ausschließlich die technische Effizienz. Ineffizienzen aufgrund einer zu geringen Größe im Vergleich zur MPSS lassen sich auf bekannte Weise mit Hilfe des korrespondierenden CRS-Modells identifizieren. Aufgrund der NDRS-Bedingung zählt der Koordinatenursprung nicht zur Frontierfunktion. Die Effizienzbewertungen $\tilde{\theta}_i$ zeigen, daß die Frontierfunktion durch die Unternehmen N und M aufgespannt wird.

Die Steigungen der Teilstücke der Frontierfunktion sowie der actual-practice-Produktionsfunktionen ergeben sich wieder aus der Productivity-Form. Aus Tabelle 5.9 ermittelt man für die Beobachtungen P und Q actual-practice-Produktionsfunktionen mit konstanten Skalenerträgen, was sich in den 0-Werten für die Ordinatenabschnitte $-\mu_{0i}/\mu_{1i}$ äußert.

Tabelle 5.9. Ergebnisse der Productivity-Form bei NDRS

Unternehmen	M	N	P	Q	R
$\tilde{h}_i$	1,000	1,000	0,739	0,563	0,543
μ_{1i}	0,125	0,133	0,057	0,063	0,057
v_{1i}	0,200	0,333	0,091	0,100	0,143
μ_{0i}	0,000	0,600	0,000	0,000	0,257
v_{1i}/μ_{1i}	1,600	2,500	1,600	1,600	2,500
$\tilde{h}_i \cdot v_{1i}/\mu_{1i}$	1,600	2,500	1,180	0,900	1,357
$-\mu_{0i}/\mu_{1i}$	0,000	–4,500	0,000	0,000	–4,500

Die Produktionsfunktionen bei N und R hingegen sind durch negative Ordinatenabschnitte von $-4,5$ gekennzeichnet, was auf steigende Skalenerträge hinweist. Die Steigung der Teilstücke der Frontierfunktion ergeben sich aus den maximalen Steigungswerten innerhalb der jeweiligen Gruppen von Unternehmen, die mit gleichen Skalenerträgen (gleichen Ordinatenabschnitten) produzieren. Korrespondierend zur dick ausgezogenen NDRS-Frontierfunktion in Abbildung 5.11, erhält man von N bis MPSS eine Steigung der Frontierfunktion v_{1i}/μ_{1i} von 2,5, ab MPSS eine Steigung von 1,6. Aufgrund des Ineffizienzaxioms (A3) verläuft die Frontierfunktion bei Outputniveaus unterhalb desjenigen des Unternehmens N vertikal.

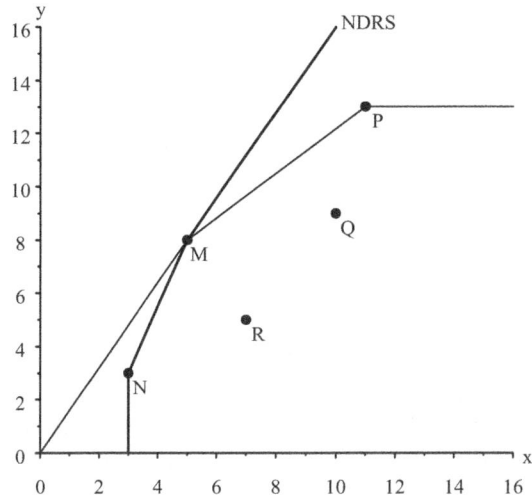

Abb. 5.11. Frontierfunktion bei NDRS

Schlüsselbegriffe und Übungsaufgaben

Schlüsselbegriffe

Unternehmensgröße
variable Skalenerträge
reine technische Effizienz
Skaleneffizienz
most productive scale size (MPSS)
nicht sinkende Skalenerträge
nicht steigende Skalenerträge

Aufgabe 5.1 (Technologiemenge)

Es sind Ihnen Daten für die Beobachtungen der Unternehmen D bis H gegeben, die mit Hilfe eines Inputs der Menge x einen Output der Menge y produzieren.

Unternehmen	D	E	F	G	H
Input x	5	6	11	9	8
Output y	9	3	14	14	8

(a) Vergleichen Sie die produktive Leistungsfähigkeit der Unternehmen D-H anhand des einfachen Pareto-Koopmans-Kriteriums.

(b) Zeichnen Sie die Technologiemenge in ein Schaubild ein, die sich bei Unterstellung der Axiome (A1) bis (A4) ergibt. Geben Sie die Frontierfunktion an und klassifizieren Sie die Unternehmen in technisch effizient und technisch ineffizient.

(c) Verzichten Sie nun auf das Ineffizienzaxiom (A3). Welche Unterschiede ergeben sich gegenüber (b)?

(d) Unterstellen Sie zusätzlich, daß konstante Skalenerträge in der Produktion vorliegen. Welche Unterschiede ergeben sich gegenüber (b) und (c)?

Aufgabe 5.2 (Envelopment-Form)

Die Unternehmen A bis G eines Sektors produzieren mit einem Input der Menge x einen Output der Menge y. Folgendes Mengengerüst ist gegeben:

Unternehmen	A	B	C	D	E	F	G
Input x	11	5	6	7	11	8	13
Output y	10	5	10	2	15	8	15

(a) Stellen Sie die Produktionsstruktur des Sektors mittels einer Graphik dar. Geben Sie dabei die Frontierfunktion bei variablen Skalenerträgen, die Gruppe der effizienten sowie die Gruppe der ineffizienten Unternehmen an.

(b) Zeigen Sie, wie man die Effizienz der Unternehmen graphisch bestimmen kann. Welche besonderen Fälle treten dabei auf?

(c) Füllen Sie folgende Tabelle, in der die Effizienzmaße und die Gewichtungsfaktoren λ zu jedem Unternehmen geführt werden sollen soweit wie möglich. Verwenden Sie dabei die Relationen „=", „>" oder „<"

Unternehmen	A	B	C	D	E	F	G
$\widetilde{\theta}_i$							
λ_{Ai}							
λ_{Bi}							
λ_{Ci}							
λ_{Di}							
λ_{Ei}							
λ_{Fi}							
λ_{Gi}							

Aufgabe 5.3 (Productivity-Form)

Für die Unternehmen A bis G sind die folgenden Ergebnisse einer Effizienzanalyse unter Annahme variabler Skalenerträge gegeben:

Unternehmen	A	B	C	D	E	F	G
Input x	13	5	6	9	15	11	12
Output y	22	5	12	18	19	15	10
$\widetilde{h}_i$	1,000	1,000	1,000	1,000	0,667	0,682	0,476
v_i	0,077	0,200	0,167	0,111	0,067	0,091	0,083
μ_i				0,056		0,045	0,012
v_i / μ_i		7,000				2,000	
μ_{0i}	−0,692	0,857		0,000	−0,600		
$-\mu_{0i} / \mu_i$			−30,000		9,000	0,000	−30,000
$\widetilde{h}_i \cdot v_i / \mu_i$	1,000		7,000				

Bestimmen Sie die jeweiligen actual-practice-Produktionsfunktionen der Unternehmen A bis G, indem Sie die fehlenden Ergebnisse in den umrandeten Feldern der obigen Ergebnistabelle ergänzen. Geben Sie dabei an, auf Basis welcher Produktionsfunktionen der Vergleich zwischen den Beobachtungen erfolgt und bestimmen Sie die jeweiligen best-practice-Produktionsfunktionen. Stellen Sie Ihre Lösung graphisch dar.

Aufgabe 5.4 (Skaleneffizienz und MPSS)

Die Unternehmen A bis K werden einer Effizienzanalyse unterzogen, bei welcher der Einfluß der Unternehmensgröße auf die produktive Effizienz untersucht werden soll. Folgende Produktionsdaten liegen vor:

Unternehmen	A	B	C	D	E	F	G	H	J	K
Input x	13	17	7	5	6	9	15	14	11	12
Output y	22	22	3	5	12	18	19	12	15	10

(a) Warum ist zur Erfassung des Einflusses der Unternehmensgröße auf die Effizienz grundsätzlich sowohl eine CRS- als auch eine VRS-Analyse notwendig ist?

(b) Stellen Sie die Produktionsstruktur des betrachteten Sektors mit Hilfe einer Graphik dar und zeigen Sie graphisch, wie für Unternehmen K die Effizienz bestimmt und geeignet zerlegt werden kann.

Für die Unternehmen A bis K sind Ihnen die Ergebnisse der Envelopment-Form für CRS

Unternehmen	A	B	C	D	E	F	G	H	J	K
θ_i		0,846	0,647	0,214	0,500	1,000	1,000	0,633	0,429	0,682	0,417
λ_{Ei}		1,833			1,000			1,000	0,500	
λ_{Fi}	1,222		0,167	0,278		1,000	1,056		0,500	0,556

und für VRS

Unternehmen	A	B	C	D	E	F	G	H	J	K
$\widetilde{\theta}_i$		1,000	0,765	0,714	1,000	1,000	1,000	0,667	0,429	0,682	0,476
λ_{Ai}	1,000	1,000					0,250			
λ_{Di}			1,000							0,286
λ_{Ei}								1,000	0,500	0,714
λ_{Fi}							0,750		0,500	

gegeben (alle nicht gezeigten λ-Werte sind gleich null).

(c)   Geben Sie die gesamte produktive Effizienz, die Skaleneffizienz und die reine technische Effizienz für alle Unternehmen A bis K an.

(d)   Bestimmen Sie die MPSS und klassifizieren Sie die Unternehmen in solche, die im Vergleich dazu zu klein bzw. zu groß sind.

(e)   Diskutieren Sie Besonderheiten in den Ergebnissen der Unternehmen E, F, H und J.

Aufgabe 5.5 (Mineralwasserindustrie)

Betrachtet sei wieder die Mineralwasserindustrie mit den Unternehmen U1 bis U10 mit den bereits bekannten Einsatzmengen an Arbeit L und Kapital K sowie der produzierten Outputmenge y.

(a)   Berechnen Sie unter Verwendung eines Programms zur linearen Optimierung oder zur nichtparametrischen Bestimmung von Frontierfunktionen die Effizienzmaße sowie die λ-Faktoren aller Unternehmen der Mineralwasserindustrie numerisch sowohl unter konstanten als auch unter variablen Skalenerträgen.

(b)   Vergleichen Sie die Effizienzmaße der Varianten unter konstanten und unter variablen Skalenerträgen. Berechnen Sie dazu die Skaleneffizienz und geben Sie an, welche Unternehmen reine technische Ineffizienz aufweisen und welche Unternehmen nur deswegen ineffizient erscheinen, weil sie die falsche Unternehmensgröße aufweisen.

(c)   Geben Sie die MPSS für die Mineralwasserindustrie an. An welchen Kenngrößen orientieren Sie sich dabei? Welche Unternehmen sind gemessen an der MPSS zu groß oder zu klein?

6 Input- versus Outputorientierung

In den vorangegangenen Kapiteln wurde die Ineffizienz eines Unternehmens stets in Form einer proportionalen Reduktion des Inputeinsatzes betrachtet, der bei konstanten produzierten Outputmengen erforderlich ist, um einen höheren Grad an produktiver Effizienz zu erzielen. Diese Perspektive wird als Inputorientierung bezeichnet. Alternativ kann man die Ineffizienz eines Unternehmens jedoch auch in Form der proportionalen Steigerung aller Outputmengen angeben, die bei gleichen Einsatzmengen der benötigten Inputfaktoren notwendig ist, um ein höheres Effizienzniveau zu erreichen. Diese alternative Perspektive wird als Outputorientierung bezeichnet. Die hierfür erforderlichen Modifikationen der DEA und ihre Interpretation sind Gegenstand dieses Kapitels. Die outputorientierte Effizienzanalyse wird dabei sowohl für den Fall konstanter Skalenerträge (6.1) als auch für den Fall variabler Skalenerträge (6.2) behandelt. In diesem Zusammenhang kann dann auch die mögliche Uneindeutigkeit des im vorangegangenen Kapitels eingeführten Konzept der most productive scale size anhand eines einfachen Beispiels illustriert werden.

6.1 Konstante Skalenerträge

Entsprechend der Vorgehensweise in den Kapiteln 3 bis 5 wird zunächst der Fall konstanter Skalenerträge in der Produktion betrachtet und hierfür die Productivity- und die Envelopment-Form abgeleitet.

6.1.1 Productivity- und Envelopment-Form

Die Herleitung der outputorientierten Varianten der Productivity-Form geht analog zum inputorientierten Fall von der Formulierung als lineares Quotientenprogramm aus. Während im inputorientierten Fall ein Quotient aus einem Outputaggregat zu einem Inputaggregat (also die totale Faktorproduktivität) maximiert wird, basiert die Outputorientierung auf der Minimierung der sogenannten Inputintensität k, also des Quotienten aus einem Inputaggregat zu einem Outputaggregat für ein Unternehmen

$i \in \{1,...,n\}$. Die Inputintensität gibt den (aggregierten) Inputbedarf pro Einheit des (aggregierten) Outputs an. Entsprechend ist die Leistungsfähigkeit eines Unternehmens i umso größer, je geringer dieser Inputeinsatz und damit die Inputintensität ausfällt. Analog zur Productivity-Form bei Inputorientierung soll Unternehmen i im Vergleich zu anderen dann besser bewertet werden, wenn seine Inputintensität geringer ausfällt.

Unter Annahme konstanter Skalenerträge läßt sich das lineare Quotientenprogramm in outputorientierter Perspektive wie folgt angeben:

$$\min_{p,q} \quad k \;=\; \frac{\mathbf{x}_i^T \mathbf{q}}{\mathbf{y}_i^T \mathbf{p}}$$

$$\text{N.B.} \qquad \frac{\mathbf{x}_l^T \mathbf{q}}{\mathbf{y}_l^T \mathbf{p}} \;\geq\; 1 \quad \text{für alle } l \in \{1,...,n\} \tag{6.1}$$

$$\mathbf{p} \;>\; \mathbf{0}$$

$$\mathbf{q} \;>\; \mathbf{0}$$

Über die Nebenbedingungen wird sichergestellt, daß dieser Quotient stets größer oder gleich 1 ist und alle Aggregationsgewichte in den Vektoren $\mathbf{p}$ und $\mathbf{q}$ positiv sind. Es erfolgt somit eine Normierung von k auf das Intervall $[1,\infty)$, wobei $k = 1$ das best-practice-Niveau darstellt.

Zur Lösung von (6.1) muß das lineare Quotientenprogramm durch die Anwendung der Charnes-Cooper-Transformation in ein gewöhnliches lineares Programm übersetzt werden. Anschließend kann man wieder den Simplex-Algorithmus zu dessen Berechnung einsetzen. Die Transformation gelingt, indem Zähler und Nenner der Zielfunktion und aller Nebenbedingungen mit $\mathbf{y}_i^T \mathbf{p}$ (anstelle von $\mathbf{x}_i^T \mathbf{q}$ im Fall der Inputorientierung) multipliziert werden. Somit ergibt sich mit den transformierten Aggregationsgewichten für die Inputs $\mathbf{v} = \mathbf{q}/(\mathbf{y}_i^T \mathbf{p})$ und die Outputs $\boldsymbol{\mu} = \mathbf{p}/(\mathbf{y}_i^T \mathbf{p})$ die folgende Schreibweise des Minimierungsproblems

$$\min_{\mu,\nu} \quad k \;=\; \mathbf{x}_i^T \mathbf{v}$$

$$\text{N.B.} \qquad \mathbf{x}_l^T \mathbf{v} - \mathbf{y}_l^T \boldsymbol{\mu} \;\geq\; 0 \quad \text{für alle } l \in \{1,...,n\}$$

$$\mathbf{y}_i^T \boldsymbol{\mu} \;=\; 1 \tag{6.2}$$

$$\boldsymbol{\mu} \;>\; \mathbf{0}$$

$$\mathbf{v} \;>\; \mathbf{0},$$

wobei sich die zusätzliche Nebenbedingung $\mathbf{y}_i^T \boldsymbol{\mu} = 1$ aus der Normierung $\mathbf{y}_i^T \boldsymbol{\mu} = \mathbf{y}_i^T (\mathbf{p}/(\mathbf{y}_i^T \mathbf{p})) = (\mathbf{y}_i^T \mathbf{p})/(\mathbf{y}_i^T \mathbf{p}) = 1$ ergibt. Unter Verwendung der Matrizen $\mathbf{X}$ und $\mathbf{Y}$ läßt sich (6.2) noch kompakter in der Form

$$
\begin{aligned}
\min_{\boldsymbol{\mu}, \mathbf{v}} \quad k \;&=\; \mathbf{x}_i^T \mathbf{v} \\
\text{N.B.} \qquad \mathbf{X}^T \mathbf{v} - \mathbf{Y}^T \boldsymbol{\mu} \;&\geq\; \mathbf{0} \\
\mathbf{y}_i^T \boldsymbol{\mu} \;&=\; 1 \\
\boldsymbol{\mu} \;&>\; \mathbf{0} \\
\mathbf{v} \;&>\; \mathbf{0}
\end{aligned}
\tag{6.3}
$$

ausdrücken. Die Aggregationsgewichte $\boldsymbol{\mu}$ und $\mathbf{v}$ haben die gleiche Bedeutung wie bei der inputorientierten Version, indem sie die jeweilige actual-practice-Produktionsfunktion von Unternehmen i parametrisieren. Man erkennt dies unmittelbar, wenn man die Zielfunktion des Programms (6.2) mit $\mathbf{y}_i^T \boldsymbol{\mu} = 1$ multipliziert und somit die Produktionsfunktion

$$
\mathbf{y}_i^T \boldsymbol{\mu} \cdot k = \mathbf{x}_i^T \mathbf{v}
\tag{6.4}
$$

erhält.

Der Lösungswert für den Effizienzparameter k_i gibt das Niveau dieser actual-practice-Produktionsfunktion relativ zur best-practice-Produktionsfunktion an. Aus (6.4) erkennt man unmittelbar die Interpretation von k_i als denjenigen Faktor, mit dem der normierte Outputwert $\mathbf{y}_i^T \boldsymbol{\mu}_i = 1$ bzw. die Outputs von Unternehmen i bei gegebenem Inputeinsatz proportional zu erhöhen sind, damit dieses Unternehmen genauso effizient produziert wie ein best-practice-Unternehmen und so die Produktionsfunktion von Unternehmen i der best-practice-Produktionsfunktion entspricht. Im Fall $k_i = 1$ produziert das betrachtete Unternehmen bereits mit einer best-practice-Produktionsfunktion. Bei $k_i > 1$ hingegen entspricht die actual-practice-Produktionsfunktion gerade nicht der best-practice-Produktionsfunktion. Die Abweichung kann durch eine Erhöhung aller Ouputs von Unternehmen i auf das Niveau k_i beseitigt werden.

Eine Anwendung des Dualitäts-Theorems der linearen Programmierung, welches im Appendix zur linearen Programmierung erläutert wird, auf die Productivity-Form (6.3) führt zur korrespondierenden Envelopment-Form:

$$\max_{\varphi, \lambda} \quad \varphi$$

$$\text{N.B.} \qquad \mathbf{X}\lambda \;\leq\; \mathbf{x}_i$$

$$\varphi \mathbf{y}_i \;-\; \mathbf{Y}\lambda \;\leq\; \mathbf{0} \tag{6.5}$$

$$\lambda \;\geq\; \mathbf{0}$$

Hierbei wird nun der maximale Faktor $\varphi_i \geq 1$ bestimmt, der das Niveau angibt, auf das alle Outputmengen von Unternehmen i erhöht werden müssen, um einen Referenzpunkt auf der best-practice-Frontierfunktion zu erreichen, der auch hier durch bestimmte Konvexkombinationen der Inputs und Outputs aller Beobachtungen der Stichprobe, $\mathbf{X}\lambda$ und $\mathbf{Y}\lambda$, gebildet wird. In den Nebenbedingungen wird also auch bei Outputorientierung erfaßt, welche Input-Output-Kombinationen zur Technologiemenge gehören. Effiziente Unternehmen sind durch den Lösungswert $\varphi_i = 1$ charakterisiert, was bedeutet, daß bei ihnen keine Outputerhöhung erforderlich ist, um die Frontierfunktion zu erreichen, da sie diese bereits mit determinieren. Ineffiziente Unternehmen dagegen weisen Werte von $\varphi_i > 1$ auf. Der Vektor λ_i enthält auch hier wieder die Informationen über die Referenzbeobachtungen zu Unternehmen i. Die Dualität von Productivity- und Envelopment-Form stellt auch hier sicher, daß die Zielfunktionswerte beider Programme identisch sind, also $k_i = \varphi_i$ gilt.

Bei konstanten Skalenerträgen verhalten sich die inputorientierten und die outputorientierten Effizienzmaße genau reziprok zueinander, d.h. es gilt $h_i = 1/k_i$ und $\theta_i = 1/\varphi_i$.[1] Daraus ergibt sich notwendigerweise, daß die Mengen der effizienten und der ineffizienten Unternehmen, $Eff(i)$ und $Ineff(i)$, unabhängig von der gewählten Orientierung sind. Obwohl sich die absoluten Werte der Aggregationsgewichte $\boldsymbol{\mu}$ und $\boldsymbol{\nu}$ zwischen Input- und Outputorientierung durchaus unterscheiden können, beschreiben ihre Verhältnisse bei Outputorientierung die gleichen Produktionsfunktionen wie im Fall der Inputorientierung, so daß sich diesbezüglich keine neuen Erkenntnisse ergeben. Die λ-Werte bei Input- und Outputorientierung unterscheiden sich im allgemeinen voneinander, da sich die Referenzunternehmen auf der Frontierfunktion bei Outputorientierung in der Regel aus anderen Beobachtungen mit einer anderen Gewichtung zusammensetzen als bei Inputorientierung.

---

[1]   Im weiter unten noch zu besprechenden Fall variabler Skalenerträge gilt diese Reziprozität der input- und outputorientierten Effizienzmaße jedoch im allgemeinen nicht.

Diese allgemeinen Resultate für die Outputorientierung und deren Beziehungen zur Inputorientierung sollen im weiteren geometrisch illustriert und interpretiert werden.

6.1.2 Beispiele

Beispiel II

In Abbildung 6.1 sind nochmals die Unternehmen M bis R des Beispieldatensatzes II zusammen mit der Frontierfunktion bei konstanten Skalenerträgen abgebildet. Im Rahmen der Envelopment-Form berechnet sich der Effizienzwert von Unternehmen R bei Inputorientierung bekanntlich aus dem Streckenverhältnis aR'/aR entlang der horizontalen gepunkteten Linie.

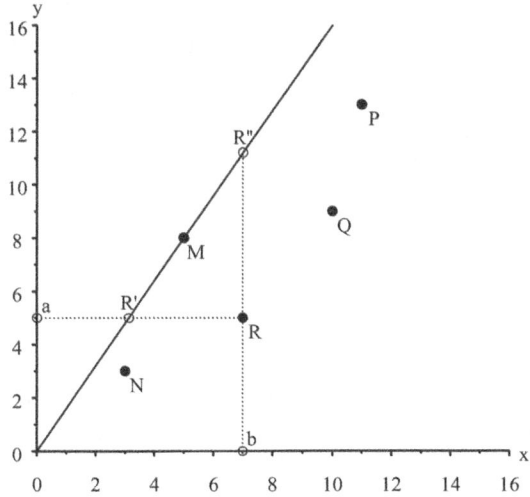

Abb. 6.1. Outputorientierte radiale Effizienzmessung mit einem Output

Bei der outputorientierten Envelopment-Form erfolgt die Effizienzmessung dagegen entlang der vertikalen gepunkteten Linie. Unternehmen R muß hier seine Outputmenge von bR Einheiten auf bR''/bR Prozent dieser Menge erhöhen, um das entsprechende Outputniveau auf der Frontierfunktion bei einem fixierten Inputeinsatz von 7 Einheiten zu erreichen. Rechnerisch kann man dies leicht überprüfen, da die Streckenlänge bR multipliziert mit bR"/bR genau bR" und damit das Outputniveau auf der Frontier-funktion im Punkt R" ergibt.

Die Feststellung, daß sich die Effizienzmaße bei Input- und Outputori-entierung im Fall konstanter Skalenerträge genau reziprok zueinander ver-halten, kann im folgenden anhand von Unternehmen R demonstriert wer-den. Die Werte für θ_R als dem inputorientierten Effizienzmaß von Unternehmen R und von φ_R als dem outputorientierten Effizienzmaß, kann man anhand der Streckenverhältnisse $\theta_R = aR'/aR$ und $\varphi_R = bR''/bR$ in der Zeichnung ablesen. Diese Streckenverhältnisse lassen sich auch mit Hilfe der Input- und Outputwerte der Unternehmen M und R ausdrücken, die mit x_M und y_M sowie x_R und y_R bezeichnet werden. Dann ist

$$\theta_R = \frac{x_M / y_M \cdot y_R}{x_R} = \frac{x_M}{y_M} \frac{y_R}{x_R} ,$$

wobei $x_M / y_M \cdot y_R$ die x-Koordinate des Punkts R' auf der Frontierfunktion und damit die Länge der Strecke aR' darstellt. Die Länge der Strecke aR ist natürlich gleich der x-Koordinate des Punkte R, also x_R. Analog dazu ist

$$\varphi_R = \frac{y_M / x_M \cdot x_R}{y_R} = \frac{y_M}{x_M} \frac{x_R}{y_R} ,$$

wobei hier $y_M / x_M \cdot x_R$ die y- Koordinate des Punkts R" auf der Frontierfunktion und damit die Länge der Strecke bR" angibt. Die Länge der Strecke bR ist dann genau gleich der y-Koordinate des Punkts R, y_R. Man erkennt unmittelbar, daß sich die beiden rechten Seiten der Ausdrücke für θ_R und φ_R genau reziprok zueinander verhalten. Somit ist die Gültigkeit der Beziehung $\theta_R = 1 / \varphi_R$ für das Unternehmen R und die Frontierfunktion durch M verifiziert. Alternativ kann man sich diesen Zusammenhang auch geometrisch anhand des Strahlensatzes verdeut-lichen.

Tabelle 6.1 faßt die numerischen Ergebnisse sowohl der Productivity-Form als auch der Envelopment-Form der outputorientierten Analyse des Beispieldatensatzes II zusammen.

Tabelle 6.1. Ergebnisse für Beispieldatensatz II (outputorientiert)

Unternehmen	M	N	P	Q	R
$k_i = \varphi_i$	1,000	1,600	1,354	1,778	2,240
μ_{1i}	0,125	0,333	0,077	0,111	0,200
v_{1i}	0,200	0,533	0,123	0,178	0,320
v_{1i} / μ_{1i}	1,600	1,600	1,600	1,600	1,600
$(v_{1i} / \mu_{1i}) / k_i$	1,600	1,000	1,182	0,900	0,714
λ_{Mi}	1,000	0,600	2,200	2,000	1,400
λ_{Ni}	0,000	0,000	0,000	0,000	0,000
λ_{Pi}	0,000	0,000	0,000	0,000	0,000
λ_{Qi}	0,000	0,000	0,000	0,000	0,000
λ_{Ri}	0,000	0,000	0,000	0,000	0,000

Die allgemeinen Aussagen zur Beziehung zwischen Inputorientierung und Outputorientierung lassen sich hieran leicht verifizieren. Erstens sind die Effizienzmaße für die Unternehmen M, N und P genau reziprok zu denen der inputorientierten Analyse in Tabelle 3.7 in Kapitel 3. Damit sind auch die Mengen *Eff*(i) und *Ineff*(i) unabhängig von der gewählten Orientierung. Zweitens sind die Verhältnisse der Aggregationsgewichte sowie die Steigungen der jeweilgen actual-practice-Produktionsfunktionen identisch zu denjenigen aus der inputorientierten Analyse. Letztere ergeben sich aus Gleichung (6.4), bei der man im Fall eines Inputs und eines Outputs die Form $y_i = v_i /(\mu_i \cdot k_i) \cdot x_i$ erhält. Drittens zeigen die λ-Werte, daß wie bei der inputorientierten Analyse (siehe Tabelle 4.5 in Kapitel 4) Unternehmen N unterhalb der MPSS und Unternehmen P (ebenso wie Q und R) oberhalb der MPSS liegen, auch wenn sich die tatsächliche Größe der errechneten Werte zwischen Input- und Outputorientierung unterscheidet.

Beispiel III

Zur Veranschaulichung der Vorgehensweise der outputorientierten Analyse, wenn mehrere Outputgüter produziert werden, wird an dieser Stelle der neue Beispieldatensatz III in Tabelle 6.2 eingeführt, der für die vier Unternehmen S, U, V und W Daten zu den Outputmengen der Güter 1 und 2 sowie zum einzigen Inputfaktor enthält. Die Outputdaten sind dabei so zu verstehen, daß sie die Outputmengen der beiden Güter angeben, die mit einem Inputeinsatz von einer Einheit produziert werden können.

Tabelle 6.2. Beispieldatensatz III

Unternehmen	S	U	V	W
Output 1 y_1	8	4	3	4
Output 2 y_2	4	8	4	2
Input x	1	1	1	1

In Abbildung 6.2 sind die Outputdaten der Unternehmen des Beispieldatensatzes III, zusammen mit den entsprechenden Ursprungsstrahlen und den Referenzpunkten auf der Frontierfunktion I abgebildet. Diese Funktion ist in der ökonomischen Theorie auch unter der Bezeichnung Transformationsfunktion bekannt, die angibt, in welchem Verhältnis die Güter 1 und 2 ineinander transformiert werden können. Die Frontierfunktion im Outputraum wird schließlich auch als Outputisoquante bezeichnet, da sie die Mengenkombinationen der beiden Outputgüter repräsentiert, die mit einem konstanten Inputeinsatz produziert werden können. Da die Inputmenge im gegenwärtigen Beispiel auf den Wert 1 normiert ist, stellt die Funktion I die Einheitsoutputisoquante dar.

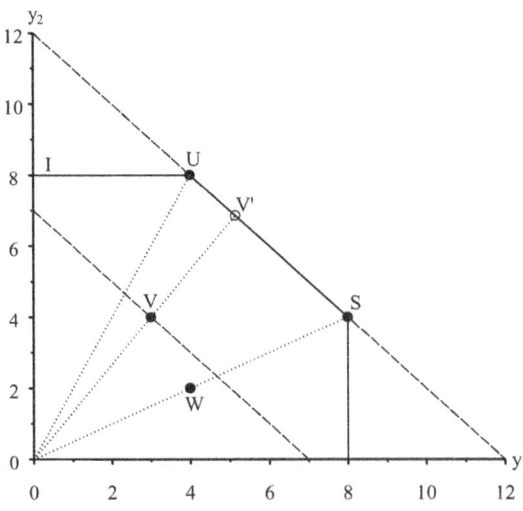

Abb. 6.2. Outputorientierte radiale Effizienzmessung mit zwei Outputs

Im Beispiel wird die Outputisoquante von den Unternehmen S und U sowie den horizontalen und vertikalen Verlängerungen zu den Achsen gebildet. Diese beiden Unternehmen sind somit effizient und ihre outputorientierten Effizienzmaße ergeben sich zu $0S/0S = 1$ im Fall von Unternehmen S und $0U/0U = 1$ im Fall von Unternehmen U. Unternehmen V ist hier offensichtlich ineffizient, da es seine beiden Outputmengen jeweils auf $0V'/0V > 1$ Prozent der gegenwärtig produzierten Mengen erhöhen muß, um den Referenzpunkt V' auf der Frontierfunktion zu erreichen. In ähnlicher Weise muß Unternehmen W seine Outputmengen auf $0S/0W > 1$ Prozent steigern, um genau so viel wie Unternehmen S von beiden Gütern zu produzieren. Die numerischen Ergebnisse hierzu sind in Tabelle 6.3 zusammengestellt.

Tabelle 6.3. Ergebnisse für Beispieldatensatz III (outputorientiert)

Unternehmen	S	U	V	W
$k_i = \varphi_i$	1,000	1,000	1,714	2,000
μ_{1i}	0,083	0,083	0,143	0,167
μ_{2i}	0,083	0,083	0,143	0,167
v_{1i}	1,000	1,000	1,714	2,000
λ_{Si}	1,000	0,000	0,286	1,000
λ_{Ui}	0,000	1,000	0,714	0,000
λ_{Vi}	0,000	0,000	0,000	0,000
λ_{Wi}	0,000	0,000	0,000	0,000

Die Interpretation der Ergebnisse erfolgt analog zum inputorientierten Fall. Das ineffiziente Unternehmen W muß seinen Output 1 von 4 auf 8 Einheiten und seinen Output 2 von 2 auf 4 Einheiten steigern, um ebenso effizient wie das Vergleichsunternehmen S auf der Frontierfunktion zu produzieren. Den Effizienzwert von Unternehmen V kann man leicht anhand der Productivity-Form nachvollziehen. Anhand der Ordinatenabstände kann ein Niveauvergleich der in Abbildung 6.2 gestrichelt eingezeichneten actual-practice- bzw. best-practice-Produktionsfunktionen durchgeführt werden. Unternehmen V muß seine Outputmengen vom actual-practice-Niveau von 7 auf das best-practice-Niveau von 12 und damit auf 12/7 des actual-practice-Niveaus erhöhen. Der Wert 12/7 entspricht genau dem in Tabelle 6.3 ausgewiesenen Effizienzwert $\varphi_V = 1,714$.

Die λ-Werte in Tabelle 6.3 lassen erkennen, daß die effizienten Unternehmen S und U nur mit sich selbst verglichen werden. Unternehmen W wird direkt mit S verglichen und Unternehmen V mit einer Konvexkombination aus S und U, wobei das virtuelle Unternehmen V' dem Unternehmen U ähnlicher ist als dem Unternehmen S.

6.2 Variable Skalenerträge

Auch in der outputorientierten Perspektive werden bei einer Effizienzmessung unter der Annahme konstanter Skalenerträge größenbedingte Effizienzeffekte und die reine technische Effizienz miteinander vermengt. Um die größenbedingten Einflüsse auf die Effizienzmessung auszuschalten und die reine technische Effizienz zu erfassen, kann auch bei Outputorientierung auf das Axiom (A5) verzichtet werden. Im Gegensatz zur inputorientierten Analyse in Kapitel 5, bei der die Größe der Unternehmen in Outputeinheiten gemessen wurde, wird bei der outputorientierten Analyse die Größe in Inputeinheiten erfaßt, da nun die Outputdimension als Ausdruck der Ineffizienz verwendet wird.

6.2.1 Productivity- und Envelopment-Form

Gibt man die Restriktion konstanter Skalenerträge auf, so kann dies in den linearen Programmen bei Outputorientierung wie folgt berücksichtigt werden. In der Productivity-Form wird die Zielfunktion um die Variable v_0 ergänzt, die wie im Fall der Inputorientierung zuläßt, daß die Produktionsfunktion nicht auf einen Strahl durch den Ursprung des Koordinatensystems restringiert wird. Damit ist das folgende lineare Programm

$$
\begin{aligned}
\min_{\mu, \mathbf{v}, v_0} \ \widetilde{k} \ &= \ \mathbf{x}_i^T \mathbf{v} + v_0 \\
\text{N.B.} \qquad \mathbf{X}^T \mathbf{v} - \mathbf{Y}^T \boldsymbol{\mu} + \mathbf{1} v_0 \ &\geq \ \mathbf{0} \\
\mathbf{y}_i^T \boldsymbol{\mu} \ &= \ 1 \\
\boldsymbol{\mu} \ &> \ \mathbf{0} \\
\mathbf{v} \ &> \ \mathbf{0}
\end{aligned}
$$

zusätzlich noch bezüglich der neuen Variablen v_0 zu lösen. An deren Vorzeichen kann man wieder die Art der vorliegenden Skalenerträge ablesen. Konstante Skalenerträge sind mit $v_0 = 0$, steigende Skalenerträge mit $v_0 < 0$ und sinkende Skalenerträge mit $v_0 > 0$ verbunden. Unter Ausnutzung der Dualität ergibt sich für das lineare Programm der Envelopment-Form:

$$\max_{\tilde{\varphi}, \lambda} \quad \tilde{\varphi}$$

$$\text{N.B.} \qquad \mathbf{X}\lambda \;\leq\; \mathbf{x}_i$$

$$\tilde{\varphi}\mathbf{y}_i \;-\; \mathbf{Y}\lambda \;\leq\; \mathbf{0}$$

$$\mathbf{1}^T\lambda \;=\; 1$$

$$\lambda \;\geq\; \mathbf{0}.$$

Wie im Fall der Inputorientierung erscheint auch hier die zusätzliche Nebenbedingung $\mathbf{1}^T\lambda = 1$, wobei $\mathbf{1}^T = (1,...,1)$ wiederum den $1 \times n$- Einsvektor repräsentiert. Die Zielfunktionswerte bei variablen Skalenerträgen werden auch hier durch die Tilde von ihren Entsprechungen bei konstanten Skalenerträgen unterschieden.

Analog zum inputorientierten Fall kann auch bei Outputorientierung die Lösung für die technische Effizienz bei konstanten Skalenerträgen von Unternehmen i, φ_i, in die reine technische Effizienz $\tilde{\varphi}_i$ nach Bereinigung um Unternehmensgrößeneffekte und in die Skaleneffizienz $\varphi_i / \tilde{\varphi}_i$ zerlegt werden. Die outputorientierte Skaleneffizienz erhält den Wert 1, wenn ein Unternehmen sowohl bei Unterstellung konstanter als auch bei Unterstellung variabler Skalenerträge effizient ist. Unternehmen, die zwar technisch effizient produzieren, jedoch nicht die optimale Unternehmensgröße aufweisen, lassen sich anhand der Konstellation $\varphi_i > 1$ und $\tilde{\varphi}_i = 1$ identifizieren. Das Ausmaß der Skaleninineffizienz entspricht in diesen Fällen exakt dem outputorientierten Effizienzwert φ_i bei konstanten Skalenerträgen.

Das Dualitätstheorem stellt zwar sicher, daß $\tilde{\varphi}_i = \tilde{k}_i$ gilt, jedoch sind die Werte der outputorientierten Effizienzmaße bei variablen Skalenerträgen im allgemeinen nicht reziprok zu den entsprechenden inputorientierten Werten. Man kann hier also lediglich die Beziehungen $\tilde{k}_i = \tilde{\varphi}_i \neq \tilde{\theta}_i = \tilde{h}_i$ festhalten. Da die Frontierfunktion bei variablen Skalenerträgen unabhängig von der Wahl der input- oder outputorientieren Perspektive von den gleichen Unternehmen gebildet wird, ist klar, daß die Klassifikation in effiziente und ineffiziente Unternehmen und damit die Mengen $Eff(i)$ und $In\tilde{e}ff(i)$ identisch sind. Die Wahl der Perspektive hat also nur einen Einfluß auf die Höhe der ausgewiesenen Ineffizienz, nicht jedoch auf die Klassifikation der Unternehmen als effizient oder ineffizient.

6.2.2 Beispiel

Einige Besonderheiten der outputorientierten Effizienzmessung bei variablen Skalenerträgen sollen am Beispiel der Unternehmen des Beispieldatensatzes II illustriert werden, für den die Frontierfunktion 0'NMP0" gilt (Abbildung 6.3). Wie in Kapitel 5 bereits dargelegt, produzieren Unternehmen mit einer Größe zwischen den Unternehmensgrößen von N und M mit steigenden Skalenerträgen und Unternehmen mit einer Größe zwischen denjenigen von M und P mit sinkenden Skalenerträgen. Entsprechend wird beispielsweise Unternehmen Q, das eine Größe zwischen M und P besitzt, mit einem Frontierteilstück verglichen, das sinkende Skalenerträge aufweist. Bei Anwendung des Pareto-Koopmans-Kriteriums findet sich auf MP ein Bereich zwischen den Punkten Q' und Q" mit virtuellen Produktionspunkten, die nordwestlich von Q liegen und folglich eine höhere Produktivität als Q aufweisen. Bei Anwendung der Inputorientierung wird Q direkt mit dem virtuellen Punkt Q' verglichen und zeichnet sich durch ein vergleichsweise zu hohes Inputniveau beim gleichen Outputniveau wie Q aus. Bei Outputorientierung wird Q mit dem virtuellen Punkt Q" verglichen, in dem bei gleich hohem Inputniveau mehr Output hergestellt wird.

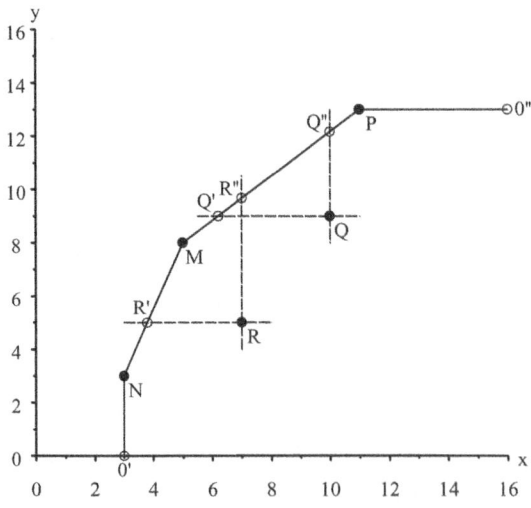

Abb. 6.3. Outputorientierte radiale Effizienzmessung bei variablen Skalenerträgen

Äquivalente Aussagen kann man für Unternehmen R machen, wobei allerdings bei Anwendung des Pareto-Koopmans-Kriteriums dominierende virtuelle Beobachtungen sowohl auf dem Teilstück MN als auch auf dem Teilstück MP der Frontierfunktion zu finden sind. Bei Bestimmung des quantitativen Maßes bei Inputorientierung wird R, das eine Unternehmensgröße zwischen denjenigen von N und M besitzt, mit dem virtuellen Punkt R' auf dem Frontierteilstück mit steigenden Skalenerträgen verglichen. Im Fall einer outputorientierten Bewertung dagegen wird R mit dem virtuellen Punkt R" verglichen, der auf dem Frontierteilstück MP mit sinkenden Skalenerträgen liegt.

Dies bedeutet, daß keine eindeutige Aussage darüber möglich ist, ob Unternehmen R im Vergleich zum Unternehmen M als MPSS zu groß oder zu klein ist. In inputorientierter Betrachtung ist R zu klein, während es in outputorientierter Betrachtung als zu groß klassifiziert ist. Generell tritt dieses Uneindeutigkeitsproblem bei solchen Unternehmen auf, die von einem skaleneffizienten Unternehmen Pareto-Koopmans-dominiert werden. Im Fall von Unternehmen Q, daß von den virtuellen Punkten zwischen Q' und Q" auf dem Frontierfunktionsteilstück MP Pareto-Koopmans-dominiert wird, ist die Aussage hingegen eindeutig. Die Referenzpunkte in input- wie in outputorientierter Perspektive, Q' und Q", liegen beide auf dem selben Frontierteilstück, welches mit sinkenden Skalenerträgen verbunden ist. Damit ist Unternehmen Q skalenineffizient in dem Sinne, daß es eindeutig zu groß ist.

6.2.3 Uneindeutigkeit der most productive scale size

Die produktivste Unternehmensgröße (MPSS) ist im Beispieldatensatz II die Größe von Unternehmen M, das als einziges bei konstanten Skalenerträgen als effizient eingestuft ist und folglich die größte Durchschnittsproduktivität aufweist. Im vorliegenden Fall eines Inputs und eines Outputs kann die produktivste Unternehmensgröße sowohl in Inputeinheiten als auch in Outputeinheiten eindeutig angegeben werden. Weitere Fälle in denen die produktivste Unternehmensgröße eindeutig bestimmt werden kann sind der Fall der inputorientierten Effizienzmessung, wenn nur ein Outputgut gegeben ist, und der Fall der outputorientierten Effizienzmessung, wenn nur ein Inputfaktor vorliegt. Im allgemeinen Fall von $m > 1$ Inputs und $s > 1$ Outputs ist dagegen meist nur ein Intervall von Unternehmensgrößen mit der MPSS-Eigenschaft bestimmbar. Für die Behandlung des generellen Falls sei auf die Literatur und hier insbesondere auf Banker und Thrall (1992) verwiesen.

Über diese Einschränkungen hinaus können auch in den oben genannten Fällen bestimmte (allerdings in der Realität sehr unwahrscheinliche) Datenkonstellationen dazu führen, daß die produktivste Unternehmensgröße nicht eindeutig bestimmt werden kann. So kann es sogar im Fall mit einem Input und einem Output vorkommen, daß sich nur ein Intervall produktivster Unternehmensgrößen ermitteln läßt. Am Beispieldatensatz II läßt sich dies veranschaulichen, wenn man die Daten für Unternehmen P dahingehend modifiziert, daß dieses nun 16 Outputeinheiten mit Hilfe von 10 Inputeinheiten produziert. Unternehmen P stellt damit genau doppelt so viel Output her wie Unternehmen M, setzt hierfür jedoch auch die doppelte Inputmenge im Vergleich zu Unternehmen M ein. Damit weist Unternehmen P die gleiche Durchschnittsproduktivität wie Unternehmen M auf und ist bei konstanten Skalenerträgen ebenso effizient wie dieses. Abbildung 6.4 zeigt diese Situation.

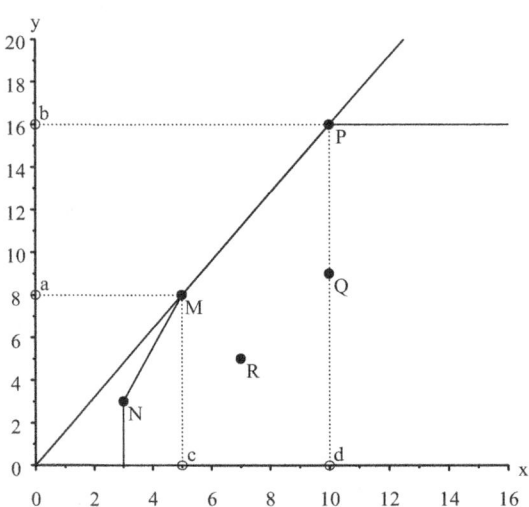

Abb. 6.4. Intervall produktivster Unternehmensgrößen

Da nun die Unternehmen M und P beide skaleneffizient sind, kann keine eindeutige produktivste Unternehmensgröße mehr angegeben werden, sondern alle Unternehmensgrößen, die zwischen denen von M und P liegen, bilden gemeinsam das Intervall der produktivsten Unternehmensgrößen. Wenn die Unternehmensgröße in Outputeinheiten gemessen wird, weisen alle Unternehmen, die zwischen 8 und 16 Outputeinheiten produzieren, die MPSS-Eigenschaft auf. Im Fall der Messung der

Unternehmensgröße in Inputeinheiten besitzen alle Unternehmen, die zwischen 5 und 10 Einheiten des Produktionsfaktors einsetzen, die MPSS-Eigenschaft. Diese Bereiche sind in der Abbildung durch die von M und P ausgehenden, gepunktet eingezeichneten, horizontalen und vertikalen Linen abgegrenzt und können durch die Intervalle $[a, b]$ bzw. $[c, d]$ angegeben werden. Bei outputorientierter Effizienzmessung produzieren damit alle Unternehmen außer N und bei outputorientierter Effizienzmessung alle Unternehmen außer N und R mit der produktivsten Unternehmensgröße.

Schlüsselbegriffe und Übungsaufgaben

Schlüsselbegriffe

Inputorientierung
Outputorientierung
Outputisoquante
Transformationsfunktion
Reziprozität der Effizienzmaße
Uneindeutigkeit der MPSS

Aufgabe 6.1 (Orientierung und Technologiemenge)

Gegeben sind wiederum die Input- und Outputmengen für die Unternehmen D bis H aus Aufgabe 5.1.

Unternehmen	D	E	F	G	H
Input x	5	6	11	9	8
Output y	9	3	14	14	8

(a) Vergleichen Sie graphisch die Effizienzklassifikationen bei Input- und bei Outputorientierung unter der Annahme, daß für die Skalenerträge der Produktionstechnologie alternativ (i) CRS, (ii) VRS, (iii) NIRS oder (iv) NDRS gilt.

(b) Bestimmen Sie die MPSS bei Output- sowie bei Inputorientierung und vergleichen Sie vor diesem Hintergrund die Effizienzbewertungen bei NIRS und NDRS mit denjenigen bei CRS und VRS.

(c) Geben Sie die Technologiemenge auf Basis der Axiome (A1), (A2), (A4) und (A5) graphisch an. Verdeutlichen Sie, welche Besonderheiten einer radialen Effizienzmessung sich sowohl bei Input- als auch bei Outputorientierung für die Unternehmen E und F ergeben.

Aufgabe 6.2 (Outputorientierung – CRS)

Die Unternehmen A bis E produzieren mit einem Input der Menge x_1 zwei unterschiedliche Produkte in den Mengen y_1 und y_2. Die Mengenangaben sind in der folgenden Tabelle enthalten.

Unternehmen	A	B	C	D	E
Input x_1	1	1	1	1	1
Output 1 y_1	8	3	5	4	7
Output 2 y_2	4	6	4	2	1

(a) Vergleichen Sie die Unternehmen nach ihrer produktiven Leistungsfähigkeit anhand einer Graphik mit Hilfe des Pareto-Koopmans-Kriteriums bei Outputorientierung.
(b) Bestimmen Sie die Technologiemenge mit Hilfe der Axiome (A1) bis (A3) graphisch.
(c) Eine outputorientierte Effizienzanalyse für die Unternehmen A bis E führt zu folgenden Ergebnissen für die Productivity-Form:

Unternehmen	A	B	C	D	E
k_i	1,0000	1,0000	1,2000	2,0000	1,1429
v_{1i}	1,0000	1,0000	1,2000	2,0000	1,1429
μ_{1i}	0,0556	0,0556	0,0667	0,1111	0,1429
μ_{2i}	0,1389	0,1389	0,1667	0,2778	0,0000

Bestimmen Sie hieraus die actual-practice-Produktionsfunktionen und die best-practice-Transformationsfunktion. Zeigen Sie für Unternehmen C wie der Effizienzwert aus dem Vergleich zwischen den beiden Funktionen bestimmt werden kann und veranschaulichen Sie dies graphisch. Welche Besonderheit fällt Ihnen bei Unternehmen E auf?

(d) Die outputorientierte Effizienzanalyse in der Envelopment-Form führt zu folgenden Ergebnissen (nicht gezeigte λ-Werte sind gleich null):

Unternehmen	A	B	C	D	E
φ_i	1,0000	1,0000	1,2000	2,0000	1,1429
λ_{Ai}	1,0000		0,6000	1,0000	1,0000
λ_{Bi}		1,0000	0,4000		
λ_{Ci}					
λ_{Di}					
λ_{Ei}					

Zeigen Sie wie man die Werte für φ_i aus der Graphik entnehmen kann und wie sich bei C die Gewichtungsfaktoren graphisch bestimmen lassen. Was fällt Ihnen bei Unternehmen E auf?

Aufgabe 6.3 (Input- und Outputorientierung – VRS)

Die Produktionsdaten der Unternehmen A bis H sind wie folgt gegeben:

Unternehmen	A	B	C	D	E	F	G	H
Input x	5	3	5	2	7	6	9	8
Output y	12	9	6	4	8	18	19	16

(a) Führen Sie eine Effizienzklassifikation in der Envelopment-Form graphisch durch, bei welcher der Einfluß der Unternehmensgröße auf die ausgewiesene Effizienz eliminiert wird. Unterscheiden Sie dabei zwischen einer input- und einer outputorientierten Analyse?

(b) Geben Sie zu jedem Unternehmen die entsprechenden Referenzunternehmen an und unterscheiden Sie dabei wieder die input- von der outputorientierten Analyse.

(c) Sie erhalten für die Unternehmen A bis H die folgenden λ-Werte aus der input- bzw. outputorientierten Analyse bei konstanten und variablen Skalenerträgen:

Inputorientierung:

Unternehmen	A	B	C	D	E	F	G	H
CRS: λ_{Bi}	0,667	1,000	0,000	0,000	0,000	0,000	0,000	0,222
λ_{Fi}	0,333	0,000	0,333	0,222	0,444	1,000	1,056	0,778

Unternehmen		A	B	C	D	E	F	G	H
VRS:	λ_{Bi}	0,667	1,000	0,400	0,000	0,800	0,000	0,000	0,222
	λ_{Di}	0,000	0,000	0,600	1,000	0,200	0,000	0,000	0,000
	λ_{Fi}	0,333	0,000	0,000	0,000	0,000	1,000	0,000	0,778
	λ_{Gi}	0,000	0,000	0,000	0,000	0,000	0,000	1,000	0,000

Outputorientierung:

Unternehmen		A	B	C	D	E	F	G	H
CRS:	λ_{Bi}	0,333	1,000	0,333	0,000	0,000	0,000	0,000	0,000
	λ_{Fi}	0,667	0,000	0,667	0,333	1,167	1,000	1,500	1,333
VRS:	λ_{Bi}	0,333	1,000	0,333	0,000	0,000	0,000	0,000	0,000
	λ_{Di}	0,000	0,000	0,000	1,000	0,000	0,000	0,000	0,000
	λ_{Fi}	0,667	0,000	0,667	0,000	0,667	1,000	0,000	0,333
	λ_{Gi}	0,000	0,000	0,000	0,000	0,333	0,000	1,000	0,667

Welche Unternehmen weisen die MPSS-Eigenschaft auf, welche sind im Vergleich dazu zu groß oder zu klein?

7 Erweiterungen

In diesem Kapitel sollen einige Erweiterung und Modifikationen vorgestellt werden, die in den vorangegangenen Kapiteln aus didaktischen Gründen ausgespart wurden. Es handelt sich dabei um das Problem der Slacks, die eine spezielle Form der Ineffizienz darstellen, die nicht von der rein radialen Effizienzmessung erfaßt werden kann (7.1). Gefolgt wird dies von der Darstellung einer einfachen Methode, die es gestattet einen Vergleich innerhalb der Gruppe der als effizient klassifizierten Unternehmen durchzuführen (7.2). Über den Einbezug von Preisinformationen zur Analyse der allokativen Effizienz von Unternehmen in (7.3) kann beurteilt werden, ob die Unternehmen, auch wenn sie technisch effizient sind, die Produktionsfaktoren im richtigen Mengenverhältnis (gemessen an den Faktorpreisen) einsetzen oder die Outputgüter in richtigen Mengenverhältnis (gemessen an den Güterpreisen) herstellen. Weitere Modifikationen werden überblicksartig am Ende des Kapitels vorgestellt (7.4).

7.1 Slacks

Mit der radialen Effizienzmessung, so wie sie in den vorangegangenen Kapiteln praktiziert wurde, kann die Effizienz eines Unternehmens, selbst wenn es eine Vielzahl von Inputfaktoren einsetzt und mehrere Output produziert, in einer einzigen Kennzahl ausgedrückt werden, nämlich h und k bzw. θ und φ. In manchen Fällen kann es allerdings vorkommen, daß nicht die gesamte Effizienz bzw. Ineffizienz eines Unternehmens mit dieser skalaren Größe erfaßt wird. Hier liegen dann noch Ineffizienzen vor, die sich eben nicht radial und damit proportional auf alle Inputs bzw. Outputs bezogen messen lassen, sondern input- bzw. outputspezifisch anfallen. Diese werden als Input- bzw. Output-Slacks bezeichnet. Die weiteren Ausführungen in diesem Abschnitt werden sich mit dieser speziellen Art von Ineffizienzen befassen und aufzeigen, wie sie zu identifizieren sind.

7.1.1 Problemstellung

Die Problematik von Input- bzw. Output-Slacks läßt sich anschaulich im Rahmen der Envelopment-Form darstellen. Ausgangspunkt der Überlegungen stellt die Definition der Technologiemenge dar und hier insbesondere das Ineffizienzaxiom (A3). Es erweitert die Technologiemenge um alle Beobachtungen, die bei konstanten Outputmengen mehr von mindestens einem Inputfaktor einsetzen als ein anderes Element der Technologiemenge oder bei konstantem Inputeinsatz weniger von mindestens einem Outputgut produzieren. Wie in Kapitel 4 gezeigt, kann durch die Erweiterung der Technologiemenge verhindert werden, daß bei radialer Effizienzmessung eine Beobachtung als best-practice identifiziert wird, obwohl sie nach dem Pareto-Koopmans-Kriterium ganz offensichtlich nicht best-practice sein kann. In Abbildung 7.1 ist dieser Sachverhalt für die Unternehmen A, C und F des erweiterten Beispiels I noch einmal dargestellt.

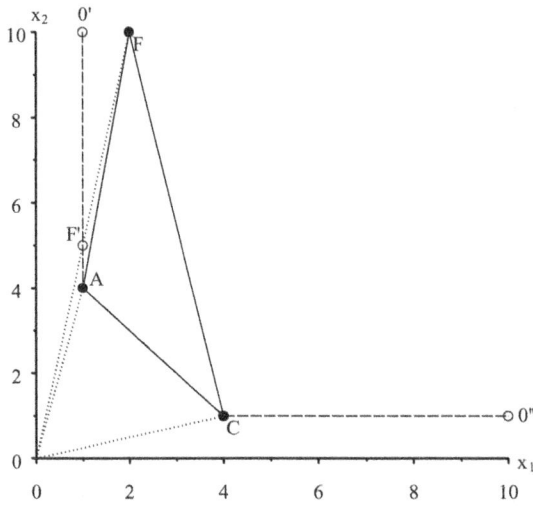

Abb. 7.1. Pareto-Koopmans-Kriterium und Slacks

Hier werden die Konvexkombinationen gemäß Axiom (A2) zwischen den Beobachtungen A, C und F durch die Fläche ACF repräsentiert. Mißt man die Effizienzniveaus nun radial, so liegen die Ursprungsstrahle zu A, C und F alle außerhalb der Technologiemenge. Dies bedeutet, daß all drei Beobachtungen als best-practice zu bewerten sind. Im Vergleich von A mit C sowie C mit F ist dies auch nach dem Pareto-Koopmans-Kriterium unstrittig. Vergleicht man hingegen A und F, dann ist unmittelbar ersichtlich, daß Unternehmen F von A Pareto-Koopmans-dominiert wird, da F gegenüber A mehr von beiden Inputfaktoren einsetzt.

Mit der Erweiterung der Technologiemenge über (A2) um alle ineffizienten Input-Output-Kombinationen (Axiom A3), wird genau der Fehler Unternehmen F als best-practice zu identifizieren, vermieden. Axiom (A3) schlägt sich in einer Verlängerung der Frontierfunktion AC über den Punkt A in Richtung 0' parallel zur x_2-Achse und über den Punkt C in Richtung 0'' parallel zur x_1-Achse nieder. Wie man nun unschwer erkennen kann, liegt der Ursprungsstrahl zu F teilweise innerhalb der Technologiemenge, so daß eine proportionale Reduktion der Inputs von F auf F' innerhalb der Technologiemenge möglich ist. F wird damit nicht mehr als best-practice behandelt.

Wie dieses Beispiel zeigt, erweist sich Axiom (A3) als geeignet, eine Technologiemenge so zu definieren, daß bei radialer Effizienzmessung effiziente von nicht effizienten Unternehmen unterschieden werden können. Allerdings ist diese Problemlösung nicht vollständig zufriedenstellend.

Die natürliche Erweiterung der Technologiemenge läßt nämlich zu, daß Fälle auftreten, bei denen die radiale Effizienzmessung nicht das gesamte Ausmaß der Ineffizienz erfaßt. Hierzu sei noch einmal die virtuelle Beobachtung F' zu F betrachtet. Sie liegt auf der Frontierfunktion, die sowohl aus realen als auch virtuellen Beobachtungen besteht. Vergleicht man die Inputkombination in F' mit derjenigen der realen Beobachtung A, so ist A nach dem Pareto-Koopmans-Kriterium eindeutig dominant. In A und F' wird zwar die gleiche Menge von x_1 eingesetzt, jedoch in F' mehr von x_2 als in A. Demnach können A und F' nicht beide als best-practice eingestuft werden.

Die Ineffizienz von F' gegenüber A ist im alleinigen Mehreinsatz von x_2 begründet. Dieser Effizienzunterschied ist allerdings nicht radial meßbar, da er sich auf ausschließlich einen einzigen Inputfaktor bezieht. Er tritt erst nach proportionaler Reduktion aller Inputfaktoren auf und wird als nicht-radiale Ineffizienz bezeichnet. Entsprechend sind die bisher diskutierten DEA-Modelle auch nicht geeignet, diese Art von Ineffizienz zu identifizieren. Analoge Fälle können auch bei den Outputs auftreten, wenn beispielsweise im Rahmen einer outputorientierten Betrachtung nach proportionaler Erhöhung aller Outputs noch bei dem einen oder anderen Output Ineffizienzen auftreten (siehe hierzu Aufgabe 6.2).

Die angesprochenen Formen der Ineffizienz werden insgesamt als Slacks bezeichnet. Je nach dem, ob der Slack einen Inputfaktor oder ein Outputgut betrifft, spricht man von Input- oder Output-Slacks. Als alternative Bezeichnung für die Input-Slacks wird häufig auch die Bezeichnung Excess-Input synonym verwendet. Die nachfolgenden Abschnitte zeigen,

wie man mit Hilfe geeigneter Modifikationen der bekannten Minimie-
rungs- und Maximierungsansätze die angesprochenen Fälle nicht-radialer
Ineffizienz behandeln kann.

7.1.2 Slacks bei konstanten Skalenerträgen

Um die angesprochenen Slacks im Rahmen einer DEA-Analyse direkt
bestimmen zu können, soll auf die Envelopment-Form zurückgegriffen
werden, wobei die linearen Programme im Vergleich zu Kapitel 4 zu mo-
difizieren sind. Ziel der Modifikation ist es, die Slacks unabhängig vom
radialen Effizienzmaß zu erfassen und separat auszuweisen. Der Schlüssel
zu dieser Identifikation findet sich in den Nebenbedingungen des Minimierungsproblems der Envelopment-Form bei konstanten Skalenerträgen aus
Kapitel 4:

$$\min_{\theta, \lambda} \quad \theta$$

$$\text{N.B.} \qquad \mathbf{Y}\lambda \;\geq\; \mathbf{y}_i$$

$$\theta \mathbf{x}_i \;-\; \mathbf{X}\lambda \;\geq\; \mathbf{0}$$

$$\lambda \;\geq\; \mathbf{0}$$

Falls ein Unternehmen *i* allein solche Ineffizienzen aufweist, die radial
meßbar sind, werden in der optimalen Lösung des Minimierungsproblems
alle Nebenbedingungen binden, d.h. mit Gleichheit erfüllt sein. Für die *m*
Nebenbedingungen der Inputs bedeutet dies nichts anderes, als daß in allen
Gleichungen derselbe Faktor θ_i angewendet wird, um die Inputs soweit zu
reduzieren, bis das entsprechende virtuelle Unternehmen auf der Frontierfunktion liegt. Werden dagegen alle *m* Nebenbedingungen für die Inputs
gleichzeitig nicht mit Gleichheit erfüllt, dann kann noch nicht der minimale Wert von θ erreicht worden sein. Gilt im Optimum allerdings, daß
höchstens $m-1$ der Inputnebenbedingungen nicht mit Gleichheit erfüllt
sind, so treten gerade $m-1$ Input-Slacks auf.

Diese Eigenschaft der Optimallösung kann man nun ausnutzen und im
Minimierungsproblem nicht negative Slack-Variablen für die Inputs und
Outputs einführen. Da es sich bei den Input-Slacks um ein „Zuviel" an
Inputmenge handelt soll $\mathbf{s}^+$ den *m*-Vektor der Input-Slacks bezeichnen.
Entsprechend repräsentiert $\mathbf{s}^-$ den *s*-Vektor der Output-Slacks, bei denen
eben ein „Zuwenig" an Outputmenge produziert wird. Zu beachten ist, daß
in $\mathbf{s}^+$ und $\mathbf{s}^-$ die einzelnen Elemente nur nicht negative Werte annehmen
und mindestens ein Element den Wert 0 aufweisen muß, da ansonsten kein
Minimum von θ und damit keine Optimallösung vorliegt.

Die Slack-Vektoren $\mathbf{s}^+$ und $\mathbf{s}^-$ werden auf der linken Seite jeder Nebenbedingung eingeführt, so daß diese jeweils exakt erfüllt sind.[1] Um eine Quantifizierung der Slacks zu gewährleisten, werden sie auch explizit in die Zielfunktion aufgenommen und mit dem Gewichtungsfaktor $\varepsilon > 0$ versehen:

$$\min_{\theta,\lambda,\mathbf{s}^-,\mathbf{s}^+} \quad \theta - \varepsilon(\mathbf{s}^-)^T - \varepsilon(\mathbf{s}^+)^T$$

$$\text{N.B.} \qquad \mathbf{Y}\lambda \;-\; \mathbf{s}^- \;=\; \mathbf{y}_i$$
$$\theta\mathbf{x}_i \;-\; \mathbf{X}\lambda \;-\; \mathbf{s}^+ \;=\; \mathbf{0} \tag{7.1}$$
$$\lambda \geq \mathbf{0},\, \mathbf{s}^- \geq \mathbf{0},\, \mathbf{s}^+ \geq \mathbf{0}$$

Die Werte der Slack-Variablen, die sich als Optimallösung des Problems ergeben, zeigen an, bei welchen Outputs und Inputs und in welcher Höhe auch nach proportionaler Reduktion der Inputs von Unternehmen i noch weitere Ineffizienzen in Form von Slacks bestehen. Der Beitrag der Slack-Variablen zur Zielfunktion wird dabei durch die sogenannte nicht-archimedische Konstante ε vernachlässigbar klein gehalten. Diese Vorgehensweise ist damit zu begründen, daß θ ein radiales Effizienzmaß darstellt, während $\mathbf{s}^-$ und $\mathbf{s}^+$ gerade nicht radial gemessen werden. Eine Verschmelzung beider Effizienzmaße ist ohne weitere Zusatzannahmen nicht möglich. Da ε aber einen sehr kleinen positiven Wert darstellt – in der Praxis werden Werte zwischen 10^{-6} und 10^{-12} verwendet – gestatten die Variablen $\mathbf{s}^-$ und $\mathbf{s}^+$ in der Zielfunktion lediglich die Identifikation der Slacks, ohne daß davon die Berechnung des radialen Effizienzmaßes θ merklich beeinflußt wird.

Damit lassen sich die Beobachtungen in drei Gruppen einteilen. Wie bisher kann man die Beobachtungen in die effizient produzierenden, ohne dabei Slacks aufzuweisen, in der Gruppe *Eff(i)* zusammenfassen. Die ineffizienten Beobachtungen werden in der Gruppe *Ineff(i)* zusammengefaßt, unabhängig davon, ob sie Slacks aufweisen oder nicht. Nach der Feststellung von Slacks existiert jedoch noch eine weitere Gruppe von Beobachtungen, die zwar ein radiales Effizienzmaß von 1, gleichzeitig aber auch Slacks aufweisen. Diese neu identifizierbare Gruppe wird als Gruppe der schwach effizienten (weak efficient) Unternehmen bezeichnet und mit *WEff(i)* abgekürzt. Es ergibt sich somit die Einteilung:

---

[1] Letztendlich bedeutet dies nicht anderes, als daß die Schlupfvariablen des linearen Programms explizit ausgewiesen werden.

$$Eff(i) \quad = \quad \left\{ i \,\middle|\, \theta_i = 1 \wedge \mathbf{s}^- = \mathbf{0} \wedge \mathbf{s}^+ = \mathbf{0}, \; i = 1,...,n \right\}$$

$$WEff(i) \quad = \quad \left\{ i \,\middle|\, \theta_i = 1 \wedge \{ \mathbf{s}^- \geq \mathbf{0} \vee \mathbf{s}^+ \geq \mathbf{0} \}, \; i = 1,...,n \right\} \tag{7.2}$$

$$Ineff(i) \quad = \quad \left\{ i \,\middle|\, \theta_i < 1, \; i = 1,...,n \right\}$$

Im Fall der Gruppe der schwach effizienten Beobachtungen soll '$\geq$' ausdrücken, daß die Elemete der Vektoren $\mathbf{s}^-$ und $\mathbf{s}^+$ nicht negativ sind, während mindestens ein Element streng positiv ist. In realen Datensituationen ist die Menge der schwach effizienten Beobachtungen bei kontinuierlichen Input- und Outputvariablen in den allermeisten Fällen leer, da es recht unwahrscheinlich ist, daß zwei oder mehr Beobachtungen das exakt gleiche Input- oder Outputniveau aufweisen. Bis auf einige extrem unwahrscheinliche Spezialfälle ist folglich die Unterscheidung von effizienten und ineffizienten Beobachtungen anhand des radialen Effizienzmaßes ausreichend.

Eine geometrische Interpretation des Einbezugs der Slack-Variablen mit Hilfe der nicht-archimedischen Konstante läßt sich leicht anhand der Productivity-Form geben. Die Anwendung des Dualitätstheorems auf (7.1) führt zur Productivity-Form:

$$\begin{aligned} \max_{\boldsymbol{\mu}, \mathbf{v}} \quad & h = \mathbf{y}_i^T \boldsymbol{\mu} \\ \text{N.B.} \quad & \mathbf{Y}^T \boldsymbol{\mu} - \mathbf{X}^T \mathbf{v} \;\; \leq \;\; \mathbf{0} \\ & \mathbf{x}_i^T \mathbf{v} \;\; = \;\; 1 \\ & -\boldsymbol{\mu} \;\; \leq \;\; -\varepsilon \\ & -\mathbf{v} \;\; \leq \;\; -\varepsilon \end{aligned} \tag{7.3}$$

Die Modifikation im Vergleich zur Formulierung in Kapitel 3 besteht darin, daß von den Aggregationsgewichten nicht nur gefordert wird, daß diese nicht negativ sind, sondern daß diese nicht kleiner als die nicht-archimedische Konstante ε sind. Dies kann kompakt durch die letzten beiden Nebenbedingungen $\boldsymbol{\mu} \geq \varepsilon$ und $\mathbf{v} \geq \varepsilon$ ausgedrückt werden, die so zu verstehen sind, daß jedes Aggregationsgewicht in den Vektoren $\boldsymbol{\mu}$ und $\mathbf{v}$ nicht kleiner als ε sein darf und damit von 0 verschieden ist. Da die Steigungen der actual-practice- und best-practice-Produktionsfunktionen über die Verhältnisse der Aggregationsgewichte bestimmt werden, bewirken diese Beschränkungen nun, daß die Frontierfunktion niemals vollkommen horizontal oder vertikal verläuft, aber dennoch so flach bzw.

steil verläuft, daß der Optimalwert der Zielfunktion nicht spürbar beeinflußt wird.

Die Möglichkeit von Input- und Output-Slacks bei konstanten Skalenerträgen kann konstruktionsbedingt in einigen Fällen ausgeschlossen werden. So können Slacks generell nicht auftreten, wenn

- im Fall konstanter Skalenerträge und einer inputorientierten Analyse nur ein einziger Inputfaktor vorliegt ($m = 1$), oder die Unternehmen mit der jeweils größten oder kleinsten Inputintensität die Frontierfunktion mitbestimmen;
- im Fall konstanter Skalenerträge und einer outputorientierten Analyse nur ein einziges Outputgut vorliegt ($s = 1$), oder die Unternehmen mit der jeweils größten oder kleinsten Ouputintensität die Frontierfunktion mitbestimmen.

Als generelle Resultate kann man festhalten: Im Fall der obigen inputorientierten Analyse bei konstanten Skalenerträgen treten nur Input-Slacks auf, da hier die Ineffizienz über die Ermittlung eines Referenzpunktes auf der Einheitsisoquante gemessen wird und weil es bei konstanten Skalenerträgen zulässig ist, alle Inputs auf ein konstantes (aggregiertes) Outputniveau zu normieren. Wie die folgenden Beispiele noch verdeutlichen werden, können dagegen bei outputorientierten Analysen nur Output-Slacks auftreten, wenn konstante Skalenerträge unterstellt werden.

7.1.3 Beispiele

Beispiel I (erweitert)

Als Beispiel zur Verdeutlichung der Vorgehensweise bei nicht-radialen Ineffizienzen dient eine inputorientierte Analyse des erweiterten Beispieldatensatzes I unter konstanten Skalenerträgen.

Tabelle 7.1. Beispieldatensatz I (erweitert)

Unternehmen	A	B	C	D	E	F	G
Arbeit x_1	1	7	4	2	3	2	6
Kapital x_2	4	5	1	8	3	10	1
Output y	1	1	1	1	1	1	1

Wie Abbildung 7.2 zeigt, treten hier zwei besondere Fälle auf. Zum einen wird für Unternehmen G, das auf der horizontalen Verlängerung der Frontierfunktion über den Punkt C hinaus liegt, ein radiales Effizienzmaß von 1 ausgewiesen, da keine proportionale Reduktion der Inputfaktoren erforderlich ist, um die Frontierfunktion zu erreichen. Unternehmen G wird also wie Unternehmen C als effizient klassifiziert. Jedoch setzt G 2 Einheiten mehr von Input x_1 ein als C, so daß es auf Basis des Pareto-Koopmans-Kriteriums nicht gerechfertigt ist, daß beide Unternehmen die gleiche Effizienzeinstufung erhalten. Zum anderen wird Unternehmen F zwar als ineffizient erkannt, und die proportionale Reduktion der Inputfaktoren auf 50% (entspricht hier 0F'/0F) ihres Niveaus im Punkt F führt zum Punkt F' auf der Frontierfunktion. Damit ist jedoch die Ineffizienz von Unternehmen F noch nicht vollständig erfaßt, da die Input-Output-Kombination im Punkt F' immer noch mit dem Einsatz von einer Einheit des Inputs x_2 mehr als Unternehmen A verbunden ist.

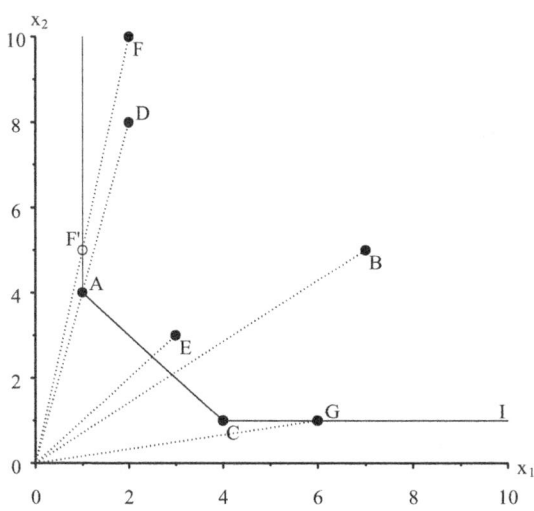

Abb. 7.2. Input-Slacks

Bei alleiniger Betrachtung der radialen Effizienzmaße kann also zum einen nicht ausgeschlossen werden, daß zum einen Unternehmen als effizient klassifiziert werden, obwohl sie es offensichtlich nicht sind (wie Unternehmen G). Zum anderen kann auch der Fall auftreten, daß Unternehmen zwar als ineffizient eingestuft werden, jedoch ein radiales Effizienzmaß berechnet wird, daß das vollständige Ausmaß der Ineffizienz nicht erfaßt (wie im Fall von Unternehmen F). Die in diesem Fall auftretenden Abstände von Unternehmen oder Referenzpunkten auf den horizontalen oder vertikalen Verlängerungsstücken der Frontierfunktion, wie CG oder AF', stellen genau die oben beschriebenen Input-Slacks dar.

Tabelle 7.2 gibt die Ergebnisse der inputorientierten DEA-Analyse unter Einbezug der Slacks wieder und zeigt dabei, daß sich die schon anhand von Abbildung 7.2 identifizierten Slacks der Unternehmen F und G in exakt dieser Höhe aus den numerischen Berechnungen ergeben („-" kennzeichnet die Abwesenheit von Slacks).

Tabelle 7.2. Ergebnisse mit Slacks (Beispiel I erweitert)

Unternehmen	A	B	C	D	E	F	G
h_i	1,00	0,42	1,00	0,50	0,83	0,50	1,00
Slack bei Input 1	-	-	-	-	-	-	2,00
Slack bei Input 2	-	-	-	-	-	1,00	-

Beispiel III (modifiziert)

Im Fall einer outputorientierten Analyse unter konstanten Skalenerträgen können sich Output-Slacks ergeben, die dann entstehen, wenn ein Unternehmen nach proportionaler Erhöhung seiner Outputmengen auf einem horizontalen oder vertikalen Teilstück der Outputisoquante zu liegen kommt. Dies sei anhand des modifizierten Beispieldatensatzes III demonstriert, der in Tabelle 7.3 wiedergegeben ist.

Tabelle 7.3. Beispieldatensatz III (modifiziert)

Unternehmen	S	U	V	W
Output 1 y_1	8	4	1	8
Output 2 y_2	4	8	4	2
Input x	1	1	1	1

Wie bei der obigen inputorientierten Perspektive ist es möglich, daß ein Unternehmen, wie das Unternehmen W in Abbildung 7.3 als effizient klassifiziert wird, obwohl es weniger Einheiten von Gut y_2 herstellt als Unternehmen S. Das Ergebnis für W besteht in einem radialen Effizienzmaß von 1 und einem Output-Slack für Gut y_2 in Höhe von 2

Einheiten. Ebenfalls analog zum inputorientierten Fall kann die Ineffizienz von Unternehmen V nicht allein in Form einer proportionalen Erhöhung der Outputmengen erfaßt werden, sondern Unternehmen V würde in seinem Referenzpunkt V' 2 Einheiten weniger von Gut y_1 produzieren als Unternehmen U.

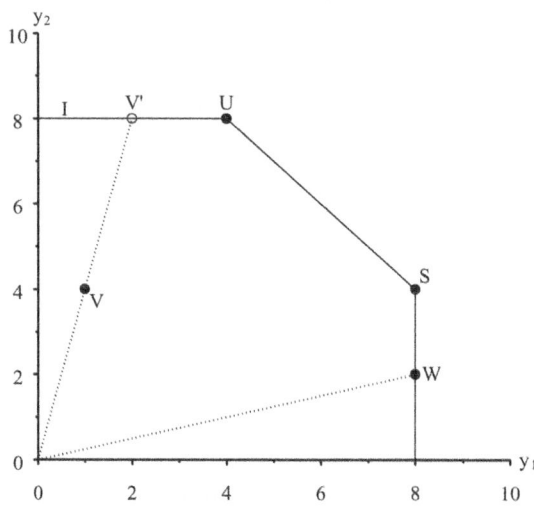

Abb. 7.3. Output-Slacks

Die Ergebnisse aus Abbildung 7.3 sind in quantitativer Form in Tabelle 7.4 zusammengestellt. Wie aus der Abbildung ersichtlich, muß Unternehmen V den Ausstoß beider Outputgüter verdoppeln um auf der Frontierfunktion zu produzieren. Auch dann weist es noch einen Output-Slack bei Gut 1 in Höhe von 2 Einheiten auf. Unternehmen W wird mit einem radialen Effizienzmaß von 1 und einen Output-Slack bei Gut 2 in Höhe von 2 Einheiten bewertet.

Tabelle 7.4. Ergebnisse mit Slacks (Beispiel III modifiziert)

Unternehmen	S	U	V	W
k_i	1,00	1,00	2,00	1,00
Slack bei Output 1	0,00	0,00	2,00	0,00
Slack bei Output 2	0,00	0,00	0,00	2,00

7.1.4 Slacks bei variablen Skalenerträgen

Schließlich soll noch eine Besonderheit der Analyse von Slacks unter variablen Skalenerträgen kurz angesprochen werden. Die Umsetzung besteht in der Einführung der Slack-Variablen in die Envelopment-Form bzw. der Gewichtsrestriktionen in die Productivity-Form bei variablen Skalenerträgen, wie sie in Kapitel 5 dargestellt sind. Die entsprechenden Programme ergeben sich dann als

$$\min_{\theta,\lambda,s^-,s^+} \quad \theta - \varepsilon(\mathbf{s}^-)^T - \varepsilon(\mathbf{s}^+)^T$$

$$
\begin{aligned}
\text{N.B.} \qquad \mathbf{Y}\lambda \quad - \quad \mathbf{s}^- \quad &= \quad \mathbf{y}_i \\
\theta\mathbf{x}_i \quad - \quad \mathbf{X}\lambda \quad - \quad \mathbf{s}^+ \quad &= \quad \mathbf{0} \\
\mathbf{1}^T\lambda \quad &= \quad 1
\end{aligned}
$$

$$\lambda \geq 0,\ \mathbf{s}^- \geq 0,\ \mathbf{s}^+ \geq 0$$

für die Envelopment-Form und als

$$\min_{\mu,\nu,\nu_0} \quad \tilde{h} = \mathbf{y}_i^T\boldsymbol{\mu} + \mu_0$$

$$
\begin{aligned}
\text{N.B.} \quad \mathbf{Y}^T\boldsymbol{\mu} - \mathbf{X}^T\mathbf{v} + \mathbf{1}\mu_0 \quad &\leq \quad \mathbf{0} \\
\mathbf{x}_i^T\mathbf{v} \quad &= \quad 1 \\
-\boldsymbol{\mu} \quad &\leq \quad -\varepsilon \\
-\mathbf{v} \quad &\leq \quad -\varepsilon
\end{aligned}
$$

für die Productivity-Form. Die Besonderheit der Analyse unter variablen Skalenerträgen ist, daß hier das Auftreten von Slacks nicht generell ausgeschlossen werden kann. So ist es möglich, daß bei einer inputorientierten Analyse auch Output-Slacks und bei einer outputorientierten Analyse auch Input-Slacks auftreten.

Beispiel

Anhand von Beispiel II (mit modifiziertem Unternehmen P) soll verdeutlicht werden, wie bei variablen Skalenerträgen unabhängig von der gewählten Orientierung sowohl Input- als auch Output-Slacks auftreten können. Abbildung 7.4 stellt hierzu die Frontierfunktion, determiniert durch die Unternehmen M und N, im Input-Output-Raum für den Beispieldatensatz II dar. Das ineffiziente Unternehmen P kann nun seine Ineffizienz durch Inputreduktion bis auf den Punkt P' abbauen. Dabei entsteht ein Output-Slack in Höhe der Länge der Streck P'N, also einer Einheit des Gutes *y*. Alternativ kann P seine Ineffizienz auch durch reine Outputerhöhung bis auf P" abbauen, wobei jedoch ein Input-Slack von 2 Einheiten von x bestehen bleibt, wie sich an der Strecke MP" leicht ablesen läßt.

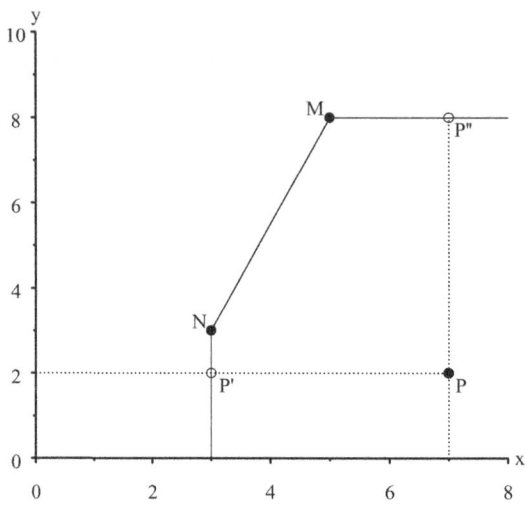

Abb. 7.4. Input- und Output-Slacks bei variablen Skalenerträgen

7.2 Vergleich der Besten

7.2.1 Problemstellung

Im Rahmen von nichtparametrischen Produktivitätsanalysen mit Hilfe der DEA erhalten alle als effizient klassifizierten Unternehmen einen Produktivitätsindex von 1 zugewiesen. Folglich sind die effizienten Unternehmen hinsichtlich ihrer Effizienzbewertung nicht voneinander unterscheidbar. Je nach Anzahl der im jeweiligen Problem verwendeten Inputs und Outputs und in Abhängigkeit von der Stichprobengröße kann sich eine relativ hohe Anzahl von effizienten und nicht mehr unterscheidbaren Beobachtungen ergeben. Mit einer geringfügigen Modifikation des DEA-Programms, die von Andersen und Petersen (1993) vorgeschlagen wurde, kann aber ein Vergleich dieser relativ besten Unternehmen vorgenommen werden. Ausgangspunkt der Überlegungen ist die Feststellung, daß sich die best-practice-Beobachtungen auf dem Rand der Technologiemenge befinden, die der Effizienzanalyse zugrunde liegt. Nimmt man nun eine best-practice-Beobachtung *i* aus dieser Technologiemenge heraus, so entsteht eine reduzierte Technologiemenge, in der weder die Beobachtung *i* noch alle Konvexkombinationen mit *i* enthalten sind. Mit anderen Worten, Unternehmen *i* liegt nun außerhalb der reduzierten Technologiemenge. Die dabei beobachtbare Distanz läßt sich wiederum radial bestimmen und kann als Maßzahl dafür dienen, um wieviel „besser" Unternehmen *i* im Vergleich zu allen anderen Unternehmen bewertet wird.

Mit dieser Modifikation verbunden ist ein Verzicht auf Axiom (A1) aus Kapitel 4, da nun nicht mehr alle Beobachtungen in die für die Effizienzbewertung von Unternehmen *i* relevante Technologiemenge eingehen, sondern die Effizienz von Unternehmen *i* am Maßstab aller anderen Unternehmen gemessen wird. Da jetzt auch alle Konvexkombinationen mit dem Unternehmen *i* und alle Konvexkombinationen von durch Unternehmen *i* dominierten Punkte aus der Technologiemenge herausfallen, ist die Technologiemenge bei Anwendung des Andersen-Petersen-Modells eine Teilmenge der Technologiemenge, die für eine konventionelle DEA-Analyse unterstellt wird.

7.2.2 Andersen-Petersen-Modell

Aus dieser Idee ergibt sich das entsprechende lineare Programm in der inputorientierten Variante der Envelopment-Form unter konstanten Skalenerträgen als

$$\min_{\hat{\theta},\lambda} \quad \hat{\theta}$$

$$\text{N.B.} \qquad \mathbf{Y}_{-i}\lambda \;\geq\; \mathbf{y}_i$$

$$\hat{\theta}\mathbf{x}_i \;-\; \mathbf{X}_{-i}\lambda \;\geq\; \mathbf{0}$$

$$\lambda \;\geq\; \mathbf{0},$$

wobei $\mathbf{X}_{-i}$ und $\mathbf{Y}_{-i}$ die Matrizen mit den Input- und Outputwerten aller Unternehmen außer dem betrachteten Unternehmen *i* darstellen. Im Vergleich zu den Matrizen $\mathbf{X}$ und $\mathbf{Y}$ wurde hierfür die *i*-te Spalte entfernt. Damit wird verhindert, daß die Beobachtung für Unternehmen *i* in die Linearkombination eingehen kann, aus der das entsprechende virtuelle Unternehmen auf der Frontierfunktion gebildet wird. Der so ermittelte Effizienzwert für ein Unternehmen *i* wird dann mit $\hat{\theta}_i$ bezeichnet.

Die Modifikation des linearen Programms bewirkt, daß der berechnete Effizienzwert nun nicht mehr im Intervall $(0,1]$ sondern in $(0,\infty)$ liegt. Der Teil der Effizienz, der größer als der Wert 1 ist, kann als eine Art

„Puffer" interpretiert werden, der angibt, wieviel Verschwendung an Inputeinsatz sich ein Unternehmen leisten könnte, um dennoch in einer konventionellen DEA als effizient klassifiziert zu werden. Der den Wert 1 übersteigende Teil des Effizienzmaßes drückt also aus, „um wieviel produktiver" ein Unternehmen im Vergleich zu allen anderen best-practice-Unternehmen ist. Aus diesem Grund wird das Andersen-Petersen-Effizienzmaß $\hat{\theta}_i$ auch als Supereffizienz bezeichnet.

In der entsprechenden Productivity-Form des Andersen-Petersen-Modells

$$\min_{\mu,\nu}\quad \hat{h} = \mathbf{y}_i^T \boldsymbol{\mu}$$

$$\text{N.B.}\quad \mathbf{Y}_{-i}^T \boldsymbol{\mu} - \mathbf{X}_{-i}^T \boldsymbol{\nu} \;\leq\; \mathbf{0}$$

$$\mathbf{x}_i^T \boldsymbol{\nu} \;=\; 1$$

$$\boldsymbol{\mu} \;>\; \varepsilon$$

$$\boldsymbol{\nu} \;>\; \varepsilon$$

schlägt sich die Modifikation in der Eliminierung einer Nebenbedingung, derjenigen für Beobachtung i, nieder. Aufgrund der Dualität liegt der Lösungswert $\hat{h}_i$ im Intervall $(0,1)$ für alle ineffizienten und im Intervall $[1,\infty)$ für alle effizienten Unternehmen.

Die von einer konventionellen DEA-Analyse als ineffizient klassifizierten Beobachtungen werden also auch bei Anwendung des Andersen-Petersen-Modells als ineffizient klassifiziert und erhalten die gleiche Effizienzbewertung aus dem Intervall $(0,1)$, da sich für diese Beobachtungen die Referenzmenge nicht ändert. Dagegen errechnet sich für die von einer konventionellen DEA-Analyse als effizient klassifizierten Beobachtungen ein Effizienzmaß von größer oder gleich 1, wenn das Andersen-Petersen-Modell angewendet wird. Folglich lassen sich die Effizienzbewertungen einer konventionellen DEA-Analyse einfach aus den Resultaten des Andersen-Petersen-Modells ableiten, indem die Effizienzmaße aller Beobachtungen, die bei Anwendung des Andersen-Petersen-Modells eine Effizienz größer 1 aufweisen auf den Wert 1 gesetzt werden und alle anderen Effizienzbewertungen unverändert übernommen werden.

Trotz des substantiell erhöhten Informationsgehaltes einer Analyse mit dem Andersen-Petersen-Modell sieht sich diese Variante der DEA-Analyse mit dem Vorwurf konfrontiert, daß wegen der Aufgabe von Axiom (A1) nun keine einheitliche Frontierfunktion als Maßstab für die Effizienzbewertung aller Unternehmen vorliegt, sondern jedes effiziente Unternehmen potentiell an einer anderen Frontierfunktion gemessen wird.

7.2.3 Beispiele

Beispiel I

Die Vorgehensweise beim Andersen-Petersen-Modell soll anhand von Abbildung 7.5 veranschaulicht werden, die auf dem Beispieldatensatz I basiert. Eine konventionelle DEA-Analyse unter konstanten Skalenerträgen ergibt für dieses Beispiel eine Einheitsisoquante I, die durch die Punkte A, B, und C verläuft, die alle als effizient klassifiziert werden, während die Effizienz des Unternehmens D am Frontierteilstück zwischen B und C durchgeführt wird und Unternehmen D folglich eine Ineffizienz in Höhe von 0D'/0D aufweist.

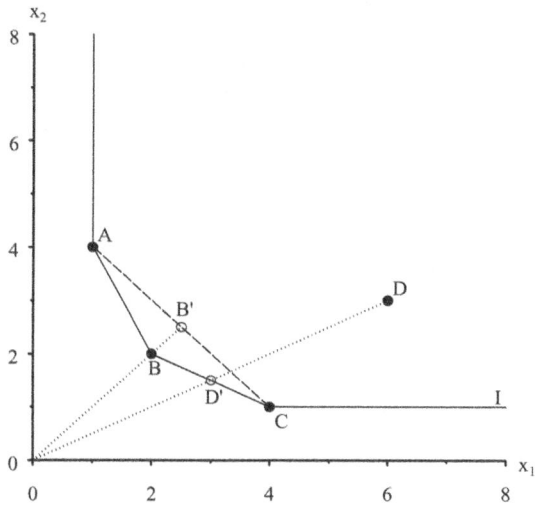

Abb. 7.5. Andersen-Petersen-Modell für Unternehmen B (CRS)

Die Anwendung des Andersen-Petersen-Modells auf die Effizienzmessung von Unternehmen D ändert nichts an dessen Effizienzwert von 0D'/0D, da die Unternehmen A, B und C weiterhin als Referenzunternehmen zur Verfügung stehen. Anders verhält es sich im Fall von Unternehmen B. Dieses Unternehmen determiniert zusammen mit A und C die Frontierfunktion im Fall einer konventionellen DEA-Analyse. Das Andersen-Petersen-Modell berücksichtigt jedoch die Beobachtung von Unternehmen B nicht bei dessen Effizienzbewertung, sondern nur die Unternehmen A, C und D, deren Konvexkombinationen sowie die Erweiterung der Technolo-

giemenge nach dem Ineffizienzaxiom. Das für B relevante Frontierfunktionsteilstück zu dieser modifizierten Technologiemenge wird durch die Unternehmen A und C gebildet. Der Referenzpunkt für die Effizienzbewertung von Unternehmen B ist der Punkt B' auf der gestrichelt
eingezeichneten Linie. Folglich errechnet man mit dem Andersen-
Petersen-Modell für Unternehmen B einen Effizienzwert von $0B'/0B$, der
größer als 1 ist.

Als eine Schwäche des Andersen-Petersen-Modells kann die Tatsache
angesehen werden, daß hierdurch leicht beträchtliche Slacks entstehen
können. Betrachtet man die Bewertung von Unternehmen C mit dem Andersen-Petersen-Modell in Abbildung 7.6, so erkennt man, daß die für Unternehmen C relevante Frontierfunktion durch den Linienzug ABC' gebildet wird. Referenzpunkt für Unternehmen C ist also C' und das radiale
Effizienzmaß ist $0C'/0C$, welches hier genau den Wert 2 aufweist. Dies
kann man im Sinne eines „Puffers" interpretieren, der eine Verdoppelung
des Inputeinsatzes zuläßt, ohne die Klassifikation von C als effizient im
Sinne einer konventionellen DEA-Analyse zu ändern. Allerdings wäre eine
Produktion im Punkt C' mit einem Slack beim Input x_1 in Höhe von 6
Einheiten (die Länge der Strecke BC') verbunden. Mit der gleichen Problematik ist die Effizienzbewertung von Unternehmen A behaftet, bei der
ein entsprechender Slack bezüglich des Inputs x_2 auftritt.

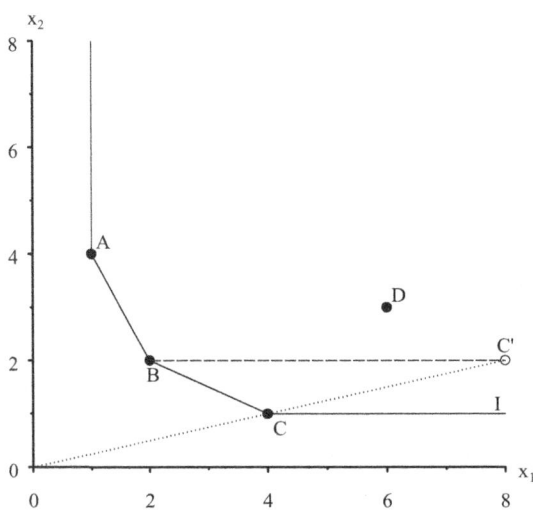

Abb. 7.6. Andersen-Petersen-Modell für Unternehmen C (CRS)

Beispiel II

Eine substantielle Einschränkung des Andersen-Petersen-Modells besteht darin, daß bei Aufgabe der Annahme konstanter Skalenerträge durch die Einführung der zusätzlichen Nebenbedingung $\Sigma_{l=1,l\neq i}^{n}\lambda_{l}=1$ in das lineare Programm zur Bewertung von Beobachtung i stets Beobachtungen existieren, für die kein Effizienzmaß berechnet werden kann. In Abbildung 7.7 ist zur Verdeutlichung des Gesagten die Frontierfunktion, die sich aus einer konventionellen DEA-Analyse für den Beispieldatensatz II bei variablen Skalenerträgen ergibt, durch den Streckenzug aNMPc eingezeichnet.

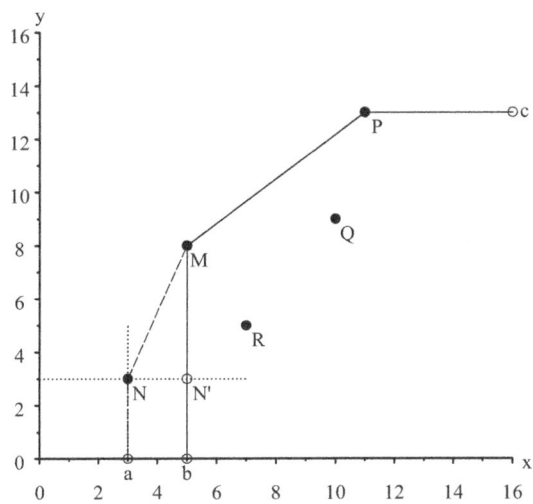

Abb. 7.7. Andersen-Petersen-Modell für Unternehmen N (VRS)

Wenn nun mit dem Andersen-Petersen-Modell eine inputorientierte Effizienzbewertung für das Unternehmen N durchgeführt wird, bildet der Streckenzug bMPc die hierfür relevante Frontierfunktion und der Referenzpunkt für N auf dieser Frontierfunktion ist N'. In outputorientierter Richtung, also entlang der vertikalen gepunkteten Linie durch N kann jedoch kein Punkt auf der Frontierfunktion bMPc erreicht werden, so daß das entsprechende lineare Programm für das Andersen-Petersen-Modell keine Lösung besitzt.

Im Fall des Unternehmens P verhält es sich genau umgekehrt. Wie Abbildung 7.8 zeigt, wird die für die Effizienzbewertung von Unternehmen P relevante Frontierfunktion des Andersen-Petersen-Modells durch den Streckenzug aNMQd gebildet. Bei einer outputorientierten Analyse wird der Referenzpunkt P' auf der Frontierfunktion zur Effizienzbewertung von Unternehmen P verwendet. Bei einer inputorientierten Analyse dagegen kann kein Punkt entlang der Horizontalen durch P gefunden werden, der gleichzeitig auf der relevanten Frontierfunktion aNMQd liegt.

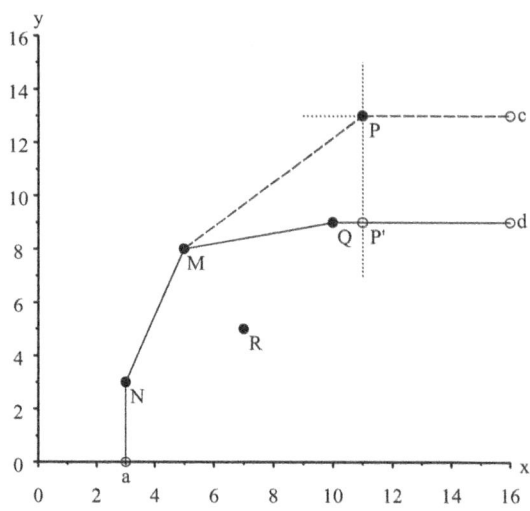

Abb. 7.8. Andersen-Petersen-Modell für C (VRS)

Folglich wird es bei jeder Anwendung des Andersen-Petersen-Modells konstruktionsbedingt immer einzelne Beobachtungen geben, für die bei Unterstellung variabler Skalenerträge keine Effizienzbewertung vorgenommen werden kann. Dies gilt unabhängig davon, ob die inputorientierte oder die outputorientierte Perspektive gewählt wird.

7.3 Allokative Effizienz

Im bisherigen Verlauf der Diskussion der nichtparametrischen Produktivitätsanalyse lag der Fokus auf der Berechnung der technischen Effizienz (bei Annahme konstanter Skalenerträge) und darauf aufbauend deren Zerlegung in die reine technische Effizienz (bei Annahme variabler Skalenerträge) und in die Skaleneffizienz. Ein wesentlicher Vorteil dieser Effizienzanalysen liegt darin, daß zur Berechnung der Effizienzkennzahlen keine Informationen hinsichtlich der Faktor- oder Güterpreise benötigt werden. Damit reduziert sich die Analyse auf eine rein technische (im Sinne einer mengenmäßigen) Betrachtung, bei der die ökonomische Bewertung etwas in den Hintergrund tritt.

Als Erweiterung der Analyse soll in diesem Abschnitt eine Gesamtbewertung der ökonomischen Effizienz in Form der Kosteneffizienz bzw. Erlöseffizienz und deren Zerlegung in die technische Effizienz und die allokative Effizienz unter Einbezug von Preisinformationen erfolgen. Bei Inputorientierung wird die ökonomische Gesamteffizienz in Form der Kosteneffizienz ermittelt. Dies erfordert die Bestimmung der minimalen Kosten zur Produktion eines Outputvektors y_i relativ zu den tatsächlich angefallenen Kosten. Für die Ermittlung der ökonomische Gesamteffizienz in Form der Erlöseffizienz im Fall der Outputorientierung muß der maximale Erlös bei einem Inputeinsatz x_i berechnet und in Relation zum tatsächlich erzielten Erlös gesetzt werden. Da Kosten und Erlös Wertgrößen sind, werden zur Feststellung der Kosteneffizienz Angaben über die Faktorpreise und zur Feststellung der Erlöseffizienz Informationen bezüglich der Güterpreise benötigt. Im folgenden wird statt ökonomische Gesamteffizienz nur noch der Terminus Gesamteffizienz verwendet.

Die so berechnete Gesamteffizienz wird nun verwendet, um die allokative Effizienz in indirekter Form zu ermitteln. Mit Hilfe der in den vorangegangenen Kapiteln besprochenen radialen Effizienzmessung wird wie üblich die technische Effizienz berechnet. Schließlich wird der Teil der Gesamteffizienz, der nicht durch die technische Effizienz bedingt ist, als allokative Effizienz interpretiert. In den folgenden Abschnitten wird diese Vorgehensweise für den Fall der Input- und der Outputorientierung konkretisiert.

7.3.1 Inputorientierung

Bei Inputorientierung gibt die allokative Effizienz an, wie ähnlich das gewählte Faktoreinsatzverhältnis eines Unternehmens dem kostenminimierenden Einsatzverhältnis der Produktionsfaktoren ist. Um die allokative Effizienz mit den Hilfsmitteln der nichtparametrischen Produktivitätsanalyse zu bestimmen, müssen die Faktorpreisinformationen in die Struktur der DEA-Modelle integriert werden. Dies geschieht, indem als Zielfunktion die Gesamtkosten, also die Summe der eingesetzten Inputmengen, jeweils multipliziert mit den entsprechenden Faktorpreisen, minimiert werden. Die Minimierung erfolgt bezüglich der Faktormengen, wobei durch die Nebenbedingungen sichergestellt wird, daß die Lösung innerhalb der durch die Beobachtungen determinierten Technologiemenge liegt. Da bei der Analyse der allokativen Effizienz das Einsatzverhältnis der Inputfaktoren die zentrale Rolle spielt, ist unmittelbar klar, daß mindestens zwei Inputfaktoren vorliegen müssen und somit $m \geq 2$ gelten muß.

Bezeichnet der Spaltenvektor $\mathbf{w}$ die für alle Unternehmen gleichen Faktorpreise der m Inputs, ergibt die Lösung des linearen Programms

$$\min_{\mathbf{x}, \lambda} \quad \mathbf{w}^T \mathbf{x}$$

$$\text{N.B.} \qquad \mathbf{Y}\lambda \;\geq\; \mathbf{y}_i$$

$$\mathbf{x} \;-\; \mathbf{X}\lambda \;\geq\; \mathbf{0}$$

$$\lambda \;\geq\; \mathbf{0}$$

bezüglich $\mathbf{x}$ den Lösungsvektor $\mathbf{x}_i^*$ für das Unternehmens i. Dieser Lösungsvektor bezeichnet den kostenminimalen Inputvektor zur Produktion des Outputvektors $\mathbf{y}_i$ von Unternehmen i. Die minimalen Kosten von Unternehmen i mit Outputvektor $\mathbf{y}_i$ sind dann $\mathbf{w}^T \mathbf{x}_i^*$. Die Gesamteffizienz resultiert dann aus dem Vergleich mit den tatsächlich angefallenen Kosten $\mathbf{w}^T \mathbf{x}_i$ und läßt sich in Form des Quotienten $GE_i = \mathbf{w}^T \mathbf{x}_i^* / \mathbf{w}^T \mathbf{x}_i$ angeben. Da die tatsächlich angefallenen Kosten immer mindestens so groß wie die minimalen Kosten sind, ist die Größe GE konstruktionsbedingt auf das Intervall $(0,1]$ beschränkt.

Ist die technische Effizienz z.B. durch Lösung der Envelopment-Form für Unternehmen i durch $TE_i = \theta_i$ gegeben, kann dessen allokative Effizienz einfach aus dem Quotienten von Gesamteffizienz und technischer Effizienz $AE_i = GE_i / TE_i$ als Residualgröße berechnet werden. Der Residualcharakter der allokativen Effizienz besteht also darin, daß die allokative Effizienz den Teil der Gesamteffizienz ausmacht, der nicht auf die technische Effizienz zurückgeführt werden kann.

In einer Erweiterung dieser Analyse können auch für jedes Unternehmen unterschiedliche Faktorpreise berücksichtigt werden, indem anstelle des für alle geltenden Preisvektors $\mathbf{w}$ für jedes Unternehmen ein individueller Preisvektor $\mathbf{w}_i$ ($i = 1,...,n$) zugelassen wird. Meist liegen solch detaillierte Informationen über die Inputpreise der einzelnen Unternehmen jedoch nicht vor und es muß auf für alle Unternehmen einheitliche Marktpreise zurückgegriffen werden.

Beispiel

Die Darstellung der Zerlegung der Gesamteffizienz in technische und allokative Effizienz erfolgt anhand des Beispieldatensatzes I aus Kapitel 2 mit dem Unterschied, daß keine Produktionsfunktion und eine daraus abgeleitete Isoquante gegeben ist, sondern lediglich eine aus den Mengendaten ermittelte best-practice-Isoquante vorliegt. In Abbildung 7.9 ist hierzu die best-practice-Einheitsisoquante I als durchgezogene Linie eingezeichnet. Daneben ist dort die Isokostenlinie aa', die mit den geringsten Gesamtkosten zur Produktion einer Outputeinheit verbunden ist, gestrichelt eingezeichnet. Die für alle Unternehmen einheitlichen Faktorpreise für die Inputs x_1 und x_2 betragen 0.4 und 0.1 pro Einheit. Für die formale Herleitung der Isokostenlinie sei auf die Darstellung in Kapitel 2 verwiesen.

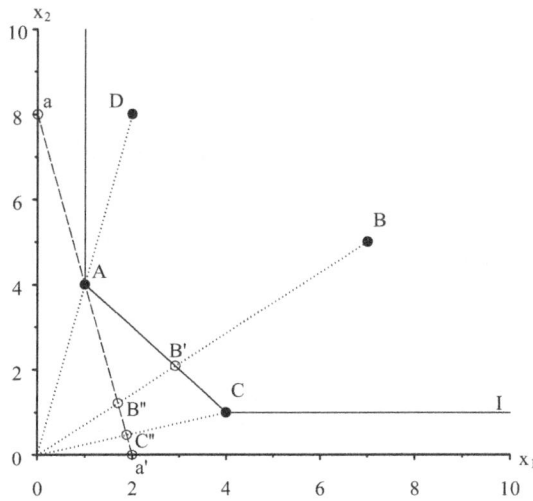

Abb. 7.9. Allokative Effizienz (inputorientiert)

Es lassen sich nun vier unterschiedliche Fälle voneinander abgrenzen, die jeweils mit einem der Unternehmen A bis D verbunden sind. Unternehmen A liegt auf der best-practice-Isoquante und produziert damit technisch effizient und, da die kostenminimale Isokostenlinien die best-practice-Isoquante im Punkt A tangiert, ebenfalls allokativ effizient. Damit sind dessen Effizienzmaße für die technische und die allokative Effizienz jeweils gleich 1. Dagegen produziert Unternehmen B sowohl im Vergleich zur best-practice-Isoquante technisch ineffizient, da es zuviel von beiden Produktionsfaktoren verwendet, als auch allokativ ineffizient, da es die beiden Produktionsfaktoren nicht im kostenminimierenden Verhältnis einsetzt. Unternehmen B weist eine technische Effizienz in Höhe von 0B'/0B und eine allokative Effizienz in Höhe von 0B''/0B' auf, so daß sich eine Gesamteffizienz in Höhe von 0B'/0B · 0B''/0B' = 0B''/0B ergibt. Dies bedeutet, daß Unternehmen B seinen Inputeinsatz zunächst proportional auf 0B'/0B des bisherigen Niveaus reduzieren muß, um technisch effizient zu produzieren. Von diesem Niveau ausgehend muß B dann sein Faktoreinsatzverhältnis umstellen, bis es demjenigen von Unternehmen A entspricht, welches allokativ effizient produziert. Zu beachten ist hier, daß 0B''/0B' nur ein radiales Maß die allokative Effizienz ist. Dieses ist so zu interpretieren, daß B seinen Inputeinsatz entlang des Ursprungsstrahls 0B weiter proportional auf 0B''/0B' reduzieren müßte, um auch mit minimalen Kosten zu produzieren. Allerdings ist B'' eine Inputkombination, die außerhalb der für den Vergleich relevanten Technologiemenge liegt, und folglich als rein fiktives Konstrukt zur Quantifizierung der Gesamteffizienz zu betrachten.

Neben diesen polaren Fällen ist es auch möglich, daß ein Unternehmen nur eine Form der Ineffizienz aufweist. So determiniert Unternehmen C zwar die best-practice-Isoquante, setzt aber die Inputfaktoren nicht im allokativ richtigen Verhältnis ein, so daß sich hier eine allokative Effizienz in Höhe von 0C''/0C feststellen läßt. Umgekehrt verhält es sich im Fall von Unternehmen D, das zwar eine technische Ineffizienz in Höhe von 0A/0D aufweist, jedoch auf dem gleichen Ursprungsstrahl wie Unternehmen A liegt. Es setzt damit die beiden Inputfaktoren im gleichen Verhältnis wie A ein und produziert folglich ebenfalls allokativ effizient. Tabelle 7.5 faßt die numerischen Werte der radialen Effizienzmaße für die technische, allokative und die Gesamteffizienz der Unternehmen A bis D nochmals zusammen.

Tabelle 7.5. Zusammenfassung der radialen Effizienzmaße (inputorientiert)

Unternehmen	A	B	C	D
tatsächliche Kosten $\mathbf{w}^T\mathbf{x}_i$	0,800	3,300	1,700	1,600
minimale Kosten $\mathbf{w}^T\mathbf{x}_i^*$	0,800	0,800	0,800	0,800
Gesamteffizienz (GE)	1,000	0,242	0,471	0,500
technische Effizienz (TE)	1,000	0,417	1,000	0,500
allokative Effizienz (AE)	1,000	0,581	0,471	1,000

Bei der Einteilung der Unternehmen in allokativ effizient und ineffizient ist zu beachten, daß diese Klassifikation bei einer nichtparametrischen Produktivitätsanalyse nicht an ein ganz bestimmtes Faktorpreisverhältnis gebunden ist. Vielmehr können die Faktorpreise innerhalb beschränkter

Bandbreiten variieren, ohne daß sich die Klassifikation der Unternehmen hinsichtlich ihrer allokativen Effizienz ändert. Abbildung 7.10 zeigt, daß eine ganze Reihe unterschiedlich geneigter Isokostengeraden die best-practice-Frontierfunktion im Punkt A tangiert und somit mit der Klassifikation von A und D als allokativ effizient und B und C als allokativ ineffizient kompatibel ist. Erst wenn die Isokostengerade so flach verläuft, daß sie deckungsgleich mit dem Frontierfunktionsteilstück zwischen A und C ist, wird neben A auch Unternehmen C allokativ effizient. Bei noch flacheren Isokostengeraden ist Unternehmen C das einzige allokativ effiziente Unternehmen dieser Stichprobe.

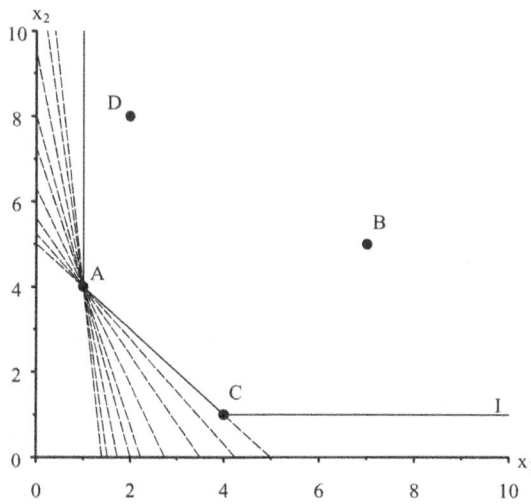

Abb. 7.10. Bandbreiten der allokative Effizienz

7.3.2 Outputorientierung

Im Fall der Outputorientierung drückt sich allokative Ineffizienz dadurch aus, daß bei gegebenen Güterpreisen der Outputvektor eines Unternehmens nicht den Erlös, also die Summe aus produzierten Gütermengen multipliziert mit den entsprechenden Güterpreisen, maximiert. Gemessen an den Güterpreisen werden bei allokativer Ineffizienz die Outputs nicht im richtigen Mengenverhältnis zueinander hergestellt. Analog zur Inputorientierung ist klar, daß eine Analyse der allokativen Effizienz bei Outputorientierung die Produktion von mindestens zwei Outputgütern bedingt, d.h. es gilt $s \geq 2$.

Auch das Problem der Erlösmaximierung kann als lineares Programm im Rahmen der nichtparametrischen Produktivitätsanalyse gefaßt werden. Wenn die s Güterpreise für alle Unternehmen gleich sind und im Spaltenvektor $\mathbf{p}$ zusammengefaßt werden, können aus der Lösung von

$$\max_{y,\lambda} \quad \mathbf{p}^T \mathbf{y}$$
$$\text{N.B.} \quad \mathbf{y} - \mathbf{Y}\lambda \leq \mathbf{0}$$
$$\mathbf{X}\lambda \leq \mathbf{x}_i$$
$$\lambda \geq \mathbf{0}$$

bezüglich $\mathbf{y}$ die erlösmaximalen Outputmengen für Unternehmen i, $\mathbf{y}_i^*$, damit der maximale Erlös $\mathbf{p}^T \mathbf{y}_i^*$ eines Unternehmens mit den Inputmengen $\mathbf{x}_i$ und schließlich als Quotient des maximalen und des tatsächlichen Erlöses die Gesamteffizienz $GE_i = \mathbf{p}^T \mathbf{y}_i^* / \mathbf{p}^T \mathbf{y}_i$ errechnet werden. Diese ist im outputorientierten Fall natürlich stets größer oder gleich dem Wert 1. Die technische Effizienz kann outputorientiert wiederum aus der Envelopment-Form ermittelt werden und ergibt sich zu $TE_i = \varphi_i$. Da sich die Gesamteffizienz auch hier als Produkt von allokativer und technischer Effizienz berechnet, erhält man die allokative Effizienz in outputorientierter Form wiederum residual als $AE_i = GE_i / TE_i$.

Falls für die Unternehmen unterschiedliche Preisinformationen in Form verschiedener Preisvektoren $\mathbf{p}_i$ ($i = 1,...,n$) vorliegen, können diese analog zum inputorientierten Fall anstelle des einheitlichen Preisvektors $\mathbf{p}$ in das lineare Programm integriert werden.

Beispiel

Zur Analyse der Outputorientierung wird davon ausgegangen, daß die Unternehmen S, U, V und W wie in Kapitel 6 (Beispieldatensatz III) zwei Outputgüter in den Mengen y_1 und y_2 unter Verwendung einer Mengeneinheit des Inputs x produzieren. Auf den Märkten für die beiden Outputgüter lassen sich die Preise $p_1 = 2$ und $p_2 = 1$ erzielen. Abbildung 7.11 gibt die Datensituation wieder und enthält die Isoerlöslinie, die mit dem höchsten erzielbaren Gewinn bei den herrschenden Preisen verbunden ist.

Diese Isoerlöslinie errechnet sich einfach durch Umstellen der Erlösfunktion $R = y_1 p_1 + y_2 p_2$ in die Formulierung $y_2 = R / p_2 - (p_1 / p_2) \cdot y_1$.

Die Steigung dieser Geraden wird vom Verhältnis der Güterpreise bestimmt und ist im gewählten Beispiel gleich -2. Da der Güterpreis p_2 für alle Unternehmen gleich ist, hängen die Achsenabstände der Unternehmen nur von der Höhe des Erlösniveaus R ab. Das höchste Erlösniveau erzielt Unternehmen S, da hier die Isoerlöslinie die best-practice-Outputisoquante gerade eben tangiert und folglich den größten Achsenabstand aufweist, der mit den gegebenen Produktionsmöglichkeiten noch kompatibel ist.

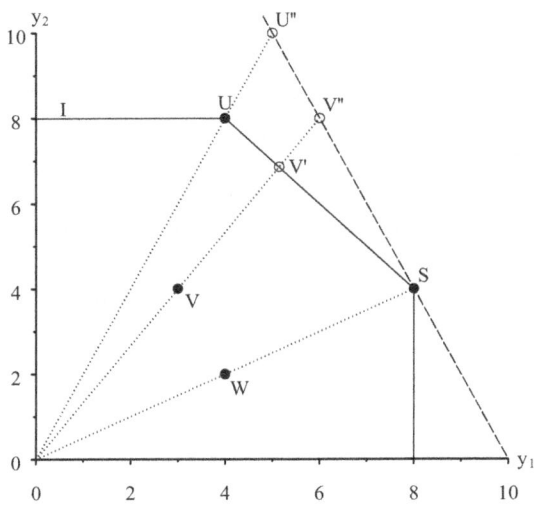

Abb. 7.11. Allokative Effizienz (outputorientiert)

Analog zum inputorientierten Fall ist hier wiederum Unternehmen S allo-kativ und technisch effizient, Unternehmen V allokativ und technisch ineffizient, Unternehmen U nur technisch effizient und Unternehmen W nur allokativ effizient. Im Fall der Outputorientierung bedeutet allokative Effizienz, daß die Unternehmen die beiden Outputgüter im, an den Güterpreisen gemessen, richtigen Mengenverhältnis produzieren. Die zugehörigen outputorientierten radialen Effizienzmaße können in Abbildung 7.11 wieder als Streckenverhältnisse auf Ursprungsstrahlen entnommen werden. So gilt für Unternehmen V, daß dessen technische Effizienz 0V'/0V beträgt und seine allokative Effizienz über 0V"/0V' gemessen wird. Die hierzu gehörenden Werte, auch für die übrigen Unternehmen, sind in Tabelle 7.6 zusammengestellt.

Tabelle 7.6. Zusammenfassung der radialen Effizienzmaße (outputorientiert)

Unternehmen	S	U	V	W
tatsächlicher Erlös $\mathbf{p}^T\mathbf{y}_i$	20,000	16,000	10,000	10,000
maximaler Erlös $\mathbf{p}^T\mathbf{y}_i^*$	20,000	20,000	20,000	20,000
Gesamteffizienz (GE)	1,000	1,250	2,000	2,000
technische Effizienz (TE)	1,000	1,000	1,714	2,000
allokative Effizienz (AE)	1,000	1,250	1,167	1,000

Entsprechend der Interpretation bei Inputorientierung gilt auch hier, daß beispielsweise für Unternehmen V die technische Ineffizienz behoben ist, wenn es seine Outputs proportional auf das Niveau 0V'/0V erhöht. Allokative Effizienz stellt sich bei V ein, wenn die Produktion so umgestellt wird, daß das Verhältnis der Outputmengen demjenigen von Unternehmen S entspricht. Ähnlich wie im Fall der Inputorientierung liegt der Punkt V" hier wieder außerhalb der relevanten Technologiemenge und das Streckenverhältnis 0V"/0V' stellt auch hier ein rein fiktives radiales Maß zur Quantifizierung der allokativen Effizienz dar.

7.3.3 Variable Skalenerträge

Die Berücksichtigung variabler Skalenerträge bei der Lösung der Probleme zur Kostenminimierung bzw. Erlösmaximierung führt zu exakt denselben Werten für die Gesamteffizienz wie sie bei konstanten Skalenerträgen berechnet werden. Der Grund hierfür liegt darin, daß die minimalen Kosten von Unternehmen i, $\mathbf{w}^T\mathbf{x}_i^*$, zur Produktion eines bestimmten Outputvektors $\mathbf{y}_i$ bzw. der maximale Erlös von Unternehmen i, $\mathbf{p}^T\mathbf{y}_i^*$, bei Inputeinsatz $\mathbf{x}_i$ unabhängig von der unterstellten Art der Skalenerträge sind. Folglich ergeben sich hieraus keine neuen Aspekte für die Zerlegung der Gesamteffizienz in die technische Effizienz und die allokative Effizienz. Wie in Kapitel 5 bereits dargelegt, kann die technische Effizienz bei konstanten Skalenerträgen in die reine technische Effizienz bei variablen Skalenerträgen und die Skaleneffizienz multiplikativ zerlegt werden. Damit kann dann die Gesamteffizienz (GE) insgesamt in drei Faktoren, nämlich die reine technische Effizienz (RTE), die Skaleneffizienz (SE) und die allokative Effizienz (AE) aufgespalten werden: $GE = RTE \cdot SE \cdot AE$.

7.4 Überblick über weitere Modifikationen

Neben den in diesem Kapitel behandelten Slacks, dem Vergleich der Besten und der Messung der allokativen Effizienz existiert in der Literatur noch eine Vielzahl weiterer Modifikationen des Grundmodells der nichtparametrischen Effizienzanalyse.

Zu den bedeutendsten Modifikationen zählen:

- Nichtorientierte Modelle, bei denen die Ineffizienz nicht in Form von (proportionalen) Inputeinsparungen wie bei Inputorientierung oder in Form von (proportionalen) Outputerhöhungen wie bei Outputorientierung angegeben wird, sondern als Mischung beider Möglichkeiten. Zu den nichtorientierten Modellen zählen das additive Modell von Charnes et al. (1985) und das multiplikative Modell von Charnes et al. (1983). Die hiermit berechneten Distanzmaße sind nicht radial, so daß diese Modelle auch als nicht-radiale Modelle bezeichnet werden.
- Nichtdiskretionäre Modelle schwächen die implizite Annahme ab, daß alle Inputs bei Inputorientierung oder alle Outputs bei Outputorientierung unter der Kontrolle der Entscheidungsträger stehen. Bestimmte Umwelteinflüsse, wie etwa staatliche Regulierungen, können dazu führen, daß die Einsatzmengen einzelner Inputs, die nicht unmittelbar von der Unternehmensleitung kontrollierbar sind, dennoch die Effizienz des Unternehmens beeinflussen. Banker und Morey (1986a) schlagen Verfahren zur adäquaten Berücksichtigung dieser Fälle vor.
- Modelle mit Dichteeffekten (congestion effects) dienen zur Erfassung von Situationen, in denen ein zu starker Einsatz eines Inputs zu einem negativen Grenzprodukt führt und folglich die Isoquante in bestimmten Bereichen eine positive Steigung aufweist. Siehe Charchye (2001) für Methoden zur Behandlung von derartigen Dichteeffekten.
- Modelle für kategoriale bzw. ordinale Inputs und Outputs werden von Banker und Morey (1986b) vorgeschlagen. Im Fall von ordinalen Variablen sorgen diese Modifikationen dafür, daß ein Unternehmen bei der Effizienzbewertung nur mit solchen Unternehmen verglichen wird, die hinsichtlich der Ausprägungen der ordinalen Variablen nicht besser gestellt sind. Diese Modelle sind jedoch aufwendiger zu berechnen, da sie die Lösung von gemischt-ganzzahligen linearen Programmen erfordern.
- Modelle mit a priori Restriktionen der Aggregationsgewichte der Productivity-Form erlauben es, unrealistisch hohe oder niedrige Werte der Aggregationsgewichte zu verhindern. Die Möglichkeiten bestehen in der Setzung Unter- und Obergrenzen für einzelne Gewichte oder Linearkombinationen von Gewichten, sowie in Beschränkungen von Verhältnissen von Gewichten. Allen et al. (1997) geben hierzu einen Überblick.

- Stochastische Modelle dienen einerseits zur Verminderung der Ausreißerempfindlichkeit der deterministischen nichtparametrischen Methoden. Die Distanz zur Frontierfunktion wird hierbei als teilweise durch Zufallseinflüsse oder Meßfehler beeinflußt angesehen. Das Ziel der stochastischen Methoden ist es, die Zufallseinflüsse oder Meßfehler von der wirklichen Ineffizienz zu trennen. Zusätzlich können damit auch Standardabweichungen und Konfidenzintervalle für die Effizienzmaße angegeben und Signifikanztests durchgeführt werden. Banker (1993) hat bereits früh nachgewiesen, daß die DEA-Frontierfunktion ein konsistenter Maximum-Likelihood-Schätzer für die unbekannte wahre Frontierfunktion ist. Einige neuere stochastische Ansätze werden in Simar und Wilson (2000) diskutiert.
- Dynamische Modelle erlauben es Produktivitätsveränderungen über die Zeit zu messen und dabei den technologischen Fortschritt von reinen Effizienzveränderungen zu separieren. Aufgrund ihrer großen Anwendungsbreite wird sich das folgende Kapitel 8 im Detail mit dynamischen Modellen und ihren Analysemöglichkeiten befassen.

Neben diesen kurz vorgestellten Modifikationen besteht noch eine Fülle weiterer Spezialisierungen der Grundmodelle. Zusammenfassende Darstellungen in Buchform inklusive der Präsentation von Anwendungen und Software finden sich in Charnes et al. (1994), Coelli, Rao und Battese (1998), Cooper, Seiford und Tone (2000), Cooper, Seiford und Zhu (2004), Färe, Grosskopf und Lovell (1994) und Fried, Lovell und Schmidt (1993). Einen permanent aktualisierten Überblick über die gesamte relevante Literatur zur nichtparametrischen Effizienzmessung bieten die Webseiten

- http://www.deazone.com/ und
- http://www.emp.pdx.edu/dea/homedea.html.

Schlüsselbegriffe und Übungsaufgaben

Schlüsselbegriffe

Input-Slack
Excess-Input
Output-Slack
Supereffizienz
allokative Effizienz
Gesamteffizienz

Aufgabe 7.1 (Slacks I)

In einem Sektor mit unterschiedlichen Faktoreinsatzverhältnissen x_1 / x_2 werden die 7 Unternehmen F1 bis F7 einer Effizienzanalyse unterzogen. Die Ausgangsdaten sind wie folgt gegeben:

Unternehmen	F1	F2	F3	F4	F5	F6	F7
Input x_1	2	4	5	7	8	3	3
Input x_2	4	8	5	3	2	2	8
Output y	1	1	1	1	1	1	1

(a) Geben Sie die Produktionsstruktur des Sektors graphisch wieder und identifizieren Sie mögliche Problemfälle einer radialen Effizienzmessung, wenn man bei einer inputorientierten Analyse die Technologiemenge zunächst ohne und dann mit dem Ineffizienzaxiom definiert.

(b) Führen Sie mit einer geeigneten Software eine nichtparametrischen Effizienzanalyse der Daten durch, bei der die unter (a) identifizierten Problemfälle entsprechend berücksichtigt werden. Interpretieren Sie die Ergebnisse.

(c) Welches Ergebnis stellt sich ein, wenn bei F1 im Rahmen der Erhebung der Input- und Outputmengen ein Fehler unterlaufen ist und bei Input x_2 statt der angegebenen 4 eigentlich nur 2 Einheiten eingesetzt werden.

Aufgabe 7.2 (Slacks II)

(a) Bei der Effizienzanalyse der Betriebsstätten F1 bis F9 erhalten Sie folgendes Ergebnistableau der Productivity-Form einer inputorientierten Analyse bei konstanten Skalenerträgen, wobei ε die nichtarchimedische Konstante darstellt (hier mit einem Wert von 10^{-6}):

	F1	F2	F3	F4	F5	F6	F7	F8	F9
h_i	1,000	0,667	0,500	0,667	1,000	1,000	0,600	0,857	1,000
v_{1i}	0,167	0,333	0,083	ε	ε	0,167	0,100	0,143	0,500
v_{2i}	0,167	ε	0,083	0,333	0,500	0,167	0,100	0,143	ε
μ	1,000	0,667	0,500	0,667	1,000	1,000	0,600	0,857	1,000

Welche Informationen können Sie hinsichtlich der Frontierfunktion und eventueller Slacks aus dieser Tabelle ableiten?

(b) Für die Abteilungen A bis J erhalten Sie aus einer outputorientierten Effizienzanalyse bei CRS die folgenden Ergebniswerte der Productivity-Form, wobei ε wieder die nicht-archimedische Konstante ist.

	A	B	C	D	E	F	G	H	J
k_i	1,000	1,333	1,429	1,143	1,143	2,000	1,000	1,000	1,000
v_i	1,000	1,333	1,429	1,143	1,143	2,000	1,000	1,000	1,000
μ_{1i}	0,100	ε	0,143	ε	0,143	0,200	ε	0,100	0,125
μ_{2i}	0,050	0,167	0,071	0,143	ε	0,100	0,125	0,050	ε

Interpretieren Sie diese Ergebnisse analog zu Teilaufgabe (a).

Aufgabe 7.3 (Vergleich der Besten)

(a) Gegeben sind die Produktionsdaten der Unternehmen F1 bis F6.

Unternehmen	F1	F2	F3	F4	F5	F6
Input x_1	1	2	3	4	5	8
Input x_2	7	4	3	6	2	1
Output y	1	1	1	1	1	1

- Analysieren Sie die Effizienz der Unternehmen F1 bis F6 graphisch.
- Wie könnte man zu einer erweiterten Differenzierung der Effizienzergebnisse kommen? Zeigen Sie dies graphisch für die Unternehmen F1, F2 und F4 und mit Hilfe einer geeigneten Software (beispielsweise EMS) für alle Unternehmen.

(b) Für die Unternehmen A bis H sind die folgenden Produktionsdaten gegeben.

Unternehmen	A	B	C	D	E	F	G	H
Input x	1	1	1	1	1	1	1	1
Output y_1	9	6	7	5	8	8	4	6
Output y_2	2	5	7	6	5	2	8	8

- Analysieren Sie die Effizienz der Unternehmen A bis H graphisch.
- Zeigen Sie graphisch für Unternehmen A, C und G (und mit Hilfe einer geeigneten Software für alle Unternehmen), wie man zu einer differenzierteren Aussage bezüglich der Effizienz kommt.
- Für welche Unternehmen verändert sich die Effizienz nicht? Begründen Sie Ihre Antwort.

Aufgabe 7.4 (Allokative Effizienz)

Die Unternehmen F1 bis F9 produzieren mit zwei Inputfaktoren in den Menge x_1 und x_2 ein Produkt in der Menge y. Die Mengenangaben sind in der folgenden Tabelle zusammengestellt. Die Faktorpreise für die beiden Inputs sind $q_1 = 8$ für Input 1 und $q_2 = 8$ für Input 2. Diese Faktorpreise sind für alle Unternehmen gleichermaßen relevant.

Unternehmen	F1	F2	F3	F4	F5	F6	F7	F8	F9
Input 1 x_1	2	3	3	7	6	5	5	3	2
Input 2 x_2	5	9	6	5	2	2	5	3	8
Output y	1	1	1	1	1	1	1	1	1

(a) Beurteilen Sie die allokative Effizienz der Unternehmen F1 bis F9 anhand einer Zeichnung.
(b) Angenommen die Faktorpreise ändern sich. Geben sie die Faktorpreise (oder das Intervall von Faktorpreisen) an, bei denen sich die Klassifikation aus Teilaufgabe (a) nicht ändert.

8 Dynamische Analyse

Die Anwendungen der nichtparametrischen Produktivitätsanalyse in den vorangegangenen Kapiteln war stets statisch orientiert. Dies bedeutet, daß lediglich relative Effizienz- und Produktivitätsunterschiede, die auf einen einzigen Zeitpunkt bezogen sind, analysiert werden. So kann für ein Unternehmen, für das im Rahmen einer statischen Frontierfunktionsanalyse in zwei aufeinanderfolgenden Perioden ein Effizienzwert von 1 gefunden wird, keine Aussage darüber getroffen werden, ob sich seine Produktivität verändert hat. Der Grund liegt darin, daß die Effizienzmessung in Periode 1 relativ zur Frontierfunktion in Periode 1 und die Effizienzmessung in Periode 2 relativ zur Frontierfunktion in Periode 2 erfolgt. Es ist jedoch so keine Aussage möglich, inwieweit sich die Frontierfunktion von Periode 1 von derjenigen in Periode 2 unterscheidet und ob eine Produktivitätsveränderung des untersuchten Unternehmens aus einer Verschiebung der Frontierfunktion resultieren könnte.

Ebenso kann allein aus der Tatsache, daß ein Unternehmen einen (inputorientiert gemessenen) Effizienzwert von 0,9 in Periode 1 und einen Effizienzwert von 0,7 in Periode 2 aufweist, nicht unmittelbar auf eine absolute Produktivitätsverschlechterung dieses Unternehmens geschlossen werden. Es ist hier lediglich die Aussage möglich, daß dieses Unternehmen in Periode 2 seine Inputs stärker reduzieren muß, um einen Punkt auf der best-practice-Frontierfunktion dieser Periode zu erreichen als in Periode 1. Die Frontierfunktion könnte sich jedoch von Periode 1 zu Periode 2 so weit in Richtung auf den Ursprung des Inputraumes verschoben haben, daß das betrachtete Unternehmen dennoch eine Produktivitätsverbesserung erfahren hat. Diese Beispiele sollen verdeutlichen, daß ein Vergleich von radialen Produktivitätsmaßen, die mit Hilfe von statischen DEA-Analysen zu verschiedenen Zeitpunkten berechnet wurden, nur sehr eingeschränkt möglich ist, da sich die radialen Effizienzmaße stets auf die Frontierfunktionen der jeweiligen Perioden beziehen und dabei der Einfluß eventueller Verschiebungen der Frontierfunktion nicht in das Kalkül eingeht.

Im folgenden werden zwei Vorgehensweisen beschrieben, mit Hilfe derer eine Erfassung von Produktivitätsveränderungen über die Zeit durchgeführt werden kann. Zunächst wird die sogenannte All-Time-Best-Frontierfunktion (ATB-Frontierfunktion) vorgestellt, die auf den bisher eingeführten Instrumenten der nichtparametrischen Produktivitätsanalyse beruht (8.1). Daran anschließend wird mit dem Malmquist-Index eine Maßzahl für Produktivitätsveränderungen behandelt, die sehr viel weiter gehende Aussagen gestattet, jedoch dafür auch einige Erweiterungen des Analyseinstrumentariums erfordert (8.2 und 8.3). Die Unterschiede, die sich bei Outputorientierung im Vergleich zur Inputorientierung ergeben (8.4) und die Behandlung des Falls variabler Skalenerträge (8.5) beschließen das Kapitel.

8.1 All-Time-Best-Frontierfunktion

Zur Berechnung einer ATB-Frontierfunktion wird eine zusammengefaßte Stichprobe aus den Beobachtungen aller Unternehmen zu allen Zeitpunkten gebildet und einer Frontierfunktionsanalyse unterzogen. Damit wird eine einzige Frontierfunktion für die Effizienzbewertung in allen Perioden berechnet und somit die eingangs geschilderte Einschränkung der Aussagekraft der statischen Frontierfunktionsanalyse aufgehoben. Die Berechnung der ATB-Frontierfunktion kann sowohl unter der Annahme konstanter Skalenerträge als auch unter variablen Skalenerträgen erfolgen.

Abbildung 8.1 zeigt ein Beispiel einer solchen ATB-Frontierfunktion, die auf vier Unternehmen A bis D beruht, deren Inputs und Outputs zu zwei Zeitpunkten t und $t+1$ beobachtet werden. Dargestellt ist die ATB-Frontierfunktion bei konstanten Skalenerträgen, wobei davon ausgegangen wird, daß alle Inputmengen x_1 und x_2 auf das Outputniveau 1 in der jeweiligen Periode normiert sind, so daß die ATB-Frontierfunktion als best-practice-Einheitsisoquante über alle Perioden hinweg aufgefaßt werden kann.

Die ATB-Frontierfunktion wird hier von den Beobachtungen der Unternehmen A, B und C in der Periode $t+1$ gebildet. Grundsätzlich ist es jedoch nicht zwingend, daß die Frontierfunktion immer von den Beobachtungen der letzten Periode gebildet wird. Alle Beobachtungen erfahren hier eine Produktivitätsverbesserung, da sie in Periode $t+1$ näher (im radialen Sinne) an der ATB-Frontierfunktion liegen als in Periode t. Die Unternehmen A, B und C sind, gemessen an der ATB, in Periode t ineffizient. Da sie in Periode $t+1$ die ATB-Frontierfunktion bilden, erhöhen sie ihre Produktivität durch den Abbau dieser Ineffizienz in $t+1$. Die radiale Distanz von Unternehmen D zu dem Teilstück der ATB-Frontierfunktion, das von B_{t+1} und C_{t+1} aufgespannt wird, ist in Periode t deutlich größer als in Periode $t+1$. Unternehmen D erfährt also eine Effizienzverbesserung und damit eine Produktivitätserhöhung, obwohl es in keiner der beiden Perioden die ATB-Frontierfunktion determiniert.

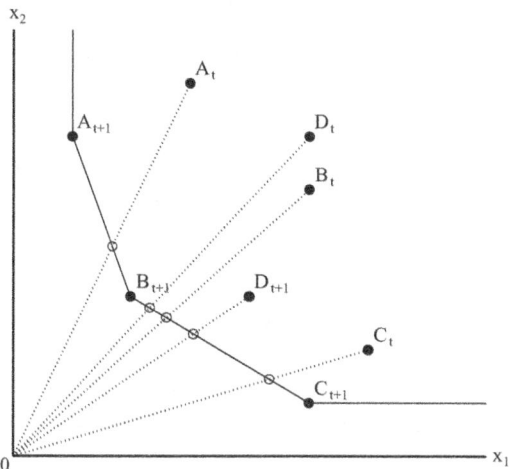

Abb. 8.1. ATB-Frontierfunktion

Im Rahmen der dynamischen Produktivitätsanalyse ist es üblich, das Niveau, auf das die Inputs einer Beobachtung proportional reduziert werden müssen, um effizient zu produzieren, über die Distanz dieser Beobachtung zur Frontierfunktion zu bestimmen. Auf diese Weise wird das radiale Effizienzmaß als Distanzmaß zur Frontierfunktion behandelt, wobei ein kleinerer Wert des Distanzmaßes äquivalent zu einer größeren erforderlichen Inputreduktion und damit einem größeren Abstand von der Frontierfunktion ist. Ein Distanzmaß von 1 entspricht in dieser Interpretation einem Abstand von 0. Aus Gründen der Sprachökonomie wird in diesem Kapitel der handlicheren Formulierung „Unternehmen D hat eine Produktivitätserhöhung erfahren, da es in Periode $t+1$ eine geringere radiale Distanz zur Frontierfunktion aufweist als in Periode t" der dazu äquivalenten Formulierung „Unternehmen D hat eine Produktivitätserhöhung erfahren, da es in Periode $t+1$ seinen Inputeinsatz weniger stark reduzieren muß, um einen Punkt auf der Frontierfunktion zu erreichen als in Periode t" vorgezogen.

Eine Maßzahl zur Quantifizierung des Ausmaßes der Produktivitätsveränderung kann aus den radialen Distanzmaßen der Perioden t und $t+1$ konstruiert werden. Bezeichnet man nämlich mit θ_{it} das radiale Effizienzmaß von Unternehmen i in der Periode t relativ zur ATB-Frontierfunktion, so kann die Produktivitätsveränderung durch den Vergleich der Effizienzmaße unterschiedlicher Perioden quantifiziert werden. Der Quotient $\theta_{i,t+1} / \theta_{it}$ läßt sich hierbei als eine Maßzahl für die Veränderung der totalen Faktorproduktivität von Periode t auf Periode $t + 1$ auffassen. Da sich bei inputorientierter Messung mit $\theta_{it} \in (0,1]$ eine Verringerung der Distanz zur Frontierfunktion in einem größeren Wert für das radiale Effizienzmaß niederschlägt, ist ein Wert des Quotienten $\theta_{i,t+1} / \theta_{it}$ größer als 1 gleichbedeutend mit einer Erhöhung der totalen Faktorproduktivität, während Werte kleiner (gleich) 1 eine gesunkene (unveränderte) totale Faktorproduktivität anzeigen. Die hieraus abgeleitete Maßzahl $100 \cdot (\theta_{i,t+1} / \theta_{it} - 1)$ kann als die prozentuale Veränderungsrate der totalen Faktorprodutivität von Unternehmen i zwischen den Perioden t und $t + 1$ interpretiert werden.

Aus dieser Art von Analyse kann jedoch nicht abgeleitet werden, ob eine so gemessene Produktivitätserhöhung auf einer verbesserten Ausnutzung der gegebenen Produktionsmöglichkeiten bzw. Technologie oder auf einer Erweiterung der Produktionsmöglichkeiten durch technologischen Fortschritt beruht. Anders gesagt läßt die Quantifizierung von Distanzänderungen zur ATB-Frontierfunktion keine Aussage darüber zu, ob die gemessene Produktivitätsveränderung auf einer Veränderung der produktiven Effizienz bei gegebener Technologie oder auf einer Veränderung der Technologie selbst beruht. Diese beiden Aspekte von Produktivitätsveränderungen können erst in einer detaillierteren Analyse mit Hilfe des sogenannten Malmquist-Indexes zur totalen Faktorproduktivität getrennt voneinander erfaßt werden.

8.2 Malmquist-Index nach Caves/Christensen/Diewert

Der Malmquist-Index wurde zuerst von Sten Malmquist (1953) in einer Arbeit zur Konsumtheorie in die Literatur eingeführt. Seine Verwendung als Produktivitätsindex geht auf Caves, Christensen und Diewert (1982) zurück. Als Malmquist-Index wird generell eine Indexzahl bezeichnet, die auf einem Quotienten von Distanzfunktionen beruht. Diese Distanzfunktionen können sowohl in inputorientierter als auch in outputorientierter Form definiert werden und messen die Distanz zum effizienten Rand einer Technologie bzw. zur Frontierfunktion. In inputorientierter Sichtweise mißt die Distanzfunktion

$$\Delta_{it}(\mathbf{x}_{it}, \mathbf{y}_{it}) = \min\{\theta : (\theta\mathbf{x}_{it}, \mathbf{y}_{it}) \in T(t)\}, \qquad (8.1)$$

auf welches Niveau θ alle Inputmengen der Unternehmung i zum Zeitpunkt t reduziert werden können, so daß die dabei entstandene Input-Output-Kombination $(\theta \mathbf{x}_{it}, \mathbf{y}_{it})$ dennoch innerhalb der Technologiemenge $T(t)$ zum Zeitpunkt t verbleibt.[1] Diese Definition der Distanzfunktion entspricht somit exakt dem radialen inputorientierten Effizienzmaß der DEA und gestattet die Verwendung der DEA zur expliziten Berechnung der Distanzfunktion.

Das Konzept der Technologiemenge und ihre Eigenschaften, wurden bereits eingehend in Kapitel 4 diskutiert. Input-Output-Kombinationen, die einen Randpunkt der Technologiemenge darstellen, weisen einen Wert der Distanzfunktion von 1 auf, da in diesen Fällen eine Reduktion der Input-mengen zu einem unzulässigen Punkt außerhalb der Technologiemenge führen würde. Je weiter entfernt eine Input-Output-Kombination vom Rand der Technologiemenge ist, umso stärker müssen die Inputmengen proportional reduziert werden, um einen Randpunkt zu erreichen und umso kleinere Werte wird die Distanzfunktion annehmen. Folglich kann die Distanzfunktion nur Werte im Intervall (0,1] annehmen.

Mit Hilfe einer modifizierten Distanzfunktion läßt sich auch die Distanz einer Input-Output-Kombination in Periode $t+1$ zur Frontierfunktion der Periode t als gemischtperiodige Distanzfunktion

$$\Delta_{it}(\mathbf{x}_{i,t+1}, \mathbf{y}_{i,t+1}) = \min\{\theta : (\theta \mathbf{x}_{i,t+1}, \mathbf{y}_{i,t+1}) \in T(t)\} \tag{8.2}$$

angeben. Hierbei wird nun erfaßt, auf welches Niveau die in der Periode $t+1$ eingesetzten Inputmengen reduziert werden können, um einen Randpunkt der Technologiemenge in der Periode t zu erreichen.

Aus dem Quotienten der beiden Distanzfunktionen läßt sich eine erste Version des Malmquist-Index nach Caves, Christensen und Diewert (1982) wie folgt definieren:

$$M_{it}(\mathbf{x}_{it}, \mathbf{y}_{it}, \mathbf{x}_{i,t+1}, \mathbf{y}_{i,t+1}) = \frac{\Delta_{it}(\mathbf{x}_{i,t+1}, \mathbf{y}_{i,t+1})}{\Delta_{it}(\mathbf{x}_{it}, \mathbf{y}_{it})} \tag{8.3}$$

Für diesen Malmquist-Index ergibt sich ein Wert größer 1 wenn die Distanz einer Unternehmung i zur Frontierfunktion der Periode t für die Input-Output-Kombination der Periode $t+1$ geringer ist als für die Input-

---

[1] In der Literatur zur dynamischen Produktivitätsanalyse wird häufig anstelle des Minimierungsoperators das Infimum verwendet, dessen Verwendung hier jedoch nur eine vernachlässigbare Verallgemeinerung des Konzepts der Distanzfunktion mit sich bringen würde, ohne die folgenden Aussagen substantiell zu ändern.

Output-Kombination der Periode t und damit die Distanzfunktion $\Delta_{it}(\mathbf{x}_{i,t+1}, \mathbf{y}_{i,t+1})$ größer ist als die Distanzfunktion $\Delta_{it}(\mathbf{x}_{it}, \mathbf{y}_{it})$. In diesem Fall hat sich die totale Faktorproduktivität von Unternehmen i erhöht. Gleich große Werte für die beiden Distanzfunktionen führen zu einem Malmquist-Index von 1, der so eine unveränderte totale Faktorproduktivität anzeigt. Der Fall einer gesunkenen totalen Faktorproduktivität spiegelt sich in einem Malmquist-Index kleiner 1 wieder.

Die Berechnung der gleichperiodigen Distanzfunktionen, bei denen die Input-Output-Kombinationen der Perioden t und $t+1$ mit der Frontierfunktion der jeweiligen Periode verglichen werden, kann einfach über die Lösung der entsprechenden linearen Programme der Envelopment-Form der DEA bei Unterstellung konstanter Skalenerträge erfolgen. Die Lösung für θ von

$$
\begin{aligned}
\min_{\theta,\lambda} \quad & \theta \\
\text{N.B.} \qquad \mathbf{Y}_t\lambda \;&\geq\; \mathbf{y}_{it} \\
\theta\mathbf{x}_{it} - \mathbf{X}_t\lambda \;&\geq\; \mathbf{0} \\
\lambda \;&\geq\; \mathbf{0}
\end{aligned}
\qquad (8.4)
$$

ergibt den Wert der Distanzfunktion $\Delta_{it}(\mathbf{x}_{it}, \mathbf{y}_{it})$ für Unternehmen $i \in \{1,...,n\}$, wobei $\mathbf{x}_{it}$ und $\mathbf{y}_{it}$ die Vektoren der Input- und Outputwerte von Unternehmen i zum Zeitpunkt t darstellen sowie $\mathbf{X}_t$ und $\mathbf{Y}_t$ die Matrizen mit den Input- und Outputwerten aller Unternehmen zum Zeitpunkt t sind.

Bei den gemischtperiodigen Distanzfunktionen wird die Input-Output-Kombination eines Unternehmens $i \in \{1,...,n\}$ zum Zeitpunkt $t+1$ mit der Technologiemenge bzw. Frontierfunktion der Periode t in Beziehung gesetzt. Dafür ist eine Modifikation der Envelopment-Form der DEA notwendig, die zuläßt, daß das Unternehmen, für das die Distanzfunktion berechnet werden soll, nicht innerhalb der Menge der Unternehmen enthalten ist, welche die Frontierfunktion determinieren. Analog zum Fall des Andersen-Petersen-Modells wird hierbei Axiom (A1) aufgegeben. Über die Lösung für θ des linearen Programms

$$
\begin{aligned}
\min_{\theta,\lambda} \quad & \theta \\
\text{N.B.} \qquad \mathbf{Y}_t\lambda \;&\geq\; \mathbf{y}_{i,t+1} \\
\theta\mathbf{x}_{i,t+1} - \mathbf{X}_t\lambda \;&\geq\; \mathbf{0} \\
\lambda \;&\geq\; \mathbf{0}
\end{aligned}
\qquad (8.5)
$$

erhält man den Wert der Distanzfunktion $\Delta_{it}(\mathbf{x}_{i,t+1},\mathbf{y}_{i,t+1})$. Hierbei wird die Distanz der Input-Output-Kombination $(\mathbf{x}_{i,t+1},\mathbf{y}_{i,t+1})$ von Unternehmen i zum Zeitpunkt $t+1$ zum Rand der Technologiemenge der Periode t gemessen, die durch $\mathbf{X}_t\lambda$ und $\mathbf{Y}_t\lambda$ repräsentiert wird. Die Struktur des linearen Programmes läßt erkennen, daß es die Input- und Outputwerte der Periode t sind, die über die λ-Faktoren linear verknüpft werden, um als Referenzpunkt für die Input- und Outputwerte von Unternehmen i zum Zeitpunkt $t+1$ zu dienen. Aus der Aufgabe von Axiom (A1) folgt außerdem, daß θ und damit $\Delta_{it}(\mathbf{x}_{i,t+1},\mathbf{y}_{i,t+1})$ auch Werte größer als 1 annehmen kann.

Nun ist es aber nicht zwingend, daß die Technologiemenge der Periode t Ausgangspunkt für die Distanzmessung und damit als Maßstab für die Veränderung der totalen Faktorproduktivität herangezogen werden muß. In analoger Weise kann eine zweite Version des Malmquist-Index nach Caves, Christensen und Diewert (1982) formuliert werden, bei der die Technologiemenge der Periode $t+1$ als Maßstab für die Produktivitätsveränderung heranzieht. Dazu werden die Distanzfunktionen auf Basis der Technologiemenge der Periode $t+1$, $T(t+1)$, definiert und es ergeben sich für die gleichperiodigen Distanzfunktionen

$$\Delta_{i,t+1}(\mathbf{x}_{i,t+1},\mathbf{y}_{i,t+1}) = \min\{\theta : (\theta\mathbf{x}_{i,t+1},\mathbf{y}_{i,t+1}) \in T(t+1)\}, \tag{8.6}$$

sowie für die gemischtperiodigen Distanzfunktionen

$$\Delta_{i,t+1}(\mathbf{x}_{it},\mathbf{y}_{it}) = \min\{\theta : (\theta\mathbf{x}_{it},\mathbf{y}_{it}) \in T(t+1)\}, \tag{8.7}$$

deren Quotient die zweite Version des Malmquist-Index nach Caves, Christensen und Diewert (1982)

$$M_{i,t+1}(\mathbf{x}_{it},\mathbf{y}_{it},\mathbf{x}_{i,t+1},\mathbf{y}_{i,t+1}) = \frac{\Delta_{i,t+1}(\mathbf{x}_{i,t+1},\mathbf{y}_{i,t+1})}{\Delta_{i,t+1}(\mathbf{x}_{it},\mathbf{y}_{it})} \tag{8.8}$$

ergibt. Dieser mißt die Veränderung der Distanz von Unternehmen $i \in \{1,...,n\}$ von Periode t auf Periode $t+1$ relativ zur Frontierfunktion der Periode $t+1$.

Mittels der Envelopment-Form der DEA läßt sich die gleichperiodige Distanzfunktion als Lösung des linearen Programms für die Beobachtungen der Periode $t+1$ ermitteln. Die Lösung von

$$\min_{\theta,\lambda} \quad \theta$$

$$\text{N.B.} \qquad \mathbf{Y}_{t+1}\lambda \;\geq\; \mathbf{y}_{i,t+1}$$

$$\theta\mathbf{x}_{i,t+1} \;-\; \mathbf{X}_{t+1}\lambda \;\geq\; \mathbf{0} \tag{8.9}$$

$$\lambda \;\geq\; \mathbf{0}$$

für θ ergibt den Wert der Distanzfunktion $\Delta_{i,t+1}(\mathbf{x}_{i,t+1},\mathbf{y}_{i,t+1})$ für Unternehmen $i \in \{1,...,n\}$, wobei alle Input- und Outputwerte nun aus der Periode $t+1$ stammen. Zur Berechnung der gemischtperiodigen Distanzfunktion $\Delta_{i,t+1}(\mathbf{x}_{it},\mathbf{y}_{it})$ der zweiten Version des Malmquist-Index wird die Distanz der Input-Output-Kombination des Unternehmens i zum Zeitpunkt t zur Frontierfunktion der Periode $t+1$ gemessen. Sie entspricht der Lösung für θ des linearen Programms

$$\min_{\theta,\lambda} \quad \theta$$

$$\text{N.B.} \qquad \mathbf{Y}_{t+1}\lambda \;\geq\; \mathbf{y}_{it}$$

$$\theta\mathbf{x}_{it} \;-\; \mathbf{X}_{t+1}\lambda \;\geq\; \mathbf{0} \tag{8.10}$$

$$\lambda \;\geq\; \mathbf{0}$$

Beispiel

Anhand des in Abbildung 8.2 wiedergegebenen Beispiels läßt sich unschwer erkennen, daß die Distanz der Unternehmung D zum Zeitpunkt t (Punkt D_t) zur Frontierfunktion der Periode t (bezeichnet mit F_t) durch $\Delta_{Dt}(\mathbf{x}_{Dt},\mathbf{y}_{Dt}) = 0a/0D_t$ und die Distanz der Unternehmung D zum Zeitpunkt $t+1$ (Punkt D_{t+1}) zur gleichen Frontierfunktion durch $\Delta_{Dt}(\mathbf{x}_{D,t+1},\mathbf{y}_{D,t+1}) = 0b/0D_{t+1}$ angeben läßt. Damit ist auch klar, daß gemischtperiodige Distanzfunktionen auch Werte größer als 1 annehmen können.

Für Unternehmen D in Abbildung 8.2 ergibt sich ein Malmquist-Index in der ersten Version von $(0b/0D_{t+1})/(0a/0D_t)$. Aus der Abbildung kann man unschwer entnehmen, daß sich mit $0b/0D_{t+1} > 1$ und $0a/0D_t < 1$ eine Erhöhung der totalen Faktorproduktivität für Unternehmen D feststellen läßt.

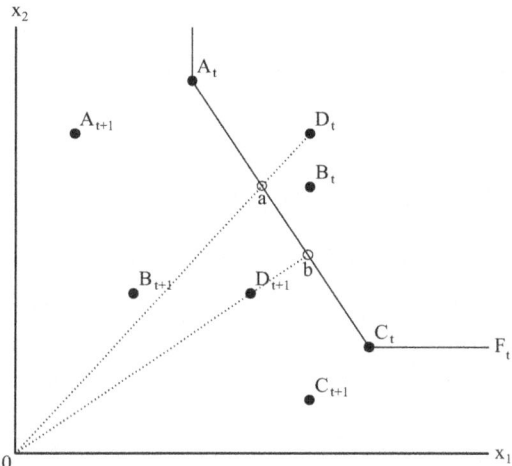

Abb. 8.2. Malmquist-Index erste Version (inputorientiert, CRS)

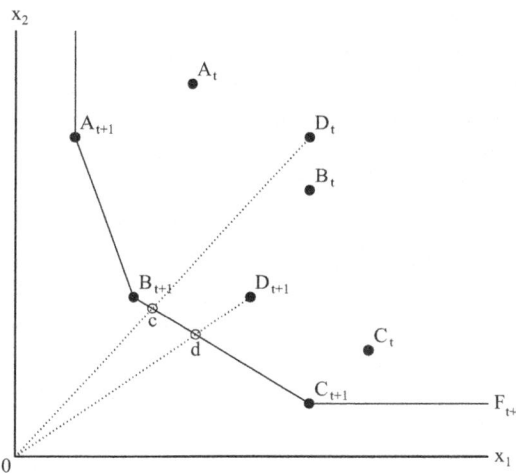

Abb. 8.3. Malmquist-Index zweite Version (inputorientiert, CRS)

Die Interpretation der zweiten Version des Malmquist-Index läßt sich analog zur ersten Version vornehmen und beruht auf der Veränderung der Distanz der Input-Outputkombination von Unternehmen i zum Zeitpunkt t und zum Zeitpunkt $t+1$ jeweils zur Frontierfunktion F_{t+1} der Periode $t+1$. Dies wird am Beispiel der Unternehmung D in Abbildung 8.3 veranschaulicht.

Man erhält für Unternehmen D die Distanzfunktionen $\Delta_{D,t+1}(\mathbf{x}_{D,t+1},\mathbf{y}_{D,t+1}) = 0d / 0D_{t+1}$ und $\Delta_{D,t+1}(\mathbf{x}_{Dt},\mathbf{y}_{Dt}) = 0c / 0D_t$ woraus sich der Malmquist-Index $(0d / 0D_{t+1})/(0c / 0D_t)$ zusammensetzen läßt. Da beide Distanzfunktionen klar kleiner 1 sind, jedoch $0d / 0D_{t+1}$ zweifelsfrei größer als $0c / 0D_t$ ausfällt, ergibt sich auch am Maßstab der Technologiemenge der Periode $t+1$ eine Produktivitätserhöhung für Unternehmen D. Diese kann jedoch quantitativ sowohl größer als auch kleiner als die Produktivitätsveränderung, gemessen an der Technologiemenge der Periode t, ausfallen.

8.3 Malmquist-Index nach Färe/Grosskopf/Lindgren/Roos

In den meisten Fällen ist jedoch a priori nicht klar, ob die Technologiemenge der Periode t oder diejenige der Periode $t+1$ der geeignetere Maßstab für die Produktivitätsmessung einer Unternehmung ist. Aus diesem Grund haben Färe et al. (1992, 1994a,b) eine dritte Version des Malmquist-Index als das geometrische Mittel der beiden Versionen des Malmquist-Index nach Caves, Christensen und Diewert (1982) definiert. Demzufolge ergibt sich die Veränderung der totalen Faktorproduktivität zwischen den Zeitpunkten t und $t+1$ für das Unternehmen i als

$$\overline{M}_{it}(\mathbf{x}_{it},\mathbf{y}_{it},\mathbf{x}_{i,t+1},\mathbf{y}_{i,t+1}) = \left[\frac{\Delta_{it}(\mathbf{x}_{i,t+1},\mathbf{y}_{i,t+1})}{\Delta_{it}(\mathbf{x}_{it},\mathbf{y}_{it})} \frac{\Delta_{i,t+1}(\mathbf{x}_{i,t+1},\mathbf{y}_{i,t+1})}{\Delta_{i,t+1}(\mathbf{x}_{it},\mathbf{y}_{it})} \right]^{1/2} . \quad (8.11)$$

Die geometrische Mittelung soll dabei Verzerrungen eliminieren, die aus einer alleinigen Festlegung auf die Technologiemenge in der Periode t oder $t+1$ als Referenz für die Messung der Produktivitätsveränderung resultieren können.

Der große Vorzug dieser Definition des Malmquist-Index ist, daß er sich in zwei Faktoren zerlegen läßt, die sich eigenständig ökonomisch interpretieren lassen. Einfaches Erweitern und Umstellen resultiert in der Formulierung

$$\overline{M}_{it}(\mathbf{x}_{it},\mathbf{y}_{it},\mathbf{x}_{i,t+1},\mathbf{y}_{i,t+1}) = \frac{\Delta_{i,t+1}(\mathbf{x}_{i,t+1},\mathbf{y}_{i,t+1})}{\Delta_{it}(\mathbf{x}_{it},\mathbf{y}_{it})}$$

$$\cdot \left[\frac{\Delta_{it}(\mathbf{x}_{i,t+1},\mathbf{y}_{i,t+1})}{\Delta_{i,t+1}(\mathbf{x}_{i,t+1},\mathbf{y}_{i,t+1})} \frac{\Delta_{it}(\mathbf{x}_{it},\mathbf{y}_{it})}{\Delta_{i,t+1}(\mathbf{x}_{it},\mathbf{y}_{it})} \right]^{1/2} \quad (8.12)$$

$$= EF_{it} \cdot TF_{it} .$$

Der erste Faktor

$$EF_{it}(\mathbf{x}_{it},\mathbf{y}_{it},\mathbf{x}_{i,t+1},\mathbf{y}_{i,t+1}) = \frac{\Delta_{i,t+1}(\mathbf{x}_{i,t+1},\mathbf{y}_{i,t+1})}{\Delta_{it}(\mathbf{x}_{it},\mathbf{y}_{it})} \quad (8.13)$$

läßt sich als die Veränderung der produktiven Effizienz und der zweite Faktor

$$TF_{it}(\mathbf{x}_{it},\mathbf{y}_{it},\mathbf{x}_{i,t+1},\mathbf{y}_{i,t+1}) = \left[\frac{\Delta_{it}(\mathbf{x}_{i,t+1},\mathbf{y}_{i,t+1})}{\Delta_{i,t+1}(\mathbf{x}_{i,t+1},\mathbf{y}_{i,t+1})} \frac{\Delta_{it}(\mathbf{x}_{it},\mathbf{y}_{it})}{\Delta_{i,t+1}(\mathbf{x}_{it},\mathbf{y}_{it})} \right]^{1/2} \quad (8.14)$$

als Beitrag des technologischen Fortschritts zur Veränderung der totalen Faktorproduktivität interpretieren. Für identische Input- und Outputwerte in t und $t+1$ berechnet sich für den Malmquist-Index sowie seine beiden Faktoren genau der Wert 1. Verbesserungen (Verschlechterungen) der Komponenten bzw. des Gesamtindex werden durch Werte größer (kleiner) als 1 ausgedrückt.

Um die Berechnung der Produktivitätsveränderung zwischen zwei Perioden mit Hilfe des Malmquist-Index durchzuführen, sind für jede Beobachtung der Strichprobe alle vier oben definierten linearen Programme zu lösen. Deren Lösungen können dann in die entsprechenden Formeln für den Malmquist-Index, die Veränderung der produktiven Effizienz und den Beitrag des technologischen Fortschritts eingesetzt werden.

Beispiel

Zur Illustration der Zusammenhänge bei der zusammengesetzten Version des Malmquist-Index führt Abbildung 8.4 nun die beiden Abbildungen 8.2 und 8.3 zusammen. Alle vier Distanzfunktionen, die zur Veranschaulichung der dritten Version des Malmquist-Index benötigt werden, lassen sich hier erkennen.

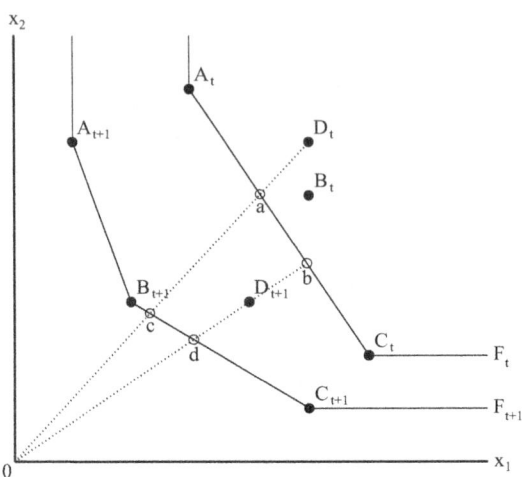

Abb. 8.4. Malmquist-Index dritte Version (inputorientiert, CRS)

Die Interpretationen der beiden Faktoren dieses Malmquist-Index seien wiederum am Beispiel von Unternehmen D in der Abbildung veranschaulicht. Die Veränderung der produktiven Effizienz von Unternehmen D ergibt sich aus dem Streckenverhältnis

$$EF_{Dt} = (0d/0D_{t+1})/(0a/0D_t),$$

welches die Veränderung der Distanz der Input-Output-Kombination von Unternehmen D zur Frontierfunktion der jeweiligen Periode angibt. Eine Erhöhung der produktiven Effizienz resultiert in einer geringeren Distanz (und damit einem größerem Wert der Distanzfunktion) zur Frontierfunktion der Periode $t+1$ im Vergleich zur Periode t.

Für den Beitrag des technologischen Fortschritts ergibt sich im Fall von Unternehmen D der Ausdruck

$$TF_{Dt} = \left[\frac{0b/0D_{t+1}}{0d/0D_{t+1}}\frac{0a/0D_t}{0c/0D_t}\right]^{1/2} = \left[\frac{0b}{0d}\frac{0a}{0c}\right]^{1/2},$$

der das geometrische Mittel der radialen Verschiebung des für Unternehmen D relevanten Frontierteilstücks zwischen Unternehmen A und C in Periode t auf das Teilstück zwischen B und C in Periode $t+1$ repräsentiert.

Es zeigt sich, daß sich das für Unternehmen D relevante Teilstück der Frontierfunktion zum Ursprung hin verschiebt und Unternehmen D folglich einen Wert größer 1 für den Beitrag des technologischen Fortschritts zugewiesen erhält. Gleichzeitig steht Unternehmen D in Periode t relativ näher an der Frontierfunktion der Periode t als in Periode $t+1$ relativ zur Frontierfunktion der Periode $t+1$. Folglich ergibt sich eine Verschlechterung der produktiven Effizienz, die sich in einem Wert kleiner 1 für den Faktor der Effizienzveränderung niederschlägt. Die gegenläufigen Effekte des technologischen Fortschritts und der Verschlechterung der produktiven Effizienz lassen keine Beurteilung der Veränderung der totalen Faktorproduktivität allein anhand der Zeichnung zu. Erst eine vollständige quantitative Analyse kann zeigen, ob sich für Unternehmen D ein Wert größer oder kleiner als 1 für den Malmquist-Index ergibt.

Die anderen Unternehmen in Abbildung 8.4 erfahren dagegen alle eindeutig eine Produktivitätserhöhung, die sich im Fall der Unternehmen A und C allein aus dem Beitrag des technologischen Fortschritts speist, da beide Unternehmen in beiden betrachteten Perioden die Frontierfunktion determinieren und folglich in beiden Perioden effizient produzieren. Im Fall von Unternehmen B resultiert die Produktivitätserhöhung sowohl aus technologischem Fortschritt als auch aus einer Effizienzverbesserung, da dieses Unternehmen in Periode t ineffizient produziert und anschließend in Periode $t+1$ die verschobene Frontierfunktion mit determiniert.

Es zeigt sich, daß sich die einzelnen Teilstücke der Frontierfunktion unterschiedlich stark verschieben und der technologische Fortschritt somit „lokal" im Sinne von Atkinson und Stiglitz (1969) ist. Siehe Cantner und Westermann (1998) für eine konkrete Anwendung dieser Einsicht zur Analyse der Effizienz von Unternehmen aus verschiedenen Branchen des deutschen verarbeitenden Gewerbes.

8.4 Outputorientierung

Natürlich kann der Malmquist-Index auch outputorientiert berechnet werden. Hierzu werden anstelle der vier inputorientierten Distanzfunktionen, die zusammenfassend als

$$\Delta_{ip}(\mathbf{x}_{iq},\mathbf{y}_{iq}) = \min\{\theta : (\theta\mathbf{x}_{iq},\mathbf{y}_{iq}) \in T(p)\} \text{ mit } p,q \in \{t,t+1\} \qquad (8.15)$$

geschrieben werden können, entsprechende outputorientierte Distanzfunktionen definiert. Formal kann man dies als

$$\Delta_{ip}(\mathbf{x}_{iq}, \mathbf{y}_{iq}) = [\max\{\varphi : (\mathbf{x}_{iq}, \varphi\mathbf{y}_{iq}) \in T(p)\}]^{-1} \text{ mit } p, q \in \{t, t+1\} \qquad (8.16)$$

fassen. Diese geben den Reziprokwert des maximalen Faktors an, um den alle Outputmengen erhöht werden können, so daß Beobachtung i in Periode q dennoch innerhalb der Technologiemenge in Periode p verbleibt und somit gerade den effizienten Rand dieser Technologiemenge erreicht.

Da hier von einer Technologiemenge unter konstanten Skalenerträgen ausgegangen wird, sind die so definierten outputorientierten Distanzfunktionen identisch zu den inputorientierten Distanzfunktionen, die bislang in diesem Kapitel betrachtet wurden, so daß sich hinsichtlich der Berechnung keinen neuen Gesichtspunkte ergeben.

Beispiel

Graphisch sei die outputorientierte Situation für die dritte Version des Malmquist-Index im Fall eines Inputs und eines Outputs anhand von Abbildung 8.5 verdeutlicht. Da weiter von konstanten Skalenerträgen ausgegangen wird, sind die Frontierfunktionen der Perioden t und $t+1$ Ursprungsstrahle durch die Input-Output-Kombination des Unternehmens mit der jeweils höchsten Durchschnittsproduktivität und werden mit F_t und F_{t+1} bezeichnet.

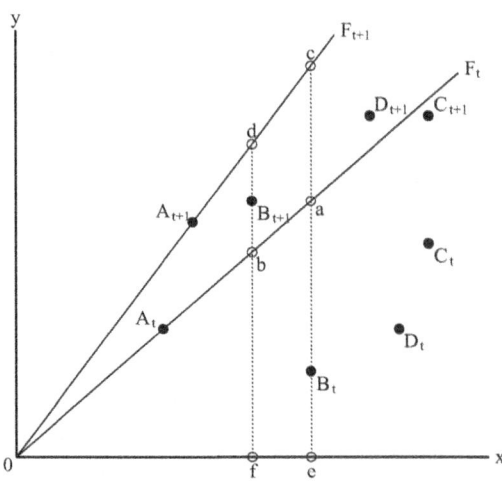

Abb. 8.5. Malmquist-Index dritte Version (outputorientiert, CRS)

Die outputorientierte Berechnung der Distanzfunktionen erfolgt nun vertikal und ergibt für das Unternehmen B folgendes Ergebnis:

$$\Delta_{Bt}(\mathbf{x}_{Bt}, \mathbf{y}_{Bt}) = eB_t / ea , \quad \Delta_{B,t+1}(\mathbf{x}_{B,t+1}, \mathbf{y}_{B,t+1}) = fB_{t+1} / fd$$

$$\Delta_{B,t+1}(\mathbf{x}_{Bt}, \mathbf{y}_{Bt}) = eB_t / ec , \quad \Delta_{Bt}(\mathbf{x}_{B,t+1}, \mathbf{y}_{B,t+1}) = fB_{t+1} / fb$$

Diese Distanzfunktionen ergeben zusammengesetzt den Malmquist-Index

$$\overline{M}_{Bt}(\mathbf{x}_{Bt}, \mathbf{y}_{Bt}, \mathbf{x}_{B,t+1}, \mathbf{y}_{B,t+1}) = \left[\frac{fB_{t+1} / fb}{eB_t / ea} \frac{fB_{t+1} / fd}{eB_t / ec} \right]^{1/2} ,$$

der sich wiederum in die Veränderung der produktiven Effizienz und den Beitrag des technologischen Fortschritts mit dem Ergebnis

$$\overline{M}_{Bt}(\mathbf{x}_{Bt}, \mathbf{y}_{Bt}, \mathbf{x}_{B,t+1}, \mathbf{y}_{B,t+1}) = \frac{fB_{t+1} / fd}{eB_t / ea} \left[\frac{fB_{t+1} / fb}{fB_{t+1} / fd} \frac{eB_t / ea}{eB_t / ec} \right]^{1/2}$$

$$= \frac{fB_{t+1} / fd}{eB_t / ea} \left[\frac{fd}{fb} \frac{ec}{ea} \right]^{1/2}$$

zerlegen läßt. Ein Vergleich mit Abbildung 8.5 zeigt, daß sich für Unternehmen B eine Effizienzverbesserung ergeben hat, da die Distanz in diesem Fall in Periode $t+1$ zur Frontierfunktion dieser Periode geringer ist als in Periode t. Zudem hat sich die Frontierfunktion radial um den Faktor $[(fd / fb) \cdot (ec / ea)]^{1/2}$ nach oben verschoben, so daß sich auch technologischer Fortschritt ereignet hat, der allerdings allein von Unternehmen A vorangetrieben wurde. Da beide Komponenten des Malmquist-Index im Fall von Unternehmen B eine Verbesserung erfahren, ergibt sich insgesamt für Unternehmen B ein Wert für den Malmquist-Index größer als 1.

8.5 Variable Skalenerträge

Die Übertragung der Malmquist-Analyse auf den Fall variabler Skalenerträge ist nicht ohne weiteres möglich. Um dies besser zu verstehen, stellt Abbildung 8.6 die Frontierfunktionen für den Fall variabler Skalenerträge dar.

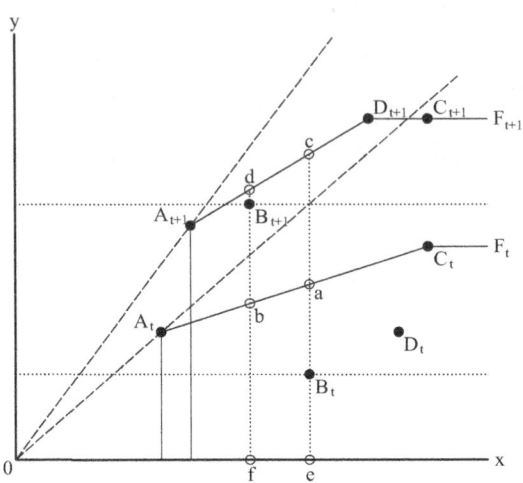

Abb. 8.6. Malmquist-Index (outputorientiert, VRS)

Am Beispiel von Unternehmen B kann man erkennen, daß die outputorientierte Analyse auch bei Annahme variabler Skalenerträge problemlos durchführbar ist. Bei variablen Skalenerträgen ist jedoch die Reziprozität von input- und outputorientierten Distanzfunktionen und damit den jeweiligen Effizienzmaßen nicht sichergestellt, so daß sich die Ergebnisse je nach gewählter Perspektive unterscheiden können.

Außerdem können Fälle auftreten, bei denen sich der Malmquist-Index bei VRS gar nicht berechnen läßt. Führt man beispielsweise eine inputorientierte Malmquist-Analyse für Unternehmen B durch, dann werden die Distanzen zu den beiden Frontierfunktionen nicht in vertikaler sondern in horizontaler Richtung entlang der x-Achse gemessen. In Abbildung 8.6 findet folglich die Distanzmessung entlang der horizontalen gepunkteten Linien durch die Punkte B_t und B_{t+1} statt. Hierbei ist klar ersichtlich, daß kein Schnittpunkt der Horizontalen durch B_{t+1} und der Frontierfunktion F_t existiert. Damit kann auch kein Faktor θ angegeben werden, um den der Inputeinsatz von Unternehmen B zum Zeitpunkt $t+1$ verändert werden müßte, um die Frontierfunktion in Periode t zu erreichen. Das entsprechende lineare Programm erweist sich dann als nicht lösbar (Färe, Grosskopf und Roos (1995)). Beide Horizontalen weisen jedoch Schnittpunkte mit den beiden gestrichelt eingezeichneten Frontierfunktionen bei konstanten Skalenerträgen auf, so daß hier der Malmquist-Index für B berechenbar ist.

In Ermangelung dieser Distanzfunktion kann bei variablen Skalenerträgen weder der Malmquist-Index noch der Beitrag des technologischen Fortschritts zur Produktivitätsveränderung für alle Beobachtungen berechnet werden. Einzig für den Term der Effizienzveränderung – und damit die Veränderung des Abstandes zur Frontierfunktion – kann mit Hilfe der DEA unter variablen Skalenerträgen die Berechnung in allen Fällen durchgeführt werden. Dafür müssen die beiden gleichperiodigen Distanzfunktionen durch Lösung der DEA-Programme unter variablen Skalenerträgen, also der zusätzlichen Einhaltung der Restriktion $\Sigma_{l=1}^{n}\lambda_l = 1$, berechnet werden. Diese Distanzfunktionen sind definiert als

$$\widetilde{\Delta}_{ip}(\mathbf{x}_{ip},\mathbf{y}_{ip}) = \min\{\theta : (\theta\mathbf{x}_{ip},\mathbf{y}_{ip}) \in \widetilde{T}(p)\} \text{ mit } p \in \{t,t+1\}, \qquad (8.17)$$

wobei $\widetilde{T}(p)$ die Technologiemenge der Periode p bei Berücksichtigung variabler Skalenerträge repräsentiert. Mit Hilfe dieser beiden Distanzfunktionen läßt sich nun der Term der Effizienzveränderung EF wie folgt in zwei weitere Faktoren zerlegen:

$$
\begin{aligned}
EF_{it} &= \frac{\Delta_{i,t+1}(\mathbf{x}_{i,t+1},\mathbf{y}_{i,t+1})}{\Delta_{it}(\mathbf{x}_{it},\mathbf{y}_{it})} \\
&= \frac{\widetilde{\Delta}_{i,t+1}(\mathbf{x}_{i,t+1},\mathbf{y}_{i,t+1})}{\widetilde{\Delta}_{it}(\mathbf{x}_{it},\mathbf{y}_{it})} \\
&\quad \cdot \left[\frac{\Delta_{i,t+1}(\mathbf{x}_{i,t+1},\mathbf{y}_{i,t+1})/\widetilde{\Delta}_{i,t+1}(\mathbf{x}_{i,t+1},\mathbf{y}_{i,t+1})}{\Delta_{it}(\mathbf{x}_{it},\mathbf{y}_{it})/\widetilde{\Delta}_{it}(\mathbf{x}_{it},\mathbf{y}_{it})}\right] \\
&= TE_{it} \cdot SE_{it}
\end{aligned}
\qquad (8.18)
$$

Der erste, mit TE_{it} bezeichnete, Faktor gibt den Quotienten der Distanzmaße in t und $t+1$ unter variablen Skalenerträgen und damit die Veränderung der reinen technischen Effizienz an. Der zweite, mit SE_{it} bezeichnete Faktor setzt sich aus dem Quotienten der Distanzen zur Frontierfunktion unter konstanten und variablen Skalenerträgen in Periode $t+1$ im Zähler und dem Quotienten der Distanzen zur Frontierfunktion unter konstanten und variablen Skalenerträgen in Periode t zusammen. Dieser Faktor läßt sich folglich als Veränderung der Skaleneffizienz interpretieren, so daß sich die Effizienzveränderung unter konstanten Skalenerträgen in die Veränderung der reinen technischen Effizienz unter variablen Skalenerträgen und in die Veränderung der Skaleneffizienz zerlegen läßt.

Andere Zerlegungen des Malmquist-Index in verschiedene Komponenten unter konstanten und variablen Skalenerträgen werden z.B. in der Kontroverse zwischen Ray und Desli (1997) auf der einen Seite und Färe, Grosskopf und Norris (1997) auf der anderen diskutiert. Zusätzlich existiert das von Grifell-Tatjé und Lovell (1995) anhand eines numerischen Beispieles aufgezeigte Problem der Verzerrung des Malmquist-Index im Fall einer Technologie mit variablen Skalenerträgen. Trotz dieser sich noch im wissenschaftlichen Diskussionsprozeß befindenden Frage hat es sich als allmein geübte Praxis herausgebildet, die Produktivitätsveränderung insgesamt und den Beitrag des technologischen Fortschritts unter konstanten Skalenerträgen zu berechnen. Mit den Worten von Färe, Grosskopf und Roos (1998, S. 175) kann man somit festhalten: „Our discussion of the theoretical role of constant returns to scale leads us to conclude that anyone who wishes to measure total factor productivity using the Malmquist index should, in effect, use constant returns to scale in specifying the reference technology. Otherwise, the connection between the Malmquist index and our general notion of total factor productivity as measuring average product (the ratio of inputs and outputs) is probably lost."

Dies stützt die hier präsentierte Vorgehensweise mit Hilfe der DEA und der dem Malmquist-Index zugrundeliegenden Mechanik, die unter konstanten Skalenerträgen gemessene Produktivitätsveränderung einmal in die Effizienzveränderung und den Beitrag des technologischen Fortschritts bei konstanten Skalenerträgen

$$\overline{M}_{it} = EF_{it} \cdot TF_{it}$$

zu zerlegen und die Effizienzveränderung weiter in die Veränderung der reinen technischen Effizienz und in die Veränderung der Skaleneffizienz aufzuspalten, woraus insgesamt

$$\overline{M}_{it} = TE_{it} \cdot SE_{it} \cdot TF_{it}$$

als Zerlegung in drei Faktoren resultiert. Weiterführende Darstellungen des Malmquist-Index und der damit verbundenen Diskussion finden sich z.B. in Färe, Grosskopf und Lovell (1994), Färe, Grosskopf und Roos (1998) und Grosskopf (1993).

Schlüsselbegriffe und Übungsaufgaben

Schlüsselbegriffe

All-Time-Best-Frontierfunktion
Distanzfunktion
Malmquist-Index
Produktivitätsveränderung
Effizienzveränderung
technologischer Fortschritt

Aufgabe 8.1 (Malmquist-Index I)

Zwei Unternehmen A und B produzieren einen Output y mit Einsatz eines Inputs x über zwei Perioden 0 und 1. Die Mengenangaben sind wie folgt:

Unternehmen	Input x in Periode 0	Input x in Periode 1	Input y in Periode 0	Input y in Periode 1
A	12	8	3	6
B	10	10	5	10

(a) Stellen Sie die Situation graphisch dar und ermitteln Sie die best-practice-Frontierfunktionen für die Perioden 0 und 1.
(b) Berechnen Sie die Distanzfunktionen der beiden Unternehmen zu beiden Frontierfunktionen bei Outputorientierung.
(c) Setzen Sie aus den unter (b) berechneten Distanzfunktionen die Effizienzveränderung und den Term für den technologischen Fortschritt zusammen und berechnen Sie aus diesen Größen den Malmquist-Index. Interpretieren Sie die Ergebnisse für die Unternehmen A und B.

Aufgabe 8.2 (Malmquist-Index II)

Zu den Unternehmen A und B werden nun noch die Unternehmen C bis E in die Analyse der Produktivitätsveränderung einbezogen.

Unternehmen	Input x in Periode 0	Input x in Periode 1	Input y in Periode 0	Input y in Periode 1
A	12	8	3	6
B	10	10	5	10
C	9	8	4	10
D	11	13	3	7
E	7	7	2	8

(a) Berechnen Sie den Malmquist-Index mit Hilfe des Programmpakets EMS. Folgen Sie dabei den folgenden Schritten:

Schritt 1: ordnen Sie Ihre Daten wie auf Seite 11 der Anleitung zu EMS angegeben an (in den Zeilen zunächst die Daten aller Unternehmen für Periode 0, danach die für Periode 1) und führen Sie die Operation „Malmquist" aus (beachten Sie, daß die Supereffizienz-Option aktiviert und im Feld „Periods" die 2 eingestellt ist); Sie erhalten die Distanzfunktionen $\Delta_{i,t+1}(\mathbf{x}_{it}, \mathbf{y}_{it})$ für $i \in \{A,...,E\}$.

Schritt 2: vertauschen Sie die Reihenfolge von Periode 0 und 1 in Ihrer Datendatei, lesen Sie diese Daten in EMS ein und führen Sie erneut die Operation „Malmquist" aus; Sie erhalten die Distanzfunktionen $\Delta_{it}(\mathbf{x}_{i,t+1}, \mathbf{y}_{i,t+1})$ für $i \in \{A,...,E\}$.

Schritt 3: führen Sie bei deaktivierter Supereffizienz-Option eine Window-Analyse mit EMS durch (Funktion „Window-Analysis" mit den Einstellungen „Periods" = 2 und „Width" = 1); so erhalten Sie die Distanzfunktionen $\Delta_{it}(\mathbf{x}_{it}, \mathbf{y}_{it})$ und $\Delta_{i,t+1}(\mathbf{x}_{i,t+1}, \mathbf{y}_{i,t+1})$ für $i \in \{A,...,E\}$.

Schritt 4: setzen Sie aus den Distanzfunktionen den Malmquist-Index und die Terme für die Effizienzveränderung und den technologischen Fortschritt zusammen.

(b) Interpretieren Sie Ihre Ergebnisse.

Appendix: Lineare Programmierung und Simplexalgorithmus

In diesem Appendix soll eine kurze allgemeine Einführung in die Struktur linearer Optimierungsprobleme (A.1) und ihrer Lösung mit dem Simplexalgorithmus gegeben werden (A.2). Die damit in Verbindung stehenden Probleme werden nur so weit behandelt, wie es für das Verständnis der Lösung der DEA-Programme erforderlich ist. Ebenfalls enthalten ist eine Darstellung der Essenz des Dualitätstheorems der linearen Programmierung (A.3). Eine in Umfang und Inhalt über diesen Appendix hinausgehende leicht verständliche Einführung in die lineare Programmierung mit Übungsaufgaben ist insbesondere in Hauke und Opitz (1996) enthalten.

A.1 Struktur linearer Optimierungsprobleme

Das Grundproblem der linearen Programmierung besteht darin, eine lineare Zielfunktion zu maximieren, wobei verschiedene Nebenbedingungen zu beachten sind. In seiner allgemeinsten Form lautet ein lineares Programm mit n zu optimierenden Variablen x_i, $i \in \{1,...,n\}$, der Ziefunktion $Z = c_1 x_1 + ... + c_n x_n$ und den m Nebenbedingungen $a_{j1} x_1 + ... + a_{jn} x_n \leq b_m$, $j \in \{1,...,m\}$ wie folgt:

$$
\begin{aligned}
\max_{x_1,...,x_n} Z = {}& c_1 x_1 &+& \cdots &+& c_n x_n & & \\
\text{N.B.} \quad & a_{11} x_1 &+& \cdots &+& a_{1n} x_n &\leq& b_1 \\
& a_{21} x_1 &+& \cdots &+& a_{2n} x_n &\leq& b_2 \\
& \vdots & & \ddots & & \vdots & & \vdots \\
& a_{m1} x_1 &+& \cdots &+& a_{mn} x_n &\leq& b_m \\
& x_1 &,& \cdots &,& x_n &\geq& 0
\end{aligned}
$$

In matrizieller Schreibweise kann man dafür kompakt die äquivalente Formulierung

$$\max_{x} \quad Z \;=\; \mathbf{c}^T\mathbf{x}$$
$$\text{N.B.} \qquad \mathbf{Ax} \;\le\; \mathbf{b}$$
$$\mathbf{x} \;\ge\; \mathbf{0}$$

verwenden, wobei $\mathbf{c}$ der n-Vektor der Zielfunktionskoeffizienten, $\mathbf{A}$ die Koeffizientenmatrix der Nebenbedingungen und $\mathbf{b}$ der m-Vektor der rechten Seiten der Nebenbedingungen sind.

Für die Anwendung des Simplexalgorithmus werden die Ungleichungen in den Nebenbedingungen durch die Einführung sogenannter (nicht negativer) Schlupfvariablen in Gleichungen verwandelt. Das entsprechende Problem lautet dann

$$\max_{x} \quad Z \;=\; \mathbf{c}^T\mathbf{x}$$
$$\text{N.B.} \qquad \mathbf{Ax} \;+\; \mathbf{w} \;=\; \mathbf{b}$$
$$\mathbf{x} \;,\; \mathbf{w} \;\ge\; \mathbf{0},$$

wobei $\mathbf{w}$ der m-Vektor der Schlupfvariablen für die einzelnen Nebenbedingungen ist.

Zur Lösung dieses Problems muß es in das sogenannte Simplextableau überführt werden. Formuliert man die Zielfunktion als $-\mathbf{c}^T\mathbf{x} + Z = 0$ ergibt sich für das Starttableau des Simplexalgorithmus die folgende Struktur:

Tabelle A.1. Simplextableau

x_1	$\cdots$	x_n	w_1	$\cdots$	w_m	Z	RS
a_{11}	$\cdots$	a_{1n}	1	$\cdots$	0	0	b_1
a_{21}	$\cdots$	a_{2n}	0	$\cdots$	0	0	b_2
$\vdots$	$\ddots$	$\vdots$	$\vdots$	$\ddots$	$\vdots$	$\vdots$	$\vdots$
a_{m1}	$\cdots$	a_{mn}	0	$\cdots$	1	0	b_m
$-c_1$	$\cdots$	$-c_n$	0	$\cdots$	0	1	0

Jedes Simplextableau gibt Auskunft über eine zulässige, nicht aber notwendigerweise optimale Lösung des Maximierungsproblems. Alle diese Lösungen bezeichnet man als Basislösungen: Eine **Basislösung** des Maximierungsproblems ist eine Lösung, in der höchstens m Variablen von Null verschiedene Werte annehmen. Die mindestens n restlichen Variablen nehmen den Wert Null an. Die zur Basislösung gehörigen Variablen heißen **Basisvariablen**.Aus dem Simplextableau können die **Basisvariablen** unmittelbar abgelesen werden. Es handelt sich um diejenigen Variablen, deren zugehörige Spalten Einheitsvektoren enthalten. Die **Basislösung** kann man aus dem Simplextableau ablesen, indem man die Werte der Nicht-Basisvariablen Null setzt und für die Basisvariablen ein Gleichungssystem unter Weglassung der Nicht-Basisvariablen bildet. Für die Basisvariablen findet man die Basislösung in der letzten Spalte des Tableaus. Für das Ausgangstableau ergibt sich die Basislösung:

$$w_1 = b_1, ..., w_m = b_m, x_1 = 0, ..., x_n = 0 \Leftrightarrow \mathbf{w} = \mathbf{b}, \mathbf{x} = \mathbf{0}$$

Den Wert für die Zielfunktion findet man auf die gleiche Art und Weise. Im Ausgangstableau ist dieser Wert mit $Z = 0$ vorgegeben.

A.2 Simplexalgorithmus

Die Basislösung des Ausgangstableaus stellt in aller Regel nicht die optimale, sprich maximale, Lösung der Zielfunktion Z dar. Solange in der letzten Zeile für die Variablen $x_1, ..., x_n$ noch negative Koeffizienten $-c_i$ vorhanden sind, läßt sich der Zielfunktionswert Z weiter erhöhen. Die **optimale** Lösung des Maximierungsproblems ist dann gefunden, wenn zulässige Veränderungen im Simplextableau dazu führen, daß in der letzten Zeile nur noch **positive** Koeffizienten stehen.

Die angesprochenen Veränderungen des Simplextableaus werden mit Hilfe eines speziellen Algorithmus, dem **Simplexalgorithmus**, durchgeführt. Dabei unterscheidet man zwei zulässige Arten von Zeilenoperationen:

(1) die Multiplikation einer Zeile mit einer Konstanten und
(2) die Addition von zwei Zeilen.

Mit Hilfe dieser zulässigen Veränderungen versucht man bei vorliegen einer nichtoptimalen Basislösung den Zielfunktionswert dadurch zu erhöhen, daß man Nicht-Basisvariablen zu Basisvariablen macht. Folgende Schritte werden dabei jeweils eingehalten:

(1) Auswahl der sogenannten **Pivotspalte**: Gewählt wird diejenige Spalte q, die den kleinsten Zielfunktionskoeffizienten $\min\{-c_i, -c_i < 0\}$ enthält. Die entsprechende Variable erzielt den größte Erhöhung der Zielfunktion.
(2) Auswahl der **Pivotzeile**: Gewählt wird diejenige Zeile p, bei der der Quotient aus dem Koeffizienten der letzten Spalte und der Koeffizienten der Pivotspalte am kleinsten ist, $\min\{b_j / a_{jq}, a_{jq} > 0\}$, wobei nicht

bestimmbare Koeffizienten (etwa aufgrund einer Division durch 0) unberücksichtigt bleiben. Hierdurch wird gewährleistet, daß die strengste Restriktion zuerst berücksichtigt wird.

(3) Aus Pivotzeile p und Pivotspalte q ermittelt man das sogenannte **Pivotelement**. Durch die zulässigen Zeilenoperationen ermittelt man nun für die Pivotspalte einen Einheitsvektor, der für das Pivotelement den Wert 1, ansonsten den Wert 0 enthält.

Diese drei Schritte führt man dann solange durch, bis die jeweils neu entstehenden Basislösungen keine negativen Koeffizienten in der letzten Zeile enthalten.

Folgendes einfache Beispiel soll das soeben besprochene Verfahren verdeutlichen. Das lineare Maximierungsproblem lautet

$$\max_{x_1,x_2} \quad Z \ = \ 2x_1 \ + \ 3x_2$$

$$\text{N.B.} \qquad 2x_1 \ + \ x_2 \ \leq \ 200$$
$$x_1 \ + \ x_2 \ \leq \ 120$$
$$x_1 \ + \ 3x_2 \ \leq \ 240$$
$$x_1 \ , \ x_2 \ \geq \ 0$$

und nach Einführung der Schlupfvariablen:

$$\max_{x_1,x_2} \quad Z \ = \ 2x_1 \ + \ 3x_2$$

$$\text{N.B.} \qquad 2x_1 \ + \ x_2 \ + \ w_1 \ = \ 200$$
$$x_1 \ + \ x_2 \ + \ w_2 \ = \ 120$$
$$x_1 \ + \ 3x_2 \ + \ w_3 \ = \ 240$$
$$x_1 \ , \ x_2 \ , \ w_j \ \geq \ 0$$

Hieraus läßt sich das folgendes Starttableau konstruieren:

Tabelle A.2. Starttableau

x_1	x_2	w_1	w_2	w_3	Z	RS
2	1	1	0	0	0	200
1	1	0	1	0	0	120
1	3	0	0	1	0	240
−2	−3	0	0	0	1	0

Da -3 der kleinste Wert in der Zielfunktionszeile ist, bildet die zweite Spalte die Pivotspalte. Der Vergleich der Quotienten 200/1, 120/1 und 240/3 in der Pivotspalte ergibt die dritte Zeile als Pivotzeile und somit den dick umrandeten Eintrag im Tableau als Pivotelement. Nun wird das Tableau mit Hilfe der zulässigen Zeilenoperationen umgeformt, bis in der Pivotspalte der entsprechende Einheitsvektor mit der 1 an der Stelle des Pivotelements steht. Dazu wird die Pivotzeile zunächst durch 3 dividiert und dann von den Zeilen 1 und 2 des Tableaus subtrahiert. Schließlich wird die Pivotzeile mit Zielfunktionszeile addiert. Diese Schritte führen auf das Folgetableau:

Tabelle A.3. Folgetableau

x_1	x_2	w_1	w_2	w_3	Z	RS
5/3	0	1	0	$-1/3$	0	120
2/3	0	0	1	$-1/3$	0	40
1/3	1	0	0	1/3	0	80
-1	0	0	0	1	1	240

In der letzten Zeile des Folgetableaus befindet sich noch ein negativer Koeffizient, der anzeigt, daß die Optimallösung noch nicht erreicht ist und sich eine weitere Erhöhung der Zielfunktion erzielen läßt. Hierzu wird die erste Spalte als Pivotspalte und die zweite Zeile als Pivotzeile gewählt. Eine weitere Durchführung der Simplexiteration führt zum folgenden Tableau:

Tabelle A.4. Endtableau

x_1	x_2	w_1	w_2	w_3	Z	RS
0	0	1	$-5/2$	1/2	0	20
1	0	0	3/2	$-1/2$	0	60
0	1	0	$-1/2$	1/2	0	60
0	0	0	3/2	1/2	1	300

Da die Zielfunktionszeile keinen negativen Wert mehr enthält, ist das Endtableau erreicht. Aus diesem läßt sich die Optimallösung einfach anhand der Werte der Basisvariablen ablesen. Die Optimallösung lautet $x_1 = 60$,

$x_2 = 60$ und $w_1 = 20$ (dick umrandeter Bereich in der Spalte RS), was zu einem Maximalwert der Zielfunktion von $Z = 300$ führt.

Anwendung auf die Productivity-Form

Um die linearen Programme der Productivity-Form der DEA mit dem Simplexalgorithmus zu lösen, muß das lineare Programm (3.8)

$$
\begin{aligned}
\max_{\mu,\nu} \quad h &= \mathbf{y}_i^T \boldsymbol{\mu} \\
\text{N.B.} \qquad \mathbf{Y}^T \boldsymbol{\mu} - \mathbf{X}^T \mathbf{v} &\geq \mathbf{0} \\
\mathbf{x}_i^T \mathbf{v} &= 1 \\
\boldsymbol{\mu} &> \mathbf{0} \\
\mathbf{v} &> \mathbf{0}
\end{aligned}
$$

in die Tableaudarstellung des Simplexalgorithmus übersetzt werden. Zu beachten ist, daß die aufgrund der Charnes-Cooper-Transformation neu hinzugekommene Nebenbedingung für Unternehmung i mit strikter Gleichheit erfüllt sein muß. Für diese Transformation ist es zunächst erforderlich, die zu maximierende Zielfunktion in die Form $-\mathbf{y}_i^T \boldsymbol{\mu} + h = 0$ zu bringen. Dann werden die n Nebenbedingungen, die in Form von Ungleichungen angegeben sind, mit Hilfe von n nicht negativen Schlupfvariablen w_i in Gleichungen umgewandelt. Nur die Normierungsbedingung, welche die aggregierten Inputs der Beobachtung i auf den Wert 1 normiert, bleibt ohne Schlupfvariable, da diese Bedingung mit Gleichheit erfüllt sein muß. In einem weiteren Schritt werden die Nebenbedingungen und die modifizierte Zielfunktion in das Tableau der Tabelle A.5 überführt.

Tabelle A.5. Starttabelle für Unternehmen i

μ_1	$\cdots$	μ_s	v_1	$\cdots$	v_m	w_1	$\cdots$	w_n	h	RS
y_{11}	$\cdots$	y_{s1}	$-x_{11}$	$\cdots$	$-x_{m1}$	1	$\cdots$	0	0	0
$\vdots$	$\ddots$	$\vdots$	$\vdots$	$\ddots$	$\vdots$	$\vdots$	$\ddots$	$\vdots$	$\vdots$	$\vdots$
y_{1i}	$\cdots$	y_{si}	$-x_{1i}$	$\cdots$	$-x_{mi}$	0	$\cdots$	0	0	0
$\vdots$	$\ddots$	$\vdots$	$\vdots$	$\ddots$	$\vdots$	$\vdots$	$\ddots$	$\vdots$	$\vdots$	$\vdots$
y_{1n}	$\cdots$	y_{sn}	$-x_{1n}$	$\cdots$	$-x_{mn}$	0	$\cdots$	1	0	0
0	$\cdots$	0	x_{1i}	$\cdots$	x_{mi}	0	$\cdots$	0	0	1
$-y_{1i}$	$\cdots$	$-y_{si}$	0	$\cdots$	0	0	$\cdots$	0	1	0

Hier stehen in der ersten Zeile die Bezeichnungen der Variablen, darunter die entsprechenden Koeffizienten der $n+1$ Nebenbedingungen und in der letzten Zeile die Zielfunktion. Nun können die entsprechenden Umformungen des Tableaus gemäß dem Simplexalgorithmus durchgeführt werden, was im folgenden anhand des Beispieldatensatzes I aus Kapitel 3 demonstriert werden soll.

Beispiel

Zunächst wird der Produktivitätsindex für Unternehmen A berechnet. Zu diesem Zweck wird das Maximierungsproblem für Unternehmen A für die Anwendung des Simplexalgorithmus vorbereitet. Ein erster Schritt setzt an den Nebenbedingungen an, die mit einer Ausnahme in Form von Ungleichungen angegeben sind. Man führt dort für jede Ungleichung eine Schlupfvariable ein, wodurch die Ungleichungen zu Gleichungen werden:

$$\mu_1\, y_{1A} - v_1\, x_{1A} - v_2\, x_{2A} + w_A = 0$$
$$\mu_1\, y_{1B} - v_1\, x_{1B} - v_2\, x_{2B} + w_B = 0$$
$$\mu_1\, y_{1C} - v_1\, x_{1C} - v_2\, x_{2C} + w_C = 0$$
$$v_1\, x_{1A} + v_2\, x_{2A} = 1$$
$$\mu_1, v_1, v_2 > 0\,,\ w_A, w_B, w_C \geq 0$$

In einem zweiten Schritt wird die Zielfunktion umgeformt zu $-\mu_A\, y_{1A} + h = 0$. Dieses Gleichungssystem wird in einem dritten Schritt in das Simplextableau in Tabelle A.6 übertragen.

Tabelle A.6. Starttableau für Unternehmen A

(A)	(B)	(C)	(D)	(E)	(F)	(G)	(H)	(I)	(J)
μ_1	v_1	v_2	w_A	w_B	w_C	h	RS	Nr.	Operation
1	−1	−4	1	0	0	0	0	(1)	
1	−7	−5	0	1	0	0	0	(2)	
1	−4	−1	0	0	1	0	0	(3)	
0	1	4	0	0	0	0	1	(4)	
−1	0	0	0	0	0	1	0	(5)	

Dessen erste Zeile enthält die Spaltenüberschriften und damit in den Spalten (A) bis (C) die gesuchten modifizierten Aggregationsgewichte μ_{1A}, v_{1A} und v_{2A}, in den Spalten (D) bis (F) die Schlupfvariablen w_A, w_B und w_C, in Spalte (G) den Wert der zu maximierenden Funktion h_A und in Spalte (H) die Beschränkungswerte. Spalte (I) enthält für die weitere Beschreibung die Zeilennumerierung und in Spalte (J) werden später die erforderlichen Simplexoperationen eingetragen. Zuerst werden in den Zeilen (1) bis (4) die Nebenbedingungen des Maximierungsproblems eingetragen, danach in Zeile (5) die umgeformte Zielfunktion.

Somit ist das Starttableau aufgestellt. Dieses enthält bekanntlich bereits eine zulässige, wenn auch nicht optimale, Lösung der Maximierungsaufgabe. Man erkennt nun an der Zielfunktionszeile (5), daß noch keine optimale Lösung gefunden ist, da sich dort in Spalte A ein negativer Wert befindet. Die weitere Vorgehensweise bei Unternehmen A ist in Tabelle A.7 wiedergegeben, wobei die einzelnen Iterationen durch Doppelstriche voneinander getrennt sind.

Zunächst bestimmt man das Pivotelement, das sich im Schnittpunkt von Pivotspalte und Pivotzeile befindet. Die Pivotspalte ist hier die Spalte (A), da dort in der Zielfunktionszeile der kleinste negative Wert zu finden ist. Als Pivotzeile ergibt sich diejenige Zeile, bei welcher der Quotient aus Beschränkungswert Spalte (H) und Wert des Elements der Pivotspalte definiert, nicht negativ und am kleinsten ist. Im vorliegenden Fall erhält man für die Zeilen (1) bis (3) für diesen Quotient jeweils den gleichen Wert von Null, für Zeile (4) ist er aufgrund einer Division durch 0 nicht definiert. So ist es beliebig, welche der Zeilen (1) bis (3) als Pivotzeile verwendet wird. Im Beispiel wird Zeile (3) ausgewählt. Als Pivotelement erhält man somit den Wert 1, in Spalte (A) und Zeile (3). Nach diesem Element wird nun das Simplextableau entwickelt. Ziel ist es dabei, durch geeignete lineare

Operationen dafür zu sorgen, daß Spalte (A) einen Einheitsvektor darstellt, bei dem die 1 gerade an der Stelle des gewählten Pivotelements steht.

Tabelle A.7. Simplexiterationen für Unternehmen A

(A)	(B)	(C)	(D)	(E)	(F)	(G)	(H)	(I)	(J)
μ_1	v_1	v_2	w_A	w_B	w_C	h	RS	Nr.	Operation
1	−1	−4	1	0	0	0	0	(1)	
1	−7	−5	0	1	0	0	0	(2)	
1	−4	−1	0	0	1	0	0	(3)	
0	1	4	0	0	0	0	1	(4)	
−1	0	0	0	0	0	1	0	(5)	
0	3	−3	1	0	−1	0	0	(6)	= (1)−(3)
0	−3	−4	0	1	−1	0	0	(7)	= (2)−(3)
1	−4	−1	0	0	1	0	0	(8)	= (3)
0	1	4	0	0	0	0	1	(9)	= (4)
0	−4	−1	0	0	1	1	0	(10)	= (5)+(3)
0	1	−1	1/3	0	−1/3	0	0	(11)	= (6)/3
0	0	−7	1	1	−2	0	0	(12)	= (7)+(6)
1	0	−5	4/3	0	−1/3	0	0	(13)	= (8)+(6)·4/3
0	0	5	−1/3	0	1/3	0	1	(14)	= (9)−(6)/3
0	0	−5	4/3	0	−1/3	1	0	(15)	= (10)+(6)·4/3
0	1	0	4/15	0	−4/15	0	1/5	(16)	= (1)+(14)/5
0	0	0	8/15	1	−23/15	0	7/5	(17)	= (12)+(14)·7/5
1	0	0	1	0	0	0	1	(18)	= (13)+(14)
0	0	1	−1/15	0	1/15	0	1/5	(19)	= (14)/5
0	0	0	1	0	0	1	1	(20)	= (15)+(14)

Die Iterationen gemäß Simplexalgorithmus in Tabelle A.7 für das Unternehmen A zusammengefaßt und durch dicke Linien voneinander getrennt. Die Pivotelemente sind jeweils dick umrandet dargestellt und die bei jeder

Iteration durchgeführten Umformungen sind in der letzten Spalte detailliert.

Dem Endtableau kann nun über die Einheitsvektoren das optimale Ergebnis dem dick umrandeten Bereich entnommen werden. Der Lösungswert für die Zielfunktion A, h_A, ist gleich 1, für μ_{1A} ergibt sich der Wert 1, für v_{1A} und v_{2A} jeweils der Wert 1/5 und für w_B der Wert 7/5.

Tabelle A.8. Simplexiterationen für Unternehmen B

(A)	(B)	(C)	(D)	(E)	(F)	(G)	(H)	(I)	(J)
μ_1	v_1	v_2	w_A	w_B	w_C	h	RS	Nr.	Operation
1	−1	−4	1	0	0	0	0	(1)	
1	−7	−5	0	1	0	0	0	(2)	
1	−4	−1	0	0	1	0	0	(3)	
0	7	5	0	0	0	0	1	(4)	
−1	0	0	0	0	0	1	0	(5)	
0	3	−3	1	0	−1	0	0	(6)	= (1)−(3)
0	−3	−4	0	1	−1	0	0	(7)	= (2)−(3)
1	−4	−1	0	0	1	0	0	(8)	= (3)
0	7	5	0	0	0	0	1	(9)	= (4)
0	−4	−1	0	0	1	1	0	(10)	= (5)+(3)
0	1	−1	1/3	0	−1/3	0	0	(11)	= (6)/3
0	0	−7	1	1	−2	0	0	(12)	= (7)+(6)
1	0	−5	4/3	0	−1/3	0	0	(13)	= (8)+(6)·4/3
0	0	12	−7/3	0	7/3	0	1	(14)	= (9)−(6)·7/3
0	0	−5	4/3	0	−1/3	1	0	(15)	= (10)+(6)·4/3
0	1	0	5/36	0	−5/36	0	1/12	(16)	= (11)+(14)/12
0	0	0	−13/36	1	−23/36	0	7/12	(17)	= (12)+(14)·7/12
1	0	0	13/36	0	23/36	0	5/12	(18)	= (13)+(14)·5/12
0	0	1	−7/36	0	7/36	0	1/12	(19)	= (14)/12
0	0	0	13/36	0	23/36	1	5/12	(20)	= (15)+(14)·5/12

Für die Unternehmen B und C sind die Simplexiterationen in den Tabellen A.8 und A.9 wiedergegeben. Als optimale Lösung im dick umrandeten Bereich in Tabelle A.8 erhält man bei B für h_B den Wert 5/12, für μ_{1B} den Wert 5/12 sowie für v_{1B} und v_{2B} jeweils den Wert 1/12. Wiederum befindet sich noch w_B in der Basislösung und zwar hier mit dem Wert 7/12.

Tabelle A.9. Simplexiterationen für Unternehmen C

(A)	(B)	(C)	(D)	(E)	(F)	(G)	(H)	(I)	(J)
μ_1	v_1	v_2	w_A	w_B	w_C	h	RS	Nr.	Operation
1	−1	−4	1	0	0	0	0	(1)	
1	−7	−5	0	1	0	0	0	(2)	
1	−4	−1	0	0	1	0	0	(3)	
0	4	1	0	0	0	0	1	(4)	
−1	0	0	0	0	0	1	0	(5)	
0	3	−3	1	0	−1	0	0	(6)	= (1)−(3)
0	−3	−4	0	1	−1	0	0	(7)	= (2)−(3)
1	−4	−1	0	0	1	0	0	(8)	= (3)
0	4	1	0	0	0	0	1	(9)	= (4)
0	−4	−1	0	0	1	1	0	(10)	= (5)+(3)
0	1	−1	1/3	0	−1/3	0	0	(11)	= (6)/3
0	0	−7	1	1	−2	0	0	(12)	= (7)+(6)
1	0	−5	4/3	0	−1/3	0	0	(13)	= (8)+(6)·4/3
0	0	5	−4/3	0	4/3	0	1	(14)	= (9)−(6)·4/3
0	0	−5	4/3	0	−1/3	1	0	(15)	= (10)+(6)·4/3
0	1	0	1/15	0	−1/15	0	1/5	(16)	= (11)+(14)/5
0	0	0	−13/15	1	−2/15	0	7/5	(17)	= (12)+(14)·7/5
1	0	0	0	0	1	0	1	(18)	= (13)+(14)
0	0	1	−4/15	0	4/15	0	1/5	(19)	= (14)/5
0	0	0	0	0	1	1	1	(20)	= (15)+(14)

Die Optimallösung für C kann man dem dick umrandeten Bereich in Tabelle A.9 entnehmen. Es ergibt sich hier ein Zielfunktionswert h_C von 1, sowie für μ_{1C} der Wert 1 sowie für v_{1C} und v_{2C} jeweils der Wert 1/5. Auch findet sich w_B in der Basislösung und zwar mit dem Wert 7/5.

In Tabelle A.10 sind die für die Berechnung der Productivity-Form relevanten Ergebnisse für die Unternehmen A, B und C des Beispiels nochmals zusammengefaßt.

Tabelle A.10. Optimallösungen der Productivity-Form

Unternehmen	A	B	C
h_i	1,000	5/12 = 0,417	1,000
v_{1i}	1/5 = 0,200	1/12 = 0,083	1/5 = 0,200
v_{2i}	1/5 = 0,200	1/12 = 0,083	1/5 = 0,200
μ_{1i}	1,000	5/12 = 0,417	1,000

A.3 Dualitätstheorem

Der Simplexalgorithmus, wie im Abschnitt A.2 dargestellt, ist ein sehr effizientes Verfahren, um lineare Maximierungsprobleme unter Berücksichtigung von Nebenbedingungen numerisch zu lösen. Die linearen Programme, die im Rahmen der nichtparametrischen Produktivitätsanalyse zu lösen sind, beschränken sich jedoch nicht nur auf Maximierungsprobleme, sondern enthalten auch Minimierungsprobleme, bei denen eine Zielfunktion unter Einhaltung von Nebenbedingungen zu minimieren ist. Es existiert jedoch ein sehr nützliches Theorem, das sogenannte Dualitätstheorem, welches die Transformation eines linearen Minimierungsproblems in ein ebenfalls lineares Maximierungsproblem beschreibt. Das sogenannte duale Minimierungsproblem wird gewissermaßen mit dem primalen Maximierungsproblem automatisch mit gelöst. Aus dem Endtableau des primalen Maximierungsproblems kann dann unmittelbar die Lösung für das zugehörige duale Minimierungsproblem abgelesen werden.

Das primale Maximierungsproblem läßt sich allgemein wie oben eingeführt als

$$\max_{\mathbf{x}} \quad \mathbf{c}^T\mathbf{x}$$
$$\text{N.B.} \quad \mathbf{A}\mathbf{x} \ \le \ \mathbf{b}$$
$$\mathbf{x} \ \ge \ \mathbf{0}$$

formulieren. Aus diesem Programm kann dann durch einfache Vertauschung des Vektors der Zielfunktionskoeffizienten $\mathbf{c}$ mit dem Vektor der rechten Seiten der Nebenbedingungen $\mathbf{b}$ und Transposition der Koeffizientenmatrix der Nebenbedingungen $\mathbf{A}$ das duale Minimierungsproblem

$$\min_{\mathbf{y}} \quad \mathbf{b}^T\mathbf{y}$$
$$\text{N.B.} \quad \mathbf{A}^T\mathbf{y} \ \ge \ \mathbf{c}$$
$$\mathbf{y} \ \ge \ \mathbf{0}$$

gewinnen, wobei $\mathbf{y}$ hier der m-Vektor der zu minimierenden Variablen ist und nun n Nebenbedingungen der Form $\mathbf{A}^T\mathbf{y} \ge \mathbf{c}$ zu erfüllen sind.

Das **Dualitätstheorem der linearen Programmierung** sagt nun aus, daß die optimalen Zielfunktionswerte zweier zueinander dualer Probleme identisch sind und sich die Optimallösung im Endtableau aus den Werten für die Schlupfvariablen in der Zielfunktionszeile ablesen läßt.

Für das duale Minimierungsproblem zum Maximierungsproblem unseres Beispiels in Appendix A.2

$$\min_{y_1,y_2,y_3} \quad Z \ = \ 200y_1 \ + \ 120y_2 \ + \ 240y_3$$
$$\text{N.B.} \qquad 2y_1 \ + \quad y_2 \ + \qquad y_3 \ \ge \ 2$$
$$y_1 \ + \quad y_2 \ + \quad 3y_3 \ \ge \ 3$$
$$y_1 \ , \qquad y_2 \ , \qquad y_3 \ \ge \ 0$$

kann die Optimallösung aus dem obigen Endtableau (Tabelle A.4) in der letzten Zeile unterhalb der Schlupfvariablen w_1, w_2 und w_2 entnommen werden (siehe den fett umrandeten Bereich in der letzten Zeile von Tabelle A.4). Sie lautet somit $y_1 = w_1 = 0$, $y_2 = w_2 = 3/2$, $y_3 = w_3 = 1/2$, was zu einem Zielfunktionswert von $Z = 300$ führt.

Anwendung auf die Envelopment-Form

Die Lösungen für die Envelopment-Form können aufgrund der Dualität beider Optimierungsprobleme ebenfalls aus den Endtableaus der Tabellen A.7 bis A.9 abgelesen werden. Die fett umrandeten Felder in den letzten Zeilen der jeweiligen Endtableaus geben exakt die λ-Werte für die Unternehmen A, B und C an, während aufgrund des Dualitätstheorems der Zielfunktionswert der gleiche wie im Fall der Productivity-Form ist. Tabelle A.11 enthält eine Zusammenfassung aller für die Envelopment-Form relevanten Ergebnisse.

Tabelle A.11. Optimallösungen der Envelopment-Form

Unternehmen	A	B	C
θ_i	1,000	5/12 = 0,417	1,000
λ_{Ai}	1,000	13/36 = 0,361	0,000
λ_{Bi}	0,000	0,000	0,000
λ_{Ci}	0,000	23/36 = 0,639	1,000

Generell weisen die linearen Optimierungsprobleme, die bei der Berechnung der Productivity- und Envelopment-Form zu lösen sind, einige Besonderheiten auf. Diese Besonderheiten haben zur Entwicklung gewisser Modifikationen der Standardform des Simplexalgorithmus geführt, die mit verbesserten numerischen Stabilitätseigenschaften, einer größeren Rechengeschwindigkeit und genaueren Lösungswerten verbunden sind. Siehe hierzu weiterführend Ali (1993, 1994).

Lösungen zu den Übungsaufgaben

Kapitel 2

Aufgabe 2.1 (Inputorientierung I)

(a) Die Tabelle A2.1a enthält den Umsatz, die Kosten für Arbeit und Kapital, den Gewinn als Differenz des Umsatzes und der Kosten und die Umsatzrentabilität als das Verhältnis von Gewinn zu Umsatz.

Tabelle A2.1a

Unter-nehmen	Umsatz $= py$	Kosten $= wL + rK$	Gewinn $=$ Umsatz–Kosten	Umsatzrentab. $=$Gewinn/Umsatz
U1	20000,00	6600,00	13400,00	0,67
U2	20000,00	11178,40	8821,60	0,44
U3	34000,00	15490,40	18509,60	0,54
U4	20000,00	7600,00	12400,00	0,62
U5	20000,00	10956,00	9044,00	0,45
U6	20000,00	5589,20	14410,80	0,72
U7	23000,00	10853,00	12147,00	0,53
U8	20000,00	15620,00	4380,00	0,22
U9	20000,00	10860,00	9140,00	0,46
U10	15000,00	7920,00	7080,00	0,47

(b) In der Tabelle A2.1b sind der Output, die Kosten und die Stückkosten als Kosten pro Outputeinheit gegeben. Die Normierung erfolgt durch die Division des minimalen Stückkostenwertes durch die Stückkosten des jeweiligen Unternehmens, c_{min} / c_i.

Tabelle A2.1b

Unternehmen	Output y	Kosten	Stückkosten	normiert
U1	10000	6600,00	0,66	0,85
U2	10000	11178,40	1,12	0,50
U3	17000	15490,40	0,91	0,61
U4	10000	7600,00	0,76	0,74
U5	10000	10956,00	1,10	0,51
U6	10000	5589,20	0,56	1,00
U7	11500	10853,00	0,94	0,59
U8	10000	15620,00	1,56	0,36
U9	10000	10860,00	1,09	0,51
U10	7500	7920,00	1,06	0,53

(c) Bei konstanten Skalenerträgen können die Produktionspunkte auf eine Outputeinheit ($y = 1$) normiert werden. In Abbildung A2.1a ist die Einheitsisoquante I als durchgezogene Linie und die Isokostengerade gestrichelt eingezeichnet. Die Unternehmen U1 und U6 liegen auf I und sind somit technisch effizient, während alle anderen Unternehmen technisch ineffizient produzieren. Die Isokostengerade tangiert die Isoquante beim Unternehmen U6, welches somit auch allokativ effizient ist.

Zur Klassifizierung der anderen Unternehmen vergleicht man das Verhältnis der Grenzproduktivitäten (GP) mit dem Verhältnis der Faktorpreise $w/r = 2,6$, wie in Tabelle A2.1c durchgeführt. Der Parameter h ist dabei für alle Unternehmen auf 1 normiert und kürzt sich bei der Bildung des Verhältnisses der Grenzprodukte ohnehin.

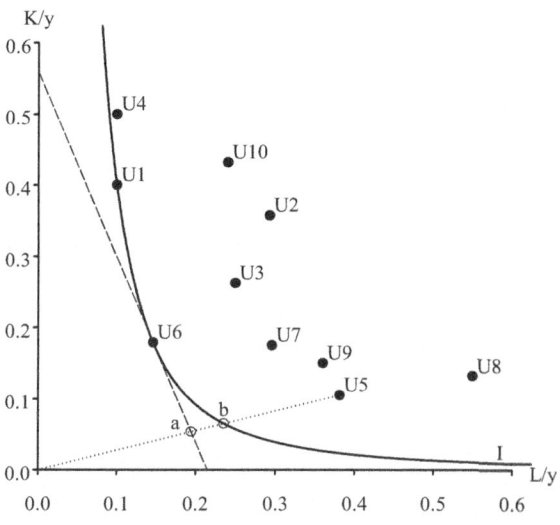

Abb. A2.1a

Tabelle A2.1c

Unternehmen	GP Arbeit $= 0,68h(K/L)^{0,32}$	GP Kapital $= 0,32h(L/K)^{0,68}$	GP Arbeit / GP Kapital
U1	1,060	0,125	8,500
U2	0,725	0,279	2,599
U3	0,691	0,310	2,231
U4	1,138	0,107	10,625
U5	0,450	0,769	0,586
U6	0,725	0,279	2,599
U7	0,575	0,457	1,258
U8	0,431	0,845	0,510
U9	0,514	0,580	0,885
U10	0,821	0,215	3,825

Aus Tabelle A2.1c ist ersichtlich, daß neben U6 auch U2 allokativ effizient ist, da in beiden Fällen das Verhältnis der Grenzproduktivitäten gleich 2,6 ist. In der Zeichnung kann man dies daran erkennen, daß U2 auf dem Ursprungsstrahl durch U6 liegt. Das Ausmaß der allokativen Ineffizienz für die anderen Unternehmen hängt nun davon ab, wie weit diese Unternehmen vom Ursprungsstrahl durch U6 entfernt liegen. So ist die allokative Ineffizienz im Fall von Unternehmen U3 recht gering und sein Grenzproduktivitätsverhältnis liegt recht nahe bei 2,6, während U4 sehr weit vom Ursprungsstrahl durch U6 entfernt liegt und sein Grenzproduktivitätsverhältnis am stärksten von 2,6 abweicht. Die allokative Ineffizienz bei U1, U4 und U10 ist auf eine zu hohe Kapitalintensität zurückzuführen, während diese bei U3, U5, U7, U8 und U9 zu gering ist.

(d) Am Beispiel von U5 läßt sich die Gesamteffizienz als GE = 0a/0U5 angeben, die sich aus der technischen Effizienz TE = 0b/0U5 und der allokativen Effizienz AE = 0a/0b zusammensetzt.

Tabelle A2.1d

Unter-nehmen	Arbeit L	Kapital K	Output y	$L^{0,68}K^{0,32}$	A_i	$h_i = A_i/A_{max}$
U1	1000	4000	10000	1558,33	6,417	1,000
U2	2924	3576	10000	3118,54	3,207	0,500
U3	4244	4456	17000	4310,72	3,944	0,615
U4	1000	5000	10000	1673,67	5,975	0,931
U5	3810	1050	10000	2522,37	3,965	0,618
U6	1462	1788	10000	1559,27	6,413	0,999
U7	3400	2013	11500	2874,99	4,000	0,623
U8	5500	1320	10000	3483,62	2,871	0,447
U9	3600	1500	10000	2720,41	3,676	0,573
U10	1800	3240	7500	2172,50	3,452	0,538

(e) Die Gesamteffizienz berechnet sich als minimale Stückkosten dividiert durch die Stückkosten des jeweiligen Unternehmens wie unter (b) berechnet. Über die Auflösung der jeweiligen Produktionsfunktion nach A_i, mit $A_i = y_i /(L_i^{0,68} K_i^{0,32})$, erhält man die technische Effizienz als $h_i = A_i / A_{max}$ (siehe Tabelle A2.1d).

Die allokative Effizienz schließlich resultiert aus dem Quotienten von Gesamteffizienz und technischer Effizienz (siehe Tabelle A2.1e).

Tabelle A2.1e

Unternehmen	Gesamteffizienz	technische Effizienz	allokative Effizienz
U1	0,847	1,000	0,847
U2	0,500	0,500	1,000
U3	0,613	0,615	0,998
U4	0,735	0,931	0,790
U5	0,510	0,618	0,826
U6	1,000	1,000	1,000
U7	0,592	0,623	0,950
U8	0,358	0,447	0,800
U9	0,515	0,573	0,898
U10	0,529	0,538	0,984

Aufgabe 2.2 (Inputorientierung II)

(a) Die Annahme konstanter Skalenerträge gestattet eine Normierung des Arbeits- und Kapitaleinsatzes auf ein konstantes Outputniveau, wie z.B. das Outputniveau 1.

(b) Berechnet wird die Arbeitsproduktivität y/L und die Kapitalproduktivität y/K. Aus Tabelle A2.2a ist ersichtlich, daß sich die Rangfolge der Unternehmen hinsichtlich ihrer Arbeitsproduktivität sich deutlich von der Rangfolge hinsichtlich der Kapitalproduktivität unterscheidet. So weißt z.B. U4 die höchste Arbeitsproduktivität, jedoch die niedrigste Kapitalproduktivität auf. Bei U5 ist es umgekehrt. Daraus ergibt sich die Notwendigkeit einer Zusammenfassung der beiden Inputfaktoren.

Tabelle A2.2a

Unternehmen	Arbeit pro Output y/L	Rang	Kapital pro Output y/K	Rang
U1	10,000	1	2,500	8
U2	3,420	6	2,796	7
U3	4,006	5	3,815	6
U4	10,000	1	2,000	10
U5	2,625	9	9,524	1
U6	6,840	3	5,593	5
U7	3,382	7	5,713	4
U8	1,818	10	7,576	2
U9	2,778	8	6,667	3
U10	4,167	4	2,315	9

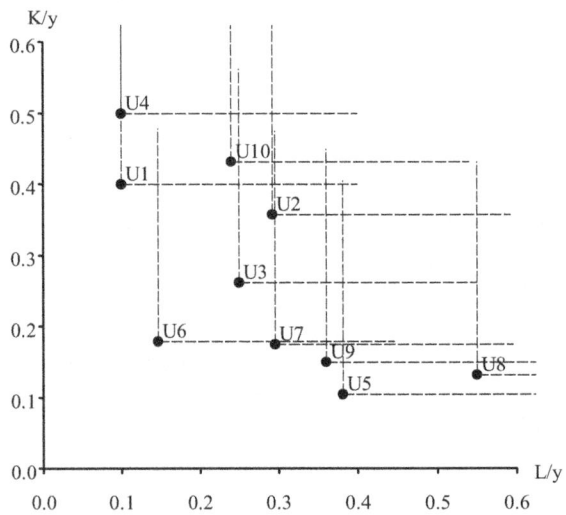

Abb. A2.2a

(c) Arbeits- und Kapitaleinsatz werden auf das Outputniveau 1 normiert und gegeneinander abgetragen. Als undominierte Unternehmen lassen sich in Abbildung A2.2a U1, U5, U6, U7 und U9 identifizieren, während sich die Gruppe der dominierten Unternehmen aus U4, U2, U3, U8 und U10 zusammensetzt. Die undominierten Unternehmen werden im Vergleich zu den dominierten als technologisch leistungsfähiger eingestuft.

(d) Die Randfunktion verbindet die Unternehmen, die von keiner Linearkombination aus anderen Unternehmen dominiert werden, also U1, U5 und U6. Gemessen an der Randfunktion sind diese Unternehmen die effizientesten aus der Stichprobe und weisen die höchste (relative) technische Leistungsfähigkeit auf. Bei U4 stellt man fest, daß dieses von U1 dominiert wird.

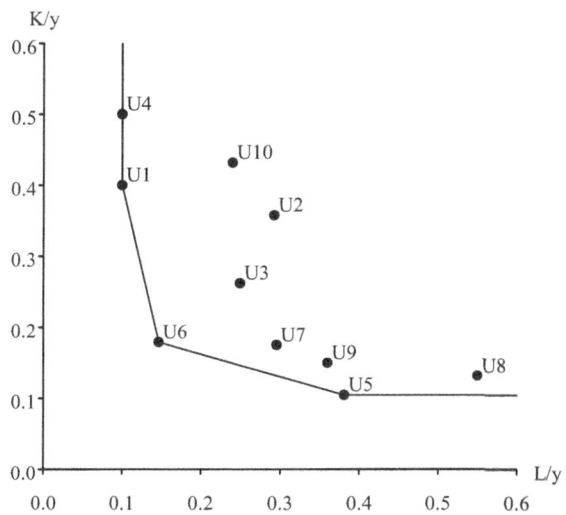

Abb. A2.2b

(e) U1-U4: $\dfrac{(K_1/Y_1)-(K_4/Y_4)}{(L_1/Y_1)-(L_4/Y_4)} = \dfrac{4000/10000-5000/10000}{1000/10000-1000/10000} = -\infty$

U6-U1: $\dfrac{(K_6/Y_6)-(K_1/Y_1)}{(L_6/Y_6)-(L_1/Y_1)} = \dfrac{1788/10000-4000/10000}{1462/10000-1000/10000} = -4.7879$

U5-U6: $\dfrac{(K_5/Y_5)-(K_6/Y_6)}{(L_5/Y_5)-(L_6/Y_6)} = \dfrac{1050/10000-1788/10000}{3810/10000-1462/10000} = -0.3143$

(f)   Ein quantitatives Maß für die technische relative Leistungsfähigkeit kann auf der Distanz eines Unternehmens zur Randfunktion aufbauen. Im Fall von Unternehmen U9 sollte dieses Maß auf der Distanz zu dem von U5 und U6 aufgespannten Teilstück basieren. Eine Besonderheit tritt bei Unternehmen U4 auf, welches zwar auf der Randfunktion liegt und damit zu den Unternehmen mit der höchsten technischen Leistungsfähigkeit zählt, jedoch 1000 Kapitaleinheiten mehr als U1 einsetzt, um ebenfalls 10000 Outputeinheiten zu produzieren. Eine weitere Besonderheit stellt U8 dar, bei dem der Ursprungsstrahl rechts von U5 auf die Frontierfunktion trifft. Dieser Schnittpunkt entspricht einem Produktionspunkt, der von U5 dominiert wird.

Aufgabe 2.3 (Outputorientierung)

(a)   Der Umsatz ergibt sich als $R_i = 3y_{1i} + 2y_{2i}$, der Gewinn ist $\Pi_i = 3y_{1i} + 2y_{2i} - 30x_i$ und die Umsatzrentabilität berechnet sich als Quotient beider Größen. Tabelle A2.3a enthält die berechneten Werte.

Tabelle A2.3a

Unternehmen	Umsatz $= p_1 y_1 + p_2 y_2$	Gewinn $=$ Umsatz $-$ Kosten	Umsatzrentabilität $=$ Gewinn / Umsatz
F1	29	−1	−0,03
F2	25	−5	−0,20
F3	33	3	0,09
F4	33	3	0,09
F5	36	6	0,17
F6	24	−6	−0,25
F7	25	−5	−0,20
F8	29	−1	−0,03

(b)   Die Produktionsmöglichkeitenkurve I in Abbildung A2.3a verläuft durch den Produktionspunkt des Unternehmens F5, welches damit als technisch effizient klassifiziert werden kann. Alle anderen Unternehmen produzieren technisch ineffizient.

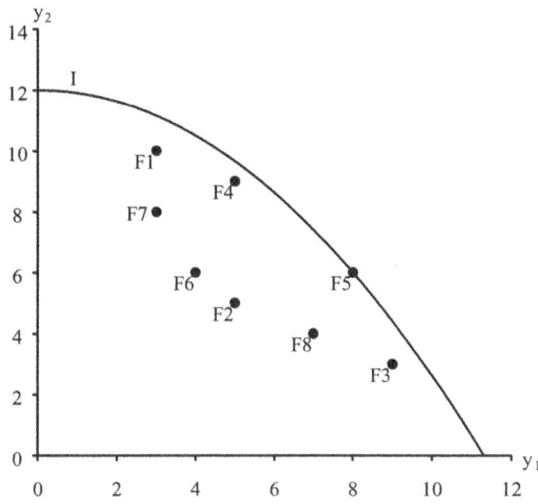

Abb. A2.3a

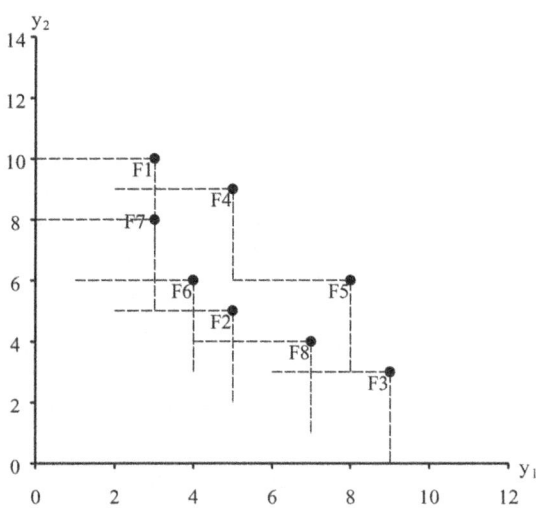

Abb. A2.3b

(c) Anhand der gestrichelten Linien in Abbildung A2.3b ist erkennbar, daß die Unternehmen F1, F3, F4 und F5 gemäß Pareto-Koopmans-Kriterium undominiert sind, während sich die Gruppe der dominierten Unternehmen aus F2, F6, F7, und F8 zusammensetzt. Die undominierten Unternehmen werden im Vergleich zu den dominierten als technologisch leistungsfähiger klassifiziert, da sie nicht weniger von beiden Outputs mit einem gleich großen Inputeinsatz produzieren.

(d) Zusätzlich zur Produktionsmöglichkeitenkurve ist in Abbildung A2.3c noch die stückweise lineare Best-practice-Isoquante eingezeichnet. Diese wird von den Unternehmen F1, F3, F4 und F5 aufgespannt, die folglich technisch effizient produzieren, während F2, F6, F7 und F8 im best-practice-Sinne technisch ineffizient produzieren.

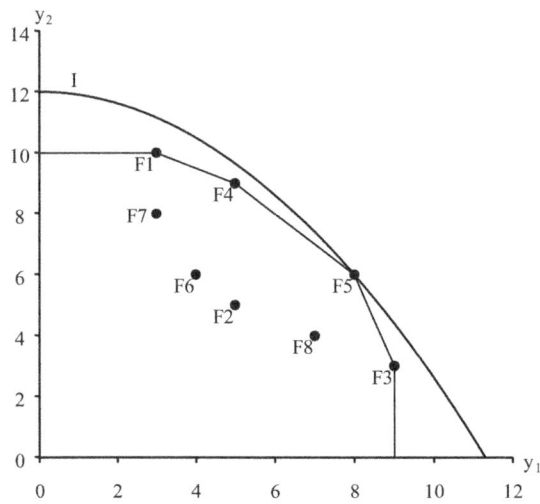

Abb. A2.3c

(e) Es läßt sich eine Isogewinnlinie berechnen, da der Umsatz von Unternehmen i gleich $R_i = p_1 y_{1i} + p_2 y_{2i}$ ist und die Kosten für alle Unternehmen mit $w \cdot x_i = 30$ identisch sind. Aus der Gewinnfunktion $\Pi_i = p_1 y_{2i} + p_2 y_{2i} - w x_i = 3 y_{1i} + 2 y_{2i} - 30$ und der Behandlung von y_1 und y_2 als Variablen läßt sich durch einfaches Umstellen die Isogewinnlinie $y_2 = (\Pi + 30) / 2 - (3/2) \cdot y_1$ ableiten. Die gestichelt eingezeichnete Isogewinnlinie in Abbildung A2.3d tangiert die Outputisoquante bei Unternehmen F5, daß folglich allokativ effizient produziert. Da sich kein anderes Unternehmen auf dem Ursprungsstrahl zu Unternehmen F5 befindet, produzieren alle übrigen Unternehmen allokativ ineffizient.

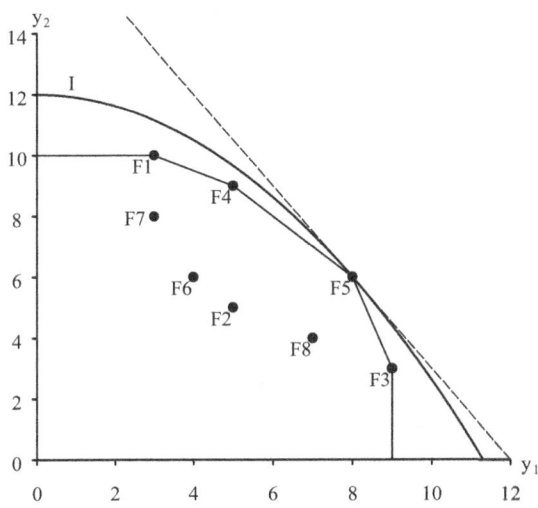

Abb. A2.3d

(f) Man erkennt, daß Unternehmen F5, welches sowohl technisch als auch allokativ effizient produziert, den höchsten Gewinn und die größte Umsatzrentabilität erzielt. Es ist jedoch auch möglich, daß ein im best-practice-Sinne technisch effizient produzierendes Unternehmen wie F1 einen Verlust hinnehmen muß, wenn es ineffizient in allokativer Hinsicht ist. Unternehmen F8 hingegen ist zwar stark ineffizient in technischer Hinsicht (großer Abstand von der Outputisoquante) jedoch in allokativer Hinsicht nur wenig ineffizient (liegt nahe am Ursprungsstrahl zu F5) so daß sein Verlust deutlich geringer ausfällt als bei den ebenfalls ineffizienten Unternehmen F2, F6 und F7.

(g) Unternehmen F5 ist sowohl technisch als auch allokativ effizient. Sein Maß für die technische und die allokative Effizienz ist jeweils gleich 1 und damit ist auch die Gesamteffizienz gleich 1.

Im Fall von Unternehmen F7 berechnet man zur Ermittlung der technischen und allokativen Effizienz die Streckenverhältnisse TE = 0a/0F7 und AE = 0b/0a (siehe Abbildung A2.3e).

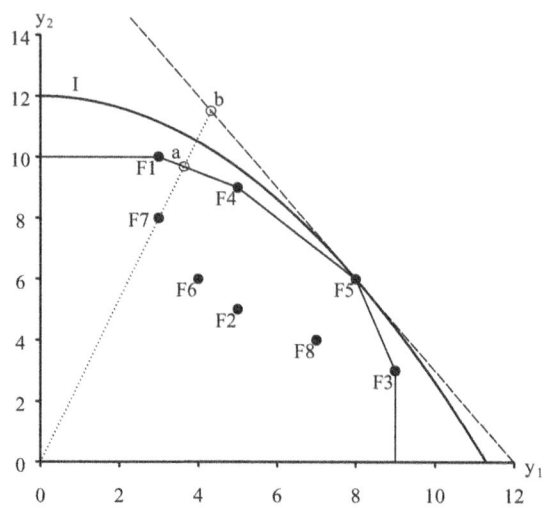

Abb. A2.3e

Die Gesamteffizienz ist dann das Produkt aus beiden radialen Maßen, also GE = TE·AE = 0b/0F7. Die Isogewinnlinie hat die Steigung −3/2 und muß durch den Punkt F5 laufen, also die Gleichung $6 = \alpha - \frac{3}{2}8$ erfüllen, woraus sich $\alpha = 18$ und die Geradengleichung $y_2 = 18 - \frac{3}{2}y_1$ ergibt. Die Gerade zwischen den Referenzpunkten F1 und F4 für die technische Effizienz muß die Gleichungen $10 = \alpha + 3\beta$ und $9 = \alpha + 5\beta$ erfüllen. Dies ist für $\alpha = 11\frac{1}{2}$ und $\beta = -\frac{1}{2}$ der Fall und somit läßt sich die Geradengleichung für das Frontierteilstück F1-F4 durch $y_2 = 11\frac{1}{2} - \frac{1}{2}y_1$ angeben. Als nächstes sind die Koordinaten der Punkte a und b zu berechnen. Punkt a ist der Schnittpunkt aus dem Ursprungsstrahl durch F7 und der Gerade zwischen F1 und F4. Folglich gilt $\frac{8}{3}y_1 = 11\frac{1}{2} - \frac{1}{2}y_1 \Rightarrow (y_{1a}; y_{2a}) \approx (3,63; 9,68)$. Punkt b ist der Schnittpunkt aus dem Ursprungsstrahl durch F7 und der Isogewinnlinie. Folglich gilt $\frac{8}{3}y_1 = 18 - \frac{3}{2}y_1 \Rightarrow (y_{1b}; y_{2b}) = (4,32; 11,52)$.
Mit Hilfe dieser Punkte berechnet man die Länge der Strecke 0a mit $\sqrt{3,63^2 + 9,68^2} \approx 10,34$, die Länge der Strecke 0b mit

$\sqrt{4{,}32^2 + 11{,}52^2} \approx 12{,}30$ und die Länge der Strecke 0F7 mit $\sqrt{3^2 + 8^2} \approx 8{,}54$.

Für die radialen Effizienzmaße erhält man schließlich $TE = 10{,}34/8{,}54 \approx 1{,}21$, $AE = 12{,}30/10{,}34 \approx 1{,}19$ und $GE = 12{,}30/8{,}54 \approx 1{,}44$. Dies bedeutet, daß Unternehmen F7 seine beiden Outputmengen bei konstantem Inputeinsatz um 21% des bisherigen Niveaus anheben muß, um technisch effizient zu produzieren, und von diesem Niveau ausgehend um weitere 19% erhöhen muß um auch seine allokative Ineffizienz abzubauen. Insgesamt muß das Unternehmen seinen Output um 44% des bisherigen Niveaus steigern.

Kapitel 3

Aufgabe 3.1 (Charnes-Cooper-Transformation)

(a) Das Problem der linearen Quotientenprogrammierung:

$$\max_{p_1,q_1,q_2} \ h = \frac{p_1 \, y_{1B}}{q_1 x_{1B} + q_2 x_{2B}}$$

N.B.
$$\frac{p_1 \, y_{1A}}{q_1 \, x_{1A} + q_2 \, x_{2A}} \leq 1$$

$$\frac{p_1 \, y_{1B}}{q_1 \, x_{1B} + q_2 \, x_{2B}} \leq 1$$

$$\frac{p_1 \, y_{1C}}{q_1 \, x_{1C} + q_2 \, x_{2C}} \leq 1$$

$$p_1, q_1, q_2 > 0$$

Modifikation der Aggregationsgewichte:

$$\mu_1 = \frac{1}{q_1 x_{1B} + q_2 x_{2B}} p_1$$

$$v_1 = \frac{1}{q_1 x_{1B} + q_2 x_{2B}} q_1$$

$$v_2 = \frac{1}{q_1 x_{1B} + q_2 x_{2B}} q_2$$

Nenner der zu maximierenden Zielfunktion:

$$\frac{q_1 x_{1B}}{q_1\,x_{1B}+q_2\,x_{2B}}+\frac{q_2 x_{2B}}{q_1\,x_{1B}+q_2\,x_{2B}}$$

$$=\frac{q_1\,x_{1B}+q_2\,x_{2B}}{q_1\,x_{1B}+q_2\,x_{2B}}=1=v_1\,x_{1B}+v_2\,x_{2B}$$

Die Productivity-Form stellt sich dann wie folgt dar:

$$\max_{\mu_1,v_1,v_2} h = \mu_1\,y_{1B}$$

N.B.
$$\mu_1\,y_{1A}-v_1\,x_{1A}-v_2\,x_{2A}\le 0$$
$$\mu_1\,y_{1B}-v_1\,x_{1B}-v_2\,x_{2B}\le 0$$
$$\mu_1\,y_{1C}-v_1\,x_{1C}-v_2\,x_{2C}\le 0$$
$$v_1\,x_{1B}+v_2\,x_{2B}=1$$
$$\mu_1,v_1,v_2>0$$

(b) Productivity-Form bei Inputorientierung für Unternehmen M:

$$\max_{\mu_1,v_1} h = \mu_1\,y_{1M}$$

N.B.
$$\mu_1\,y_{1M}-v_1\,x_{1M}\le 0$$
$$\mu_1\,y_{1N}-v_1\,x_{1N}\le 0$$
$$\mu_1\,y_{1P}-v_1\,x_{1P}\le 0$$
$$v_1\,x_1=1$$
$$\mu_1,v_1>0$$

Productivity-Form bei Inputorientierung für Unternehmen N:

$$\max_{\mu_1,v_1} h = \mu_1\,y_{1N}$$

N.B.
$$\mu_1\,y_{1M}-v_1\,x_{1M}\le 0$$
$$\mu_1\,y_{1N}-v_1\,x_{1N}\le 0$$
$$\mu_1\,y_{1P}-v_1\,x_{1P}\le 0$$
$$v_1\,x_{1N}=1$$
$$\mu_1,v_1>0$$

Productivity-Form bei Inputorientierung für Unternehmen P:

$$\max_{\mu_1,v_1} h = \mu_1\,y_{1P}$$

N.B.
$$\mu_1\,y_{1M}-v_1\,x_{1M}\le 0$$
$$\mu_1\,y_{1N}-v_1\,x_{1N}\le 0$$
$$\mu_1\,y_{1P}-v_1\,x_{1P}\le 0$$

$$v_1\,x_{1P} = 1$$
$$\mu_1, v_1 > 0$$

(c) Zur Lösung können beispielsweise Tabellenkalkulationsprogramme mit Modulen zur Lösung linearer Optimierungsprobleme oder spezielle Programme wie das von Holger Scheel kostenfrei zur Verfügung gestellte Paket EMS herangezogen werden. Mit dem Programm EMS berechnet man die folgende numerische Lösung, die in Tabelle A3.1a in enger Anlehnung an die Ausgabetabelle von EMS dargestellt ist (beachten Sie, daß englischsprachige Programme grundsätzlich den Punkt an Stelle des Kommas als Dezimaltrennzeichen verwenden):

Tabelle A3.1a

DMU	Score	x {I} {W}	y {O} {W}	Benchmarks	{S} x{I}	{S} y{O}
M	100,00%	0,2000	0,1250	2		
N	62,50%	0,3333	0,3333	1 (0,3750)	0,0000	0,0000
P	73,86%	0,0909	0,0769	1 (1,6250)	0,0000	0,0000

Die erste Spalte in Tabelle A3.1a enthält die Bezeichnung des jeweiligen Unternehmens, das allgemein als Entscheidungseinheit bzw. decision making unit (DMU) bezeichnet wird.

In der zweiten Spalte (Score) wird die Effizienzkennzahl h_i, $i \in \{M, N, P\}$ als Prozentgröße wiedergegeben. Man erkennt, daß Unternehmen M effizient produziert und damit einen Score von 100% aufweist. Unternehmen N und P produzieren dagegen nur mit einer Effizienz von 62,5% und 73,86%.

Die Lösungswerte für die Gewichte μ und v finden sich in den Spalten drei und vier. Spalte drei bezieht sich dabei auf den Input x (angezeigt durch {I}) und Spalte vier auf den Output y (angezeigt durch {O}). Eine Besonderheit bei der Ausgabe von EMS ist die Normierung sowohl der Input- als auch der Outputgewichte in einer Weise, daß die Summe aus den damit gewichteten Inputs und Outputs jeweils immer genau 1 ergibt. Bei der Productivity-Form ist die Normierung der Inputgewichte hier ein Teil der Charnes-Cooper-Transformation und wird durch die entsprechende Nebenbedingung in den Optimierungsproblemen (3.7) bzw. (3.8) automatisch erfüllt. Für die Lösungswerte der Outputgewichte ist zu beachten, daß EMS den Wert μ_{1i} / h_i ausgibt. Dieser ist im gegenwärtigen Fall eines Outputs genau gleich

$1/y_i$, also reziprok zum Output ist. Dies ergibt sich aus der Zielfunktion des Optimierungsproblems. Die korrekten Werte für μ_{1i} erhält man, indem die Werte in der Spalte y {O}{W} einfach mit den jeweiligen Effizienzkennzahlen aus der Score-Spalte multipliziert werden. Dies gilt auch für den Fall mehrerer Outputs, wobei hier jedes normierte Outputgewicht gleich μ_{ri}/h_i, $r = 1,...,s$, ist.

Die Bedeutung der in Spalte fünf wiedergegebenen Resultate wird erst nach dem Studium des folgenden Kapitels deutlich werden. Im Vorgriff darauf sei an dieser Stelle gesagt, daß es sich dabei um konstruierte sogenannte Vergleichsbeobachtungen handelt, mit denen die Effizienz der realen Beobachtungen für die Unternehmen M, N und P verglichen wird. Der Eintrag bei Unternehmen M besagt dabei, daß dieses Unternehmen als Vergleichsbeobachtung für 2 andere Unternehmen der Stichprobe dient. Dies sind im vorliegenden Beispiel die Unternehmen N und P, die beide mit Unternehmen M verglichen werden, durch den Eintrag 1 vor der Klammer angezeigt wird. Das Gewicht, welches Unternehmen M für die Effizienzbeurteilung der anderen Unternehmen erhält, steht dann innerhalb der Klammer.

Die letzten beiden Spalten enthalten schließlich Angaben über das Vorliegen von zusätzlichen Formen von produktiver Ineffizienz, sogenannten excess inputs für den Input *x* oder output slacks für den Output *y*, deren Bedeutung erst in einem späteren Kapitel dieses Buches erläutert wird. Dieses Größen sind hier durchgängig gleich Null, was bedeutet, daß diese zusätzlichen Formen von produktiver Ineffizienz im vorliegenden Beispiel keine Rolle spielen.

Aufgabe 3.2 (Productivity-Form)

(a) Wie Abbildung A3.2a zeigt, wird die best-practice-Frontierfunktion von den Unternehmen B1, B2 und B3 aufgespannt. Die Teilfrontierfunktionen sind B1B2 und B2B3.

Mit den Inputaggregationsgewichten läßt sich die Steigung für B1B2 als $-v_{1B1}/v_{2B1} = -v_{1B2}/v_{2B2} = -0{,}2222/0{,}1111 = -2$ und die Steigung für B2B3 als $-v_{1B3}/v_{2B3} = -0{,}0667/0{,}2667 = -0{,}25$ bestimmen. Zu beachten ist, daß B2 und B3 zusammen ein Frontierfunktionsteilstück aufspannen und daher prinzipiell die Aggregationsgewichte von B3 auch bei B2 angewendet werden können. Als Effizienzwert berechnet man hier einfach

$$\frac{\mu_{1B3}y_{1B2}}{v_{1B3}x_{1B2} + v_{2B3}x_{2B2}} = \frac{1 \cdot 1}{0{,}0667 \cdot 3 + 0{,}2667 \cdot 3} = 1 = h_{B2}.$$

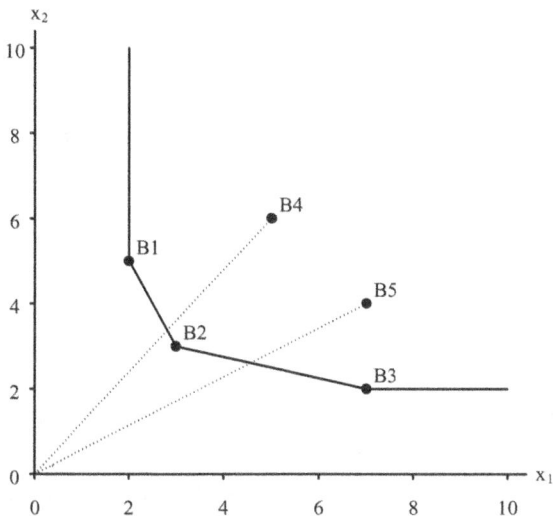

Abb. A3.2a

(b) Für jede Betriebsstätte läßt sich der Effizienzwert über dessen Definition $h_i = \mu_{1i} y_{1i} / (v_{1i} x_{1i} + v_{2i} x_{2i})$ bestimmen. Bei Einhaltung der entsprechenden Nebenbedingung $v_{1i} x_{1i} + v_{2i} x_{2i} = 1$ ergibt sich $h_i = \mu_{1i} y_{1i}$ für B1 bis B5 in Tabelle A3.2a:

Tabelle A3.2a

Betriebsstätten	B1	B2	B3	B4	B5
$h_i = \mu_{1i} y_{1i}$	1·1	1·1	1·1	0,5625·1	0,6523·1

(c) Wie die gepunkteten Ursprungsstrahle in Abbildung A3.2a zu Teilaufgabe (a) andeuten, wird die ineffiziente Beobachtung B4 mit dem Teilstück B1B2 der Frontierfunktion und B5 mit dem Teilstück B2B3 verglichen.

Zur Berechnung der Ineffizienz von B4 wird zunächst das relevante Teilstück B1B2 der Frontierfunktion in die Steigungsform gebracht. Der Ausdruck $\mu_{1B1} y_{1B1} = h_{B1} \cdot (v_{1B1} x_{1B1} + v_{2B1} x_{2B1})$ reduziert sich mit $\mu_{1B1} = 1$ und $h_{B1} = 1$ auf $y_{1B1} = v_{1B1} x_{1B1} + v_{2B1} x_{2B1}$. Daraus ergibt sich die gesuchte Steigungsform des Teilstücks B1B2 als

$$x_2 = \frac{y_{1B1}}{v_{2B1}} - \frac{v_{1B1}}{v_{2B1}} \cdot x_1.$$

Für B1 resultiert daraus der Ordinatenabschnitt $y_{1B1} / v_{2B1} = 1/0,1111 = 9$.

Die actual-practice-Produktionsfunktion von B4 hat die entsprechende Steigungsform

$$x_2 = \frac{y_{1B4}}{v_{2B4}} - \frac{v_{1B4}}{v_{2B4}} \cdot x_1$$

mit dem Ordinatenabschnitt $y_{1B4} / v_{2B4} = 1/0,0625 = 16$.

Aus dem Quotienten der beiden Ordinatenabschnitte erhält man das Effizienzmaß von B4 als $h_{B4} = 9/16 = 0,5625$.

Analog dazu ist der Ordinatenabschnitt des für B5 relevanten Frontierfunktionsteilstücks B2B3 gleich $y_{1B3} / v_{2B3} = 1/0,2667 \approx 3,75$, der Ordinatenabschnitt der actual-practice-Produktionsfunktion von B5 gleich $y_{1B5} / v_{2B5} = 1/0,1739 \approx 5,75$ und der Effizienzwert von B5 entsprechend $h_{B5} \approx 3,75/5,75 \approx 0,6522$ (siehe auch die Illustration in Abbildung A3.2b).

(d) In diesem Fall müßte B4 mit dem Teilstück B2B3 und B5 mit dem Teilstück B1B2 verglichen werden. Wie in Abbildung A3.2b dargestellt, wären dann für B4 und B5 die gepunkteten anstelle der gestrichelten actual-practice-Produktionsfunktionen relevant.

Angenommen B4 wird mit B2B3 verglichen, ergibt sich mit den entsprechend „falschen" Inputaggregationsgewichten $v_{1\circ}$ und $v_{2\circ}$ die Steigungsform der „falschen" actual-practice-Produktionsfunktion a von B4 als $x_2 = y_{1B4} / v_{2\circ} - 0,25 \cdot x_1$ mit $v_{1\circ} / v_{2\circ} = v_{1B3} / v_{2B3} = 0,25$. Einsetzen der Input- und Outputwerte von B4 in die Steigungsform ergibt $6 = 1/v_{2\circ} - 0,25 \cdot 5$ und somit $v_{2\circ} = 1/7,25$. Hieraus ermittelt man den Ordinatenabschnitt der „falschen" actual-practice-Produktionsfunktion von B4 als $y_{1B4} / v_{2\circ} = 7,25$ und kombiniert mit dem Ordinatenabschnitt des Teilstücks B2B3 von 3,75 den „falschen" Effizienzwert $h_{B4}^{\circ} = 3,75/7,25 \approx 0,517$ von B4, der kleiner als der zuvor berechnete „richtige" (optimale) Wert von 0,5625 ausfällt.

Wenn andererseits B5 wird mit B1B2 verglichen wird, ergibt sich die Steigungsform der „falschen" actual-practice-Produktionsfunktion b von B5 als $x_2 = y_{1B5} / v_{2\times} - 2 \cdot x_1$ mit dem Verhältnis der „falschen" Inputaggregationsgewichte $v_{1\times} / v_{2\times} = v_{1B1} / v_{2B1} = 2$ von B1. Einsetzen der Input- und Outputwerte von B5 in die Steigungsform ergibt hier $4 = 1/v_{2x} - 2 \cdot 7$, damit $v_{2x} = 1/18$ und es ergibt sich der Ordinaten-abschnitt der „falschen" actual-practice-Produktionsfunktion von B5 als $y_{1B5}/v_{2x} = 18$. Kombiniert mit dem Ordinatenabschnitt des Teil-stücks B1B2 von 9 errechnet man den „falschen" Effizienzwert $h_{B5}^{x} = 9/18 = 0,5$. Dieser ist wieder kleiner als der zuvor berechnete „richtige" (optimale) Wert von 0,6522.

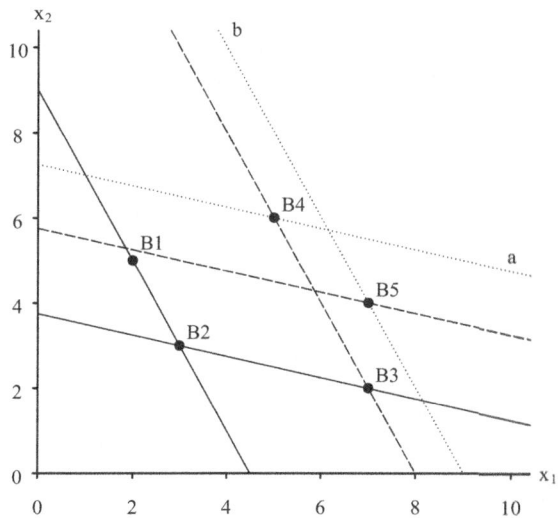

Abb. A3.2b

Aufgabe 3.3 (EMS-Ergebnisinterpretation)

(a) Die Aggregationsgewichte der Beobachtungen, welche die Frontier-funktionen aufspannen, können generell ein Intervall von Werten an-nehmen, ohne daß damit der Effizienzwert h seinen maximalen Wert von 1 unterschreitet. Wie man leicht nachprüft, nimmt das Aggregat der gewichteten Inputs bei den Betriebsstätten B1, B2 und B3 für die in der Tabelle angegebenen Werte stets den Wert 1 an, so daß die ent-sprechende Nebenbedingung des Maximierungsproblems auch erfüllt ist:

$$v_1 x_{1B1} + v_2 x_{2B2} = 0,5 \cdot 2 + 0 \cdot 5 = 1$$

$$v_1 x_{1B2} + v_2 x_{2B2} = 0,125 \cdot 3 + 0,2083 \cdot 3 = 1$$

$$v_1 x_{1B3} + v_2 x_{2B3} = 0 \cdot 7 + 0,5 \cdot 2 = 1.$$

Insgesamt ergeben sich für die Quotienten der Inputaggregationsgewichte der Frontierbeobachtungen zulässige Lösungsbereiche, die über die Absolutwerte der Steigungen der Frontierteilstücke sowie der Steigung 0 und der Steigung unendlich festgelegt sind. So kann der entsprechende Quotient bei B1 Werte zwischen unendlich und der absoluten Steigung des Frontierteilstücks B1B2 annehmen. Bei B2 kann der Quotient Werte zwischen den absoluten Steigungen der Frontierteilstücke B1B2 und B2B3 annehmen. Schließlich können die Quotientenwerte bei B3 kleiner oder gleich der absoluten Steigung von B2B3 und größer oder gleich 0 werden.

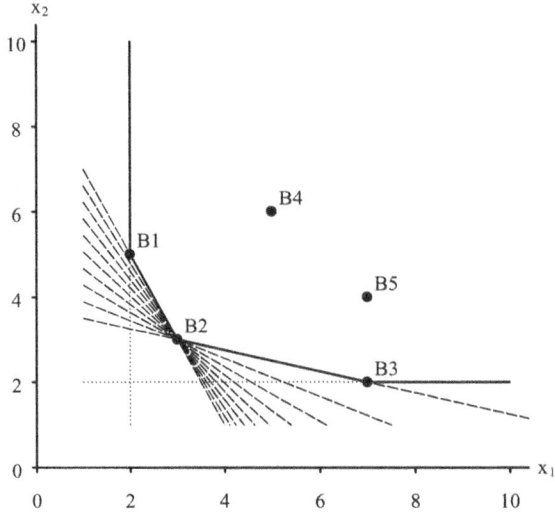

Abb. A3.3a

Abbildung A3.3a grenzt mit den gepunkteten Linien das Spektrum möglicher Steigungen ab. Für B2 deuten die gestrichelten Linien verschiedene Frontierfunktionen an, welche die Steigungen von B1B2 und B2B3, aber auch eine Reihe zulässiger Möglichkeiten zwischen diesen enthalten. Damit ist klar, daß allein aus den Angaben für die Aggregationsgewichte für die Betriebsstätten B1, B2 und B3 keine eindeutige Frontierfunktion konstruiert werden kann.

(b) Da die ineffizienten Unternehmen B4 und B5 mit den Teilstücken B1B2 bzw. B2B3 der Frontierfunktion verglichen werden, können aus den Inputaggregationsgewichten von B4 bzw. B5 die Steigungen der Teilstücke eindeutig bestimmt werden. So weist die actual-practice-Produktionsfunktion in B4 eine Steigung $-v_{1B4}/v_{2B4} = -2$ auf, die auf der Linie B1B2 ebenfalls gelten muß, da B4 mit diesem Teilstück verglichen wird. Für das Teilstück B2B3 ist die Steigung gleich dem negativen Verhältnis der Inputaggregationsgewichte von B5, also $-v_{1B5}/v_{2B5} = -0,25$. Es ergeben sich für die Frontierbeobachtungen B1, B2 und B3 die folgenden Intervalle für die Quotienten der Inputaggregationsgewichte: $v_{1B1}/v_{2B1} \in [2;\infty)$, $v_{1B2}/v_{2B2} \in [0,25;2]$ und $v_{1B3}/v_{2B3} \in [0;0,25]$.

(c) Um die einzelnen Inputaggregationsgewichte von B1, B2 und B3 zu berechnen, muß man die Informationen über die Input- und Outputmengen hinzuziehen. Man erhält die Inputaggregationsgewichte für B1 aus der Steigungsform der Produktionsfunktion für B1 $x_2 = y_{1B1}/v_{2B1} - (v_{1B1}/v_{2B1}) \cdot x_1$. Nach Einsetzen Mengen von B1 und dem Gewichtsverhältnis von B4 ergibt sich $5 = 1/v_{2B1} - 2 \cdot 2$, damit $v_{2B1} = 1/9 \approx 0,1111$ und $v_{1B1} = 2 \cdot v_{2B1} = 2/9 \approx 0,2222$.

Für B3 ergibt sich aus $x_2 = y_{1B3}/v_{2B3} - (v_{1B3}/v_{2B3}) \cdot x_1$ nach Einsetzen der Mengen von B3 sowie dem Gewichtsverhältnis von B5 $2 = 1/v_{2B3} - 0,25 \cdot 7$ und die Gewichte $v_{2B3} = 4/15 \approx 0,2667$ sowie $v_{1B3} = 0,25 \cdot v_{2B3} = 1/15 \approx 0,0667$.

Für B2 sind entweder die Gewichte von B1 oder die Gewichte von B3 maßgebend.

Aufgabe 3.4 (Mineralwasserindustrie)

(a) Die Productivity-Form für U10 lautet:

$$\max_{\mu_1, v_1, v_2} h = 7500 \cdot \mu_1$$

N.B.
$$7500 \cdot \mu_1 - 1800 \cdot v_1 - 3240 \cdot v_2 \le 0$$
$$10000 \cdot \mu_1 - 1000 \cdot v_1 - 4000 \cdot v_2 \le 0$$
$$10000 \cdot \mu_1 - 2924 \cdot v_1 - 3576 \cdot v_2 \le 0$$
$$17000 \cdot \mu_1 - 4244 \cdot v_1 - 4456 \cdot v_2 \le 0$$
$$10000 \cdot \mu_1 - 1000 \cdot v_1 - 5000 \cdot v_2 \le 0$$

$$10000 \cdot \mu_1 - 3810 \cdot v_1 - 1050 \cdot v_2 \leq 0$$
$$10000 \cdot \mu_1 - 1452 \cdot v_1 - 1788 \cdot v_2 \leq 0$$
$$11500 \cdot \mu_1 - 3400 \cdot v_1 - 2013 \cdot v_2 \leq 0$$
$$10000 \cdot \mu_1 - 5500 \cdot v_1 - 1320 \cdot v_2 \leq 0$$
$$10000 \cdot \mu_1 - 3600 \cdot v_1 - 1500 \cdot v_2 \leq 0$$
$$1800 \cdot v_1 + 3240 \cdot v_2 = 1$$
$$\mu_1, v_1, v_2 > 0$$

(b) Tabelle A3.4a enthält die auf das Outputniveau 1 normierten Inputgrößen. Diese Operation ist aufgrund der Annahme konstanter Skalenerträge zulässig.

Tabelle A3.4a

Unternehmen	Arbeit L/y	Kapital K/y
U1	0,1000	0,4000
U2	0,2924	0,3576
U3	0,2496	0,2621
U4	0,1000	0,5000
U5	0,3810	0,1050
U6	0,1462	0,1788
U7	0,2957	0,1750
U8	0,5500	0,1320
U9	0,3600	0,1500
U10	0,2400	0,4320

Abbildung A3.4a zeigt die normierten Inputgrößen zusammen mit der
best-practice-Produktionsfunktion. Das für die Effizienzbewertung
von U3 relevante Teilstück wird durch die Unternehmen U5 und U6
aufgespannt. Verlängert man diesen Teil der best-practice-
Produktionsfunktion, so erhält man als Schnittpunkt mit der Ordinate
K/y den Punkt a. Die actual-practice-Produktionsfunktion von U3 verläuft parallel zu diesem Teilstück der best-practice-Produktionsfunktion durch den Punkt U3 und ist als gestrichelte Linie eingezeichnet. Ihren Schnittpunkt mit der Ordinate K/y bezeichnet b. Die
Effizienz von U3 ergibt sich dann aus dem Quotienten 0a / 0b .

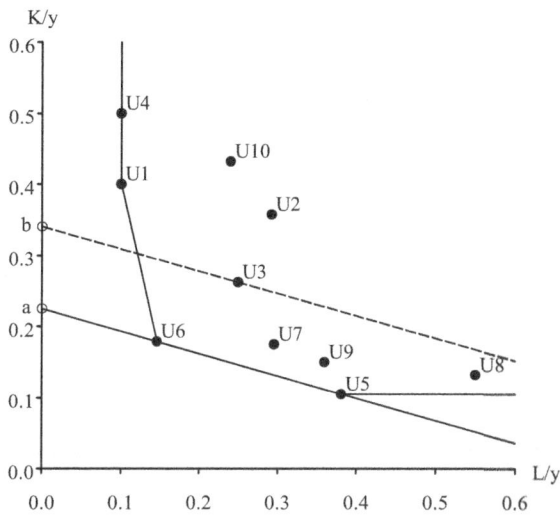

Abb. A3.4a

Der Quotient der Inputaggregationsgewichte entspricht der Steigung der actual-practice-Produktionsfunktion durch U3 und damit auch der Steigung des Teilstücks der best-practice-Randfunktion, der durch U5 und U6 aufgespannt wird. Über die Geradengleichung in Steigungsform $y = \alpha + \beta x$ mit β als Steigung und y als Ordinatenvariable K/y sowie x als Abszissenvariable L/y erhält man den Achsenabschnitt auf der Ordinate über $\alpha = K / y - \beta \cdot (L / y)$.

Für Unternehmen U3 ergibt sich folgende Berechnung: Das Teilstück der best-practice-Randfunktion das durch U5 und U6 aufgespannt wird, ist durch die beiden Geradengleichungen $0{,}1050 = \alpha + \beta \cdot 0{,}3810$ und $0{,}1788 = \alpha + \beta \cdot 0{,}1462$ festgelegt. Als Lösung ergibt sich $\beta \approx -0{,}3143$ und $\alpha \approx 0{,}2247$. Der Absolutwert von β entspricht dem Verhältnis der Inputaggregationsgewichte und α gibt die Länge der Strecke 0a an. Das Verhältnis der Inputaggregationsgewichte von U3 muß ebenfalls gleich 0,3143 sein. Setzt man diesen Wert in die Geradengleichung für U3 ein ermittelt man für die Länge der Strecke 0b den Wert $0{,}2621 + 0{,}3143 \cdot 0{,}2496 \approx 0{,}3405$. Für den Effizienzwert von U3 berechnet man dann $0a / 0b \approx 0{,}2247 / 0{,}3405 \approx 0{,}66$.

(c) Das Programm EMS beispielsweise gibt als Lösung die Tabelle A3.4b aus, worin Ly und Ky die normierten Inputgrößen L/y und K/y bezeichnen (aus Platzgründen wurden die in diesem Kapitel noch nicht relevanten Werte für die excess inputs und output slacks nicht aufgenommen):

Tabelle A3.4b

DMU	Score	Ly {I}{W}	Ky {I}{W}	Y {O}{W}	Benchmarks	
U1	100,00%	6,3478	0,9130	1,0000		2
U2	50,00%	1,6898	1,4148	1,0000	6 (1,0000)	
U3	65,99%	0,9229	2,9361	1,0000	5 (0,0790) 6 (0,9210)	
U4	100,00%	10,0000	0,0000	1,0000	1 (1,0000)	
U5	100,00%	0,6714	7,0874	1,0000		4
U6	100,00%	3,3145	2,8827	1,0000		5
U7	83,87%	1,1729	3,7318	1,0000	5 (0,4334) 6 (0,5666)	
U8	79,55%	0,0000	7,5758	1,0000	5 (1,0000)	
U9	85,41%	1,1944	3,8001	1,0000	5 (0,6868) 6 (0,3132)	
U10	55,58%	3,0282	0,6325	1,0000	1 (0,2772) 6 (0,7228)	

Vergleicht man diese numerischen Ergebnisse mit der Abbildung aus Teilaufgabe (b) so erkennt man, daß die Unternehmen U1, U4, U5 und U6 einen Effizienzwert (Spalte „Score") von 1 (bzw. 100%) aufweisen, genau diejenigen Unternehmen sind, die auch die Frontierfunktion determinieren. Alle anderen Unternehmen weisen kleinere Effizienzwerte auf. Unternehmen U3 ist wie in Teilaufgabe (b) berechnet nur zu 66% effizient. Da $0,9229 / 2,9361 \approx 0,3143$, ist das Verhältnis der Inputaggregationsgewichte von U3 ist ebenfalls gleich dem zuvor ermittelten Absolutwert der Steigung der actual-practice-Produktionsfunktion durch U3.

Ebenso korrespondierend zur Abbildung wird aus der Spalte „Benchmarks" ersichtlich, daß die Effizienz U10 an dem Teilstück der Frontierfunktion bewertet wird, welches von U1 und U6 aufgespannt wird. Ebenso ersichtlich ist, daß das Frontierfunktionsteilstück U5U6 als

Referenz für die Unternehmen U3, U7 und U9 dient, wogegen U2 nur mit U6 (U2 liegt genau auf dem Ursprungsstrahl durch U6) und U8 nur mit U5 (U8 liegt auf der horizontalen Fortsetzung der Frontierfunktion ab U5) verglichen wird. Die Bedeutung der in Klammern wiedergegebenen Werte ist Gegenstand des nächsten Kapitels.

Auch hier muß die Spalte y {O}{W} wieder durch die Multiplikation der ausgegebenen Werte mit dem Effizienzwert aus der Score-Spalte korrigiert werden (siehe die Lösung zu Aufgabe 3.1).

Hinweis: Natürlich können auch die nicht auf ein Outputniveau von 1 normierten Daten aus der Aufgabenstellung direkt mit dem Programm EMS verarbeitet werden. Die damit berechneten Effizienzwerte sind identisch zu den oben ausgewiesenen. Die Werte der ermittelten Aggregationsgewichte unterscheiden sich jedoch von diesen, da EMS die Gewichte so normiert, daß die Summe der gewichteten Inputs und die Summe der gewichteten Outputs immer jeweils 1 ergibt. Folglich werden die Inputaggregationsgewichte identisch zu denen in der obigen Tabelle sein, während sich für die Outputaggregationsgewichte Abweichungen ergeben (siehe auch die Lösung zu Aufgabe 3.1c für eine detailliertere Erläuterung der Normierungsannahme).

(d) Tabelle A3.4c enthält die Ergebnisse der numerischen Berechnungen zusammengefaßt mit den im Text verwendeten Variablenbezeichnungen. Zusätzlich werden in der Tabelle für alle Unternehmen die gemäß der Vorgehensweise von Teilaufgabe (b) ermittelten Ordinatenabschnitte für die actual-practice- und die best-practice-Produktionsfunktionen wiedergegeben, auf denen der Effizienzwert in der letzten Spalte beruht. Es fällt auf, daß eine Reihe von Feldern nicht numerisch ausgefüllt sind. Im Fall von Unternehmen U4 gründet sich dies darauf, daß bei diesem Unternehmen $v_2 = 0$ ist und damit die Steigung der Frontierfunktion unendlich groß ist, was weiter zur Folge hat, daß die Ordinatenabschnitte nicht berechnet werden können. Die Unternehmen U1, U5 und U6 bilden die Eckpunkte der Frontierfunktion und weisen keine eindeutige Steigung auf, so daß auch die entsprechenden Ordinatenabschnitte uneindeutig sind. Da es sich jedoch um Eckpunkte der Frontierfunktion handelt, ist die Effizienzbewertung dagegen eindeutig.

Eine Besonderheit zeigt sich im Fall von Unternehmen U2, dessen Inputmengen pro Outputeinheit genau doppelt so groß wie diejenigen von U6 sind. Damit ist U6 die einzige Vergleichsbeobachtung für U2 und folglich die Steigung der actual-practice-Produktionsfunktion von U2 ebenso uneindeutig wie die bei U6. Man kann aus den Gewichten von U10 (das mit U1 und U6 verglichen wird) und U3 (das mit U5 und U6 verglichen wird) ablesen, daß die actual-practice-Produktionsfunktion von U6 prinzipiell jeden Steigungswert zwischen 4,791 und 0,314 annehmen kann. Entsprechend kann jeder Wert aus diesem Intervall, wie auch der ausgewiesene Wert von 1,194, auch auf U2 angewendet werden. Damit berechnet man für den Ordinatenabschnitt der für U2 relevanten best-practice-Produktionsfunktion durch den Punkt U6 den Wert $a = 0,1788 + 1,194 \cdot 0,1462 = 0,3534$ und für den Ordinatenabschnitt der actual-practice-Produktionsfunktion durch U2 den Wert $b = 0,3576 + 1,194 \cdot 0,2924 = 0,7067$. Zusammen ergeben sie einen Effizienzwert von $0,3534 / 0,7067 \approx 0,5$.

Tabelle A3.4c

DMU	h	v_1	v_2	μ_1	Steigung der Frontierfunktion v_1/v_2	Ordinatenabschnitt (best-practice) [a]	Ordinatenabschnitt (actual-practice) [b]	Effizienz [a]/[b]
U1	1,000	6,348	0,913	1	6,953	—	—	—
U2	0,500	1,690	1,415	1	1,194	0,3534	0,7067	0,5000
U3	0,660	0,923	2,936	1	0,314	0,2247	0,3405	0,6600
U4	1,000	10,000	0,000	1	—	—	—	—
U5	1,000	0,671	7,087	1	0,095	—	—	—
U6	1,000	3,314	2,883	1	1,149	—	—	—
U7	0,839	1,173	3,732	1	0,314	0,2247	0,2678	0,8389
U8	0,795	0,000	7,576	1	0,000	0,1050	0,1320	0,7955
U9	0,854	1,194	3,800	1	0,314	0,2247	0,2630	0,8543
U10	0,556	3,028	0,632	1	4,791	0,8791	1,5818	0,5557

Kapitel 4

Aufgabe 4.1 (Technologiemenge I)

(a) Die Technologiemenge wird in Abbildung A4.1a von allen Punkten
nordöstlich bzw. rechts oberhalb des Linienzuges aACc gebildet, wie
in der folgenden Abbildung dargestellt. Die Referenzpunkte für die
effizienten Unternehmen A und C sind die realen Beobachtungen
selbst, da deren Ursprungsstrahle komplett außerhalb dieser Technologiemenge liegen. Die Ursprungsstrahle zu den ineffizienten Unternehmen B und D liegen dagegen teilweise innerhalb der Technologiemenge und führen zu den Referenzpunkten B' und D' auf dem
Rand der Technologiemenge.

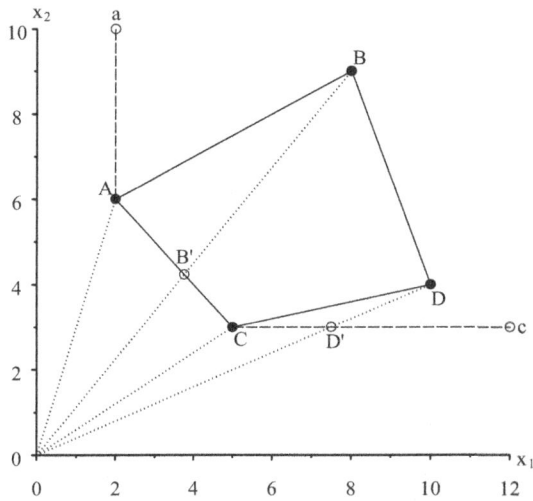

Abb. A4.1a

(b) Nach Wegfall des Ineffizienzaxioms (A3) wird die Technologiemenge
nur noch von den realen Beobachtungen A bis D und deren Konvexkombinationen gebildet. Folglich beschränkt sich die Technologiemenge auf alle Punkte innerhalb des Linienzuges ABDC. Dies führt
dazu, daß der Ursprungsstrahl zu Unternehmen D nun ebenfalls komplett außerhalb der Technologiemenge liegt und damit Unternehmen

D hier auch als Punkt auf der Frontierfunktion erscheint, obwohl es von C ganz offensichtlich im Pareto-Koopmans-Sinne dominiert wird.

Aufgabe 4.2 (Technologiemenge II)

Da alle Unternehmen die Outputmenge $y = 1$ herstellen, entsprechen die Inputangaben in der Aufgabenstellung den auf ein konstantes Outputniveau normierten Inputmengen. Diese sind für die Unternehmen A bis D in Abbildung A4.2a wiedergegeben.

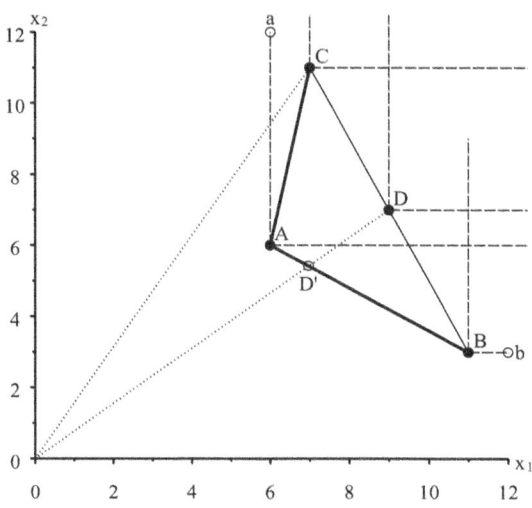

Abb. A4.2a

(a) Anhand der von den Beobachtungen A bis D ausgehend gestrichelt eingezeichneten Winkel erkennt man, daß Unternehmen A die Unternehmen C und D dominiert und somit im Vergleich zu diesen nach dem Pareto-Koopmans-Kriterium als technisch effizient einzustufen ist. Unternehmen B wird jedoch weder von Unternehmen A dominiert, noch dominiert es ein anderes Unternehmen, so daß mit dem Pareto-Koopmans-Kriterium kein Vergleich der technischen Effizienz von B mit A, C und D möglich ist. Ebenso dominieren sich die Unternehmen C und D wechselseitig nicht.

(b) Gemäß Axiom (A1) müssen alle Beobachtungen Teil der Technologiemenge T^1 sein, also die Punkte A, B, C und D. Axiom (A2) fordert, daß zusätzlich auch alle Konvexkombinationen dieser Punkte Teil der Technologiemenge T^1 sind. Damit wird die Technologiemenge T^1 durch alle Punkte innerhalb des durchgezogen eingezeichneten Linienzuges ABCD beschrieben.

(c) Die Frontierfunktion der Technologiemenge T^1 ist die fett eingezeichneten Linien zwischen den Punkten A und B und A und C. Sie enthält alle Punkte der Technologiemenge T^1, die nicht durch eine Konvexkombination aus Punkten der Technologiemenge T^1 im Pareto-Koopmans-Sinne dominiert werden.

(d) Mit einem radialen Effizienzmaß wird die Effizienz der Unternehmen entlang der gestrichelten Ursprungsstrahle zu den Beobachtungen gemessen. Für die Unternehmen A bis C ergibt dies eine Effizienzbewertung von 1, da der jeweilige Ursprungsstrahl vollständig außerhalb der Technologiemenge T^1 verläuft. Im Fall von Unternehmen D verläuft der Ursprungsstrahl teilweise innerhalb von T^1. Es ergibt sich ein Schnittpunkt mit der relevanten Frontierfunktion im Punkt D' und ein radiales Effizienzmaß von $0D'/0D < 1$. Problematisch ist diese Art der Effizienzmessung im Fall von Unternehmen C, daß einen Effizienzwert von 1 erhält, obwohl es von Unternehmen A im Pareto-Koopmans-Sinne dominiert wird. Eine (zumindest teilweise) Lösung bietet das Ineffizienzaxiom (A3), welches die relevante Technologiemenge auf alle Punkte nordwestlich des Linienzuges aABb erweitert und damit Unternehmen C nicht länger als Randpunkt enthält.

Aufgabe 4.3 (Konstante Skalenerträge)

Die Darstellung in Abbildung A4.3a geht davon aus, daß alle Beobachtungen ein identisches Outputniveau von einer Einheit produzieren. Axiom (A5) hinsichtlich der konstanten Skalenerträge kann man nun so veranschaulichen, daß die Technologiemenge alle Punkte innerhalb eines Konus enthält, der vom Ursprung des (y, x_1, x_2)-Koordinatensystems ausgehend die Beobachtungen A, B und C zum Outputniveau $y = 1$ und alle weiteren Punkte enthält, die sich aus einer Vervielfachung dieser Punkte ergeben, wie z.B. die Punkte 2A, 2B und 2C zum Outputniveau $y = 2$. Der sich auf diese Weise ergebende Konus ist durch die gestrichelten Linien in der Abbildung veranschaulicht. Bei Verzicht auf das Ineffizienzaxiom repräsentiert dieser Konus genau die Technologiemenge.

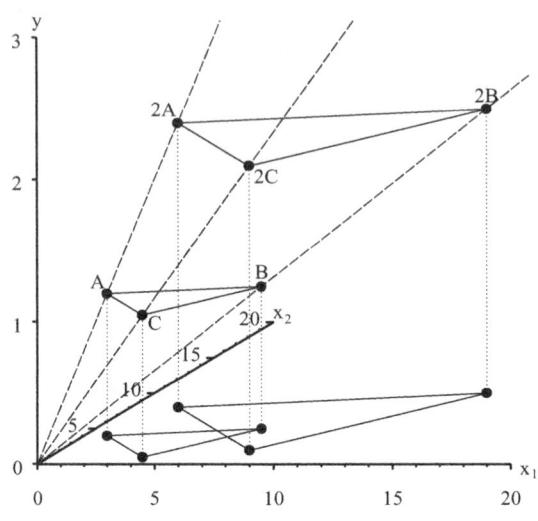

Abb. A4.3a

Aufgabe 4.4 (Dualität)

(a) Das Maximierungsproblem der Productivity-Form lautet:

$$\max_{\mu,\nu} h = 3 \cdot \mu$$

N.B. $8 \cdot \mu - 5 \cdot \nu \geq 0$

$3 \cdot \mu - 3 \cdot \nu \geq 0$

$13 \cdot \mu - 11 \cdot \nu \geq 0$

$3 \cdot \nu = 1$

$\mu, \nu > 0$

(b) Die Simplexiterationen sind in Tabelle A4.4a dargestellt:

Tabelle A4.4a

(A)	(B)	(C)	(D)	(E)	(F)	(G)	(H)	(I)
μ	v	w_M	w_N	w_P	h	RS	Nr.	Operation
8	−5	1	0	0	0	0	(1)	
3	−3	0	1	0	0	0	(2)	
13	−11	0	0	1	0	0	(3)	
0	3	0	0	0	0	1	(4)	
−3	0	0	0	0	1	0	(5)	
0	3	1	−8/3	0	0	0	(6)	= (1)−(2)·8/3
1	−1	0	1/3	0	0	0	(7)	= (2)/3
0	2	0	−13/3	1	0	0	(8)	= (3)−(2)·13/3
0	3	0	0	0	0	1	(9)	= (4)
0	−3	0	1	0	1	0	(10)	= (5)+(2)
0	1	1/3	−8/9	0	0	0	(11)	= (6)/3
1	0	1/3	−5/9	0	0	0	(12)	= (7)+(6)/3
0	0	−2/3	−23/9	1	0	0	(13)	= (8)−(6)·2/3
0	0	−1	8/3	0	0	1	(14)	= (9)−(6)
0	0	1	−5/3	0	1	0	(15)	= (10)+(6)
0	1	0	0	0	0	1/3	(16)	= (11)+(14)·1/3
1	0	1/8	0	0	0	5/24	(17)	= (12)+(14)·5/24
0	0	−13/8	0	1	0	23/24	(18)	= (13)+(14)·23/24
0	0	−3/8	1	0	0	3/8	(19)	= (14)·3/8
0	0	3/8	0	0	1	5/8	(20)	= (15)+(14)·5/8

Aus dem Endtableau ergibt sich die Lösung $h_N = 5/8 = 0{,}625$, $\mu_N = 5/24 \approx 0{,}208$ und $v_N = 1/3 \approx 0{,}333$. Die mit EMS berechneten Lösungswerte für μ und v können sich aufgrund der dort getroffenen Normierungsannahme von den obigen Werten unterscheiden (siehe die Erklärung in Aufgabe 3.1c).

(c) Das duale Minimierungsproblem der Envelopment-Form lautet:

$$\min_{\theta, \lambda} \theta$$

N.B. $\qquad 8 \cdot \lambda_M + 3 \cdot \lambda_N + 13 \cdot \lambda_P \geq 3$

$$\theta \cdot 3 - 5 \cdot \lambda_M - 3 \cdot \lambda_N - 11 \cdot \lambda_P \geq 0$$

$$\lambda_M, \lambda_N, \lambda_P \geq 0$$

Die Lösungswerte hierfür können ebenfalls unmittelbar dem End-tableau entnommen werden und lauten $\theta_N = 5/8 = 0{,}625$, $\lambda_M = 3/8 = 0{,}375$ sowie $\lambda_N = \lambda_P = 0$.

Aufgabe 4.5 (Envelopment-Form)

(a) Den θ-Werten kann entnommen werden, daß die Unternehmen B1, B2 und B6 die Frontierfunktion bilden.

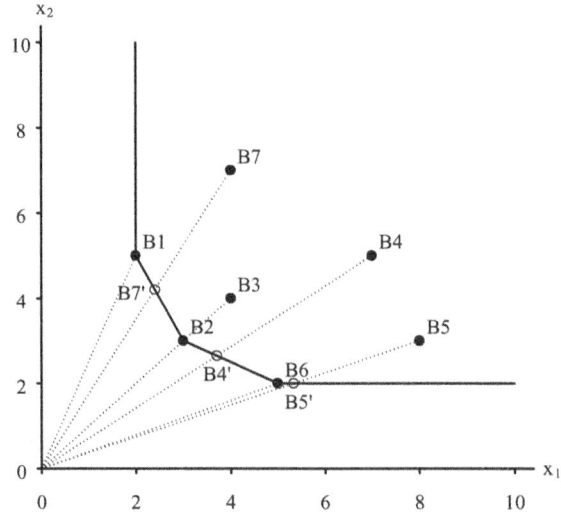

Abb. A4.5a

Für diese effizienten Unternehmen ergeben sich aus Abbildung A4.5a die Effizienzwerte $\theta_{B1} = 0B1/0B1 = 1$, $\theta_{B2} = 0B2/0B2 = 1$ und $\theta_{B6} = 0B6/0B6 = 1$. Für die ineffizienten Unternehmen ergeben sich entsprechend $\theta_{B3} = 0B3'/0B3 < 1$, $\theta_{B4} = 0B4'/0B4 < 1$, $\theta_{B5} = 0B5'/0B5 < 1$ und $\theta_{B7} = 0B7'/0B7 < 1$.

Im Fall von B5 schneidet der Ursprungsstrahl die Frontierfunktion auf einem horizontalen Teilstück. Der Vergleichspunkt B5' zu B5 wird von jedoch von B6 Pareto-Koopmans-dominiert. Demzufolge spiegelt der Wert $1 - \theta_{B5}$ nicht die ganze Ineffizienz von B5 wider. (Dieser Fall wird noch ausführlich im Abschnitt 7.1. diskutiert.)

(b) Die λ-Parameter zeigen an, welche Beobachtungen mit welchem Gewicht in die Konstruktion der Vergleichsbeobachtungen zu einer realen Beobachtungen eingehen. Für die effizienten Unternehmen sind die Vergleichsbeobachtungen identisch mit den jeweiligen realen Beobachtungen. Für ein effizientes Unternehmen i gilt $\lambda_{ii} = 1 \wedge \lambda_{li} = 0 \; \forall l \neq i$. Dies trifft hier auf B1, B2 und B6 zu.

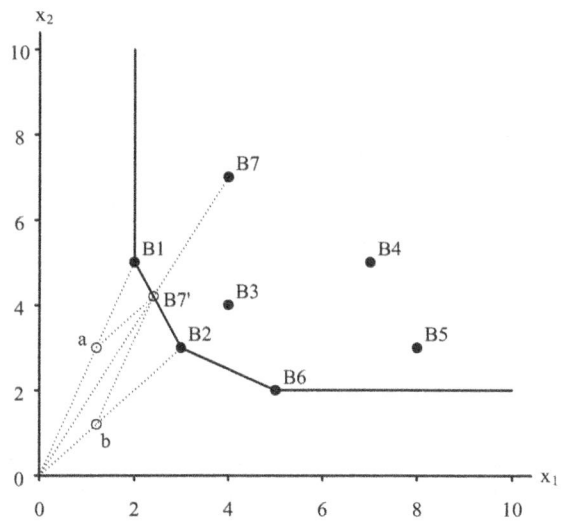

Abb. A4.5b

Im Fall der ineffizienten Unternehmen werden die Vergleichsbeobachtungen als Linearkombination der effizienten Unternehmen gewonnen. So geht in die Vergleichsbeobachtung zu B4 das Frontierunternehmen B2 mit einem Gewicht von 0,647 und das Frontierunternehmen B6 mit einem Gewicht von 0,353 ein. Bei Unternehmen B3 ist das Vergleichsunternehmen identisch mit B2, da das λ-Gewicht nur bei B2 den Wert 1 aufweist. Bei Unternehmen B5, dessen Vergleichsbeobachtung von B6 Pareto-Koopmans-dominiert wird, dient allein Unternehmen B6 als Referenzbeobachtung.

Für B7 dienen B1 und B2 als Referenzbeobachtungen und man kann die λ-Werte in Abbildung A4.5b als Streckenverhältnisse $\lambda_{B1B7} = 0a\,/\,0B1$ und $\lambda_{B2B7} = 0b\,/\,0B2$ oder alternativ als $\lambda_{B1B7} = bB7'\,/\,0B1$ und $\lambda_{B2B7} = aB7'\,/\,0B2$ angeben.

(c) Die erste Vorgehensweise zur Konstruktion der virtuellen Vergleichsbeobachtung besteht in der Multiplikation der Inputwerte mit dem Effizienzparameter θ, während die zweite Vorgehensweise die Vergleichsbeobachtung als λ-gewichtete Summe der Koordinaten der Referenzbeobachtungen ermittelt.

Für B3 ergibt sich mit der ersten Vorgehensweise

$$\theta_{B3} \cdot \begin{pmatrix} x_{1B3} \\ x_{2B3} \end{pmatrix} = 0{,}75 \cdot \begin{pmatrix} 4 \\ 4 \end{pmatrix} = \begin{pmatrix} 3 \\ 3 \end{pmatrix}$$

und bei der zweiten Vorgehensweise

$$\lambda_{B2B3} \cdot \begin{pmatrix} x_{1B2} \\ x_{2B2} \end{pmatrix} = 1 \cdot \begin{pmatrix} 3 \\ 3 \end{pmatrix} = \begin{pmatrix} 3 \\ 3 \end{pmatrix},$$

also in beiden Fällen genau die Inputwerte von B2.

Für B4 ergibt sich der Punkt B4' mit der ersten Vorgehensweise als

$$\theta_{B4} \cdot \begin{pmatrix} x_{1B4} \\ x_{B4} \end{pmatrix} = 0{,}529 \cdot \begin{pmatrix} 7 \\ 5 \end{pmatrix} = \begin{pmatrix} 3{,}703 \\ 2{,}645 \end{pmatrix}$$

und bei der zweiten Vorgehensweise als

$$\lambda_{B2B4} \cdot \begin{pmatrix} x_{1B2} \\ x_{2B2} \end{pmatrix} + \lambda_{B6B4} \cdot \begin{pmatrix} x_{1B6} \\ x_{2B6} \end{pmatrix} = 0{,}647 \cdot \begin{pmatrix} 3 \\ 3 \end{pmatrix} + 0{,}353 \cdot \begin{pmatrix} 5 \\ 2 \end{pmatrix} = \begin{pmatrix} 3{,}706 \\ 2{,}647 \end{pmatrix}.$$

Die minimalen Abweichungen beider Vorgehensweisen resultieren aus der beschränkten Anzahl von nur drei betrachteten Nachkommastellen.

(d) Das Ineffizienzaxiom (A3) hat einen Einfluß auf die Effizienzklassifikation von Beobachtung B5. Ein Verzicht auf (A3) hat zur Folge, daß die Effizienz nur innerhalb der von den Beobachtungen B1 bis B7 aufgespannten konvexen Menge gemessen wird.

Wie man anhand von Abbildung A4.5c sieht, verlaufen die Ursprungsstrahle bei den Beobachtungen B3, B4 und B7 zum Teil innerhalb der Technologiemenge, so daß deren Ineffizienz unabhängig von Axiom (A3) ermittelbar ist. Im Fall von B5 hingegen verläuft der Ursprungsstrahl bei Verzicht auf Axiom (A3) vollständig außerhalb der Technologiemenge, so daß B5 jetzt als effizient eingestuft wird.

Jedoch zeigt schon der Pareto-Koopmans-Vergleich, daß B5 von B6 dominiert wird und folglich nicht effizient sein kann.

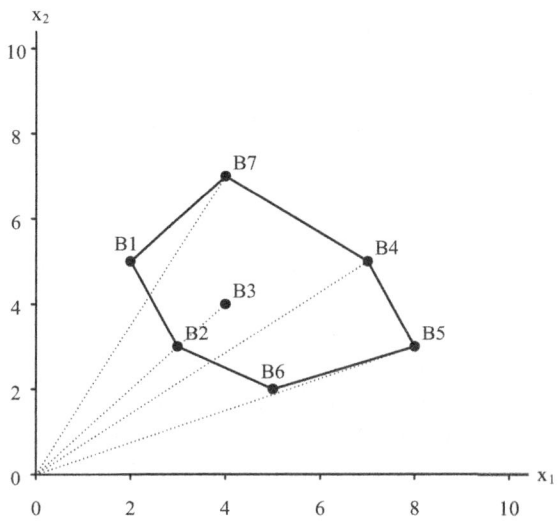

Abb. A4.5c

Aufgabe 4.6 (Mineralwasserindustrie)

(a) Die Envelopment-Form für Unternehmen U3 lautet:

$$\min_{\theta, \lambda} \theta$$

$$10000 \cdot \lambda_{U1} + 10000 \cdot \lambda_{U2} + 17000 \cdot \lambda_{U3} + 10000 \cdot \lambda_{U4}$$
$$+ 10000 \cdot \lambda_{U5} + 10000 \cdot \lambda_{U6} + 11500 \cdot \lambda_{U7} + 10000 \cdot \lambda_{U8}$$
$$+ 10000 \cdot \lambda_{U9} + 7500 \cdot \lambda_{U10} \geq 17000$$

$$\theta \cdot 4244 - 1000 \cdot \lambda_{U1} - 2924 \cdot \lambda_{U2} - 4244 \cdot \lambda_{U3} - 1000 \cdot \lambda_{U4}$$
$$- 3810 \cdot \lambda_{U5} - 1462 \cdot \lambda_{U6} - 3400 \cdot \lambda_{U7} - 5500 \cdot \lambda_{U8}$$
$$- 3600 \cdot \lambda_{U9} - 1800 \cdot \lambda_{U10} \geq 0$$

$$\theta \cdot 4456 - 4000 \cdot \lambda_{U1} - 3576 \cdot \lambda_{U2} - 4456 \cdot \lambda_{U3} - 5000 \cdot \lambda_{U4}$$
$$- 1050 \cdot \lambda_{U5} - 1788 \cdot \lambda_{U6} - 2013 \cdot \lambda_{U7} - 1320 \cdot \lambda_{U8}$$
$$- 1500 \cdot \lambda_{U9} - 3240 \cdot \lambda_{U10} \geq 0$$

$$\lambda^T = (\lambda_{U1}, \lambda_{U2}, \lambda_{U3}, \lambda_{U4}, \lambda_{U5}, \lambda_{U6}, \lambda_{U7}, \lambda_{U8}, \lambda_{U9}, \lambda_{U10}) \geq \mathbf{0}$$

In der Zielfunktion wird der Effizienzparameter θ von U3 minimiert, was bedeutet, daß man die komparative oder relative Leistungsfähigkeit von U3 so schlecht wie möglich darstellen möchte. Der Effizienzwert θ gibt für alle Inputfaktoren an, auf welches Niveau diese von den beobachteten Werten (= 1) ausgehend proportional zu reduzieren sind, damit U3 best-practice produziert.

Beobachtungen U1-U10, sowie mit deren Linearkombinationen erfolgt. Die Gewichtungsfaktoren λ_i geben an, mit welchem Gewicht die Beobachtungen $i \in \{U1,...,U10\}$ in die Konstruktion des Vergleichsunternehmens zu U3 jeweils eingehen. Diese Gewichtungsfaktoren dürfen keine negativen Werte annehmen. Als Referenzunternehmen zu U3 fungieren dabei nur solche Unternehmen, für die streng positive Gewichtungsfaktoren ermittelt werden.

Die erste Nebenbedingung besagt, daß das Vergleichsunternehmen zu U3 sich aus einer Linearkombination der Unternehmen U1-U10 ergibt, die mit einem Outputniveau verbunden ist, welches nicht geringer sein darf als dasjenige von Unternehmen U3. Die Nebenbedingungen zwei und drei besagen, daß die Inputs von U3 proportional auf das Niveau θ zu reduzieren sind. Dieses Inputniveau darf nicht geringer sein als dasjenige des Vergleichsunternehmens sein. Da bezüglich der Variable θ minimiert wird, nimmt diese Differenz in aller Regel den Wert 0 an.

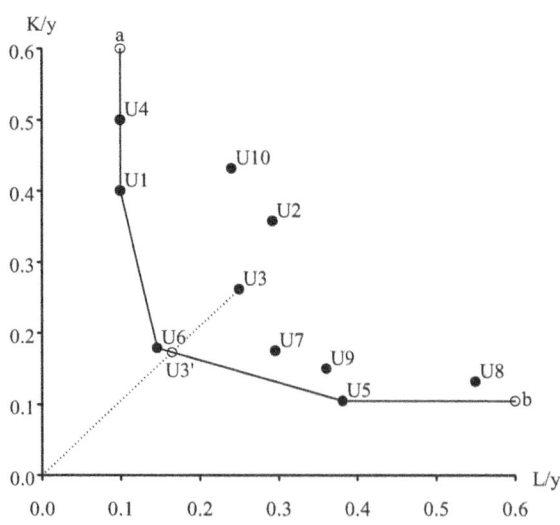

Abb. A4.6a

(b) In Abbildung A4.6a ist die Technologiemenge durch den Linienzug aU4U1U6U5b nach unten hin abgegrenzt. Alle Punkte rechts oberhalb dieses Linienzuges sind Elemente dieser Technologiemenge.

(c) Die Vergleichsbeobachtungen für U3 auf der Randfunktion ist U3' in Abbildung A4.6a. Diese läßt sich als Konvexkombination aus den Unternehmen U5 und U6 darstellen. Bezeichnet man die Länge der Strecke zwischen U5 und U6 mit A und die Länge der Strecke zwischen U5 und U3' mit B, so wird U3' zu $100 \cdot B / A$ Prozent aus U6 und zu $1 - 100 \cdot B / A$ Prozent aus U5 gebildet. Das radiale Effizienzmaß für U3 ist dann $\theta_{U3} = 0U3' / 0U3$.

Rechnerisch erhält man mit Hilfe des Satzes von Pythagoras

$$A = \sqrt{\left(\frac{1050}{10000} - \frac{1788}{10000} \right)^2 + \left(\frac{3810}{10000} - \frac{1462}{10000} \right)^2} \approx 0{,}2461 \,,$$

als Schnittpunkt des Ursprungsstrahls zu U3 und der Strecken zwischen U5 und U6 die Koordinaten (0,1647 ; 0,1729), damit

$$B = \sqrt{\left(\frac{1050}{10000} - 0{,}1729 \right)^2 + \left(\frac{3810}{10000} - 0{,}1647 \right)^2} \approx 0{,}2267$$

und folglich die Gewichte $0{,}2267 / 0{,}2461 \approx 0{,}9212$ für U6 und $1 - 0{,}9212 \approx 0{,}0788$ für U5. Für U3 berechnet man schließlich den Effizienzwert

$$\theta_{U3} = \sqrt{0{,}1647^2 + 0{,}1729^2} \bigg/ \sqrt{\left(\frac{4456}{17000} \right)^2 + \left(\frac{4244}{17000} \right)^2} \approx 0{,}6597 \,.$$

(d) Das EMS-Ergebnistableau liefert die Lösungswerte in Tabelle A4.6a. Darin findet man in der Zeile für Unternehmen U3 die in Teilaufgabe (c) identifizierten Vergleichsunternehmen und die berechneten Lösungswerte für die Gewichtungsfaktoren und den Effizienzwert. Die Outputgewichte ergeben sich wiederum aufgrund der speziellen Normierungsannahme von EMS, wie in Aufgabe A3.1c erläutert.

Aus dem Ergebnistableau lassen sich die Kennzahlen zur Envelopment-Form entnehmen und wie in Tabelle A4.6b zusammenstellen (die freien Felder bedeuten, daß die entsprechende Größe den Wert 0 aufweist).

Tabelle A4.6a

DMU	Score	Ly {I}{W}	Ky {I}{W}	Y {O}{W}	Benchmarks	
U1	100,00%	6,3478	0,9130	1,0000		2
U2	50,00%	1,6898	1,4148	1,0000	6 (1,0000)	
U3	65,99%	0,9229	2,9361	1,0000	5 (0,0790) 6 (0,9210)	
U4	100,00%	10,0000	0,0000	1,0000	1 (1,0000)	
U5	100,00%	0,6714	7,0874	1,0000		4
U6	100,00%	3,3145	2,8827	1,0000		5
U7	83,87%	1,1729	3,7318	1,0000	5 (0,4334) 6 (0,5666)	
U8	79,55%	0,0000	7,5758	1,0000	5 (1,0000)	
U9	85,41%	1,1944	3,8001	1,0000	5 (0,6868) 6 (0,3132)	
U10	55,58%	3,0282	0,6325	1,0000	1 (0,2772) 6 (0,7228)	

Tabelle A4.6b

DMU	θ_i	Ref.	λ_{U1}	λ_{U2}	λ_{U3}	λ_{U4}	λ_{U5}	λ_{U6}	λ_{U7}	λ_{U8}	λ_{U9}	λ_{U10}
U1	1,000		1,000									
U2	0,500	U6						1,000				
U3	0,660	U5, U6					0,079	0,921				
U4	1,000	U1	1,000									
U5	1,000						1,000					
U6	1,000							1,000				
U7	0,839	U5, U6					0,433	0,567				
U8	0,795	U5					1,000					
U9	0,854	U5, U6					0,687	0,313				
U10	0,556	U1, U6	0,277					0,723				

Es zeigt sich, daß nur die Unternehmen U1, U5 und U6 als Referenz-unternehmen fungieren. Diese weisen zum einerseits einen Effizienz-wert $\theta_i = 1$, $i \in \{U1, U5, U6\}$ auf, andererseits finden sich für diese nur bei den Gewichtungsfaktoren λ_{ii}, $i \in \{U1, U5, U6\}$ von 0 verschiede-ne Werte. Die übrigen Unternehmen sind nicht best-practice und ihre Effizienzwerte werden jeweils mit Hilfe eines Vergleichsunternehmens ermittelt, das sich wiederum aus einer Linearkombination von best-practice-Referenzunternehmen ergibt. Im vorliegenden Beispiel können maximal zwei Referenzunternehmen pro Unternehmen vor-kommen. Für Unternehmen U3 beispielsweise sind U5 und U6 Refe-renzunternehmen, die mit den Gewichtungsfaktoren 0,079 bzw. 0,921 in Konstruktion des Vergleichsunternehmens zu U3 eingehen. Wird nur ein Referenzunternehmen für die Konstruktion eines Vergleichs-unternehmens benötigt, so ist das Vergleichsunternehmen eine reale Beobachtung; dies gilt für U4 und U8. In allen Fällen mit mehr als ei-ner Referenzbeobachtung stellt das Vergleichsunternehmen eine vir-tuelle Beobachtung dar.

(e)   In Tabelle A4.6c sind für die Vergleichsbeobachtungen die jeweiligen Input- und Outputmengen angegeben. Für Unternehmen U7 berech-nen sich die Input- und Outputmengen der Vergleichsbeobachtung U7' über die proportionale Reduktion der Inputs auf das Niveau θ_{U7}:

$$(L/y)_{U7'} = \theta_{U7} \cdot (L/y)_{U7} = 0{,}839 \cdot 0{,}296 = 0{,}248 \,,$$

$$(K/y)_{U7'} = \theta_{U7} \cdot (K/y)_{U7} = 0{,}839 \cdot 0{,}175 = 0{,}147 \,.$$

Alternativ erhält man diese Werte auch über die Linearkombinationen der Vergleichsunternehmen U5 und U6 (bis auf unvermeidliche Run-dungsfehler) wie folgt:

$$(L/y)_{U7'} = \lambda_{U5U7} \cdot (L/y)_{U5} + \lambda_{U5U6} \cdot (L/y)_{U6}$$
$$= 0{,}433 \cdot 0{,}381 + 0{,}567 \cdot 0{,}146 = 0{,}248$$

$$(K/y)_{U7'} = \lambda_{U5U7} \cdot (K/y)_{U5} + \lambda_{U5U6} \cdot (K/y)_{U6}$$
$$= 0{,}433 \cdot 0{,}105 + 0{,}567 \cdot 0{,}179 = 0{,}147$$

Da alle Outputwerte auf $y = 1$ normiert sind, ergibt sich:

$$y_{U7'} = \lambda_{U5U7} \cdot y_{U5} + \lambda_{U5U6} \cdot y_{U6} = 0{,}433 \cdot 1 + 0{,}567 \cdot 1 = 1$$

Tabelle A4.6c

DMU	Arbeit L/y	Kapital K/y	θ_i	Benchmarks	Vergleich über θ		Vergleich über λ	
					L/y	K/y	L/y	K/y
U1	0,100	0,400	1,000		0,100	0,400	0,100	0,400
U2	0,292	0,358	0,500	6 (1,000)	0,146	0,179	0,146	0,179
U3	0,250	0,262	0,660	5 (0,079) 6 (0,921)	0,165	0,173	0,165	0,173
U4	0,100	0,500	1,000	1 (1,000)	0,100	*0,500*	0,100	*0,400*
U5	0,381	0,105	1,000		0,381	0,105	0,381	0,105
U6	0,146	0,179	1,000		0,146	0,179	0,146	0,179
U7	0,296	0,175	0,839	5 (0,433) 6 (0,567)	0,248	0,147	0,248	0,147
U8	0,550	0,132	0,795	5 (1,000)	*0,438*	0,105	*0,381*	0,105
U9	0,360	0,150	0,854	5 (0,687) 6 (0,313)	0,308	0,128	0,308	0,128
U10	0,240	0,432	0,556	1 (0,277) 6 (0,723)	0,133	0,240	0,133	0,240

Diese alternativen Berechnungsweisen führen bei allen Unternehmen
außer U4 und U8 zu identischen Resultaten. Bei U4 kommt man zwar
beim Faktor Arbeit zum gleichen Wert, nicht jedoch beim Faktor Kapital. Umgekehrt verhält es sich bei U8, bei dem die Kapitalwerte, a-
ber nicht die Arbeitswerte identisch sind (siehe die kursiv gesetzten
Einträge in den Vergleichsspalten). Hieraus kann man schließen, daß
die berechnete Effizienzkennzahl nicht die gesamte Effizienz der betrachteten Unternehmung angibt, sondern nur die radial meßbare. Ü-
ber die Vergleichsbeobachtung erhält man die zusätzliche Information, daß bei U4 und U8 ein noch geringeres Effizienzniveau im Gestalt
einer zusätzlichen, faktorspezifischen Ineffizienz vorliegt, wobei diese
im Fall von U4 in einen alleinigen Mehreinsatz von Kapital (in Höhe
von 0,1 Kapitaleinheit pro Outputeinheit) und im Fall von U8 auf einen alleinigen Mehreinsatz des Faktors Arbeit (in Höhe von 0,057
Arbeitseinheiten pro Outputeinheit) zurückzuführen ist.

Kapitel 5

Aufgabe 5.1 (Technologiemenge)

(a) Wie Abbildung A5.1a verdeutlicht, stellt man bei Anwendung des Pa-
     reto-Koopmans-Kriteriums zunächst fest, daß die Unternehmen E und
     H von D eindeutig dominiert werden.

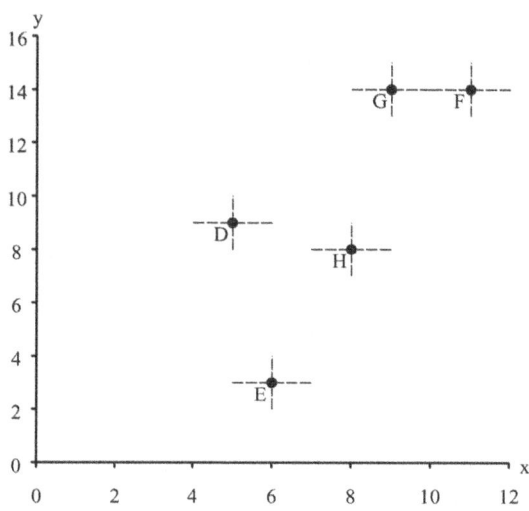

Abb. A5.1a

Dies gilt, da D sowohl weniger Input einsetzt als auch mehr Output
produziert als E und H:

$$\begin{pmatrix} -x_D \\ y_D \end{pmatrix} > \begin{pmatrix} -x_E \\ y_E \end{pmatrix} \Leftrightarrow \begin{pmatrix} -5 \\ 9 \end{pmatrix} > \begin{pmatrix} -6 \\ 3 \end{pmatrix} \text{ und}$$

$$\begin{pmatrix} -x_D \\ y_D \end{pmatrix} > \begin{pmatrix} -x_H \\ y_H \end{pmatrix} \Leftrightarrow \begin{pmatrix} -5 \\ 9 \end{pmatrix} > \begin{pmatrix} -8 \\ 8 \end{pmatrix}.$$

Zwischen D und G sowie zwischen E und H lassen sich ohne weitere
Informationen über die Produktionstechnologie keine Unterschiede in
der produktiven Leistungsfähigkeit feststellen, da

$$\begin{pmatrix} -x_D \\ y_D \end{pmatrix} \underset{<}{\gtreqless} \begin{pmatrix} -x_G \\ y_G \end{pmatrix} \Leftrightarrow \begin{pmatrix} -5 \\ 9 \end{pmatrix} \underset{<}{\gtreqless} \begin{pmatrix} -9 \\ 14 \end{pmatrix} \text{ und}$$

$$\begin{pmatrix} -x_E \\ y_E \end{pmatrix} \begin{smallmatrix} \geq \\ < \end{smallmatrix} \begin{pmatrix} -x_H \\ y_H \end{pmatrix} \Leftrightarrow \begin{pmatrix} -6 \\ 3 \end{pmatrix} \begin{smallmatrix} \geq \\ < \end{smallmatrix} \begin{pmatrix} -8 \\ 8 \end{pmatrix}.$$

Für Unternehmen F hingegen kann man festhalten, daß dessen produktive Leitungsfähigkeit geringer ist als diejenige von G, das mit weniger Input die gleiche Menge an Output produziert wie F:

$$\begin{pmatrix} -x_G \\ y_G \end{pmatrix} \geq \begin{pmatrix} -x_F \\ y_F \end{pmatrix} \Leftrightarrow \begin{pmatrix} -9 \\ 14 \end{pmatrix} \geq \begin{pmatrix} -11 \\ 14 \end{pmatrix}.$$

(b) Aufgrund von Axiom (A1) gehören alle Beobachtungen D bis H zur Technologiemenge. Über das Konvexitätsaxiom (A2) zählen ebenfalls alle Konvexkombinationen der Beobachtungen D bis H zur Technologiemenge. Diese Konvexkombinationen werden durch das Viereck EDGF in Abbildung A5.1b repräsentiert.

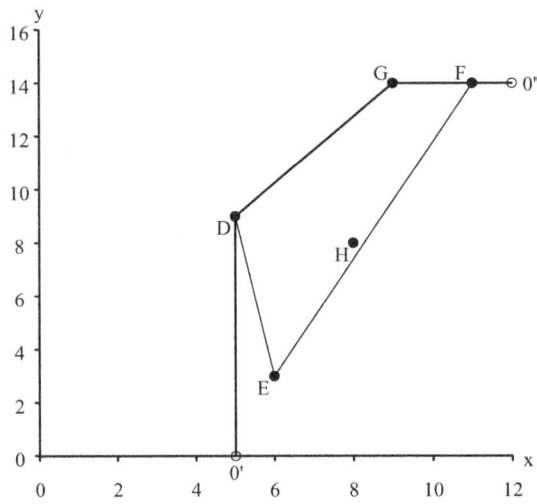

Abb. A5.1b

Das Ineffizienz- oder Monotonie-Axiom (A3) bewirkt, daß sich die Technologiemenge zur Fläche rechts unterhalb des Linienzuges 0'DG0" erweitert. Dies entspricht einer Technologie mit variablen Skalenerträgen, wie man leicht daran erkennt, daß die Durchschnittsproduktivität mit steigendem Output entlang des Linienzuges 0'DG0" variiert.

Die Frontierfunktion entspricht folglich dem dick ausgezogenen Linienzug 0'DG0". Die effizienten Unternehmen sind damit die Unternehmen D und G. Dagegen werden E und H als ineffizient identifiziert, da sie beide unterhalb der Frontierfunktion liegen. Beobachtung F liegt auf der Frontierfunktion und müßte demnach als best-practice klassifiziert werden. Aus dem Pareto-Koopmans-Vergleich ist allerdings bekannt, daß F gegenüber G technisch ineffizient ist.

(c) Bei einem Verzicht auf (A3) stellt in Abbildung A5.1c der Linienzug EDGF die Frontierfunktion dar. Somit erscheinen die Unternehmen D, E und G als best-practice, während H und F ineffizient sind. Beobachtung E erweist sich hier als Problemfall, da E von D eindeutig dominiert wird. Bei Berücksichtigung von (A3) wird diese Inkonsistenz vermieden (für den Sonderfall F siehe Kapitel 7).

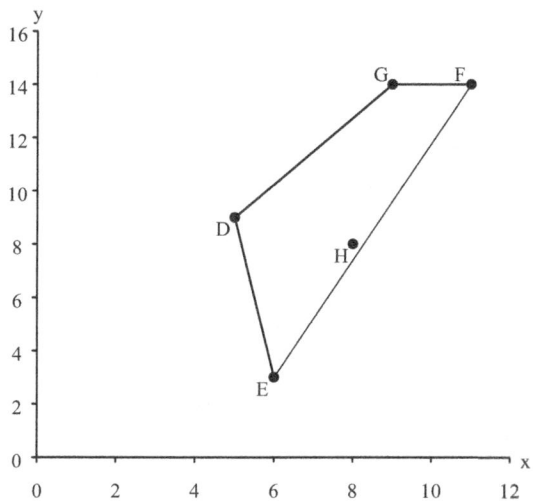

Abb. A5.1c

(d) Unter der Annahme konstanter Skalenerträge wird die Technologiemenge durch diejenige (lineare) Frontierfunktion nach oben begrenzt, welche die höchste Durchschnittsproduktivität aufweist. Diese entspricht im Beispiel der Produktionsfunktion von Beobachtung D (siehe Abbildung A5.1d). Unternehmen D ist damit best-practice, während die anderen Unternehmen E bis H ineffizient produzieren.

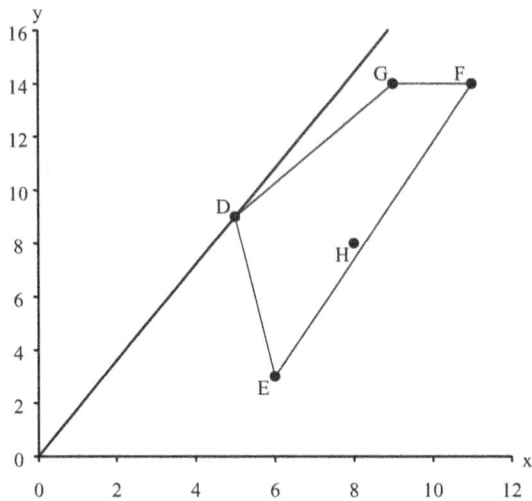

Abb. A5.1d

Aufgabe 5.2 (Envelopment-Form)

(a) Wie Abbildung A5.2a zeigt, wird die Frontierfunktion bei variablen Skalenerträgen von den Unternehmen B, C, E und G aufgespannt. Von B aus verläuft die Frontierfunktion vertikal nach unten auf die Inputachse zu. Zudem verläuft die Frontierfunktion horizontal über G hinaus. Damit ergeben sich bei einer inputorientierten Analyse die Gruppen der effizienten {B, C, E} und der ineffizienten {A, D, F, G} Beobachtungen.

(b) Die Effizienz läßt sich inputorientiert auf horizontalen Fahrstrahlen zur Outputachse messen (siehe Abbildung A5.2b). Es ergeben sich die folgenden Effizienzwerte:

$\theta_A = cC / cA < 1$, $\quad \theta_B = bB / bB = 1$, $\quad \theta_C = cC / cC = 1$,

$\theta_D = dD' / dD < 1$, $\quad \theta_E = eE / eE = 1$, $\quad \theta_F = fF' / fF < 1$ und

$\theta_G = eE / eG < 1$.

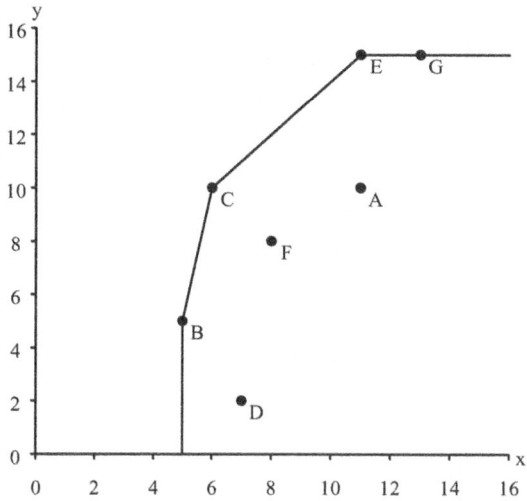

Abb. A5.2a

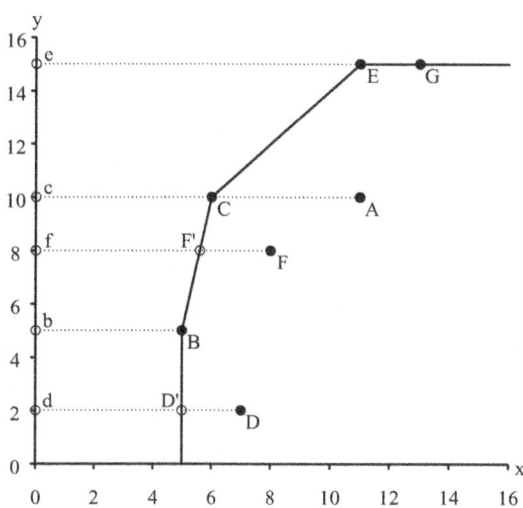

Abb. A5.2b

Die Unternehmen D und G stellen dabei besondere Fälle dar:
- Das virtuelle Vergleichsunternehmen zu D ist D' und liegt auf einem Teilstück der Frontierfunktion, das durch das Ineffizienzaxiom erzeugt ist. D' wird von B eindeutig Pareto-Koopmans-dominiert, so daß der Effizienzwert θ_D die Ineffizienz von D zur teilweise wiedergibt.
- Unternehmen G liegt zwar auf der Frontierfunktion, ist jedoch ineffizient ($\theta_G < 1$). Diese Ineffizienz hat ihren Ursprung in der Lage von G auf dem horizontalen Teilstück der Frontierfunktion. G wird eindeutig von E Pareto-Koopmans-dominiert.

(c) Es ergeben sich die Lösungen in Tabelle A5.2a:

Tabelle A5.2a

Unternehmen	A	B	C	D	E	F	G
$\tilde{\theta}_i$	< 1	$= 1$	$= 1$	< 1	$= 1$	< 1	< 1
λ_{Ai}	$= 0$	$= 0$	$= 0$	$= 0$	$= 0$	$= 0$	$= 0$
λ_{Bi}	$= 0$	$= 1$	$= 0$	$= 1$	$= 0$	$> 0^*$	$= 0$
λ_{Ci}	$= 1$	$= 0$	$= 1$	$= 0$	$= 0$	$> 0^*$	$= 0$
λ_{Di}	$= 0$	$= 0$	$= 0$	$= 0$	$= 0$	$= 0$	$= 0$
λ_{Ei}	$= 0$	$= 0$	$= 0$	$= 0$	$= 1$	$= 0$	$= 1$
λ_{Fi}	$= 0$	$= 0$	$= 0$	$= 0$	$= 0$	$= 0$	$= 0$
λ_{Gi}	$= 0$	$= 0$	$= 0$	$= 0$	$= 0$	$= 0$	$= 0$

* mit $\lambda_{CF} > \lambda_{BF}$

Aufgabe 5.3 (Productivity-Form)

Aus der Zielfunktion der Productivity-Form bei variablen Skalenerträgen

$$\tilde{h}_i = \mu_i y_i + \mu_{i0} = \frac{\mu_i y_i}{v_i x_i} + \mu_{i0} \quad (\text{da } v_i x_i = 1)$$

(da $v_i x_i = 1$) erhält man durch Umstellen die Produktionsfunktion

$$y_i = \tilde{h}_i \cdot \frac{v_i}{\mu_i} \cdot x_i - \frac{\mu_{i0}}{\mu_i}.$$

Die entsprechenden Variablen bzw. Terme lassen sich aus Tabelle A5.3a entweder direkt entnehmen oder aus den gegebenen Werten berechnen. Letztendlich erhält man Gruppen von Beobachtungen, die sich zwar in der technischen Effizienz unterscheiden, aber die gleiche Art von Produktionsfunktion verwenden, wobei dies am Ordinatenabschnitt und damit an der Art und dem Ausmaß der Skalenerträge festzumachen ist. (Beachten Sie, daß bei den Berechnungen intern mehr Nachkommastellen verwendet wurden, als explizit in der Tabelle ausgewiesen sind.)

Tabelle A5.3a

Unternehmen	A	B	C	D	E	F	G
Input x	13	5	6	9	15	11	12
Output y	22	5	12	18	19	15	10
$\widetilde{h}_i$	1,000	1,000	1,000	1,000	0,667	0,682	0,476
v_i	0,077	0,200	0,167	0,111	0,067	0,091	0,083
μ_i	0,077	0,029	0,024	0,056	0,067	0,045	0,012
v_i / μ_i	1,000	7,000	7,000	2,000	1,000	2,000	7,000
μ_{0i}	−0,692	0,857	0,716	0,000	−0,600	0,000	0,360
$-\mu_{0i} / \mu_i$	9,000	−30,000	−30,000	0,000	9,000	0,000	−30,000
$\widetilde{h}_i \cdot v_i / \mu_i$	1,000	7,000	7,000	2,000	0,667	1,364	3,333

Diesen Vorüberlegungen folgend erhält man für die Beobachtungen A und E die actual-practice-Produktionsfunktionen

$$y_A = 1 \cdot x_A + 9 \text{ und } y_E = 0{,}667 \cdot x_E + 9 .$$

Beide weisen sinkende Skalenerträge auf, da die erste Ableitung der Durchschnittsproduktivität nach der Inputmenge $\partial(y/x)/\partial x = -9/x^2$ negativ ist. A und E werden anhand dieser Produktionsfunktionen miteinander verglichen. Da die Grenzproduktivität bei A höher ist als bei E ($\partial y_A / \partial x_A = 1 > \partial y_E / \partial x_E = 0{,}667$) ist die actual-practice-Produktionsfunktion von A zugleich die best-practice-Produktionsfunktion für diesen Vergleich.

Die actual-practice Produktionsfunktionen von B, C und G lauten

$$y_B = 7 \cdot x_B - 30, \ y_C = 7 \cdot x_C - 30 \text{ und } y_G = 3{,}333 \cdot x_G - 30 .$$

Da die erste Ableitung der Durchschnittsproduktivität nach der Inputmenge positiv ist ($\partial(y/x)/\partial x = 30/x^2$), liegen hier steigende Skalenerträge vor. Die actual-practice-Produktionsfunktionen von B und C dienen bei diesem Vergleich als best-practice-Produktionsfunktion für G, da wegen $\partial y_B/\partial x_B = \partial y_C/\partial x_C = 7$ und $\partial y_G/\partial x_G = 3{,}333$ bei den Unternehmen B und C die Grenzproduktivität gegenüber G höher ist.

Schließlich ergeben sich für D und F die actual-practice-Produktionsfunktionen

$$y_D = 2 \cdot x_D \text{ und } y_F = 1{,}364 \cdot x_F.$$

Hier liegen nun konstante Skalenerträge vor, da die erste Ableitung der Durchschnittsproduktivität nach der Inputmenge $\partial(y/x)/\partial x$ gleich null ist. Die actual-practice-Produktionsfunktion von D stellt hier die best-practice-Produktionsfunktion dar, da bei D eine höhere Grenzproduktivität festzustellen ist ($\partial y_D/\partial x_D = 2 > \partial y_F/\partial x_F = 1{,}364$).

Graphisch stellen sich die Produktionsfunktionen und die gruppenweisen Vergleiche wie in Abbildung A5.3a dar.

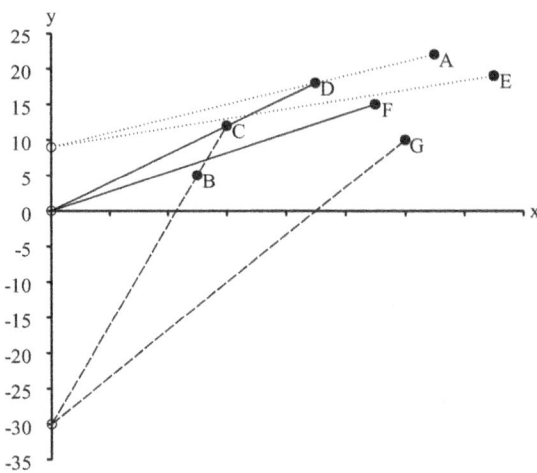

Abb. A5.3a

In dieser Abbildung sind die Funktionen für die Beobachtungen A und E mit gepunkteten, die Funktionen für die Beobachtungen B, C und G mit gestrichelten und die Funktionen für die Beobachtungen D und F mit durchgezogenen Linien dargestellt.

Aufgabe 5. 4 (Skaleneffizienz und MPSS)

(a) Bei der CRS-Analyse wird die Effizienz unabhängig von der Unternehmensgröße bestimmt. Bei VRS hingegen werden die Beobachtungen nach Maßgabe ihrer Größe in Gruppen eingeteilt, innerhalb derer dann die Effizienzbestimmung stattfindet. Somit wird bei CRS ein Maß für die gesamte Effizienz bestimmt, während sich bei VRS die reine technische Effizienz ergibt. Der Quotient aus beiden Effizienzmaßen entspricht dann demjenigen Effizienzniveau, das sich allein auf die Unternehmensgröße zurückführen läßt.

(b) Die Effizienz wird hier bei konstantem Outputniveau auf einem horizontalen Fahrstrahl entlang der Inputebene gemessen. In Abbildung A5.4a findet sich für K beim Vergleich mit der VRS-Frontier die virtuelle Beobachtung K', so daß sich die reine technische Effizienz aus dem Quotienten kK'/kK ergibt.

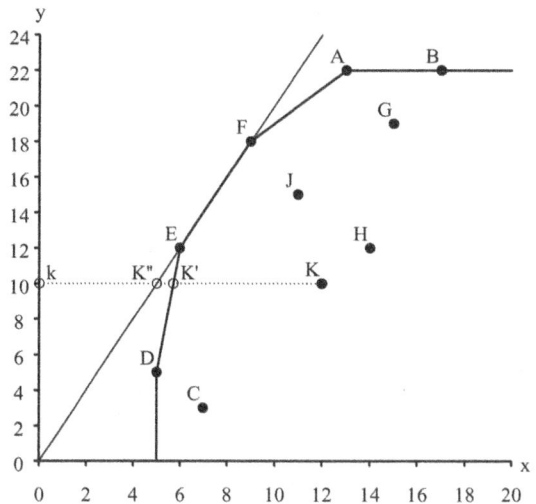

Abb. A5.4a

Die gesamte produktive Effizienz erhält man aus dem Vergleich mit der CRS-Frontier, wobei der virtuelle Punkt K" generiert wird. Sie entspricht dem Streckenverhältnis kK''/kK. Die Skaleneffizienz ergibt sich wiederum aus dem Verhältnis kK''/kK'.

(c) Die produktive Effizienz wird mit θ_i (bei CRS) gemessen, die reine technische Effizienz mit $\tilde{\theta}_i$ (bei VRS) und die Skaleneffizienz mit $\sigma_i = \theta_i / \tilde{\theta}_i$. Die Ergebnisse sind in Tabelle A5.4a zusammengestellt.

Tabelle A5.4a

Unternehmen	A	B	C	D	E	F	G	H	J	K
θ_i	0,846	0,647	0,214	0,500	1,000	1,000	0,633	0,429	0,682	0,417
$\tilde{\theta}_i$	1,000	0,765	0,714	1,000	1,000	1,000	0,667	0,429	0,682	0,476
σ_i	0,846	0,846	0,300	0,500	1,000	1,000	0,950	1,000	1,000	0,875

(d) Relevant ist hierfür das Effizienzniveau bei CRS θ_i, das Effizienzniveau bei VRS $\tilde{\theta}_i$ (siehe Lösungstabelle bei Teilaufgabe (c)) und Summe der λ-Werte bei CRS in Tabelle A5.4b.

Tabelle A5.4b

Unternehmen	A	B	C	D	E	F	G	H	J	K
λ_{Ei}		1,833			1,000			1,000	0,500	
λ_{Fi}	1,222		0,167	0,278		1,000	1,056		0,500	0,556
$\Sigma_l \lambda_{li}$	1,222	1,833	0,167	0,278	1,000	1,000	1,056	1,000	1,000	0,556

Damit identifiziert man Unternehmen mit MPSS über
$\{i \mid y_i = \text{MPSS}\} = \{i \mid (\theta_i = 1 \vee \Sigma_l \lambda_{li} = 1)\} = \{E, F, H, J\}$.
Unternehmen, die im Vergleich zur MPSS zu klein sind, erhält man über
$\{i \mid y_i < \text{MPSS}\} = \{i \mid (\theta_i < 1 \wedge \Sigma_l \lambda_{li} < 1)\} = \{C, D, K\}$.
Unternehmen, die im Vergleich zu MPSS zu groß sind, erhält man über
$\{i \mid y_i > \text{MPSS}\} = \{i \mid (\theta_i < 1 \wedge \Sigma_l \lambda_{li} > 1)\} = \{A, B, G\}$.
Folglich liegt die MPSS im Intervall zwischen 12 und 18 Outputeinheiten und Unternehmen, die weniger (mehr) als 12 (18) Outputeinheiten produzieren sind zu klein (groß).

(e)   Unternehmen E und F liegen beide auf der Produktionsfunktion, die bei CRS die größte Durchschnittsproduktivität aufweist. Beide Unternehmen weisen wie festgestellt die MPSS-Eigenschaft auf.

Unternehmen H weist exakt die (in Outputeinheiten gemessene) Größe des MPSS-Unternehmens E auf und ist damit selbst MPSS, obwohl es technisch ineffizient produziert. Dies korrespondiert mit seiner Skaleneffizienz von 1. Ähnlich verhält es sich mit Unternehmen J, dessen Skaleneffizienz ebenfalls 1 ist und dessen Output im MPSS-Intervall [12;18] liegt.

Aufgabe 5.5 (Mineralwasserindustrie)

(a)   Tabelle A5.5a zeigt einen Ausschnitt der EMS-Ergebnisse bei konstanten Skalenerträgen (CRS):

Tabelle A5.5a

DMU	Score	Benchmarks	
U1	100.00%		2
U2	50.00%	6 (1.0000)	
U3	65.99%	5 (0.1343) 6 (1.5657)	
U4	100.00%	1 (1.0000)	
U5	100.00%		4
U6	100.00%		5
U7	83.87%	5 (0.4984) 6 (0.6516)	
U8	79.55%	5 (1.0000)	
U9	85.41%	5 (0.6868) 6 (0.3132)	
U10	55.58%	1 (0.2079) 6 (0.5421)	

Tabelle A5.5b zeigt die entsprechenden Ergebnisse bei variablen Skalenerträgen (VRS):

Tabelle A5.5b

DMU	Score	Benchmarks	
U1	100.00%		2
U2	50.00%	6 (1.0000)	
U3	100.00%		1
U4	100.00%	1 (1.0000)	
U5	100.00%		3
U6	100.00%		4
U7	97.56%	3 (0.2143) 5 (0.5362) 6 (0.2495)	
U8	79.55%	5 (1.0000)	
U9	85.41%	5 (0.6868) 6 (0.3132)	
U10	74.11%	1 (0.2772) 6 (0.7228)	

(b) Die Effizienzmaße unter variablen Skalenerträgen sind erwartungsgemäß durchgehend größer als diejenigen bei konstanten Skalenerträgen. Alle unter CRS effizienten Unternehmen bleiben auch unter VRS
effizient (U1, U4, U5 und U6). Die Unternehmen U2, U8 und U9 be-
halten unter beiden Annahmen eine gleich große Ineffizienz bei. Bei
U7 und U10 verringert sich die Ineffizienz bei variablen Skalenerträgen. U3 wird in diesem Fall sogar effizient.
Für die Skaleneffizienzen als Quotient der CRS- und der VRS-
Effizienzmaße erhält man die Ergebnisse in Tabelle A5.5c:

Tabelle A5.5c

DMU	U1	U2	U3	U4	U5	U6	U7	U8	U9	U10
σ_i	1,00	1,00	0,66	1,00	1,00	1,00	0,86	1,00	1,00	0,75

Den Werten für die Skaleneffizienz kann man entnehmen, daß U3, U7
und U10 eine suboptimale Unternehmensgröße aufweisen. Die Ineffizienz von U2, U8 und U9 beruht dagegen allein auf technischer Ineffizienz, da sie unter CRS und VRS das gleiche Effizienzmaß und damit eine Skaleneffizienz von 1 aufweisen. U3 produziert zwar
technisch effizient, weist jedoch keine optimale Größe auf. Die Un-

ternehmen U7 und U10 sind schließlich sowohl technisch als auch skalenineffizient.

(c) Die Summe der λ-Faktoren bei konstanten Skalenerträgen (Werte in Klammern in der Benchmark-Spalte von Tabelle A5.5a) geben Aufschluß über die optimale Größe. Diese Summe ist gleich 1 im Fall der bei CRS effizienten Unternehmen U1, U4, U5 und U6 sowie bei den ineffizienten Unternehmen U2, U8 und U9. Folglich gibt die Outputmenge dieser Unternehmen von jeweils 10000 Einheiten die MPSS an. Im Fall der skaleninEffizienten Unternehmen U3 und U7 ist die λ-Summe größer als 1, korrespondierend zu deren Outputmengen von 17000 und 11500 oberhalb der MPSS. Die Skaleninineffizienz dieser Unternehmen beruht folglich darauf, daß diese im Vergleich zur MPSS zu groß sind. Umkehrt verhält es sich bei U10, dessen λ-Summe kleiner als 1 ist, dessen Outputmenge von 7500 Einheiten unterhalb der MPSS liegt und das damit eine zu kleine Unternehmensgröße aufweist.

Kapitel 6

Aufgabe 6.1 (Orientierung und Technologiemenge)

(a) Unter der CRS-Annahme (i) ergibt sich in Abbildung A6.1a die Frontierfunktion 0D0''.Die Effizienzmessung bei Inputorientierung erfolgt entlang der horizontalen gestrichelten Linien, während die Effizienzmessung bei Outputorientierung entlang der vertikalen gestrichelten Linien erfolgt. Bei CRS ist die Effizienzklassifikation unabhängig von der gewählten Orientierung. Nur Unternehmen D produziert effizient, alle anderen sind in unterschiedlichem Ausmaß ineffizient.
Die VRS-Annahme (ii) führt auf die Frontierfunktion 0'DFG0'' in Abbildung A6.1b. Hier unterscheiden sich die Effizienzklassifikationen bei Input- und Outputorientierung. Bei Inputorientierung werden E, F und H als ineffizient erkannt, bei Outputorientierung hingegen nur E und H. In- und outputorientierte Effizienzmaße verhalten sich hier nicht reziprok zueinander wie bei CRS.

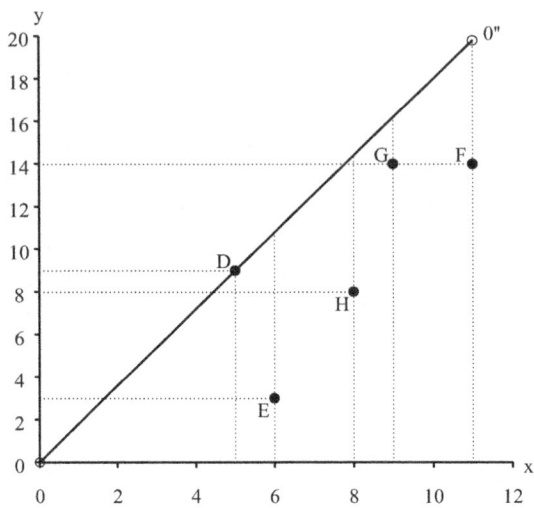

Abb. A6.1a

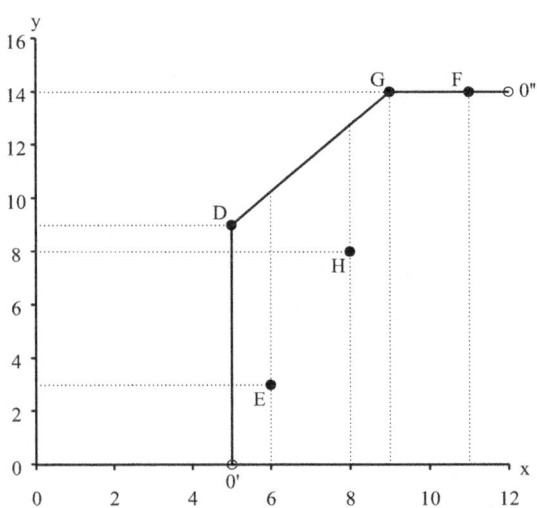

Abb. A6.1b

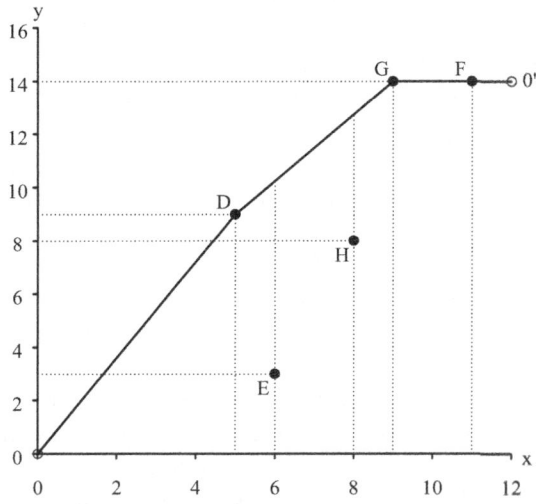

Abb. A6.1c

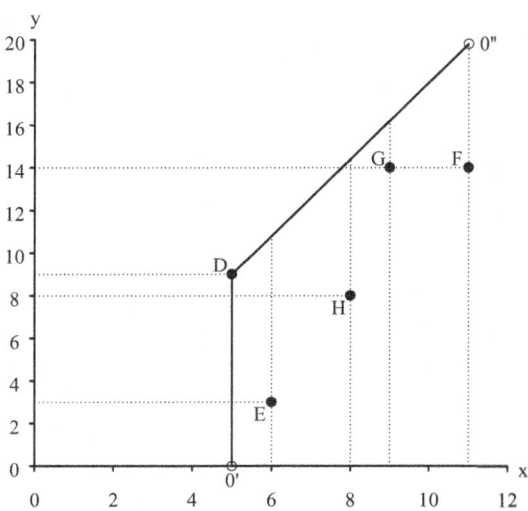

Abb. A6.1d

Bei NIRS (iii) ergibt sich die Frontierfunktion 0DFG0" in Abbildung A6.1c. Hinsichtlich der Effizienzklassifikation ändert sich hier nichts im Vergleich zum VRS-Fall. Die inputorientierten Effizienzmaße bei E und H entsprechen jedoch denen bei CRS, während deren outputorientierten Effizienzmaße denjenigen entsprechen, die sich bei VRS ergeben.

Aus der NDRS-Annahme (iv) resultiert die Frontierfunktion 0'D0" in Abbildung A6.1d. Nun sind die outputorientierten Effizienzmaße denjenigen bei CRS, während die inputorientierten Effizienzmaße von E und H denen bei VRS und die von F und G denen bei CRS entsprechen. Die Effizienzklassifikation entspricht derjenigen bei CRS.

(b) Das Unternehmen mit der (eindeutigen) MPSS ist Unternehmen D, da es als einziges bei CRS effizient produziert. Bei Inputorientierung wird die Unternehmensgröße in Outputeinheiten gemessen und folglich sind E und H im Vergleich zur MPSS zu klein und F und G im Vergleich zur MPSS zu groß. Dagegen setzt kein Unternehmen weniger Input ein als Unternehmen D, was impliziert, daß im Fall der Outputorientierung E, F, G und H im Vergleich zur MPSS zu groß sind. Im Fall nichtsteigender Skalenerträge (NIRS) ist bei dieser Konstellation die outputorientierte Effizienzmessung identisch zu der bei VRS. Die inputorientierte Effizienzmessung erfolgt dagegen für die zu großen Unternehmen F und G wie bei VRS und für die zu kleinen Unternehmen E und H wie bei CRS. Im Fall nichtsinkender Skalenerträge (NDRS) ist hingegen die outputorientierte Effizienzmessung identisch zu der bei CRS. Die inputorientierte Effizienzmessung erfolgt für F und G wie bei CRS und für E und H wie bei VRS.

(c) Der Linienzug EDGF in Abbildung A6.1e gibt die Frontierfunktion der durch den Linienzug EDGFE eingeschlossenen Technologiemenge bei Gültigkeit der Axiome (A1), (A2), (A4) und (A5) an. Im Fall inputorientierter radialer Effizienzmessung wird Unternehmen E offensichtlich als effizient klassifiziert, obwohl es von D im Pareto-Koopmans-Sinne dominiert wird. Dagegen wird Unternehmen E bei outputorientierter Effizienzmessung vertikal auf das Teilstück DG der Frontierfunktion projiziert. Der Vergleichspunkt E' weist die Koordinaten $(x_{E'}, y_{E'}) = (6; 10,25)$ auf, so daß sich ein outputorientiertes radiales Effizienzmaß von $10,25/3 \approx 3,417$ berechnet. Bei Unternehmen F verhält es sich genau umgekehrt. Hier ergibt die inputorientierte radiale Effizienzmessung entlang des horizontalen Fahrstrahls auf dem Outputniveau $y = 14$ ein Effizienzniveau von $9/11 \approx 0,818$, gemessen an der Vergleichsbeobachtung G. Im Gegensatz zu dieser technischen Ineffizienz steht die Klassifikation von F als „technisch effizient" bei outputorientierter radialer Effizienzmessung.

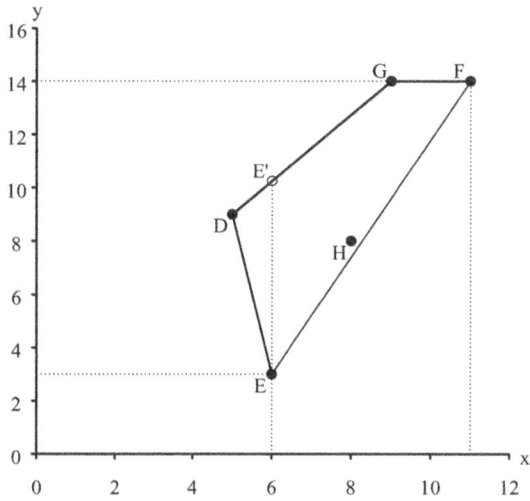

Abb. A6.1e

Aufgabe 6.2 (Outputorientierung – CRS)

(a) Anhand der Hilfskoordinatenkreuze in Abbildung A6.2a läßt sich aussagen, daß Unternehmen A die Unternehmen C, D und E dominiert, da es bei gleichem Inputeinsatz mindestens soviel von beiden Outputgütern herstellt wie diese. A und B sind dagegen nicht über das Pareto-Koopmans-Kriterium unterscheidbar, da beide von einem Gut mehr herstellen als das jeweils andere Unternehmen. B dominiert keines der anderen Unternehmen und wird auch von keinem anderen dominiert. C wird von A dominiert, dominiert seinerseits aber D und ist gleichwertig zu B und E. D wird sowohl von A als auch von C dominiert, ist aber im Vergleich zu B und E als gleichwertig einzustufen. Schließlich ist E gleichwertig zu B, C und D, wird aber von A dominiert.

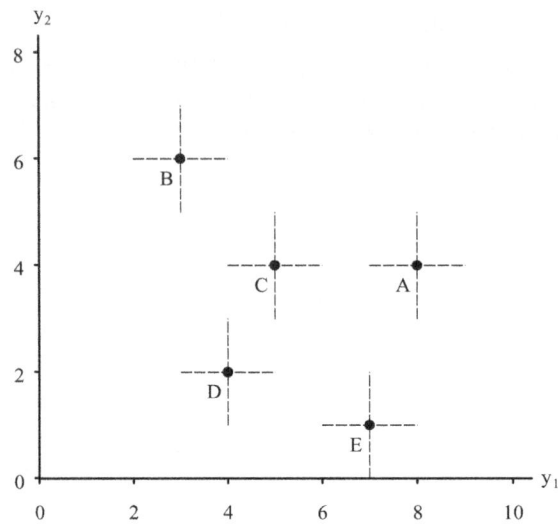

Abb. A6.2a

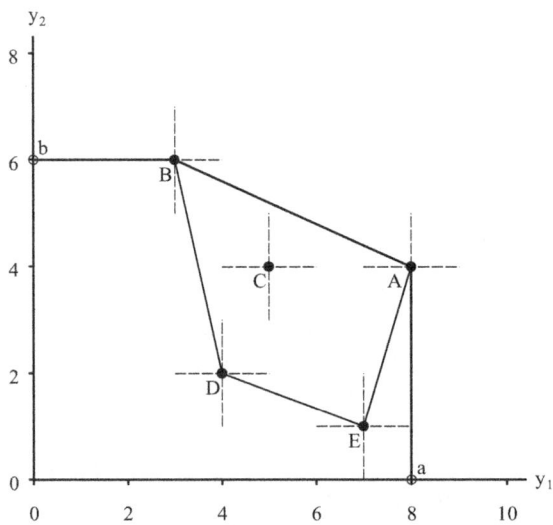

Abb. A6.2b

(b) Mit den Axiomen (A1) bis (A3) wird in Abbildung A6.2b die relevante Technologiemenge durch die Achsen nach unten und den Linienzug bBAa nach oben begrenzt, der zugleich die best-practice-Transformationsfunktion bildet. Der Verzicht auf (A3) würde diese Menge auf die Punkte innerhalb der Fläche BAED (d.h. die Beobachtungen und alle Konvexkombinationen) reduzieren.

(c) Der outputorientierte Effizienzwert ist für diesen Fall definiert als

$$k_i = v_i x_{1i} = \frac{v_i x_{1i}}{\mu_{1i} y_{1i} + \mu_{2i} y_{2i}}, \text{ da } \mu_{1i} y_{1i} + \mu_{2i} y_{2i} = 1.$$

Dieser Ausdruck läßt sich umstellen zur actual-practice-Transformationsfunktion

$$y_{2i} = \frac{v_i}{\mu_{2i} k_i} \cdot x_{1i} - \frac{\mu_{1i}}{\mu_{2i}} \cdot y_{1i}.$$

Für die Unternehmen A bis D ergeben sich mit den Angaben für A und B die actual-practice-Produktionsfunktion $y_2 = 7{,}2 - 0{,}4 \cdot y_1$, für C die Funktion $y_2 = 6{,}0 - 0{,}4 \cdot y_1$ und für D $y_2 = 3{,}6 - 0{,}4 \cdot y_1$.

Da die actual-practice-Transformationsfunktionen alle die gleiche Steigung aufweisen, ist das für den Vergleich relevante Teilstück der best-practice-Transformationsfunktion die Linie BA.

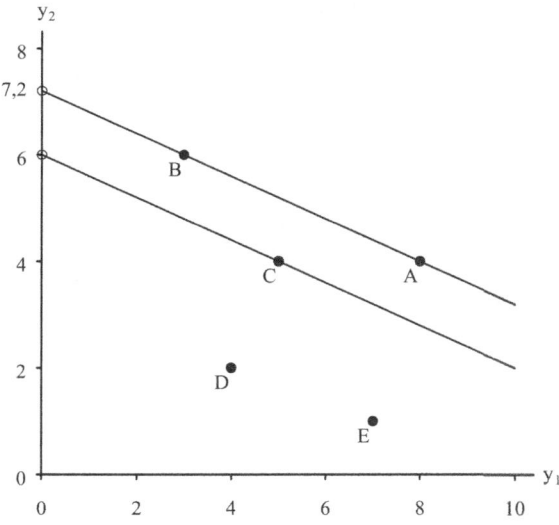

Abb. A6.2c

Das radiale Effizienzmaß von C errechnet sich somit aus dem Verhältnis des Ordinatenabschnitts des Teilstücks AB der best-practice-Transformationsfunktion zum Ordinatenabschnitt der actual-practice-Produktionsfunktionen von C, d.h. $7,2/6,0 = 1,2$ (siehe Abbildung A6.2c). Im Fall von Unternehmen E ist die actual-practice-Transformationsfunktion nicht bestimmbar, da $\mu_{2E} = 0$.

(d) Aus Abbildung A6.2d resultieren $\varphi_A = 0A/0A = 1$, $\varphi_B = 0B/0B = 1$, $\varphi_C = 0C'/0C > 1$, $\varphi_D = 0D'/0D > 1$ und $\varphi_E = 0E'/0E > 1$ für die radialen Effizienzmaße bei Outputorientierung. Unternehmen E produziert jedoch nach der Erhöhung beider Outputs um den Faktor φ_E immer noch AE' Einheiten von Gut y_2 weniger als Unternehmen A auf der best-practice-Transformationsfunktion.

Die Vergleichsbeobachtung C' für Unternehmen C setzt sich nach den in der Angabe enthaltenen Ergebnissen zu 60% aus A und zu 40% aus B zusammen. Dies entspricht in der Abbildung unter der Annahme konstanter Skalenerträge den Streckenverhältnissen $BC'/BA = \lambda_{AC} = 0,6$ und $C'A/BA = \lambda_{BC} = 0,4$.

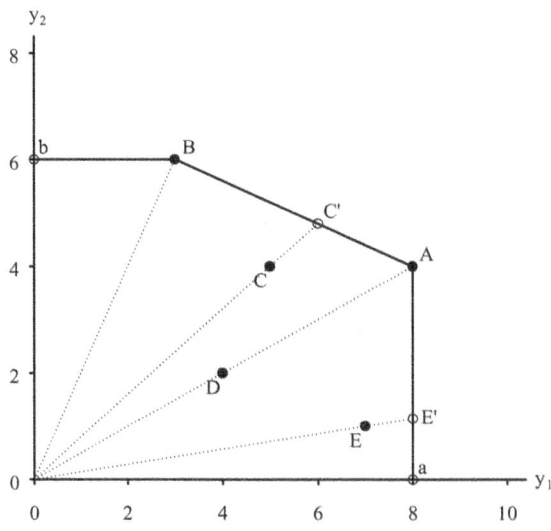

Abb. A6.2d

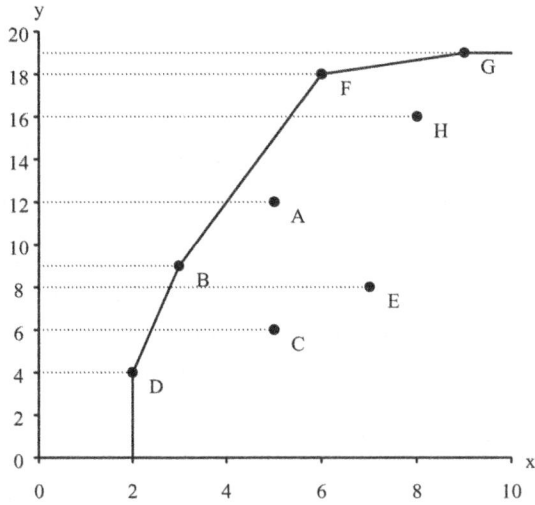

Abb. A6.3a

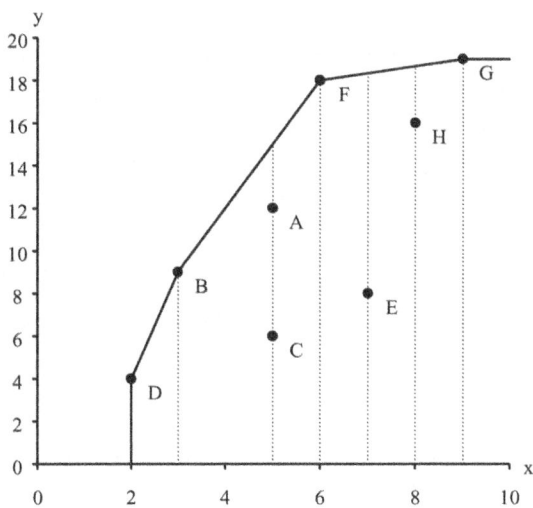

Abb. A6.3b

Aufgabe 6.3 (Input- und Outputorientierung – VRS)

(a) Wenn die Unternehmensgröße keinen Einfluß auf die Effizienzmessung haben soll, muß eine VRS-Analyse durchgeführt werden. Bei Inputorientierung ergeben sich aus Abbildung A6.3a für die effizienten und ineffizienten Unternehmen die Gruppen $Eff(i) = \{B, D, F, G\}$ und $Ineff(i) = \{A, C, E, H\}$. Die Outputorientierung führt selbstverständlich zur identischen Klassifikation effizienter und ineffizienter Unternehmen, wie Abbildung A6.3b veranschaulicht.

(b) Die Referenzunternehmen lassen sich leicht anhand der horizontalen (inputorientiert) und vertikalen (outputorientiert) gepunkteten Linien in den Zeichnungen identifizieren. Diese sind in Tabelle A6.3a zusammengestellt.

Tabelle A6.3a

Referenzunternehmen für	A	B	C	D	E	F	G	H
inputorientiert	{B, F}	B	{B, D}	D	{B, D}	F	G	{B, F}
outputorientiert	{B, F}	B	{B, F}	D	{F, G}	F	G	{F, G}

(c) Die Feststellung der MPSS-Eigenschaft orientiert sich an den Effizienzmaßen bei CRS, die zunächst mit einer geeigneten Software aus den Input- und Outputdaten berechnet werden müssen zusammen mit den Summen der λ-Werte der einzelnen Unternehmen bei CRS aus der Aufgabenstellung. Für den Fall der Inputorientierung ergibt sich:

Tabelle A6.3b

Unternehmen	A	B	C	D	E	F	G	H
θ_i	0,800	1,000	0,400	0,667	0,381	1,000	0,704	0,667
$\Sigma_l \lambda_{li}$	1,000	1,000	0,333	0,222	0,444	1,000	1,056	1,000

Der Tabelle A6.3b kann man entnehmen, daß die Unternehmen A, B, F und H die MPSS-Eigenschaft aufweisen (λ-Summe = 1), C, D und E im Vergleich dazu zu klein sind (λ-Summe < 1) und G zu groß (λ-Summe > 1) ist. Im Fall der Outputorientierung erhält man:

Tabelle A6.3c

Unternehmen	A	B	C	D	E	F	G	H
φ_i	1,250	1,000	2,500	1,500	2,625	1,000	1,421	1,500
$\Sigma_l\,\lambda_{li}$	1,000	1,000	1,000	0,333	1,167	1,000	1,500	1,333

Wie aus Tabelle A6.3c ersichtlich, sind hier nun die Unternehmen A, B, C und F als MPSS klassifiziert, während D zu klein ist und E, G sowie H zu groß sind.

Kapitel 7

Aufgabe 7.1 (Slacks I)

(a) Abbildung A7.1a zeigt die Technologiemenge <u>ohne</u> Berücksichtigung des Ineffizienzaxioms.

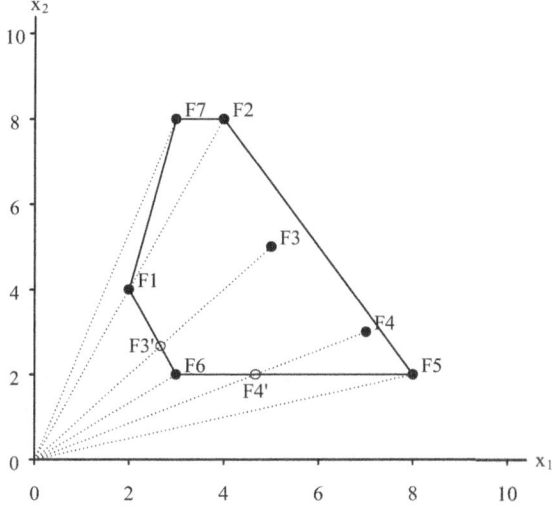

Abb. A7.1a

Ohne Berücksichtigung des Ineffizienzaxioms sind bei radialer Effizienzmessung die Unternehmen F4, F5 und F7 problematische Fälle. Bei F4 wird die Ineffizienz nur zum Teil erfaßt, da F4 einen Input-Slack beim Input x_1 aufweist. F5 wird als effizient ausgewiesen, obwohl es 5 Einheiten des Inputs x_1 mehr einsetzt als F6. F7 wird ebenfalls als effizient klassifiziert, obwohl F7 von F1 Pareto-Koopmans-dominiert wird.

Abbildung A7.1b zeigt die Technologiemenge <u>mit</u> Berücksichtigung des Ineffizienzaxioms. Nach Einbezug des Ineffzienzaxioms ändert sich nichts hinsichtlich der Slack-Problematik der Unternehmen F4 und F5. F7 wird nun zumindest als ineffizient erkannt, auch wenn seine Ineffizienz bei radialer Effizienzmessung nur teilweise ausgewiesen wird. Es bleibt hier ein Slack beim Input x_2 bestehen.

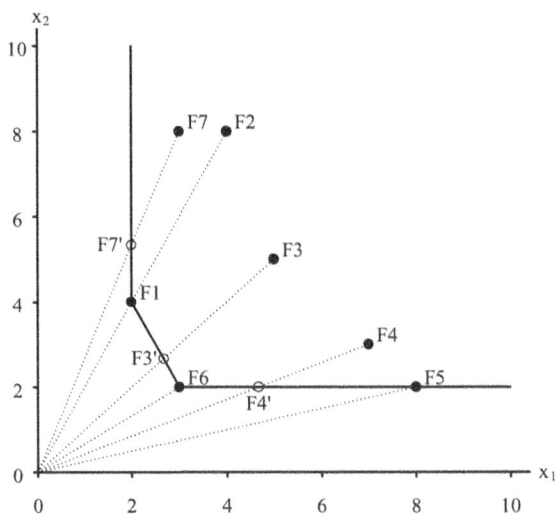

Abb. A7.1b

(b)   EMS berechnet als Lösungen der Envelopment-Form bei Inputorientierung und konstanten Skalenerträgen die Werte in Tabelle A7.1a (gezeigt wird auch hier lediglich ein Ausschnitt aus der Gesamtausgabe). Die Spalten mit der Bezeichnung {S} geben die numerischen Werte für die Slacks bei den Inputs x_1 und x_2 sowie dem Output y wieder. Man erkennt hier die bereits in Teilaufgabe (a) bei Einbezug des Ineffizienzaxioms identifizierten Problemfälle F4 und F5 mit einem Input-Slack von 1,12 bzw. 5 Einheiten des Inputs x_1 und F7 mit einem Input-Slack von 1,333 Einheiten des Inputs x_2. Da alle Unternehmen den gleichen Output von einer Einheit produzieren, treten naturgemäß keine Output-Slacks auf.

Tabelle A7.1a

DMU	Score	Benchmarks		{S} x1 {I}	{S} x2 {I}	{S} y {O}
F1	100.00%		3			
F2	50.00%	1 (1.000)		0.000	0.000	0.000
F3	53.33%	1 (0.333)	6 (0.667)	0.000	0.000	0.000
F4	66.67%	5 (0.109)	6 (0.891)	1.120	0.000	0.000
F5	100.00%	6 (1.000)		5.000	0.000	0.000
F6	100.00%		3			
F7	66.67%	1 (1.000)		0.000	1.333	0.000

(c) Die Korrektur des Erhebungsfehlers führt zu der in Abbildung A7.1c wiedergegebenen winkelförmige Frontierfunktion.

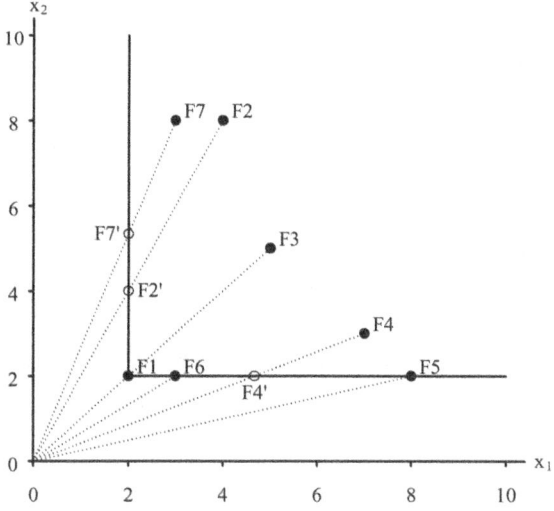

Abb. A7.1c

Nun ist nur noch Unternehmen F1 ohne Einschränkung effizient. F6 liegt zwar auf der Frontierfunktion, weist aber einen Input-Slack bei x_1

auf. Einzig bei F3 wird die Ineffizienz über die radiale Effzienzmessung vollständig erfaßt. Alle anderen Unternehmen weisen Input-Slacks auf, die sich Tabelle A7.1b mit dem Auszug der entsprechenden EMS-Resultate entnehmen lassen.

Tabelle A7.1b

DMU	Score	Benchmarks		$\{S\}$ x1 $\{I\}$	$\{S\}$ x2 $\{I\}$	$\{S\}$ y $\{O\}$
F1	100.00%		6			
F2	50.00%	1 (1.000)		0.000	2.000	0.000
F3	40.00%	1 (1.000)		0.000	0.000	0.000
F4	66.67%	1 (0.524) 5 (0.127) 6 (0.349)		1.554	0.000	0.000
F5	100.00%		2	5.011	0.000	0.000
F6	100.00%	1 (0.942) 5 (0.058)		0.652	0.000	0.000
F7	66.67%	1 (1.000)		0.000	3.333	0.000

Aufgabe 7.2 (Slacks II)

(a) Das in Tabelle A7.2a ausgewiesene Verhältnis der Inputaggregationsgewichte bestimmt die Steigungen der Teilstücke der actual-practice-Produktionsfunktionen.

Tabelle A7.2a

	F1	F2	F3	F4	F5	F6	F7	F8	F9
h_i	1,000	0,667	0,500	0,667	1,000	1,000	0,600	0,857	1,000
v_{1i} / v_{2i}	1,000	$\rightarrow \infty$	1,000	$\rightarrow 0$	$\rightarrow 0$	1,000	1,000	1,000	$\rightarrow \infty$

Die Ergebnisse zeigen, daß sich die best-practice-Frontierfunktion aus drei Teilstücken zusammensetzt, die senkrecht (indiziert durch eine Steigung, die für $\varepsilon \rightarrow 0$ gegen unendlich tendiert), dann mit der Steigung -1 und schließlich waagrecht mit Steigung 0 verlaufen. Das erste und das letzte Frontierfunktionsteilstück resultiert unmittelbar aus dem Ineffizienzaxiom (A3).

In Verbindung mit den ebenfalls in Tabelle A7.2a enthaltenen radialen Effizienzmaßen h_i erkennt man, daß die best-practice-Beobachtungen F1 und F6 das Frontierteilstück mit der Steigung –1 bestimmen. Die ebenfalls radial effizienten Betriebsstätten F5 und F9 liegen dagegen genau auf den waagrechten bzw. senkrechten Frontierteilstücken und weisen die entsprechenden Input-Slacks auf.

Die Vergleichsbeobachtungen der Betriebsstätten F3, F7 und F8 liegen alle auf dem Frontierteilstück mit der Steigung –1 und weisen über ihre radial meßbare Ineffizienz hinaus keine weitere Ineffizienz in Form von Input-Slacks auf.

F4 zeigt eine radial erfaßbare Effizienz von 0,667. Die entsprechende Vergleichsbeobachtung liegt auf dem waagrechten Frontierteilstück, was auf einen Slack beim Inputfaktor 1 schließen läßt. Für F2 mit dem gleichen radialen Effizienzniveau errechnet man dagegen einen Slack beim Inputfaktor 2, da sein Verhältnis der Inputaggregationsgewichte dem des senkrechten Teilstücks der best-practice-Frontierfunktion entspricht.

(b) Man bestimmt zunächst die Steigungen der jeweiligen actual-practice-Produktionsfunktionen aus dem Verhältnis der Outputaggregationsgewichte. Diese sind in Tabelle A7.2b zusammengefaßt.

Tabelle A7.2b

	A	B	C	D	E	F	G	H	J
k_i	1,000	1,333	1,429	1,143	1,143	2,000	1,000	1,000	1,000
μ_{1i}/μ_{2i}	2,000	$\to 0$	2,000	$\to 0$	$\to \infty$	2,000	$\to 0$	2,000	$\to \infty$

Hier ergibt sich eine best-practice-Transformationsfunktion, die sich aus drei Teilstücken mit den Steigungen 0, –1 und unendlich zusammensetzt. Die Effizienzwerte zeigen, daß die Abteilungen A und H best-practice ohne Output-Slacks sind. Slacks beim Output 1 treten bei B, D und G auf, während E und J einen Slack bei Output 2 aufweisen. Die Ineffizienz der Abteilungen C und F wird im Gegensatz hierzu vollständig von der radialen Effizienzmessung erfaßt.

Aufgabe 7.3 (Vergleich der Besten)

(a) Die inputorientierte Effizienzanalyse ergibt eine Frontierfunktion, die von allen Unternehmen außer F4 aufgespannt wird (siehe Abbildung A7.3a). Dies bedeutet, daß nur die Effizienz von F4 anhand des Vergleichsunternehmens F4' wirklich gemessen werden kann. Alle anderen Unternehmen lassen sich hinsichtlich ihrer produktiven Effizienz nicht unterscheiden.

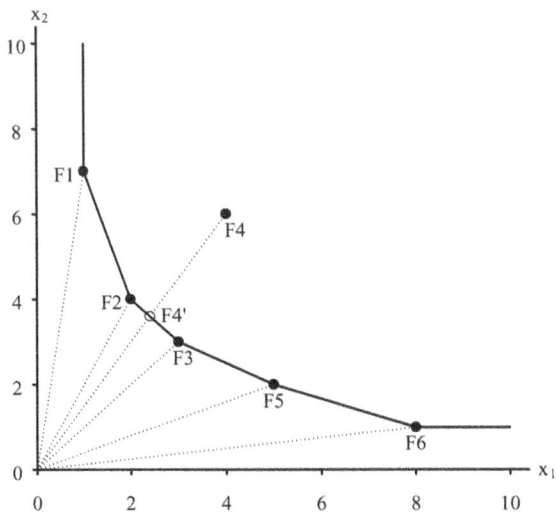

Abb. A7.3a

Abhilfe schafft in diesen Situationen das Andersen-Petersen-Modell. Dabei wird das Unternehmen, für das jeweils die Effizienz gemessen werden soll aus der Menge der Unternehmen, welche die Frontierfunktion bestimmen, herausgenommen. Damit können sich inputorientierte Effizienzmaße größer als 1 ergeben, die dann als „Puffer" in dem Sinne interpretiert werden können, daß das betrachtete Unternehmen mehr an Inputfaktoren einsetzen könnte, ohne – im Vergleich zu den anderen best-practice-Beobachtungen – als ineffizient klassifiziert zu werden.

Die Grundidee läßt sich am Beispiel von Unternehmen F2 in Abbildung A7.3b verdeutlichen. Wenn die Frontierfunktion aus den anderen Unternehmen gebildet wird, fungieren F1 und F3 als Referenzunternehmen für F2. Der Vergleichspunkt F2' liegt auf diesem Frontierfunktionsteilstück und das inputorientierte Effizienzmaß für F2 nach dem Andersen-Petersen-Modell ist $0F2'/0F2 > 1$.

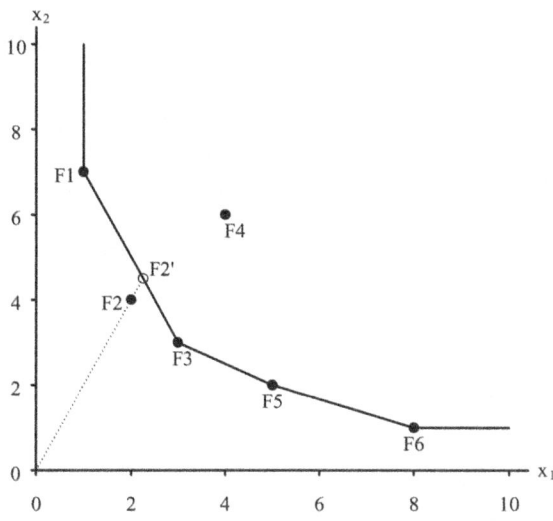

Abb. A7.3b

Bei F1 erhält man aus der Anwendung des Andersen-Petersen-Modells die Frontierfunktion in Abbildung A7.3c.

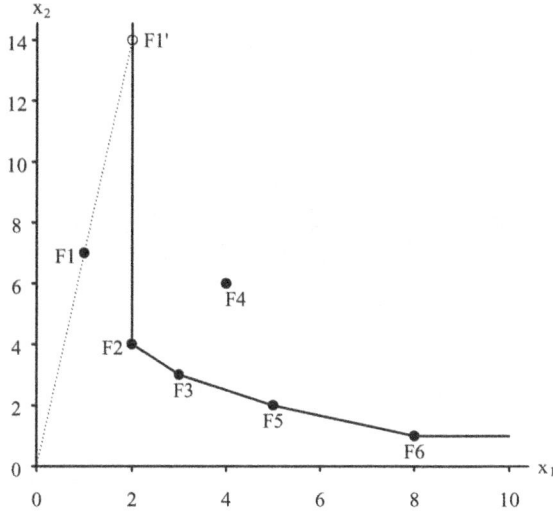

Abb. A7.3c

Bei der Effizienzmessung nach Andersen-Petersen wird F1 auf das Frontierfunktionsteilstück projiziert, das parallel zur Ordinate verläuft. Der dabei ausgewiesene Puffer kann in diesen Fällen außerordentlich groß sein.

Im Fall von Unternehmen F4 wird die Frontierfunktion von allen Unternehmen außer F4 gebildet und entspricht damit derjenigen der eingangs dargestellten konventionellen Effizienzanalyse (vergleiche Abbildung A7.3d).

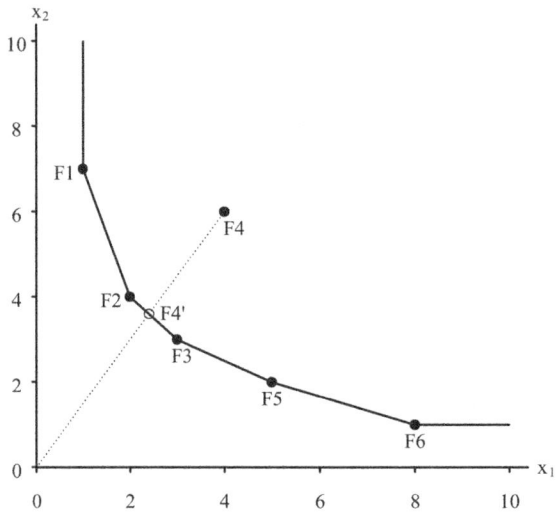

Abb. A7.3d

Das Programm EMS berechnet das Andersen-Petersen-Modell, wenn die Funktion „Supereffizienz" aktiviert ist. Die Ergebnisse sind in Tabelle A7.3a im Vergleich zu einer konventionellen Effizienzanalyse zusammengestellt:

Tabelle A7.3a

Unternehmen	F1	F2	F3	F4	F5	F6
θ-konventionell	1,000	1,000	1,000	0,600	1,000	1,000
Supereffizienz	2,000	1,125	1,067	0,600	1,050	2,000

Anhand der Supereffizienz kann man nun eine stärker differenzierte Bewertung der Unternehmen vornehmen und aussagen, daß F1 und F6 am effizientesten produzieren (beide könnten doppelt so viel von beiden Inputfaktoren einsetzen und wären immer noch effizient), gefolgt von F2, F3 und F4. F4 bleibt auch hier ineffizient.

Aus der Supereffizienz kann man unschwer die Informationen einer konventionellen Analyse zurückgewinnen, indem man alle Supereffizienzwerte, die größer als 1 sind auf den Wert 1 setzt.

(b) Wendet man auf dieses Beispiel eine konventionelle outputorientierte Effizienzanalyse an, so erscheinen relativ viele Unternehmen als effizient, wie Abbildung A7.3e verdeutlicht.

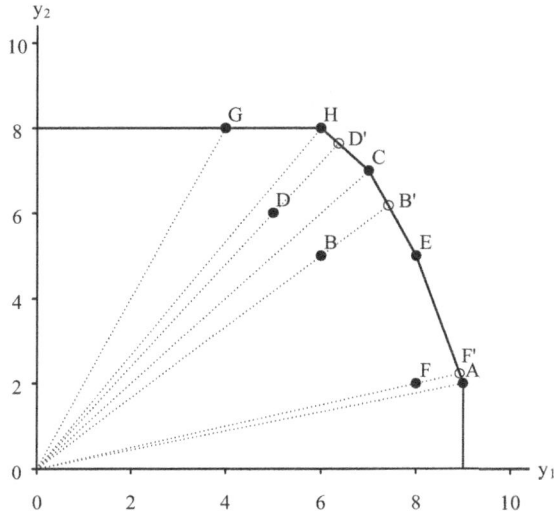

Abb. A7.3e

Die Anwendung des Andersen-Petersen-Modells bei Outputorientierung auf Unternehmen A führt zur Frontierfunktion in Abbildung A7.3f. Unternehmen A wird auf ein Frontierteilstück projiziert, das sich aufgrund des Ineffizienzaxioms ergibt. Damit wird der Puffer für A relativ groß ausgewiesen.

Im Fall von Unternehmen C wird das für die Ermittlung der Supereffizienz relevante Frontierfunktionsteilstück durch E und H gebildet, wie Abbildung A7.3g zeigt. Hier ergibt sich ein relativ kleiner Puffer.

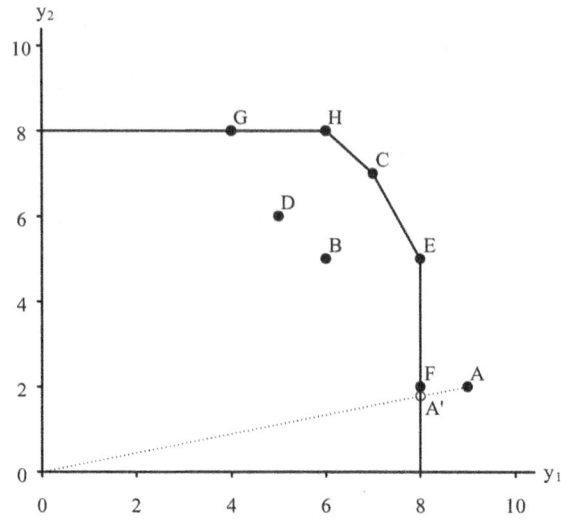

Abb. A7.3f

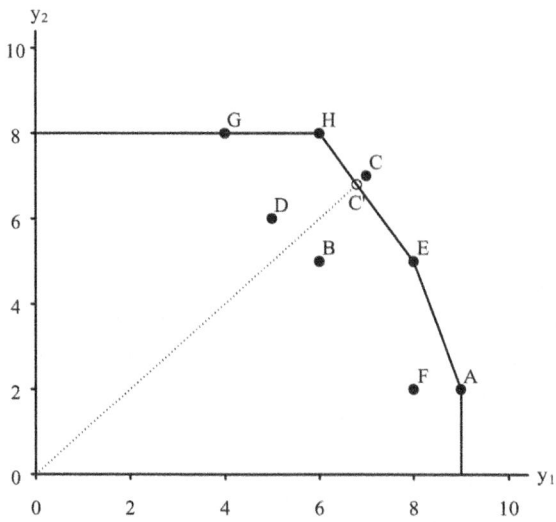

Abb. A7.3g

Bei Unternehmen G in Abbildung A7.3h schließlich erfolgt kein Änderung gegenüber einer konventionellen Analyse. G liegt zwar auf der Frontierfunktion, ist jedoch wegen des Slacks beim Output 1 (Länge der Strecke GH) ineffizient. Dieses Ergebnis stellt sich auch bei Supereffizienz ein.

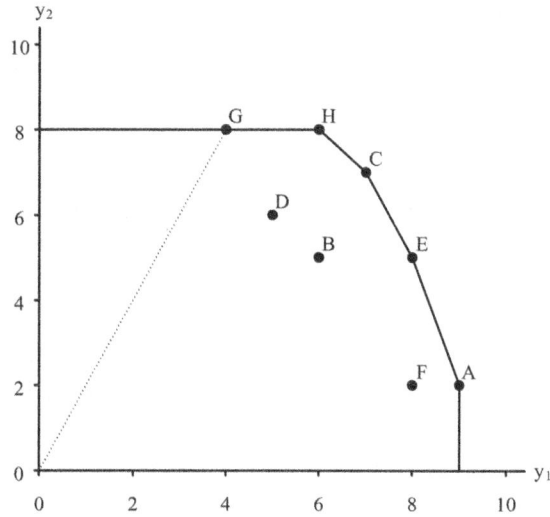

Abb. A7.3h

Die EMS-Ergebnisse sind in Tabelle A7.3b im Vergleich mit einer konventionellen Effizienzanalyse zusammengestellt:

Tabelle A7.3b

Unternehmen	A	B	C	D	E	F	G	H
φ-konventionell	1,000	1,235	1,000	1,273	1,000	1,115	1,000	1,000
Supereffizienz	0,889	1,235	0,971	1,273	0,980	1,115	1,000	0,933

Die Interpretation der Supereffizienz im Sinne eines Puffers besteht hier in der möglichen Outputreduktion, ohne hinter die von den anderen Unternehmen aufgespannte Frontierfunktion zurückzufallen.

Aufgabe 7.4 (Allokative Effizienz)

(a) Abbildung A7.4a enthält die best-practice-Frontierfunktion mit der Isokostengerade als gestrichelte Linie mit der Steigung $-q_1/q_2 = -1$. Diese tangiert die Frontierfunktion beim Unternehmen F8, welches bei gegebenen Inputpreisen kostenminimal und folglich allokativ effizient produziert. Unternehmen F7 produziert mit dem gleichen Verhältnis der Inputfaktoren die Outputmenge von 1, setzt jedoch mehr davon ein als Unternehmen F8. Damit ist F7 ebenfalls allokativ effizient, obwohl es technisch ineffizient produziert.

Die anderen Unternehmen sind alle allokativ ineffizient, wobei die allokative Ineffizienz um so größer ist, je stärker der Ursprungsstrahl zu den einzelnen Unternehmen vom Ursprungsstrahl zu F7 und F8 abweicht. D.h. F3 und F4 sind in allokativer Hinsicht weniger ineffizient als etwa F1, F2, F5, F6 und F9.

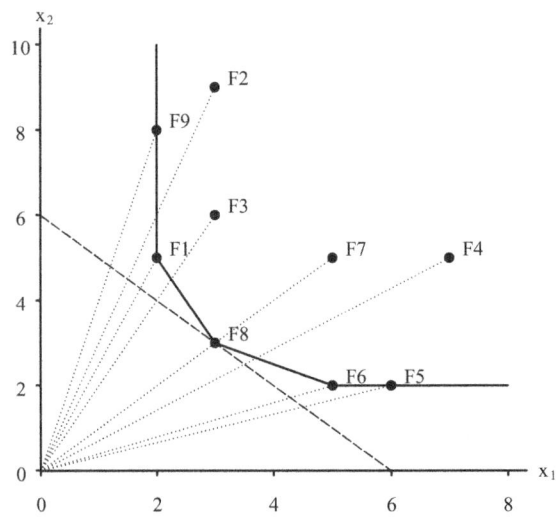

Abb. A7.4a

(b) Das Faktorpreisverhältnis kann entweder so weit steigen, bis es der Steigung des Frontierfunktionsteilstücks F1F8 entspricht. Das Faktorpreisverhältnis ist in diesem Fall gleich 2. Dann sind neben den Unternehmen F7 und F8 auch noch das Unternehmen F1 und das Unternehmen F3 allokativ effizient, letzteres weil es auf das Frontierfunktionsteilstück F1F8 projiziert wird.

Alternativ kann das Faktorpreisverhältnis aber auch so weit sinken, bis es der Steigung des Frontierfunktionsteilstücks F6F8 entspricht und damit gleich 0,5 ist. Bei diesem Faktorpreisverhältnis produzieren die Unternehmen F4, F6, F7 und F8 allokativ effizient.

Kapitel 8

Aufgabe 8.1 (Malmquist-Index I)

(a) Die best-practice-Frontierfunktionen F_0 und F_1 der Perioden 0 und 1 werden durch die jeweiligen actual-practice-Produktionsfunktionen von Unternehmen B gebildet (siehe Abbildung A8.1a). Dessen Durchschnittsproduktivität ist jeweils größer als die von A:

in Periode 0: $y_{B0}/x_{B0} = 5/10 = 1/2 > 1/4 = 3/12 = y_{A0}/x_{A0}$

in Periode 1: $y_{B1}/x_{B1} = 10/10 = 1 > 3/4 = 6/8 = y_{A1}/x_{A1}$

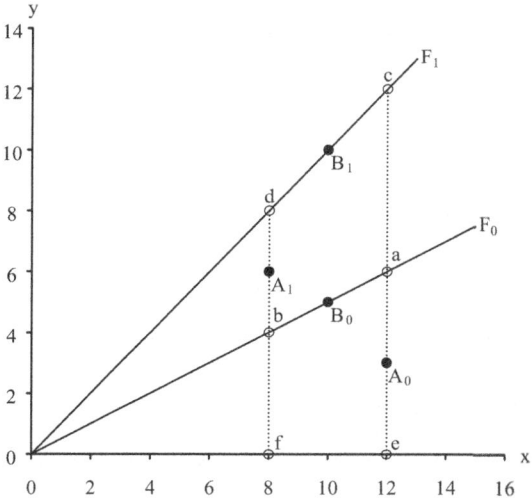

Abb. A8.1a

(b) Mit den Hilfspunkten a bis f in Abbildung A8.1a ergeben sich bei Outputorientierung die vier Distanzfunktionen für Unternehmen A:

$$\Delta_{A0}(y_{A0}, x_{A0}) = eA_0/ea = 3/6 = 1/2$$

$\Delta_{A0}(y_{A1}, x_{A1}) = fA_1 / fb = 6 / 4 = 3 / 2$

$\Delta_{A1}(y_{A0}, x_{A0}) = eA_0 / ec = 3 / 12 = 1 / 4$

$\Delta_{A1}(y_{A1}, x_{A1}) = fA_1 / fd = 6 / 8 = 3 / 4$

Für Unternehmen B ergeben sich unmittelbar:

$\Delta_{B0}(y_{B0}, x_{B0}) = 5 / 5 = 1$

$\Delta_{B0}(y_{B1}, x_{B1}) = 10 / 5 = 2$

$\Delta_{B1}(y_{B0}, x_{B0}) = 5 / 10 = 1 / 2$

$\Delta_{B1}(y_{B1}, x_{B1}) = 10 / 10 = 1$

(c) Für Unternehmen A berechnet man:

$$EF_A = \frac{3 / 4}{1 / 2} = \frac{3}{2}, \ TF_A = \sqrt{\frac{3 / 2}{3 / 4} \cdot \frac{1 / 2}{1 / 4}} = 2, \ M_A = \frac{3}{2} \cdot 2 = 3$$

Für Unternehmen B folgt entsprechend:

$$EF_B = \frac{1}{1} = 1, \ TF_B = \sqrt{\frac{2}{1} \cdot \frac{1}{1 / 2}} = 2, \ M_B = 1 \cdot 2 = 2$$

Unternehmen B verdoppelt damit seine totale Faktorproduktivität zwischen den Perioden 0 und 1. Diese Produktivitätsverdoppelung beruht allein auf technologischem Fortschritt. Da B in beiden Perioden die Frontierfunktion determiniert, erfährt es keine Effizienzveränderung.

Anders verhält es sich bei Unternehmen A. Es weist den gleichen technologischen Fortschritt wie B auf, da es mit den gleichen Frontierfunktionen verglichen wird. Zusätzlich liegt es in Periode 1 relativ näher an der Frontierfunktion der Periode 1 als in Periode 0 an der Frontierfunktion der Periode 0, was eine Effizienzverbesserung bedeutet. Beide Effekte führen zusammen zu einer Verdreifachung der totalen Faktorproduktivität von Unternehmen A.

Aufgabe 8.2 (Malmquist-Index II)

(a) Durchführung von Schritt 1 ergibt den EMS-Output in Tabelle A8.2a (beachten Sie, daß die Spalten X {I} {W} und Y {O} {W} unterdrückt sind), wobei die Spalte Score die Distanzfunktionen $\Delta_{i1}(y_{i0}, x_{i0})$ enthält:

Tabelle A8.2a

DMU	Score	Benchmarks	{S} X {I}	{S} Y {O}
{X} T0 A	20.00%	8 (0.3000)	0	0
{X} T0 B	40.00%	8 (0.5000)	0	0
{X} T0 C	35.56%	8 (0.4000)	0	0
{X} T0 D	21.82%	8 (0.3000)	0	0
{X} T0 E	22.86%	8 (0.2000)	0	0
T1 A				
T1 B				
T1 C			5	
T1 D				
T1 E				

Durchführung von Schritt 2 ergibt den EMS-Output in Tabelle A8.2b, wobei die Spalte Score hier die Distanzfunktionen $\Delta_{i0}(y_{i1}, x_{i1})$ enthält:

Tabelle A8.2b

DMU	Score	Benchmarks	{S} X {I}	{S} Y {O}
{X} T1 A	150.00%	0		
{X} T1 B	200.00%	0		
{X} T1 C	250.00%	0		
{X} T1 D	107.69%	0		
{X} T1 E	228.57%	0		
T0 A				
T0 B				
T0 C				
T0 D				
T0 E				

Schritt 3 ergibt die Distanzfunktionen $\Delta_{i0}(y_{i0}, x_{i0})$ in Tabelle A8.2c

Tabelle A8.2c

DMU	Score	Benchmarks	{S} X {I}	{S} Y {O}
T0 A	50.00%	7 (0.6000)	0	0
T0 B	100.00%	4		
T0 C	88.89%	7 (0.8000)	0	0
T0 D	54.55%	7 (0.6000)	0	0
T0 E	57.14%	7 (0.4000)	0	0

und $\Delta_{i1}(y_{i1}, x_{i1})$ in Tabelle A8.2d.

Tabelle A8.2d

DMU	Score	Benchmarks	{S} X {I}	{S} Y {O}
T1 A	60.00%	3 (0.6000)	0	0
T1 B	80.00%	3 (1.0000)	0	0
T1 C	100.00%	4		
T1 D	43.08%	3 (0.7000)	0	0
T1 E	91.43%	3 (0.8000)	0	0

Mit diesen Distanzfunktionen berechnet man in Schritt 4 den Malm-quist-Index und seine Zerlegung, wie in Tabelle A8.2e zusammenge-faßt dargestellt:

Tabelle A8.2e

Unternehmen	A	B	C	D	E
M	3,0000	2,0000	2,8125	1,9744	4,0000
EF	1,2000	0,8000	1,1250	0,7897	1,6000
TF	2,5000	2,5000	2,5000	2,5000	2,5000

Exemplarisch für Unternehmen E kann man den EMS-Resultaten leicht entnehmen, daß $\Delta_{A0}(y_{A0}, x_{A0}) = 0,5$, $\Delta_{A0}(y_{A1}, x_{A1}) = 1,5$, $\Delta_{A1}(y_{A0}, x_{A0}) = 0,2$ und $\Delta_{A1}(y_{A1}, x_{A1}) = 0,6$.

Damit berechnet man im Fall von Unternehmen A die Größen

$$EF_A = 0,6/0,5 = 1,2, \qquad TF_A = \sqrt{(1,5/0,6) \cdot (0,5/0,2)} = 2,5 \qquad \text{und}$$

$$M_A = 1,2 \cdot 2,5 = 3,0$$

(b) Den Ergebnissen aus Schritt 3 kann man zunächst entnehmen, daß in Periode 0 das Unternehmen B (da $\Delta_{B0}(y_{B0}, x_{B0}) = 1$) und in Periode 1 das Unternehmen C (da $\Delta_{C1}(y_{C1}, x_{C1}) = 1$) die best-practice-Frontier-funktion bestimmen. Die Steigung dieser Frontierfunktion erhöht sich zwischen den beiden Perioden um den Faktor 2,5, der allen anderen Unternehmen als Beitrag des technologischen Fortschritts zur totalen Faktorproduktivität zugerechnet wird.

Inwieweit die Veränderung der totale Faktorproduktivität bei einem einzelnen Unternehmen (d.h. der Malmquist-Index M) von dem allen Unternehmen zugerechneten technologischen Fortschritt abweicht, hängt von der Effizienzveränderung bei den einzelnen Unternehmen ab. Hier zeigt, sich, daß die Unternehmen A, C und E ihre produktive Effizienz zwischen den beiden Perioden steigern und somit einen über den Beitrag des technologischen Fortschritts hinausgehende Zunahme der totalen Faktorproduktivität realisieren. Dagegen nimmt die pro-duktive Effizienz von B und D ab und es erfolgt eine Steigerung der totalen Faktorproduktivität, die geringer als der Beitrag des technolo-gischen Fortschritts ausfällt.

Literaturverzeichnis

Ali, A.I. (1993), Streamlined Computation for Data Envelopment Analysis, European Journal of Operational Research, Bd. 64, S. 61-67.

Ali, A.I. (1994), Computational Aspects of DEA, in: A. Charnes, W.W. Cooper, A.Y. Lewin, L.M. Seiford (Hrsg.), Data Envelopment Analysis: Theory, Methodology and Applications, Boston: Kluwer, S. 63-88.

Allen, R., Athanassopoulos, A., Dyson, R., Thanassoulis, E. (1997), Weights Restrictions and Value Judgements in Data Envelopment Analysis: Evolution, Development and Future Directions, Annals of Operations Research, Bd. 73, S. 13-34.

Andersen, P., Petersen, N.C. (1993), A Procedure for Ranking Efficient Units in Data Envelopment Analysis, Management Science, Bd. 39, S. 1261-1264.

Anderson, T., Sharp, G. (1997), A New Measure of Baseball Batters Using DEA, Annals of Operations Research, Bd. 73, S. 141-55.

Athanassopoulos, A.D, Shale, E. (1997), Assessing the Comparative Efficiency of Higher Education Institutions in the UK by Means of Data Envelopment Analysis, Education Economics, Bd. 5, S. 117-134.

Atkinson, A.B., Stiglitz, J.E. (1969), A New View of Technological Change, Economic Journal, Bd. 79, S. 573-578.

Banker, R.D., Charnes, A., Cooper, W.W. (1984), Some Models for Estimating Technical and Scale Inefficiencies in Data Envelopment Analysis, Management Science, Bd. 30, S. 1078-1092.

Banker, R.D, Morey, R.C. (1986a), Efficiency Analysis for Exogenously Fixed Inputs and Outputs, Operations Research, Bd. 34, S. 513-521.

Banker, R.D, Morey, R.C. (1986b), The Use of Categorial Variables in Data Envelopment Analysis, Management Science, Bd. 32, S. 1613-1627.

Banker, R.D. (1993), Maximum Likelihood, Consistency and Data Envelopment Analysis, Management Science, Bd. 39, S. 1265-1273.

Banker, R.D., Thrall, R.M. (1992), Estimation of Returns to Scale Using Data Envelopment Analysis, European Journal of Operational Research, Bd. 62, S. 74-84.

Berg, S.A., Førsund, F.R., Hjalmarsson, L., Suominen, M. (1993), Banking Efficiency in the Nordic Countries, Journal of Banking and Finance, Bd. 17, S. 371-388.

Bernard, J., Cantner, U., Westermann, G. (1996), Technological Leadership and Variety - A Data Envelopment Analysis for the French Machinery Industry, Annals of Operations Research, Bd. 68, S. 361-377.

Cantner, U., Hanusch, H., Westermann, G. (1995), Die DEA-Effizienz öffentlicher Stromversorger: Ein Beitrag zur Deregulierungsdiskussion, Jahrbücher für Nationalökonomie und Statistik, Bd. 214, S. 257-274.

Cantner, U., Westermann, G. (1998), Localized Technological Progress and Industrial Dynamics - An Empirical Approach, Economics of Innovation and New Technology, Bd. 6, S. 121-145.

Cantner, U., Westermann, G., Pröll, R. (1996), Die Data Envelopment Analysis als Instrument zur Effizienzmessung im Filialbereich von Sparkassen, Betriebswirtschaftliche Blätter, Nr. 2, S. 77-81.

Carmichael, F., Thomas, D. (1995), Production and Efficiency in Team Sports: An Investigation of Rugby League Football, Applied Economics, Bd. 27, S. 859-869.

Caves, D.W., Christensen, L.R., Diewert, W.E. (1982), The Economic Theory of Index Numbers and the Measurement of Input, Output, and Productivity, Econometrica, Bd. 50, S. 1393-1414.

Charnes, A., Cooper, W.W. (1962), Programming with Linear Fractional Functionals, Naval Research Logistics Quarterly, Bd. 9, S. 181-186.

Charnes, A., Cooper, W.W., Golany, B., Seiford, L., Stutz, J. (1985), Foundations of Data Envelopment Analysis for Pareto-Koopmans Efficient Empirical Production Functions, Journal of Econometrics, Bd. 30, S. 91-107.

Charnes, A., Cooper, W.W., Lewin, A.Y., Seiford, L.M. (1994), Data Envelopment Analysis: Theory, Methodology, and Application, Boston: Kluwer.

Charnes, A., Cooper, W.W., Rhodes, E. (1978), Measuring the Efficiency of Decision Making Units, European Journal of Operational Research, Bd. 2, S. 429-444.

Charnes, A., Cooper, W.W., Seiford, L., Stutz, J. (1983), Invariant Multiplicative Efficiency and Piecewise Cobb-Douglas Envelopments, Operations Research Letters, Bd. 2, S. 101-103.

Cherchye, L., Kuosmanen, T. Post, T. (2001), Alternative Treatments of Congestion in DEA, European Journal of Operational Research, Bd. 132, S. 75-80.

Coelli, T., Rao, D.S.P., Battese, G.E. (1998), An Introduction to Efficiency and Productivity Analysis, Boston: Kluwer.

Cooper, W.W., Seiford, L.M., Tone, K. (2000), Data Envelopment Analysis: A Comprehensive Text with Models, Applications, References and DEA-Solver Software, Boston: Kluwer.

Cooper, W.W., Seiford, L.M., Zhu, J. (2004), Handbook on Data Envelopment Analysis, International Series in Operations Research and Management Science, Bd. 71, Boston: Springer (Kluwer Academic Publishers).

Debreu, G. (1951), The Coefficient of Resource Utilization, Econometrica, Bd. 19, S. 273-292.

Diewert, E. (2000), The Challenge of Total Factor Productivity Measurement, International Productivity Monitor, Nr. 1, S. 31-40.

Dundar, H., Lewis, R.D. (1995), Departmental Productivity in American Universities: Economics of Scale and Scope, Economics of Education Review, Bd. 14, S. 119-144.

Espitia-Escuer, M., García-Cebrián, L.I. (2004), Measuring the Efficiency of Spanish First-Division Soccer Teams, Journal of Sports Economics, Bd. 5, S. 329-346.

Färe, R., Grosskopf, S., Lindgren, B., Roos, P. (1992), Productivity Changes in Swedish Pharamacies 1980-1989: A Non-Parametric Malmquist Approach, Journal of Productivity Analysis, Bd. 3, S. 85-101.

Färe, R., Grosskopf, S., Lindgren, B., Roos, P. (1994a), Productivity Developments in Swedish Hospitals: A Malmquist Output Index Approach, in: A. Charnes, W.W. Cooper, A.Y. Lewin, L.M. Seiford (Hrsg.), Data Envelopment Analysis: Theory, Methodology and Applications, Boston: Kluwer, S. 253-272.

Färe, R., Grosskopf, S., Lovell, C.A.K. (1994), Production Frontiers, Cambridge (Mass.): Cambridge University Press.

Färe, R., Grosskopf, S., Norris, M. (1997), Productivity Growth, Technical Progress, and Efficiency Change in Industrialized Countries: Reply, American Economic Review, Bd. 87, S. 1040-1043.

Färe, R., Grosskopf, S., Norris, M., Zhang, Z. (1994b), Productivity Growth, Technical Progress, and Efficiency Change in Industrialized Countries, American Economic Review, Bd. 84, S. 66-83.

Färe, R., Grosskopf, S., Roos, P. (1995), The Malmquist Total Factor Productivity Index: Some Remarks, Universität München, CES Working Paper Nr. 94.

Färe, R., Grosskopf, S., Roos, P. (1998), Malmquist Productivity Indexes: A Survey of Theory and Practice, in: R. Färe, S. Grosskopf, R.R. Russell (Hrsg.), Index Numbers: Essays in Honour of Sten Malmquist, Boston: Kluwer, S. 127-190.

Färe, R., Primont, D. (1995), Multi-Output Production and Duality: Theory and Applications, Boston: Kluwer.

Farrell, M.J. (1957), The Measurement of Productive Efficiency, Journal of the Royal Statistical Society, Series A, Bd. 120, S. 253-281.

Fizel, J.L., d'Itri, M. (1996), Estimating Managerial Efficiency: The Case of College Basketball Coaches, Journal of Sport Management, Bd. 10, S. 435-445.

Fried, H.O., Lovell, C.A.K., Schmidt S.S. (1993), The Measurement of Productive Efficiency: Techniques and Applications, New York: Oxford University Press.

Grifell-Tatjé, E., Lovell, C.A.K. (1995), A Note on the Malmquist Productivity Index, Economics Letters, Bd. 47, S. 169-175.

Grifell-Tatjé, E., Lovell, C.A.K. (1996), Deregulation and Productivity Decline: The Case of Spanish Savings Banks, European Economic Review, Bd. 40, S. 1281-1303.

Grosskopf, S. (1993), Efficiency and Productivity, in: H.O. Fried, C.A.K. Lovell, S.S. Schmidt (Hrsg.), The Measurement of Productive Efficiency, Oxford: Oxford University Press, S. 160-194.

Haas, D., Kocher, M., Sutter, M. (2004), Measuring Efficiency of German Football Teams by Data Envelopment Analysis, Central European Journal of Operations Research, Bd. 12, S. 251-268.

Hadley, L., Poitras, M., Ruggiero, J., Knowles, S. (2000), Performance Evaluation of National Football League Teams, Managerial and Decision Economics, Bd. 21, S. 63-70.

Hauke, W., Opitz, O. (1996), Mathematische Unternehmensplanung: Eine Einführung, Landsberg/Lech: Verlag moderne Industrie.

Hofler, R.A., Payne, J.E. (1997), Measuring Efficiency in the National Basketball Association, Economics Letters, Bd. 55, S. 293-299.

Johnes, G. (1995), Scale and Technical Efficiency in The Production of Economic Research, Applied Economics Letters, Bd. 2, S. 7-11.

Khouja, M. (1995), The Use of Data Envelopment Analysis for Technology Selection, Computers and Industrial Engineering, Bd. 28, S. 123-32.

Klein, R., Scholl, A. (2004), Planung und Entscheidung, München: Vahlen.

Koopmans, T.C. (1951), Analysis of Production as an Efficient Combination of Activities, in: T.C. Koopmans (Hrsg.), Activity Analysis of Production and Allocation, Cowles Commission Monograph Nr. 13, New York: Wiley, S. 33-97.

Kooreman, P. (1994), Nursing Home Care in The Netherlands: A Nonparametric Efficiency Analysis, Journal of Health Economics, Bd. 13, S. 301-316.

Krüger, J.J. (2003), The Global Trends of Total Factor Productivity: Evidence from the Nonparametric Malmquist Index Approach", Oxford Economic Papers, Bd. 55, S. 265-286.

Krüger, J.J., Cantner, U., Hanusch, H. (2000), Total Factor Productivity, the East Asian Miracle and the World Production Frontier, Weltwirtschaftliches Archiv, Bd. 136, S. 111-136.

Lang, G., Welzel, P. (1996), Efficiency and Technical Progress in Banking: Empirical Results for a Panel of German Cooperative Banks, Journal of Banking and Finance, Bd. 20, S. 1003-1023.

Lang, G., Welzel, P. (2000), Mergers Among German Cooperative Banks: A Panel-Based Stochastic Frontier Analysis, Small Business Economics, Bd. 13, S. 273-286.

Leibenstein, H., Maital, S. (1992), Empirical Estimation and Partitioning of X-Inefficiency, American Economic Review, Papers and Proceedings, Bd. 82, S. 428-433.

Lovell, C.A.K., Pastor, J.T., Turner, J.A. (1995), Measuring Macroeconomic Performance in the OECD: A Comparison of European and Non-European Countries, European Journal of Operations Research, Bd. 87, S. 507-518.

Malmquist, S. (1953), Index Numbers and Indifference Surfaces, Trabajos de Estatistica, Bd. 4, S. 209-242.

Maudos, J., Pastor, J.M., Serrano, L. (2000), Convergence in OECD Countries: Technical Change, Efficiency and Productivitiy, Applied Economics, Bd. 32, S. 757-765.

Nunamaker, T. (1985), Using Data Envelopment Analysis to Measure the Efficiency of Non-profit Organizations: A Critical Evaluation, Managerial and Decision Economics, Bd. 6, S. 50-58.

OECD (2001), Measuring Productivity: Measurement of Aggregate and Industry-Level Productivity Growth, Paris: OECD.

Pina, V., Torres, L. (1992), Evaluating the Efficiency of Nonprofit Organizations: An Application of Data Envelopment Analysis to the Public Health Service, Financial Accountability and Management, Bd. 8, S. 213-224.

Qassim, R.Y., Corso, G., dos Santos Lucena, , L. Thome, Z.D. (2005), Application of Data Envelopment Analysis in the Performance Evaluation of Electricity Distribution: A Review, International Journal of Business Performance Management, Bd. 7, S. 60-70.

Ray, S.C. (1991), Resource-Use Efficiency in Public Schools: A Study of Connecticut Data, Management Science, Bd. 37, S. 1620-1628.

Ray, S.C., Desli, E. (1997), Productivity Growth, Technical Progress, and Efficiency Change in Industrialized Countries: Comment, American Economic Review, Bd. 87, S. 1033-1039.

Schefczyk, M. (1996), Data Envelopment Analysis: Eine Methode zur Effizienz- und Erfolgsschätzung von Unternehmen und öffentlichen Organisationen, Die Betriebswirtschaft, Bd. 56, S. 167-183.

Shafer, S.M., Bradford, J.W. (1995), Efficiency Measurement of Alternative Machine Component Grouping Solutions via Data Envelopment Analysis, IEEE Transactions on Engineering Management, Bd. 42, S. 159-165.

Sherman, D.H., Ladino, G. (1995), Managing Bank Productivity Using Data Envelopment Analysis (DEA), Interfaces, Bd. 25, S. 60-73.

Simar, L., Wilson, P.W. (2000), Statistical Inference in Nonparametric Frontier Models: The State of the Art, Journal of Productivity Analysis, Bd. 13, S. 49-78.

Solow, R.M. (1957), Technical Change and the Aggregate Production Function, Review of Economics and Statistics, Bd. 39, S. 312-320.

Stern, Z.S., Mehrez, A., Barboy, A. (1994), Academic Departments Efficiency via DEA, Computers and Operations Research, Bd. 21, S. 543-556.

Taskin, F., Zaim, O. (1997), Catching-up and Innovation in High- and Low-Income Countries, Economics Letters, Bd. 54, S. 93-100.

Thanassoulis, E., Dunstan, P. (1994), Guiding Schools to Improved Performance Using Data Envelopment Analysis: An Illustration With Data from a Local Education Authority, Journal of the Operational Research Society, Bd. 45, S. 1247-1262.

Tulkens, H. (1993), On FDH Efficiency Analysis: Some Methodological Issues and Applications to Retail Banking, Courts, and Urban Transit, Journal of Productivity Analysis, Bd. 4, S. 183-210.

Sachverzeichnis

Aggregationsgewichte 80, 92, 95, 172, 198
  modifizierte 85
Andersen-Petersen-Modell 227
Anwendungen 71

Banker-Charnes-Cooper-Modell 147
Beobachtung
  reale 44, 115
  Referenz- 33, 47, 115, 132, 161
  Vergleichs- 33, 115
  virtuelle 50, 115, 227
Berechnung 269, 280

Charnes-Cooper-Rhodes-Modell 77
Charnes-Cooper-Transformation 84, 198

Data Envelopment Analysis 68
  Envelopment-Form 114, 158, 199, 207
  Productivity-Form 78, 86, 168, 198, 206
Daten
  Preise 28, 233
  reale 72
Distanzfunktion
  inputorientiert 250
  outputorientiert 259
  variable Skalenerträge 263
Dualität 129, 168, 186, 278
Dynamische Analyse
  All-Time-Best-Frontierfunktion 248
  Malmquist-Index 250, 256

Outputorientierung 259
  variable Skalenerträge 261

Effizienz
  allokative 8, 34, 232
  gesamt 31
  Gesamt- 233
  Gewinn- 31
  Kosten- 31
  reine technische 149, 161
  Skalen- 10, 176, 177, 263
  Super- 228
  technische 7, 36
Effizienzmaß
  radiales 38, 55, 215
  Reziprozität 200
Entscheidungseinheit 22 *siehe* Beobachtung
Erweiterungen 241

Faktorproduktivität
  partielle 44
  totale 45
Frontierfunktion
  All-Time-Best- 248
  best-practice- 65, 132
  deterministische 64
  free-disposal-hull (FDH) 69
  nichtparametrische 68
  parametrische 63
  stochastische 66

Grenzrate
  der Substitution 93
  der Transformation 95

Isoquante
  best-practice- 9, 94, 226
  Output- 204, 223

Konvexität 50, 69, 117
Konvexkombination 50, 118, 121,
  156, 159

Lineare Programmierung
  Basislösung 268
  Basisvariablen 269
  Dualitätstheorem 278
  lineares Optimierungsproblem
    267
  Optimallösung 271
  Pivotelement 270
  Pivotspalte 269
  Pivotzeile 269
  Simplexalgorithmus 269
Linearkombination 118

Malmquist-Index
  Caves/Christensen/Diewert 250
  Effizienzveränderung 257
  Färe/Grosskopf/Lindgren/Roos
    256
  Produktivitätsveränderung 256
  Skaleneffizienz 263
  technologischer Fortschritt 257
Maximum-Prinzip 4
Minimale Extrapolation 117
Minimum-Prinzip 4
most productive scale size (MPSS)
  178

Nicht-archimedische Konstante 219

Orientierung
  Input- 8, 233, 250
  Output- 8, 197, 237, 259

Pareto-Koopmans-Dominanz 52,
  117, 155

Pareto-Koopmans-Kriterium 48, 99,
  150
  erweitertes 53
Produktionsfunktion
  actual-practice- 5, 100
  best-practice- 5
  Durchschnitts- 62
  optimale 6
  Optimalitätsgrad 3
Produktionsstruktur 32
Produktivität
  Durchschnitts- 21, 107, 155, 173
  Grenz- 9, 33, 80, 93
Produktivitätsindex 61, 79
Produktivitätsveränderung 247

Regressionsanalyse 63

Skalenerträge
  konstante 77, 118, 197, 218
  most productive scale size
    (MPSS) 209
  nicht-sinkende 185
  nicht-steigende 184
  variable 148, 206, 225, 240, 261
Slacks 215
Software 72
Stückweise lineare Approximation
  22

Technologiemenge
  allgemein 3, 116, 159
  Axiome 116
  Ineffizienz 117
  Konvexität 117
  minimale Extrapolation 117
  Monotonie 117
Technologischer Fortschritt 12, 14,
  257
Transformationsfunktion 204

Unternehmen *siehe* Beobachtung

Vektorvergleich 48

The manufacturer's authorised representative in the EU is Springer
Nature Customer Service Centre GmbH, Europaplatz 3, 69115 Heidelberg,
Germany. If you have any concerns regarding our products, please
contact ProductSafety@springernature.com

Printed and bound by CPI Group (UK) Ltd, Croydon, CR0 4YY
27/04/2026
02097609-0002